ISBN 978-0-656-57847-4
PIBN 11028740

English
Français
Deutsche
Italiano
Español
Português

www.forgottenbooks.com

STÄDTE UND GILDEN

DER GERMANISCHEN VÖLKER
IM MITTELALTER.

———

ERSTER BAND.

STÄDTE UND GILDEN

DER

GERMANISCHEN VÖLKER

IM

MITTELALTER.

VON

KARL HEGEL.

ERSTER BAND.

LEIPZIG,
VERLAG VON DUNCKER & HUMBLOT.
1891.

Vorwort.

Das vorliegende Werk über Städte und Gilden der germanischen Völker verhält sich zu meiner vor fünf und vierzig Jahren erschienenen Geschichte der Städteverfassung in Italien wie ein Gegenstück, in welchem die historische Betrachtung des Städtewesens im Mittelalter von den romanischen Völkern zu den rein germanischen hinübergeleitet wird. War es dort die Aufgabe, zu zeigen, wie in den von den Germanen eroberten Provinzen des römischen Reiches die Städte sich als Werkstätten der nationalen Verschmelzung von Römern und Germanen erwiesen und durch Einführung germanischer Institutionen neue Rechts- und Verfassungsbildungen hervorbrachten, so habe ich mir hier die andere gestellt, den Anfang und die Fortbildung des Städtewesens in den rein germanischen Reichen darzulegen.

Zunächst in Bezug auf den Anfang kommt das Verhältnis von Stadt und Gilde in Betracht. Denn es ist eine weitverbreitete Ansicht unter den Rechtshistorikern, daß die Stadtgemeinden des Mittelalters aus Gilden hervorgegangen seien. Bei uns in Deutschland hat zuerst Wilda in seiner Schrift: Das Gildenwesen im Mittelalter. 1831, diese Theorie auf die Bahn gebracht. Seiner Meinung nach waren die Gilden die ersten bürgerschaftlichen Gemeinden, daher Gilde und Stadtgemeinde ursprünglich gleichbedeutende Begriffe und Gilderecht auch Stadtrecht (S. 146). Auf treffliche Weise hat derselbe das Gildewesen von Dänemark geschildert und von da aus auch Ausblicke auf die von ihm sogenannten „Schutzgilden" in anderen Ländern, besonders Deutschland, gethan. Auf Wilda ist Gierke gefolgt. In seinem Werke über das deutsche Genossenschaftsrecht, Bd. I Rechtsgeschichte der deutschen Genossenschaft. 1868, wird die gesamte deutsche Staats- und Rechtsbildung aus dem Princip der Genossenschaft abgeleitet und im Anschluſs an die historische Entwicklung in einem groſsen Aufbau wissenschaftlich construiert. In den Gilden als Friedens- und Schutzgilden erkennt derselbe das Princip der Gemeindebildung in den Städten, sowohl in den englischen, dänischen, französischen und niederländischen, wie auch zum teil in den deutschen (S. 242): die Gesamtheit der Gemeinde selbst erscheint ihm als höchste, alle andern in sich enthaltende Gilde (S. 268).

Diese Theorie empfiehlt sich durch ihre leichte Faſslichkeit, wie durch ihre principielle Allgemeinheit; sie brauchte nur aufgestellt zu werden, um allerwärts Beifall zu finden. In Frankreich hat sie ein durch künstlerische Darstellungsgabe berühmt gewordener Historiker, Augustin Thierry, sich angeeignet und die Communen des nördlichen Frankreichs gleichfalls als Schutzgilden aufgefaſst. Es lag nahe, in den verwandten Bildungen der belgischen Städte, in der amicitia von Aire, auf die schon Wilda hingewiesen hatte, in der caritas zu Valenciennes und andern derartigen Genossenschaften weitere Stützen jener Theorie zu finden, die der belgische Historiker Wauters von Thierry entlehnte. In England, wo das Gildewesen zu gröſserem Aufschwung als in irgend einem anderen Lande

gelangte, kam für die Städte am meisten die Kaufmannsgilde in Betracht. Kein englischer Rechtshistoriker jedoch
hat dort die Gildetheorie in dem Mafse, wie der deutsche
nationalökonomische Schriftsteller Brentano in seiner Einleitung zu Toulmin Smiths Buch über die englischen Gilden
aufgenommen und übertrieben.

Was diese Theorie von vornherein zumeist verdächtig
macht, ist die Verallgemeinerung des Begriffs der Gilde.
Es werden dabei allerhand Institutionen — beispielsweise
von Wilda die englischen und schottischen Kaufmannsgilden, die Communen in Frankreich, die amicitia in Aire,
die patrizischen Genossenschaften in den deutschen Städten —
gleichmäfsig für Schutzgilden ausgegeben. Nun kommt es
aber gerade auf ihre Besonderheit an, wodurch ihr Verhältnis zu den Stadtgemeinden, bei denen sie sich finden,
auf verschiedene Weise bestimmt ist.

Nicht als Anfänge von Stadtgemeinden sind die Privatgenossenschaften der Gilden zu betrachten, sondern innerhalb derselben fanden sie Raum, ihre gesellschaftliche und
rechtliche Bedeutung. Im Titel meines Buches: Städte und
Gilden, nicht umgekehrt, habe ich dieser Anschauung den
entsprechenden Ausdruck gegeben: beide sind in meiner
Darstellung gleichmäfsig berücksichtigt. In Stadtrecht und
Stadtverfassung kommen die rechtliche und politische Seite
des Städtewesens, in den Gilden die wirtschaftliche und auch
die religiöse zur Erscheinung und Geltung. Hiermit ist
der leitende Gesichtspunkt angedeutet, mit dem ich meine
historische Forschungsreise durch die germanischen Länder angetreten und ausgeführt habe. Diesen entsprechend
ist das Werk in acht Bücher eingeteilt. Den Anfang
macht im ersten England. Von dorther führen zwei
Wege in entgegengesetzter Richtung, der eine nach dem
scandinavischen Norden, der andere nach dem Continent.
Ich folge dem ersteren, auf dem Dänemark im zweiten

Buche den Übergang bildet, und wende mich von da nach
Schweden und Norwegen im dritten und vierten. Der
andere Weg geht über die Normandie, von woher der
normannische Staat in England aufgerichtet wurde, nach
Nordfrankreich im fünften Buche. Das sechste und
siebente sind den Niederlanden gewidmet, und zwar
zuerst Flandern, Hennegau und Brabant, sodann
Holland und Zeeland, Friesland, Utrecht und
Groningen. Den Schluſs macht im achten Buch Deutschland, bei dem allein Niederdeutschland nach der Seite des
Gildewesens in Betracht kommt.

Lohnend war es, auf dieser langen Reise durch Länder
und Städte so viele neu erschienene Quellensammlungen
und Urkundenbücher für das vorliegende Thema auszu-
nutzen. Freilich wurde es mir, zumal bei schon weit vor-
gerücktem Lebensalter, nicht leicht, da besonders auch das
germanische Scandinavien in Betracht kam, mich der alten
Sprachen und Rechtsquellen des Nordens zu bemächtigen.
Indessen, wenn man mit dem Ernst, „den keine Mühe
bleichet", an die Arbeit geht, kommt man endlich doch zu
einem gewissen erreichbaren Ziele. Dazu waren gerade
hier treffliche Hülfsmittel dargeboten, für das Alt-Nor-
wegische Fritzner, Ordbog over det gamle Norske Sprog,
für das Alt-Schwedische die vorzüglichen Glossare von
Schlyter zu seiner Ausgabe des Corpus juris Sueo-Gotorum,
für das Alt-Dänische nur das noch unvollendete Ordbog til
det ældre Danske Sprog von Kalkar. In Fällen schwie-
riger Interpretation zog ich den Münchener Collegen Konrad
Maurer zu Rate, den Altmeister auf dem Gebiete des altnordischen Rechts, den ich hier mit dankbarer Verehrung nenne.
Der Drang des Wissens hat mich vorwärts getrieben, ein gütiges
Geschick ließ mich die zehnjährige Arbeit vollenden. Mögen
jüngere Kräfte mir nachfolgen und es mir zuvorthun! Den
Weg habe ich gezeigt, die Bahn gebrochen: an den grundlegen-

den Quellen, auf denen ich fuſse, ist nichts zu ändern, neue
werden sich finden, doch auf das richtige Verständnis kommt
es überall an, und hier bitte ich um billige Beurteilung der
Kenner, wo ich gefehlt haben sollte: die Weite und Viel-
seitigkeit meiner Arbeit verdient einige Nachsicht. So
gebe ich denn das Werk getrost hinaus an die Öffentlichkeit, wie ich hoffe, zum Frommen der historischen Wissen-
schaft.

Erlangen, im September 1891.

Inhalt des ersten Bandes.

Berichtigungen.

S. 6 Z. 22 statt: da es — das.

S. 87 Z. 10 London zu streichen.

S. 95 Z. 14 statt: in Gilde sind — in der Gilde sind.

S. 109 Anm. Z. 3 statt: hic etiam hac re de re — his etiam hac de re.

S. 337 Anm. 1 statt: et conservatione probati — et conversatione probati.

Bemerkungen.

Aldermann — englisch alderman, altdänisch alderman und aldermand. Ich habe in der Regel die deutsche Schreibung in Rücksicht auf den Plural Aldermänner gebraucht. Nach J. Grimm (im W. B.) sollte das deutsche Wort richtig Altermann heißen. In Niederdeutschland ist olderman Pl. olderlude = Älterleute gebräuchlich.

Näfninge S. 247 ist deutsche Form, welche Dahlmann, Geschichte von Dänemark III 35 ff. für die dänischen Ernannten d. i. Gerichtsschöffen gebraucht. Das dänische Wort kommt in verschiedener Schreibung vor: als Nefningæ in Jydske Lov II 51, in der lateinischen Übersetzung neffningi, so auch im Stadtrecht von Haderslehen Art. 15 neffning; als nefnd im Lunder Stadtrecht Art. 40. Die dänischen Rechtshistoriker Kolderup-Rosenvinge und Stemann (S. 163) schreiben nævninger. Das Stammwort ist navn = Name.

Einleitung.

Fränkische Gilden. Ursprung des Gildewesens.

Wilda, Das Gildenwesen im Mittelalter. 1831 S. 34—45. — O. Hartwig, Untersuchungen über die ersten Anfänge des Gildewesens, in Forschungen zur deutschen Geschichte I, 1862 S. 133—163. — O. Gierke, Das deutsche Genossenschaftsrecht I, 1868 S. 230 ff.

Wir kennen die altfränkischen Gilden aus den Verboten der Reichsgesetze und kirchlichen Verordnungen des 8. und 9. Jahrhunderts.

Im Capitular Karls des Grofsen, Heristall vom J. 779 c. 16, werden die Gilden (gildonia) als geschworene Verbindungen verpönt, nur Vereinigungen ohne Eidschwur für Almosenspenden und Beihülfe bei Brandschaden und Schiffbruch gestattet[1]. Der Nachdruck des Verbots liegt auf der eidlichen Verpflichtung selbst bei erlaubten Zwecken, weil sich damit leicht auch staatsgefährliche verbinden konnten.

Ein anderes Verbot Karls des Grofsen in dem für die Königsboten erlassenen Edict, Aachen J. 789 c. 26, ist all-

---

[1] Capitularia regum Francorum ed. Boretius S. 51: De sacramentis per gildonia invicem conjurantibus (statt conjurantium), ut nemo facere praesumat. Alio vero modo de illorum elemosinis aut de incendio aut de naufragio, quamvis convenientias faciant, nemo in hoc jurare praesumat.

gemein gegen das Laster der Trunksucht, dann insbesondere
gegen jene Eidgenossenschaften gerichtet, welche den Namen
des h. Stephanus oder des Königs oder seiner Söhne führen[1].
Beides ist im Zusammenhang aufzufassen; denn besonders in
den Trinkgelagen der Eidgenossenschaften wurde jenem Laster
gefröhnt.

Auch Geistliche beteiligten sich an derartigen Vereinen,
weshalb nicht minder die kirchliche Gesetzgebung ein scharfes
Auge auf sie hatte. Diesem Umstande verdanken wir ein
lehrreiches Kapitel in den Beschlüssen einer Synode zu
Nantes[2], dessen Inhalt und Wortlaut Erzbischof Hincmar
von Reims in seinen kirchlichen Verordnungen vom J. 852
wiederholte[3]. Die Verbindungen heißen hier sowohl Genossenschaften wie Gilden und Brüderschaften[4]. Der Ausdruck Brüderschaften wird zuerst und offenbar im kirchlichen
Sinne gebraucht. Solche sollen nur insoweit statthaben, als
zum Ansehen und Nutzen wie zum Heile der Seele dienlich
ist[5]; sie sollen vor allem den Dienst der Religion bezwecken
durch Darbringung von Opfern und Lichtern, abwechselnde
Gebete[6], Totenfeiern, Almosen und andere Werke der Frömmigkeit. Untersagt werden dagegen Schmausereien und Gelage mit
Völlerei und Erpressungen, ungebührlicher Lustbarkeit, Zank

---

[1] Ebd. S. 64. Omnino prohibendum est omnibus ebrietatis malum,
et istas conjurationes, quas faciunt per sanctum Stephanum aut per nos
aut per filios nostros, prohibemus.

[2] **Hartwig** S. 135 setzt diese Synode in den Anfang des 9. Jahrh.

[3] Concilium Namnetense a. incerti c. 15 (Harduin Conc. VI, I S. 460.
Mansi XVIII S. 166) und Hincmari capitula presbyteris data c. 16 (Migne
Patrol. Lat. 125 S. 777). Der Wortlaut stimmt nicht ganz überein.

[4] Conc. Namn. c. 15: De collectis vel confratriis, quas consortia
vocant. Hincmari c. 16: De collectis, quas geldonias vel confra-
trias vulgo vocant.

[5] Conc. Namn.: quantum rectum ad auctoritatem et utilitatem atque ad salutem animae pertinet. Etwas anders Hincmar: quantum ad
auctoritatem vel utilitatem atque rationem pertinet.

[6] Conc. Namn.: in orationibus mutuis; falsch Hincmar: in oblatio-
nibus mutuis.

und Streit, woraus häufig Totschlag und Feindschaften entstehen. Priester und Kleriker, die sich solcher Dinge schuldig
machen, sollen degradiert, Laien, Männer oder Frauen, aus
der Kirche ausgeschlossen werden, bis sie Bufse thun. In
den Zusammenkünften der Brüder (confratrum) sollen Streitigkeiten, wenn nötig mit Zuziehung der Priester, ausgesöhnt
werden, und nach Verrichtung der gottesdienstlichen Handlungen sollen diejenigen, welche es verlangen, das geweihte
Brot von dem Priester empfangen und beim Brotbrechen
jeder einen Trunk und nicht mehr erhalten, worauf alle mit
dem Segen des Herrn nach Hause gehen[1].

Nichts näheres ergibt sich über die Verschwörungen
(conspirationes) mit Eid oder blofsem Gelöbnifs durch Handschlag, welche im Capitular von Diedenhofen J. 805 unter den
schärfsten Strafen, beziehungsweise Tod und Geifselung, bedroht
werden[2].

Ebensowenig bekannt ist, was die eidlichen Verbindungen
der unfreien Leute in Flandern und Zeeland bezweckten, von
denen in einem Capitular Ludwigs des Frommen J. 821
die Rede ist. An eine Verschwörung der Leute gegen ihre
Herren ist deshalb nicht zu denken, weil es dann nicht erst
nötig gewesen wäre, eben an diese den Befehl zu erlassen,
solche Verbindungen mit Zwang zu verhindern, widrigenfalls
sie selbst in die Strafe des Königsbanns mit 60 Sol
fallen würden[3]. Wahrscheinlich waren es Schutzverbindungen
gegen Raub und Diebstahl, gleichwie die, welche später in

---

[1] Qui voluerint eulogias, a presbytero accipiant. Vgl. über eulogia,
p. i. Brotweihe, und den daran geknüpften Aberglauben Concil. Namn.
c. 9: ut sit contra omnes morbos et universas inimicorum insidias
testamentum.

[2] Capitularia S. 124 mit dem Schlufssatz: Et ut de caetero in regno
nostro nulla hujusmodi conspiratio fiat, nec per sacramentum nec sine
sacramento.

[3] Ebd. S. 301 c. 7 aus Ansegisus IV c. 7: De conjurationibus servorum, quae fiunt in Flandris et Menpisco et in caeteris maritimis
locis, volumus, ut per missos nostros indicetur dominis servorum illorum,
ut constringant eos, ne ultra tales conjurationes facere praesumant etc.

einem Capitular Karlmanns J. 884 erwähnt sind, wo den Priestern und den Unterbeamten der Grafen befohlen wird, Verbindungen der Landleute, die man gewöhnlich Gilden nennt,
zum Schutz gegen Räuber zu verbieten; denn sie sollen Recht
und Schutz allein bei ihren geistlichen und weltlichen Oberen
suchen[1].

Man erkennt in diesen Gesetzen und Synodalbeschlüssen
aus dem 8. und 9. Jahrhundert bereits die allgemeinen Grundzüge des späteren Gildewesens im Mittelalter. Es sind teils geschworene Verbindungen, conjurationes, teils Genossenschaften,
consortia, ohne eidliche Verpflichtung. Schmausereien und
Trinkgelage waren bei ihnen üblich. Die Genossenschaft verpflichtete die Einzelnen zu gegenseitiger Beihilfe in Notfällen;
Streitigkeiten unter ihnen wurden von den Genossen selbst
beigelegt. Aber auch religiöse Handlungen und Dienste zum
Seelenheile gehörten zu ihren Zwecken, und auf diese besonders suchte die Kirche sie hinzulenken. Daher heifsen die
Gilden auch Brüderschaften, confratriae, nach Art der
geistlichen Brüderschaften. Es gab solche, welche den heiligen Stephanus, den König und seine Söhne als Schutzpatrone verehrten. Geistliche wie Laien, Männer und Frauen,
nahmen an den Zusammenkünften und Gelagen teil.

Die fränkischen Gilden sind die ältesten Gilden, die wir
überhaupt kennen. Deshalb mufs auch die Untersuchung über
den Ursprung des Gildewesens im Mittelalter gleich hier
einsetzen.

Vor allem ist nach Herkunft und Bedeutung des Wortes
Gilde zu fragen. Das Wort ist alt- und allgermanisch. Gilde,
gothisch Gild, althochdeutsch gelt, kelt, angelsächsisch gield,
gyld, altnordisch gildi, heifst ursprünglich nichts anderes als
Vergeltung. Damit sinnverwandt ist Bufse, wodurch Frevel

---

[1] Leges ed. Pertz I 553: Volumus, ut presbyteri et ministri comitis
villanis precipiant, ne collectam faciant, quam vulgo geldam vocant,
contra illos, qui aliquid rapuerint.

gesühnt, und Opfer, wodurch den Göttern vergolten wird. Daher heifst kelt ahd. caeremonia, gottesdienstliche Handlung, gield ags. Opfer, wie in der ags. Übersetzung der Genesis das Opfer Abels; brynegield ist Brandopfer, hædengield Götzenopfer und gleichbedeutend diobolgelde in der sächsichen Abschwörungsformel (ec forsacho diabole end allum diobolgelde)[1]. Die heidnischen Opfer wurden mit Opfermahlzeiten und Trinkgelagen begangen. Daher heifst Gildi altnordisch das Trinkgelag und die Zusammenkunft, in der es stattfindet[2]. Dieser historisch begründeten Wort- und Sacherklärung gegenüber ist wertlos die landläufige, aus den älteren Wörterbüchern entnommene, wonach Gilde von ags. geldan, gyldan = bezahlen, hergeleitet und auf die Beiträge der Genossen zu den Opfern oder zu den Mahlzeiten gedeutet wird.

In den aus heidnischer Zeit überkommenen gottesdienstlichen Trinkgelagen ist also der Ursprung der Gilden zu erkennen, wie schon Wilda mit Recht gesagt hat[3]. Und eben hierauf zielen zum teil die gegen die fränkischen Gilden gerichteten geistlichen wie weltlichen Verbote. Es tritt aber sogleich noch ein anderes sittliches und religiöses Element zu Tage, nämlich dasjenige, welches Wilda als das christliche gedeutet hat, da es sich in dem brüderlichen Aneinanderschliefsen engerer Kreise zu gegenseitiger Hülfleistung und hiermit als das eigentliche Wesen der Gilden erweise[4].

Dagegen bestreiten andere das christliche Element als ein wesentliches der Gilden. O. Gierke, ausgehend von dem

---

[1] Graff, Althochd. Sprachschatz S. 191. J. Grimm, deutsche Mythologie (2. Ausg.) S. 34 u. 957. Grein, angelsächs. Sprachschatz.

[2] Vgl. K. Maurer, Bekehrung des norwegischen Stammes II 200, wo die heidnischen Opfermahlzeiten beschrieben sind. Wilda S. 8 Anm. 4. Ich komme darauf bei den nordischen Gilden zurück.

[3] Gildewesen S. 1—25. Ebenso K. Maurer in der Recension über Pappenheim, Die altdänischen Schutzgilden (Krit. Vierteljahrsschr. N F. IX 350.)

[4] A. a. O. S. 28.

allgemeinen Gesichtspunkt des Genossenschaftsprincips, erkennt
in dem germanischen Gildewesen die früheste Form der frei
geschaffenen Vereine im Gegensatze zu den natürlich erwachsenen und erklärt die Brüderschaft als gleichbedeutend mit
Genossenschaft: Brüderschaften wurden nach ihm die Gilden
genannt, weil Brüder die ältesten und nächsten Genossen
waren, und dieser Name blieb als der bezeichnendste allen
Gattungen der gewillkürten Einung gemeinsam[1]. Doch ist
zu fragen: War nicht eben die Brüderlichkeit eine den Germanen ursprünglich fremde und zwar specifisch christliche
Idee, die zu der germanischen Genossenschaft als etwas neues
hinzukam und ihr das eigentümliche Gepräge verlieh?

Diese Frage hat M. Pappenheim in seiner verdienstlichen Schrift über die dänischen Gilden in anderem Sinne
beantwortet[2]. Die altnordische Sitte der Schwurbrüderschaft,
als ein durch Eid und Ceremonie der Blutvermischung gehei-
ligtes Treueverhältnis zwischen zwei oder auch mehreren Personen soll nach ihm „die Grundlage und den Kern der Schutzgilden" gebildet haben; das Gelage, convivium, wurde nachher
nur als Mittel für den Ausdruck der Zusammengehörigkeit
ihrer Mitglieder von der Schutzbrüderschaft aufgenommen und
daher auch die Benennung Gilde = convivium auf sie übertragen. Es ist hier, wo es sich zunächst um die altfränkischen
Gilden handelt, nicht der Ort, auf diese Hypothese und deren
Beweise näher einzugehen[3]. Denn doch nur auf die nordischen Gilden in Scandinavien bezieht sich jene Behauptung,
wonach dieselben dort als autochthones Gewächs ganz unabhängig von allen übrigen Gilden der germanischen Welt
entstanden wären. Den Franken war, soviel wir wissen, die
Sitte der Schwurbrüderschaft völlig fremd. In der fränkischen
Sigfridsage fehlt der interessante Zug der nordischen Sigurd-

---

[1] Genossenschaftsrecht I, Geschichte 226.
[2] Die altdänischen Schutzgilden, 1885. S. 65 ff.
[3] Ich komme darauf im zweiten Buch bei Dänemark zurück.

sage, dafs die burgundischen Fürsten Gunnar und Högni dem Sigurd die Blutbrüderschaft geschworen hatten, weshalb sie nicht selbst den Mord an ihm verübten, sondern den dritten Bruder, Guttorm, dazu anstifteten, weil er keinen Teil an der Eidbrüderschaft mit Sigurd hatte[1]. Denn nur gegen die Mordthat selbst, nicht gegen Verrath und Anstiftung des Mordes schützte diese germanische Brüderschaft!

Ich bleibe hier bei den fränkischen Gilden stehen, die viel älter sind als die Überlieferung von den nordischen, und halte sie fest in den einfachen Formen und Zielen, in und mit denen sie sich zuerst darstellen. Das christliche Element, wenn auch nur als Zuthat und Färbung, ist da schon vorhanden: das Almosengeben wird unter den erlaubten Zwecken der Gildonien erwähnt; die Verehrung des heiligen Stephanus als Patrons ist bedeutsam, weil der Geburtstag dieses Heiligen (26. Dezember) mit dem grofsen jährlichen Julfest des Heidentums zusammenfiel.

Auf religiöse Dienste und Werke der Frömmigkeit verwies die Kirche die Gilden, und gerade von dieser Seite her werden sie zuerst confratriae, Brüderschaften, genannt. Das waren sie nicht von Hause aus. Die Brüderschaft ist christlich, nicht germanisch; sie verleiht der Genossenschaft religiöse Bedeutung. Germanisch war die Gilde allein als Opfer und Trinkgelag und Gelagsgenossenschaft.

Altgermanische Sitten und bei den Trinkgelagen vorkommende Gebräuche, an welchen sich zu beteiligen den Geistlichen verboten wird, finden sich in den erwähnten Verordnungen Hincmars geschildert. Es ist da besonders die Rede von den Leichenfesten am 7. und 33. (30.) Tage, sowie von den Anniversarien, bei welchen der Minnetrunk für die Heiligen und die Seelen der Verstorbenen ausgebracht, Sagen und Lieder vorgetragen, Belustigungen mit einem Bären und Tänzerinnen getrieben, teuflische Masken gebraucht wurden[2].

---

[1] Edda, Sigurðarkviða III Str. 17—20.
[2] Hincmari capitula c. 14: Ut nullus presbyterorum ad anniversariam

Es sind dieselben Totenfeste und Gebräuche, denen wir bei
den Gilden in Scandinavien begegnen, abgesehen von den
Lustbarkeiten, die den ernsthaften Nordländern fremd waren,
und am meisten vorbildlich erscheint hier das Trinken des
Minnebechers, das gerade für die scandinavischen Gilden
charakteristisch ist und gewöhnlich nur als dem Norden
eigentümlich angesehen wird.

Und noch eins ist zuletzt zu erwähnen, was gleichfalls
schon bei den Franken als Anfangspunkt des durch das
Mittelalter hindurchgehenden Einungswesens erscheint. Es
sind die Zusammenkünfte der Priester, welche regelmäfsig
monatlich an den Kalenden stattfanden, von denen Hincmar
redet und rügt, dafs man es da nicht blofs bei dem Gottesdienst bewenden lasse, sondern nach der Feier des göttlichen
Mysteriums auch dem Bauche fröhne[1]. Ohne Zweifel sind
von dieser auch anderwärts erwähnten Sitte[2] die späteren
sogenannten Kalande, geistliche Gilden, an denen aber auch
Laien teilnahmen, sowohl dem Namen als der Sache nach
abzuleiten.

---

diem vel tricesimam tertiam vel septimam alicujus defuncti, aut qua-
cunqne vocatione ad collectam (Trinkgelag) presbyteri convenerint,
se inebriare praesumat, nec precari in amore Sanctorum vel
ipsius animae bibere aut alios ad bibendum cogere .. nec plausus
et risus inconditos et fabulas inanes ibi referre aut cantare praesumat,
nec turpia joca cum urso et tornatricibus ante se facere permittat,
nec larvas daemonum, quas vulgo talamascas dicunt, ibi anteferre
consentiat, quia hoc diabolicum est et a sacris canonibus prohibitum.
Vgl. Homeyer über den Dreifsigsten in Abh. der Berliner Akademie
Jahrg. 1864.

[1] A. a. O. c. 15: Ut quando presbyteri per Kalendas simul
convenerint, post peractum divinum mysterium . . . non quasi ad pran-
dium ibi ad tabulam resideant et per tales inconvenientes pastellos se
invicem gravent .. Auch dieses Kapitel „ex Namnetensi“ fehlt, wie
c. 14, in den überlieferten zwanzig Canones von Nantes.

[2] Ekkehardi IV Casus S. Galli (J. 898—908) M. G. SS. II 81, wo
es von dem Bischof Salomo von Constanz heifst: Convivia fratribus
(in St. Gallen) duodecim diebus in anno id est in Kalendis . . . quamdiu seculariter vixit, hilariter facere suevit, in quibus et ipse, si aderat,
Minister procedebat. (O. Hartwig a. a. O. S. 161 Anm.)

Ein grofser innerer Zusammenhang durchzieht, wie in der Götter-und Heldensage, so auch in Sitten und Bräuchen die gesamte germanische Welt. Als die Germanen sich erobernd über die römisch-christliche Welt ausbreiteten und in ihr einlebten, eigneten sie sich, so viel sie vermochten, deren Kultur an, indem sie bestehende Einrichtungen und Formen beibehielten, aber mit neuem Geiste erfüllten. Ob dies auch von den Gilden gesagt werden kann? Analogieen und zwar sehr auffallender Art finden sich in der römischen Kaiserzeit. Sehr ähnlich den religiösen Brüderschaften des Mittelalters waren, äufserlich betrachtet, die römischen Leichenkassenvereine. Als Zweck eines derartigen Vereins zu Lanuvium, dessen Statuten vom J. 133 nach Chr. inschriftlich überliefert sind[1], ist angegeben die Sorge für ein anständiges Begräbnis, ut exitus defunctorum honeste prosequamur. Übereinstimmend mit der Ordnung der christlichen Brüderschaften sind bei demselben die Vorschriften betreffend das Eintrittsgeld und die regelmäfsigen Beiträge, die gemeinsamen Mahlzeiten verbunden mit gottesdienstlichen Handlungen, die Feier dort der Geburtstage der Götter (dies natalis Dianae, Antinoi), d. i. der Tage der Tempelweihe, hier der Heiligen und ebenso die Ämter der Vorsteher und anderer mit besonderen Geschäften Beauftragten, namentlich derjenigen, welche die Mahlzeiten auszurichten hatten, magistri cenarum. Auch die Benennung als Brüder kommt bei den römischen Collegien vor, nicht blofs bei dem Priestercollegium der fratres Arvales, sondern vereinzelt auch bei andern. Doch war dies nichts anderes als ehrende Bezeichnung für die Genossen, gleichwie pater und mater für die Patrone, die vornehmen Gönner und Gönnerinnen derselben; die gewöhnliche Benennung ist socii, sodales, auch corporati[2].

---

[1] Lex collegii salutaris cultorum Dianae et Antinoi. Henzen, Inscript. lat. III Nr. 6086, und dazu die Erklärung Th. Mommsens, De collegiis et sodaliciis Romanorum S. 98 ff.

[2] Beispiele bei Orelli, Inscriptiones lat. I Nr. 1485. 2417. 4056.

Der römische Staat hielt die collegia und sodalitates
unter strenger Aufsicht und machte sie abhängig von seiner
Genehmigung, setzte auch selbst bei Einführung neuer Gottesdienste oder Götter solche ein[1]. Die collegia illicita wurden
durch die römischen Kaiser verboten; erlaubt waren die
Vereine der geringeren Leute (tenuiorum) mit monatlichen
Beiträgen und Zusammenkünften beim Gottesdienste[2]. Die
Gildenverbote Karls des Großen hatten die gleiche Absicht,
staatsgefährliche Vereine zu verhindern, und bei den von ihm
zugelassenen Unterstützungsvereinen ist vornehmlich an solche
der ärmeren Volksklasse zu denken.

Doch alle derartigen Analogieen sind nicht dazu angethan,
die Vermutung eines historischen Zusammenhangs zwischen
den germanischen Gilden und den römischen Collegien zu
begründen. Die germanische Gilde war einheimischen Ursprungs. Das gleiche Bedürfnis der Vereinigung zu gemeinsamen Zwecken rief gleichartige Genossenschaften in der
germanischen Welt wie vordem in der römischen hervor. Nur
von e i n e r Seite, nämlich von der christlichen Kirche her, hat
eine tiefgreifende und folgenreiche Einwirkung auf das germanische Gildewesen stattgefunden. In den christlichen Gemeinden gewann die Brüderlichkeit zuerst wirkliche Bedeutung
und lebendigen Ausdruck. Aus ihrer Mitte gingen die Vereine
hervor, von denen Tertullian in seinem Apologeticus rühmt,
daß sie durch freiwillige monatliche Beiträge die Armen
beköstigen und zur Erde bestatten, sich der Waisen und

4134. Vgl. G. W i l m a n n s, Exempla Inscr. II Indices S. 663. F o r c e l l i n i,
Lexicon latinum, bemerkt bezüglich der Benennung der sodales als
fratres: non qua tales sibi invicem appellarentur, sed titulo tantum bene-
volentiae.

[1] Vgl. M o m m s e n S. 6. und M a r q u a r d, Handbuch der röm.
Altert. VI 131.

[2] L. I D. de coll. et corporibus (XLVII. 22) . . . Sed permittitur
tenuioribus stipem menstruam conferre, dum tamen semel in mense
coeant . . . dum tamen per hoc non fiat contra senatus consultum, quo
illicita collegia arcentur.

hülflosen Greise, wie der Schiffbrüchigen und Gefangenen,
der Sklaven in den Bergwerken annehmen, und diese gebrauchten den Brudernamen, um dessentwillen sie von den
Heiden verspottet wurden, obschon sie auch ihnen denselben
nicht versagten[1]. Hierin allein war, so viel ich sehe, ein
Anknüpfungspunkt für die germanischen Gilden gegeben,
insofern diese den Gedanken der Brüderlichkeit aufnahmen
und in eigenartiger Lebensgemeinschaft den religiösen Zweck
des Seelenheils mit dem weltlichen des brüderlichen Beistandes
und der gemeinsamen Gelage verbanden.

Ich wende mich von den fränkischen zu den angel-
sächsischen Gilden und gehe hiermit zur Darstellung des
Gildewesens im Zusammenhang mit der Entwicklung der
Städte bei den germanischen Völkern über.

---

[1] Apol. c. 39 (Migne Patrol. lat. I 533). Tertullian erwidert ihren
Hohn mit einem andern: Sed et quod fratrum appellatione censemur,
non alias, opinor, infamant, quam quod apud ipsos omne sanguinis
nomen de affectatione simulatum est. Fratres etiam vestri sumus jure
naturae matris unius etc.

Erstes Buch.

ENGLAND.

Litteratur.

An erster Stelle sind zwei ältere, mit reichem Urkundenmaterial ausgestattete Werke zu nennen: Rob. Brady, An historical Treatise of Cities and Burghs or Boroughs. 2 ed. London 1704 fol., und Th. Madox, Firma Burgi or an Historical Essay conc. the Cities Towns and Boroughs of England. London 1726 fol.

Beide Autoren hatten zu ihrer Zeit das Zerrbild englischer Stadtverfassung vor Augen, da die Stadtverwaltung in den Händen aristokratischer Corporationen, der sog. select bodies, lag, die sich durch Selbstwahl ergänzten und vornehmlich den politischen Parteien als Wählerschaften bei den Parlamentswahlen dienten. Ihre Meinung ging dahin, daſs dieser Zustand, wie er durch die von den Königen verliehenen sog. Incorporationsakten herbeigeführt worden, schon seit alter Zeit auf dem Gildenrechte der Kaufleute begründet gewesen sei, welche als die angesehensten Bürger von jeher die Stadtgemeinde vertreten hätten.

Brady (S. 62) erklärt es daher für ein Miſsverständnis des Hauses der Gemeinen, wenn dieses bisweilen bei der Entscheidung über streitige Parlamentswahlen den formellen Titel: „Mayor und Bürger", auf alle Bürger bezogen hatte, während doch allein die Stadtregierung, d. i. die regierende Corporation, darunter zu verstehen sei. Nach Madox wurde die Stadtfreiheit durch die königliche Bewilligung einer Kaufmannsgilde eingeführt und durch die spätere Verleihung des Corporationsrechts die ganze Stadt zu einer communitas perpetua et corporata, d. i. zu einer Gilde, gemacht. (Firma Burgi S. 30: this practice of gildating whole Towns Cities or Boroughs.)

Dieser älteren Ansicht sind aufs entschiedenste entgegengetreten: Merewether and Stephens, The History of the

boroughs and municipal corporations of the United Kingdom.
3 Vols. London 1835.

Das sehr weitläufige Werk wurde zur Zeit geschrieben, als
das englische Parlament sich zum Zweck der Reform mit der
Untersuchung der verrotteten Stadtverfassungen beschäftigte,
woraus alsdann die neue Städteordnung für England und Wales
vom Jahre 1835 hervorgegangen ist (Vgl. Gneist, Selfgovernment (3. Aufl.) S. 604 ff.). Im Sinne dieser Reform behaupten die Verfasser das Recht der Gesamtbürgerschaft, d. i.
aller Bürger, als die ursprüngliche Signatur der alten Stadtfreiheit. Gilderecht und Bürgerrecht waren so wenig ein und
dasselbe wie Gilde und Bürgerschaft. Die älteren königlichen
Privilegien wurden nicht einer Gilde oder Stadtcorporation,
sondern allen eingesessenen Bürgern (inhabitant householders)
verliehen. Wohl erhielten seit Anfang des 15. Jahrh. einzelne
Gilden Corporationsrechte; aber es gab keine Stadtcorporation
bis auf die Regierungszeit Heinrichs VI, als zuerst Kingston
upon Hull 1439 und nach diesem Muster andere Städte das
neue Privilegium erhielten, wonach, wie der technische Ausdruck
lautet: Mayor und Bürger und ihre Nachkommen dergestalt in-
corporiert wurden, daſs sie eine immerwährende corporierte Gemeinde (perpetual corporate commonalty) sein sollten, mit dem
Rechte, Land zu erwerben, Prozesse zu führen, ein gemeinsames
Siegel zu gebrauchen und ihre Gemeindevorsteher und Beamten selbst zu wählen (Introd. S. XXXIII und S. 857: Corporations). Die Verfasser kommen im Verlaufe ihres Werkes
so oft auf diese Sätze zurück, daſs es fast scheint, als ob sie
dasselbe nur in der Absicht, sie zu beweisen, geschrieben hätten.
In der That haben sie dieselben mehr als zur Genüge bewiesen.
Aber eine Verfassungsgeschichte ist darum das ganze Werk doch
nicht, vielmehr eine Compilation von Auszügen aus Reichsgesetzen,
Urkunden, Statuten der Städte und sonstigen Schriften nach der
Folge der Regierungen von den ältesten Zeiten an bis auf die
Gegenwart, wertvoll immerhin deshalb, weil sie zum groſsen Teil
aus ungedrucktem oder schwer zu erreichendem Material geschöpft
sind. (Ich citiere der Kürze wegen nur Merewether; die
Paginierung läuft durch alle drei Bände fort.)

Es fehlt an guten einzelnen Stadtgeschichten und noch mehr
an städtischen Urkundenbüchern, wie wir deren in Deutschland
eine Reihe vortrefflicher besitzen. Zu den besseren Stadtgeschichten
gehört: James Thompson, The History of Leicester, 1849.

Bezüglich der Stadtverfassung wird darin die überwiegende Bedeutung der Kaufmannsgilde dargethan. (Ich komme darauf zurück.) Derselbe Autor hat später auch eine kleine Schrift über die englische Stadtverfassung veröffentlicht: An Essay on English Municipal History, 1867. Die aus der Verfassungsgeschichte von Leicester gewonnene Ansicht ist darin generalisiert und in dem Resultat zusammengefaßt: daß in den englischen Städten überhaupt vor der Incorporation sämtliche Einwohner (its inhabitants generally) Mitglieder einer Kaufmannsgilde waren, welche mit Mayor und Gilderat die regierende Körperschaft der Stadt ausmachte (S. 119). Es ist zu fragen: wer denn die Regierten waren?

Das wichtigste Werk über die englischen Gilden ist: English Gilds. The original ordinances etc. by Toulmin Smith (nach seinem Tode herausg.) with an introduction by his daughter Lucy T. Smith, and a preliminary Essai of Lujo Brentano, 1870.

Es sind darin die originalen Texte von mehr als 100 Gildestatuten des 14. und 15. Jahrhunderts nach den Hdsch. veröffentlicht, womit zuerst eine sichere Grundlage für die Kenntnis des englischen Gildewesens gewonnen ist. Die Verfasserin der Einleitung hat dasselbe im allgemeinen beschrieben und seine charakteristischen Züge trefflich hervorgehoben. Der vorangestellte Essai von L. Brentano handelt von der geschichtlichen Entwicklung der Gilden, welche im allgemeinen als Vereine von künstlichen Familiengliedern aufgefaßt sind, und betrachtet weiter die besonderen Arten derselben, als religiöse, Stadt- oder Kaufmannsgilden und Handwerkergilden. Der Gildebegriff ist hier so weit verflüchtigt, daß sogar die deutschen Städtebünde, wie der rheinische im 13. Jahrhundert, für Gilden erklärt werden, deren Mitglieder die Städte waren (S. 101: They were Gilds with corporations as members). Ausgehend von den fränkischen und angelsächsichen Gilden wendet sich der deutsche Verfasser in seinem englischen Essay den Städten von England, Frankreich, Dänemark und Deutschland zu, um überall den Zusammenhang von Gilderecht und Stadtrecht darzulegen: überall vereinigte sich naturgemäß die Gesamtheit der Vollbürger, die Civitas, in einer Gilde, convivium conjuratum; Stadtgemeinde und Gilde wurden identisch, und was Gilderecht war, wurde auch Stadtrecht (S. 93). Wildas Hypothese ist hier übertroffen! Die verdienstliche Seite der Schrift liegt in dem Abschnitte, der die Handwerkergilden betrifft; dieser ist weiter ausgeführt in der deutschen Schrift von L. Brentano, Die Arbeitergilden der Gegenwart, I Zur Geschichte der englischen Gewerksvereine, 1871.

Vortreffliche Arbeiten über die englische Communalverfassung und Verfassungsgeschichte sind R. Gneist zu verdanken. In Betracht kommen hier zumeist: Geschichte und heutige Gestalt der englischen Communalverfassung oder das Selfgovernment. Zweite Aufl. 1863 in 2 Bänden. — Selfgovernment, Communalverfassung und Verwaltungsgerichte in England. Dritte Aufl. 1871. — Englische Verfassungsgeschichte, 1882.

Der sachkundige Autor weist die Gildetheorie mit der kurzen Bemerkung zurück, daſs man den Gilden bezüglich des englischen Städtewesens eine gröſsere Bedeutung beilegen wolle, als ihnen wirklich zukomme (Gesch. der engl. Communalverf. S. 110), und beschränkt sich darauf zu sagen, daſs wohl „in den ersten Anfängen öfter eine Firmaburgi mochte von den Gilden unternommen werden“, ohne jedoch in diesen ein wesentliches Moment des Städterechts zu erkennen.

Eingehendere Betrachtung hat sowohl den Kaufmanns- wie den gewerblichen Gilden W. Stubbs in seiner Verfassungsgeschichte von England im Mittelalter an der Stelle, wo er von den Städteverfassungen handelt, gewidmet (Constit. History of England (3 ed.) 1880. III 558—584) und dort gezeigt, welche verschiedene Stellung und politische Bedeutung die einen wie die andern in manchen Städten hatten. Es ist hier der richtige Weg historischer Behandlung eingeschlagen, welche vor allem das Besondere zu seinem Rechte kommen läſst und sich nur mit Vorsicht zum Allgemeinen bekennt (S. 558: but it is not easy to combine the particulars into a whole or to formulate any law of municipal progreſs).

Sehr schätzenswerth ist die Göttinger Inauguraldissertation von Ch. Grofs: Gilda mercatoria, Beitrag zur Geschichte der englischen Städteverfassung, 1883. Mit einer Kenntnis der englischen gedruckten und ungedruckten Litteratur, wie sie nur mit Hülfe der englischen Bibliotheken erreichbar ist, weist der Verfasser, ein in der Göttinger Schule gebildeter Amerikaner, die Kaufmannsgilde in einer Reihe von englischen Städten nach, beschreibt das Wesen derselben und zeigt ihren Einfluſs auf die Bildung der späteren Stadtverfassung, wobei er sich ganz entschieden, im Widerspruch mit Wilda, gegen den Ursprung der englischen Stadtverfassung aus den Gilden erklärt (S. 71 ff.).

Das angekündigte neue Werk desselben Autors: The gild Merchants and contributions to. municipal history. Oxford, Clarendon Prefs 1889, ist zur Zeit noch nicht erschienen.

Ohne wissenschaftlichen Wert ist die neuere Schrift von Corn. Walford, die 1888 nach dem Tode des Autors unter dem viel versprechenden Titel: Gilds, their origin, constitution, objects and later history, erschienen ist, ein Wiederabdruck von Artikeln im Antiquarian Magazine. Für die allgemeine Beschreibung und Einteilung der Gilden im ersten Abschnitt hat Brentano's Essai als Leitfaden gedient. Vielerlei Meinungen der Autoren, Notizen und Excerpte sind zusammengetragen im zweiten Abschnitt: Geschichtliche Übersicht, und in dem gröfseren dritten: Geographische Übersicht (nach Grafschaften in alphabetischer Ordnung), wobei oft das Wichtigste unbenutzt geblieben, das Wunderlichste aber von dem Verfasser selbst herrührt, wie z. B. die Gründung der deutschen Gildhalle in London durch den Orden der Deutschherren (S. 20), die Bezeichnung des Templer- und Freimaurerordens als Specialgilden (S. 48) und dergleichen mehr.

I. Angelsächsische Gilden.

Quellen: Reinhold Schmid, Die Gesetze der Angelsachsen, mit deutscher und altlateinischer Uebersetzung, Wort- und Sacherklärungen im Glossar, 2. Aufl. 1858, besser zu benutzen als (B. Thorpe) Ancient Laws and Institutes of England, mit (oft ungenauer) neu englischer Uebersetzung, 1840 fol. — Kemble, Codex diplomaticus sevi Saxonici, 6 Tle. 1839—1846. — Thorpe, Diplomatarium aevi Saxonici, 1865. — W. de Gray Birch, Cartularium Saxonicum, 1885 (zur Zeit noch unvollendet), bei dem es auf eine möglichst vollständige Sammlung des Urkundenmaterials abgesehen ist. Der Herausgeber urteilt sehr geringschätzig über Thorpe's Diplomatar. Specielle Litteratur in den Anmerkungen.

Wir kennen die angelsächsischen Gilden aus den Gildestatuten von Abbotsbury, Cambridge und Exeter. Sie gehören erst dem 11. Jahrhundert an[1]. Es fragt sich, ob das Gildewesen in England nicht schon früher ein allgemein ver-

---

[1] Über die Zeitbestimmung O. Hartwig a. a. O. S. 136.

breitetes und gesetzlich anerkanntes Institut der Angelsachsen war, was von manchen bestritten wird[1].

Es kommen die Artikel der Gesetze von König Jne von Wessex (688—726) und von Aelfred dem Grossen (871—901) in Betracht, worin von ‚Gegildan‘ die Rede ist.

Sehen wir zuerst die Artikel 27 und 28 in Aelfred's Gesetzbuch[2]. Es heifst da: Im Fall eines Totschlags sollen die Verwandten (Mægas, Magen) des Thäters und zwar die mütterlichen, wenn er keine väterlichen hat, ein Drittel des Wergelds (weres) bezahlen, die Gegildan ein anderes, „für das dritte fliehe er“, d. h. soll der Thäter selbst haften. Falls er aber auch keine mütterlichen Verwandten hat, sollen die Gegildan die Hälfte des Wergelds aufbringen, „für die Hälfte fliehe er“. Ueber den Empfang des Wergelds auf der andern Seite bestimmt dann Art. 28 nur kurz: wenn der Erschlagene keine Magen (d. h. weder väterliche noch mütterfiche) hat, soll die Hälfte (des Wergelds) dem Könige, die andere Hälfte den Gegildan zukommen, wobei nach der Analogie anzunehmen ist, dafs gleichfalls Dreiteilung des Wergelds stattfinden würde, wenn Magen da wären.

Es geht aus diesen Bestimmungen hervor: erstens, dafs, wenn einer, d. i. sowohl der Todtschläger wie der Erschlagene, keine Verwandten hatte, er doch jedenfalls Gegildan hatte, und zweitens, dafs diese zum Wergeld berechtigt wie verpflichtet erklärt werden, woraus notwendig zu schliefsen ist, dafs das Verhältnis der Gegildan ein solches war, in welchem sich gewöhnlich jeder freie Mann befand. Wer sind nun die Gegildan? Das Wort, in welchem die Vorsilbe „ge“ den Collectivbegriff ausdrückt[3], bedeutet nichts mehr und nichts weniger als Gildegenossen. Es ist nun aber bei

---

[1] Zu viel sagt Hartwig S. 136: „Dafs die in den Gesetzen Jnes von Wessex und Aelfreds erwähnten Gegildan nicht als Gildegenossen aufzufassen seien, ist jetzt allgemein anerkannt.“

[2] R. Schmid S. 86.

[3] J. Bosworth, Anglo-Saxon dictionary ed. by Toller S. 363.

den Neueren die herrschende Ansicht, daſs an eine so weit gehende Verbreitung des Gildewesens bei den Angelsachsen nicht zu glauben sei, und man hat daher andere Erklärungen des Wortes und der Sache versucht.

Kemble leitete das Wort von Gild = Vergeltung, Bezahlung (gildan als Zeitwort = vergelten, bezahlen) ab und erklärte demnach Gegildan für Zahlungsgenossen. Was ist das aber für eine Zahlungsgenossenschaft, worin die Freien sich in der Regel befunden hätten? Kemble's Meinung ist, daſs sie in diesem Verhältnisse als Mitglieder der Zehntschaften in den sogenannten Friedensbürgschaften gewesen seien[1], und berührt damit eine Hypothese, welche seitdem durch den Nachweis von der späteren Entstehung dieses nicht angelsächsischen, sondern normannischen Institutes aufs gründlichste widerlegt worden ist[2]. Andere lassen die eigentliche Bedeutung des Wortes Gegildan fallen und erklären sie für Genossen, Bandengenossen, Reisegenossen oder Genossen verschiedener Art[3].

Es kommen aber weiter die Artikel des älteren Gesetzbuchs von Wessex in Betracht, wo die Gegildan in einem ähnlichen Zusammenhange wie bei Aelfred erwähnt sind. Art. 20 des K. Jne lautet: Wenn ein aus der Ferne herkommender oder fremder Mann (feorcund man oððe fremde) abseits vom Wege durch den Wald geht und weder ruft noch das Horn bläst (d. h. sich nicht zu erkennen gibt), so ist er als Dieb anzusehen und soll getötet oder ausgelöst

---

[1] The Saxons I, 239 f.

[2] Vgl. Marquardsen, Über Haft und Bürgschaft bei den Angelsachsen S. 60.

[3] So R. Schmid im Glossar S. 589: „Es scheint natürlicher ganz allgemein anzunehmen, daſs überhaupt Genossen und Gesellschaften verschiedener Art unter Umständen die Stelle von Magen einnehmen ... können." Wie schon Wilda, Strafrecht der Germanen S. 389, der zuerst an Mitglieder der Gilden denkt, dann aber die allgemeine Bedeutung von Genossen vorzieht, oder vielleicht entfernte Blutsverwandte.

werden. Art. 21: Wird (dann) des Erschlagenen Wergeld
gefordert, so kann er (der Totschläger) erhärten, dafs er
ihn als Dieb erschlug, nicht die Gegildan des Erschlagenen
oder sein Herr, d. h. nicht die Gegildan des Erschlagenen
oder sein Herr sollen zuvor zum Eide, dafs er kein Dieb
war, zugelassen werden[1]. Endlich heifst es am Schlufs:
Wenn er (der Totschläger) es (seine That) aber verbirgt,
und es wird über lang offenbar, dann räumt er dem Toten
den Weg zum Eide, so dafs ihn seine Magen von der
Schuld reinigen können, d. h. der im vorhergehenden Fall
den Gegildan versagte Reinigungseid steht im letzteren den
Magen zu.

Es ist da nicht wie in Aelfreds Gesetz vom Totschlag im
allgemeinen, sondern von dem eines fremden Mannes und von
dessen Gegildan die Rede. Reisegenossen nimmt man hier an
oder auch bestimmt Gildegenossen, weil die Fremden in der
Regel in Gilden gelebt hätten[2]. Letztere Annahme steht in
der Luft, erstere entspricht nicht dem Worte und kaum der
Sache, da von einem einzelnen flüchtigen Fremden, nicht von
einer Gesellschaft die Rede ist. Es ist zu fragen: Wer ist hier
der fremde Mann? Fremd heifst im Gesetzbuch von Wessex
jeder, der nicht im Lande ansässig ist[3]. Es gab Verbannte
und Flüchtige aus den benachbarten Teilreichen der Angelsachsen, die, wenn sie nicht als Gäste Aufnahme fanden,
ihren Unterhalt auf andere Weise suchen mufsten. Wenn
ein solcher auf Abwegen umherschlich und ertappt wurde,
konnte man ihn wie einen Dieb totschlagen oder ihn ge-

---

[1] Ich folge der unzweifelhaft richtigen Erklärung dieser Worte
von Kemble und Marquardsen, wiewohl Waitz, Deutsche Verfassungsgeschichte I (3. Aufl.) 464 Anm. 1, unter Bezugnahme auf die
offenbar fehlerhafte altlateinische Uebersetzung — et non solvatur
ipsius occisi congildonibus — sie bestreitet.

[2] So Waitz a. a. O. 465, der aber nachher wieder davon zurückkommt (s. unten); vgl. Stubbs Constitutional History of England
I 89: Gegildan are the associates or companions of strangers.

[3] Vgl. R. Schmid im Glossar S. 582 unter dem Wort Fremde.

fangen nehmen und das Lösegeld für ihn fordern. Von
einem Volksgenossen aufserhalb Wessex, einem Angelsachsen,
nicht von einem volksfremden Ausländer ist der Satz „nicht
die Gegildan des Erschlagenen oder sein Herr" zu verstehen,
wobei vorausgesetzt ist, dafs derselbe, entweder als Freier
einer Gilde oder als Unfreier einem Herrn angehörte.
Anders bestimmt das Gesetzbuch im Art. 23 über einen
Fremden, der nicht Volksgenosse, sondern ælpſodig d. h.
Ausländer ist: wenn ein solcher erschlagen wird, sollen
zwei Drittel des Wergelds dem Könige, das dritte dem
Sohne oder den Magen gehören; falls er aber keine Verwandten hat, soll der König die Hälfte des Wergelds, die
Gefährten die andere Hälfte erhalten. Die Gefährten des
Ausländers heifsen an dieser Stelle gesið, nicht gegildan, und
sind verschieden von diesen in den andern Gesetzesstellen.
Nehmen wir endlich noch Art. 16 von Jnes Gesetzbuch
hinzu, der besagt: „Wer einen Dieb erschlägt, der mufs
eidlich erhärten, dafs er ihn schuldig erschlug, nicht die
Gegildan" (d. h. des Totschlägers), so ist klar, dafs auch
die von Wessex, für die das Gesetzbuch bestimmt war, in
der Regel Gildegenossen hatten. Richtig ist freilich, dafs
nach den oben angeführten Sätzen des Art. 21 desſelben Ge-
setzbuches in dem einen Fall die Gegildan den Erschlagenen
nicht von der Schuld, dafs er ein Dieb gewesen, reinigen
können und in dem andern Fall den Magen dies zustehen
soll, so dafs es scheint, als ob Gegildan als gleichbedeutend
genommen oder die einen unter den andern begriffen wären[1].
Doch wie dem auch sei, so verschlägt das nichts für die
Erklärung der Gegildan in Aelfreds Gesetzbuch, wo diese
von den Magen bestimmt unterschieden werden. Beide Gesetzbücher liegen um zwei Jahrhunderte auseinander, und es
ist wohl zu glauben, dafs das Gildewesen der Angelsachsen
erst im Laufe der Zeit, insbesondere unter der fortschreitenden

---

[1] So Marquardsen S. 26.

Eroberung der Dänen, von welchen erst König Aelfred das Land befreite, seine bestimmte Ausprägung erhalten habe.

Alle Erklärungen, welche den Gegildan eine andere Bedeutung beilegen wollen, als in dem Worte Gildegenossen selbst liegt, sind, wie wir sehen, nicht beweiskräftig genug, um die Thatsache aus der Welt zu schaffen, daſs das Gildewesen bei den Angelsachsen ein weit verbreitetes, im Volks- und Gesetzesrecht anerkanntes Institut war[1]. Unbekannt ist freilich, welcher Art und wie organisiert dasselbe war. Nur so viel ergibt sich aus den angeführten Gesetzesstellen, daſs die Gegildan bezüglich des Wergelds der Genossen Recht und Pflicht mit den Verwandten teilen sollten. Doch nicht weit ab von Aelfreds Gesetzgebung liegen die ältesten Gildestatuten Englands, die wir kennen, aus denen sich dann auch auf die Natur der früheren Gilden zurückschließen läſst.

Es sind die sogenannten Iudicia civitatis Lundoniae, die aus der Regierungszeit des Königs Aethelstan (924—940) herrühren und in der Gesetzsammlung dieses Königs stehen[2].

Zuvörderst ist zu bemerken, daſs es sich hier nicht um Einrichtungen der Stadtverfassung oder der Gerichte von London handelt, sondern um eine Organisation der Gilden zu dem bestimmten Zwecke, das bewegliche Eigentum der Einwohner an Vich und Sklaven gegen Raub und Diebstahl zu schützen. Das Vorwort sagt: „Dies ist die Satzung, welche die Bischöfe und Gerefen, die zu London gehören, beschlossen und mit Gelöbnis bekräftigt haben in unseren Friedensgilden, sowohl der Eorle als der Keorle (on urum fridgegyldum ægðer ge eorlisce ge eorlisce), zur Vermehrung

---

[1] Nach mancherlei schwankenden Erwägungen kommt auch Waitz schließlich auf dasselbe Resultat a. a. O. S. 466: „So scheint mir wenigstens fortwährend am meisten dafür zu sprechen, unter den Gegildan Gildegenossen zu verstehen.“

[2] R. Schmid a. a. O. S. 157, Thorpe Ancient Laws S. 97.

der Verordnungen, die zu Greatanlea, zu Exeter und Thunresfelde gegeben wurden.

Auf den drei genannten von Aethelstan gehaltenen Reichsversammlungen waren bereits Verordnungen über Verfolgung und Bestrafung von Raub und Diebstahl erlassen worden[1]. Diesen sollte die neue Satzung zur Ergänzung und Ausführung dienen, und es waren die Bischöfe und Gerefen (Shirgerefen, Sheriffs) von London und den angrenzenden Diöcesen und Jurisdictionsbezirken, welche sie beschlossen, so dafs dieselbe nicht blofs die Stadt London, von der nicht weiter die Rede ist, sondern das ganze Territorium oder die Provinz betraf, welche jene Bistümer und Bezirke umfafste. Daher wird auch darin die Verfolgung der Diebe von einer Shire in die andere, in der nördlichen und südlichen Mark (swa be nordan mearce, swa be suðan á of scire on oðre), geboten und die Mitwirkung der Gerefen selbst dafür in Anspruch genommen. Auch wurde die Satzung durch Gelöbnis bekräftigt in den Friedensgilden der Eorle und Keorle — in unseren Friedensgilden, wie gesagt ist; denn es sind Mitglieder oder Vertreter von diesen selbst, welche hier und weiterhin das Wort führen. Es gab demnach eine Mehrheit von Friedensgilden in London und umliegenden Bezirken, und zwar aus verschiedenen Standesklassen, Eorlen d. h. Hochfreien oder Edlen und Keorlen d. h. Gemeinfreien, Gilden, die bereits als öffentlich anerkannte bestanden, nicht erst neu geschaffen wurden.

Betrachten wir nun die in Rede stehende Verordnung nach Form und Inhalt. Es sind, wie erwähnt, die Wortführer der Friedensgilden selbst, welche teils berichten, was über Verfolgung und Bestrafung der Diebe als Landrecht festgestellt war, teils ihre eigenen Statuten mit den Einführungsworten kundgeben: So haben wir gesprochen (þat we cwædon).

---

[1] Aethelstans Gesetze II—V bei R. Schmid S. 130—157.

Hiernach lassen sich drei Teile des Gesetzes unterscheiden. Der erste gibt im Art. 1 an, was jetzt die Bischöfe und Gerefen bezüglich des Verfahrens gegen Diebe im Einklang mit den vorausgegangenen Reichsbeschlüssen angeordnet und zur Ergänzung derselben hinzugefügt haben. Der zweite handelt in Art. 2—9 von der Executionsordnung zum Zweck der Nacheile der Diebe und von anderem, was die Friedensgilden betrifft und uns daher besonders angeht. Im dritten Teil, Art. 10—12, wird erzählend berichtet, was von dem Könige und den Weisen (Witan) auf den früheren Reichsversammlungen über die Bewahrung des Friedens beschlossen worden, wo auch König Aethelstan selbst das gebietende Wort führt (Art. 11), und als Nachtrag dazu, was der König noch weiter zu Witlanburg über die Bestrafung der Diebe unter Milderung der früheren Beschlüsse verkündigen ließ.

Als der wichtigste Abschnitt erscheint der zweite, in welchem die Sprecher der Friedensgilden ihre Beschlüsse bezüglich der Art und Weise, wie die Verordnung in Kraft zu setzen sei, kundgeben. Zu diesem Zweck wurden verschiedene neue Einrichtungen getroffen. Es wird eine Kasse bestimmt, zu der jeder nach Verhältnis seines Vermögens einen jährlichen Beitrag geben soll, um daraus Ersatz zu leisten für das gestohlene Gut (Vieh) nach festgesetzter Taxe (Art. 2 und 6). Es werden ferner Rotten zu 10 Mann gebildet, von denen der älteste der Vorsteher ist, und je 10 derselben unter einem Hyndenmann, d. h. Vorsteher von Hundert, vereinigt[1]; letzterer und die Vorsteher der Zehntschaften zusammen verwalten die Kasse, erheben die Beiträge und bestreiten die Ersatzleistungen nach gemeinsamem Beschluß (Art. 3). In den folgenden Artikeln (4—8) ist von dem Aufgebot der Zehntschaften (teodunge) bei der

---

[1] Ich folge bezüglich des Hyndenmanns als des Vorstehers der Hundert der Interpretation Marquardsens (S. 38 Anm.), der sich auch Waitz (I, 466 Anm. 5, 3. Ausg.) angeschlossen hat.

Nacheile der Diebe die Rede, wobei jedermann und besonders die Gerefen der Shiren Hülfe leisten sollen. Dann
aber sind noch einige Bestimmungen hinzugefügt, welche
teils die Zehntschaften, teils die Friedensgilden, denen sie
angehören, betreffen. Die Hyndenmänner und die Vorsteher
der Zehntschaften sollen wo möglich alle Monate beim Füllen
der Butten (mid byttfyllinge) d. h. zum Trinkgelage und
zur Berathung zusammenkommen, und auch die Vorsteher
einer jeden Hundertschaft für sich können ein gemeinsames
Mahl halten[1].

Ferner (8 § 6): „Wir haben gesagt bezüglich derjenigen,
die in unsern Gildschaften (on urum gegyldscipum) das
Gelöbnis gethan haben, dafs, wenn einer von ihnen stirbt,
jeder Gildegenosse (gegilda gesylle) für die Seele des Verstorbenen ein gesäuertes Brod[2] geben und 50 Pfalmen singen
oder binnen 30 Nächten singen lassen soll."

Wir finden hier verschiedene Einrichtungen, welche für
die Gilden überhaupt charakteristisch sind: die gemeinsamen
Mahle oder Trinkgelage und die religiöse Pflicht, für das
Seelenheil des verstorbenen Genossen durch gottesdienstliche
Handlungen zu sorgen, wobei an das Gelöbnis erinnert
wird, durch welches die Genossen untereinander verbunden
sind. Etwas anderes ist die neue Bestimmung der Friedensgilden, von denen ihre Sprecher sagen (Art. 8 § 9): „Und

---

[1] Es heifst im Art. 8 § 1 zuerst: „dafs wir uns alle Monate ver-
sammeln, die Hyndenmänner und die, welche die Zehntschaften weisen",
und nachher: „und die 12 Männer mögen ihr gemeinsames Mahl
halten." Der erste Satz, der von einer Mehrheit der Hyndenmänner
redet, geht auf die gemeinsamen convivia der Hundertschaften, der zweite
auf die der einzelnen Hundertschaft, wo jedoch bei 12 Männern einer
zu viel ist (vgl. Art. 3: „dafs diese 11 das Geld der Hynde bewahren"), weshalb man statt XII, XI lesen will: vgl. Kemble, The
Saxons I 242 Note.

[2] Zur Erklärung des verschieden gedeuteten Ausdrucks ge-
sufelne hlaf ziehe ich die Stelle im Gildestatut von Abbotsbury
heran: aenne bradne hlaf well besewen and well gesyfled, wovon
unten.

es sei nicht verschwiegen, daſs, wenn unser Herr (hlaford
d. h. der König) oder einer von unseren Gerefen uns eine
Mehrung zudenken sollte zu unsern Friedensgilden, wir da
freudig zugreifen wollen, wie es uns allen zukommt und uns
nötig ist. Dann vertrauen wir zu Gott und unserm Herrn,
daſs, wenn wir alles so erfüllen, die Angelegenheiten des
ganzen Volkes besser stehen werden rücksichtlich der Diebstähle, als es früher gewesen ist."

Es ist demnach zweierlei in dem ganzen Gesetze nicht
durcheinander zu bringen, erstens die bereits bestehenden
Friedensgilden der Eorle und Keorle zu London und in den
angrenzenden Gerichtsbezirken, und zweitens die Vereinigung
derselben verbunden mit der neuen Einrichtung von Zehntschaften und Hundertschaften lediglich zum Zweck nach-
drücklicher Verfolgung der Diebstähle[1]. Es ist daher ein
Irrtum, von Einer groſsen Londoner Friedensgilde zu reden,
da es in Wirklichkeit eine Mehrheit von solchen gab und
deren Vereinigung zu einem äuſseren Zweck nicht selbst eine
Gilde heiſsen kann[2].

Die Londoner Gilden lassen einen Rückschluſs thun auf
die Beschaffenheit der Gilden, die schon zu Aelfreds Zeit
bei den Angelsachsen bestanden; es waren vermutlich
gleichsfalls Friedens- und Standesgilden, Einungen zur Erhaltung des Friedens und Wahrung der Standesrechte.

---

[1] Diese zuerst nur in dem Londoner Bezirk eingeführte Execu-
tionsordnung wurde später durch Eadgar (959—975) zum allgemeinen
Reichsgesetz erhoben in einer Verordnung über Einrichtung der
Hundertschaften. Vgl. die Constitutio de hundredis bei R. Schmid
S. 183. Ob sie wirklich von Eadgar herrührt, ist nicht sicher: ebd.
Einl. S. XLVIII.

[2] Marquardsen S. 41 Anm.: „eine groſse Friedensgilde." Waitz
I, 466: „Londoner Gilde." Richtig hat schon Wilda S. 245 „die
sg. Iudicia als eine Vereinigung der bezeichneten Gilden" aufgefaſst.
Noch besser sagt Lappenberg, Geschichte von England I, S. 610:
„In London waren mehrere Friedensgilden verschiedener Stände vorhanden, welche in Aethelstans Zeit eine sehr merkwürdige Vereinigung zum besseren Schutz ihres Eigenthums schlossen."

Ich komme nun zu den Gilden des 11. Jahrhunderts, deren Statuten bekannt sind [1]. Hier lassen sich verschiedene Arten von Gilden unterscheiden: Gilden als religiöse Brüderschaften, dann im Gegensatz zu diesen rein weltliche Gilden, endlich Gilden so zu sagen gemischter Natur mit weltlichen und geistlichen Zwecken. Wir betrachten zuerst die religiösen Gilden.

Als eine solche erscheint die Gilde zu Abbotsbury in Dorsetshire, welche, mit der dortigen Kirche St. Peter verbunden, von einem königlichen Gesindmann namens Orky gestiftet wurde. Da Orky oder Urki in Urkunden Knuts und Eduards des Bekenners vorkommt und im Jahre 1045 als Verstorbener genannt ist, so ist hiermit die Zeit der Stiftung ungefähr bestimmt [2]. Orky schenkte, wie im Eingang der Urkunde gesagt ist, der Gilde (gyldscipe) zu Abbotsbury die Gildhalle (gegyldhealle) und vereinbarte die Statuten mit den Gildegenossen (gegyldan) zum Lobe Gottes, zu Ehren des h. Peter und zu ihrem Seelenheil. Der religiöse Zweck der Verbindung ist auch am Schlufs in einem Gebete ausgesprochen. In den Statuten sind gewisse Gaben in Geld oder Wachs, Brod, Korn, Holz vorgeschrieben, welche jährlich um die Zeit der St. Peters Messe an das Kloster zum gemeinen Almosen geleistet werden sollen. Auch wird ein Eintrittsgeld gefordert, dabei aber ein Unterschied gemacht zwischen rechten Gildegenossen (right gegyldan) und

---

[1] Die angelsächsischen Texte mit neu englischer Uebersetzung findet man beisammen bei Thorpe, Diplomatarium unter Guilds S. 605—617. Kemble, Cod. diplom. IV, 942 gibt nur die Statuten von Abbotsbury.

[2] Aus Eduards Urk. von 1045, welche bei Thorpe Diplom. zweimal an verschiedenen Stellen abgedruckt ist (S. 426 und 576), geht hervor, dafs Urki und seine Gattin Tola ihr Land und Vermögen an die Kirche St. Peter zu Abbotsbury vermachten. Ego Urki minister findet sich unterzeichnet in Urkk. Knuts 1033 und 1035. Kemble Cod. dipl. VI. 182. 187. In einem Schreiben Eduards bei Thorpe Dipl. S. 414 ist er Urk min huskarl genannt.

solchen, die es nicht sind (ungyldan)[1]. Letzteren wird das doppelte Quantum Holz oder statt dessen ein Sester Korn als Leistung auferlegt. Beleidigungen der Genossen untereinander sollen mit einer Bufse zum Betrage des Eintrittsgeldes für die Genossenschaft (geferrædene) und einer Sühne für den Verletzten bestraft werden. Wer sich dessen weigert, verwirkt die Genossenschaft und jede andere Gilde (and ælcere odre gyldrædene) — es gab also noch andere, die mit ihr im Zusammenhange standen. Die Genossenschaft soll sich des erkrankten Genossen annehmen, für die Seele des Verstorbenen einen Pfennig zahlen und für seine Beerdigung sorgen auf Mahnung des Vorstehers (stiwerd): „das heifst mit Recht eine Gilde (gyldrædene), dafs wir so thun, und geziemt uns wohl vor Gott und der Welt."

Diese Gilde war, wie man sieht, eine religiöse Brüderschaft, wiewohl dieser Ausdruck für sie nicht gebraucht ist. Brüderschaft heifst eine Gilde (gildscipe) gleicher Art zu Woodbury in Devonshire, deren Aufnahme unter andere Brüderschaften (mid odrum gebrodrum) durch Bischof Osborn von Exeter (1072—1103) und die Kanoniker von St. Peter urkundlich bezeugt ist[2]. Die Mitglieder, 16 mit Namen, verpflichten sich, einen Pfennig als jährlichen Beitrag und eben so viel für einen verstorbenen Genossen, Mann oder Frau, als Seelenschofs (sawul sceote) an die Kanoniker zu zahlen, damit Messen für sie gelesen werden. Es waren noch andere Gilden (gildscipe) vorhanden, die gleichfalls in Verbindung mit der Kirche zu Exeter standen. Als solche sind eine ganze Anzahl aufgeführt, jede mit Benennung einiger Mitglieder, darunter noch eine in Woodbury, zwei zu Culliton, zehn an anderen Orten, welche alle zur Kirche von Exeter gehörten und zumeist in der Grafschaft Devonshire gelegen waren. Wenn man hier eine verhältnismäfsig

---

[1] Thorpe übersetzt: regular guildbrother und non regular, Kemble: full guildbrother und non full guildbrother.

[2] Thorpe, Diplom. S. 608. Hickes Thesaurus, Dissert. S. 18.

so grofse Zahl von Gilden auf einem so beschränkten Raum
beisammen findet, so ist sicherlich auf die weiteste Verbreitung des Gildewesens bei den Angelsachsen zu schliefsen[1].

In anderer Gestalt tritt eine Gilde zu Exeter auf,
deren Statuten gleichfalls dem 11. Jahrhundert angehören[2].
Diese Genossenschaft (gesamnung) war nach ihrem ausge-
sprochenen Zweck sowohl für die Förderung des Seelenheils
als auch des Lebens Wohlfahrt (ægþer ge be usses lifes ge-
sundfulnefse) gestiftet. Von einer besonderen Beziehung zu
einer bestimmten Kirche und ihrem Heiligen ist nichts erwähnt.
Dagegen tritt eine andere Seite des Gildewesens in den
Vordergrund; das ist das gemeinsame Mahl, mytting oder
gemittinge, welches dreimal im Jahre an den kirchlichen
Festzeiten gehalten werden soll. Bei diesem erhält jeder
Genosse (gegilda) zwei Sester Malz, jeder Cniht einen,
und dazu ein Mafs Honig, und es sollen jedesmal zwei
Messen von dem Priester gelesen und Pfalmen von den
Brüdern gesungen werden, einmal für die lebenden und ein-
mal für die verstorbenen Freunde. Aufser regelmäfsigen Bei-
trägen an die Kasse sind auch besondere zur Unterstützung
der Genossen bei Beerdigungen und bei Hausbrand zu leisten.
Auf Versäumnis des Gelags, Unterlassung der Beiträge (ge-
scote), Beleidigungen gegen die Genossen sind entsprechende
Strafen in Geld gesetzt.

Die vorgeschriebenen Gelage, bei welchen gottesdienstliche Gesänge und Methtrinken abwechselten, waren so
wesentlich bei dieser Gilde, dafs sie selbst gemittinge d. i.
convivium heifst[3]. Gleichwie in den Statuten von Abbotsbury rechte Gildegenossen und andere unterschieden sind,

---

[1] Keine Gilde, sondern Klosterverbrüderung war die Verbindung,
welche Bischof Wulfstan mit einer Anzahl Achten einging. Urk. bei
Thorpe S. 615

[2] Thorpe S. 613. Vgl. über die Zeitbestimmung O. Hartwig
S. 136.

[3] Am Schlufs: and æle mann thæs gemittinge mid ribtc hælde.

wird hier ein Unterschied gemacht zwischen Gegildan und
Cnights, wo unter letzteren junge noch unselbständige
Männer oder Dienstleute — das Wort bedeutet beides —
zu verstehen sind.

Die Gilde zu Exeter stellt sich im Unterschiede von
den genannten religiösen Gilden als vorwiegend weltliche
Genossenschaft dar, wiewohl sie auch die religiöse Seite, die
Sorge für das Seelenheil, nicht aufser Acht liefs.

Es liegt in der Natur der Sache, dafs das Gildewesen
nicht bei diesen harmlosen Privatgenossenschaften für religiöse und gesellige Zwecke stehen blieb, dafs es sich Geltung auch nach aufsen hin gegen Ungenossen zu verschaffen
suchte. Wenn die Vereinigung an sich stark macht, so war
dies noch mehr der Fall, wenn mächtige und einflufsreiche
Personen eine vornehme Standesgenossenschaft bildeten. Als
eine Gilde solcher Art zeigt sich die der Thane von Cambridge, deren Statuten gleichfalls in das 11. Jahrhundert
gehören[1].

Thane oder Thegen hiefsen in älterer Zeit bis auf
Aelfred die Ministerialen, insbesondere die königlichen
Dienstleute, das Gesidh, welches eine höhere Standesklasse
für sich bildete; später nannte man so die Besitzer von
5 Hufen (Hiden) Landes, welche den Ritterdienst leisteten,
also den Stand der milites ausmachten, denen das sechsfache
Wergeld von dem des gemeinen Freien (ceorl) zukam[2]. Die
Gilde von Cambridge war demnach eine höhere Standes-
gilde, gleichwie die Friedensgilde der eorle, der wir in den
Iudicia Lundonensia begegnet sind.

„Alle sollen“, ist zu Anfang gesagt, „sich einander durch

---

[1] Thegna gilde on Grantabrycge. Thorpe Diplom. S. 610.
[2] Vgl. Konrad Maurer, Kritische Überschau II 403, 413. R.
Schmid bestreitet (im Glossar unter Thegen), dafs das Thanenrecht
nur auf Grundbesitz beruhte, und behauptet, dafs es erbliches Geburts-
recht war. Jedenfalls bildeten die Thane eine höhere Standesklasse
über den Gemeinfreien.

Eidschwur Treue geloben, und die ganze Genossenschaft (geferræden) soll demjenigen helfen, der das beste Recht hat. Bestimmt gefordert wird die Leichenbegleitung für einen gestorbenen Genossen mit einem Beitrag von 2 Pfenn. von jedem zum Almosen und für die heilige Aetheldruth, sodann Hülfe in Notfällen, und es wird, wenn kein Gildegenosse (gilda) in der Nähe ist, die des Gerefen in Anspruch genommen, der, wenn er sie nicht leistet, mit einem Pfund büfsen soll; ebenso der Dienstherr (hlaford), falls er nicht selbst durch Herrendienst oder Krankheit verhindert ist. Tötung eines Genossen durch einen anderen Mann ist mit 8 Pfund zu büfsen, und wenn der Thäter die Bufse verweigert, soll die ganze Gilde den Erschlagenen rächen (wrece eal gildscipe þone gildan). Wenn ein Genosse einen anderen Mann in der Notwehr oder Vergeltung eines Unrechts erschlägt, sollen die andern zum Wergeld beisteuern, und zwar, wenn der Erschlagene ein Zwölfhyndemann ist, jeder mit einer halben Mark, wenn ein Keorl, mit zwei Öre, wenn ein Wälscher, mit einem Ör[1]. Wenn aber ein Genosse einen anderen Mann aus Thorheit oder Übermut erschlägt, so soll er selbst tragen, was er verschuldet hat. Wenn endlich ein Genosse einen Mitgenossen tötet, so hat er das mit den Verwandten zu sühnen und mufs die Gilde mit 8 Pfund zurückkaufen, oder aber er verwirkt ihre Gesellschaft und Freundschaft (geferes and freondscipes); keiner darf mit ihm essen oder trinken, aufser bei dem König, dem Bischof der Diöcese oder dem Ealdormann, es sei denn, dafs er mit zwei Bankgenossen (gesetlun) beweisen kann, dafs er ihn nicht kannte. Beleidigung eines Genossen durch einen andern ist mit einem Mafs Honig zu hüfsen, wenn der Thäter sich

---

[1] Die Halbmark war = 12 Schilling (das Pfund = 48 Sch.), 12 Öre (dänisches Geld) = 36 Schilling oder 3 Halbmark, also 2 Öre = 6 Sch. oder ¼ Mark. Vgl. R. Schmid über Geldrechnung im Glossar S. 593. Das entspricht nicht mehr den alten Wergeldsätzen der Westsachsen, wonach das Wergeld des Zwölfhyndemann das Sechsfache von dem des Keorl (200 Sch.) betrug; vgl. K. Maurer a. a. O. S. 412.

nicht mit zwei Bankgenossen reinigen kann. Wenn ein
Cnight die Waffe zieht, soll sein Herr (hlaford) ein Pfund
zahlen und die ganze Gilde diesem helfen sein Geld wieder
zu erlangen. Und wenn ein Cnight einen andern verwundet,
soll sein Herr und die ganze Gilde es an seinem Leben
rächen. Geringere Vergehen sind mit einem Maſs Honig zu
büſsen. In die gleiche Buſse verfällt der Gildegenosse, der
die Morgensprache (morgenspæce) versäumt.

Eigentümlich ist dieser Gilde die Verpflichtung der
Genossen durch Eidschwur mit Gelöbnis der Treue, weshalb sie eine geschworene Gilde heiſsen kann. Sie bezweckt,
neben Erfüllung der religiösen Pflicht im Sterbefall eines
Genossen, gegenseitige Hülfe in Not und Gefahr und besonders Schutz und Vertretung nach auſsen gegen jedermann.
Gleichwie die Familie, die Magen, übernimmt sie für den
Genossen nur bei unverschuldetem Totschlag die Zahlung
des Wergelds und fordert von dem Ungenossen, der einen
der Ihrigen erschlägt, (auſser dem Wergeld für Erben und
Verwandte) eine Buſse für die Genossenschaft, bedroht ihn
im Fall der Weigerung mit ihrer Rache, wie im gleichen
Fall einen der Ihrigen mit Ausstoſsung. Endlich fordert sie
für sich die Hülfe sowohl des öffentlichen Beamten, des
Shirgerefen, wie jedes anderen Dienstherrn, und legt diesem
im Fall der Unterlassung eine Geldbuſse auf. Die Genossen
sind Thane und Dienstherren; sie vertreten ihre waffen-
fähigen Gefolgsleute, Cnights, welche durch sie in einem
mittelbaren Verhältnis zur Genossenschaft stehen.

Eine derartige Genossenschaft, die mit solcher Selbstherrlichkeit und Eigenmacht auftritt, ist nur entweder bei
noch unfertigen Zuständen eines werdenden Staats oder bei
schon zerrütteten eines in der Auflösung begriffenen Gemeinwesens zu denken. Das angelsächsische Reich befand sich
im letzteren Fall und war seinem Untergange nahe.

Die bisher betrachteten angelsächsischen Gilden können
als Typen für ganze Klassen gelten: religiöse, mit der Kirche
verbundene, weltliche zugleich mit religiösem Zweck, Standes-

und Schutzgilden. Bei allen ist keinerlei Beziehung zu Städten oder Stadtgemeinden zu finden. Auch in den judicia civitatis Lundoniae deutet nichts auf einen Zusammenhang der Friedensgilden mit der Bürgergemeinde von London. Man kann sich die Gilde von Exeter, Cambridge eben so gut in der Stadt wie aufserhalb derselben denken. Waren demnach, wie manche behaupten, Gilden der Anfang und Mittelpunkt von Stadtgemeinden, so mufs sich dies in der Stadtverfassung zeigen, vor allem bei Entstehung der Städte nachweisen lassen.

II. Die Städte in der angelsächsischen Periode.

Das angelsächsische Wort t û n bedeutet allgemein einge-friedigtes Land oder eingezäuntes Grundstück, das ein Garten, ein geschlossener Hof (curtis), eine Ortschaft, selbst eine Stadt sein kann. Wir haben kein deutsches Wort, welches sich mit diesem Begriffe deckt.

Als unterste und kleinste Territorialeinteilung erscheint ‚Tun' in den ältesten wie späteren Gesetzen: Hlothar und Eadric von Kent c. 5: Wenn ein Freier einen Mann stiehlt, reinige er sich, jeder in dem Tun, zu dem er gehört (æt þam tûne, þe he to-hyre). Aethelstan im Prolog § 2: Der Gerefe (des Königs) soll 30 Sol., die er (erwähnten Falls) zu büfsen hat, unter die Armen verteilen, die in dem Tun sind. Aethelred c. 15: Wenn jemand am hellen Tage beraubt wird und es in drei Tunen verkündigt, so ist er (der Räuber) keines Friedens würdig [1]. In anderen Ge-setzesstellen bedeutet Tun einen herrschaftlichen Hof, curtis oder curia: Aethelbert von Kent c. 5: Wenn jemand einen Mann in des Königs Tun erschlägt, so büfse er mit 50 Sol.; c. 13: wenn in eines Eorles Tun, mit 12 Sol.; c. 17: Wenn einer in eines Mannes Tun eindringt, so büfso

---

[1] Vgl. R. Schmid Gesetze S. 10. 131. 219.

er das erste mal mit 6 Sol. Aelfred c. 1 § 2: Wer Untreue gegen den König begeht, soll mit 40 Nächten Kerker in des Königs Tun bestraft werden; die Magen sollen ihn ernähren oder des Königs Gerefe[1].

Tun hat die gleiche Bedeutung wie das lateinische villa. Zahlreiche Namen von Ortschaften im Süden vcn England sind mit Tun zusammengesetzt[2]. Ortsvorstand ist der Tungerefe, gleichbedeutend mit villicus. In Heinrich I Art. 7 § 2 sind die Tungerefen in der Reihe der Beamten von den Bischöfen und Grafen abwärts zuletzt genannt: tungrevii et caeteri terrarum domini[3].

Die Stadt heifst burh, buruh, byrig, wie dänisch by. Doch bedeutet burh überhaupt einen befestigten Ort, selbst nur ein festes Haus[4]. So im Gesetz Jne's c. 45 über Einbruch in eine Burg (burg-bryce), wo dieses Vergehen mit verschieden abgestuften Sätzen, je nach dcm Stande des Burgherrn, des Königs, des Bischofs, Ealdormans, Thans und Gesindmanns, bestraft wird[5]. Besonders war die Burg, in welcher der König seinen Wohnsitz hatte, ein höher befriedeter Ort, so dafs wer in dessen Nähe Friedensbruch beging, das Leben verwirkte[6]. K. Eadgar sagt in c. 2: „In jeder Burg und jeder Shire habe ich meine königlichen Rechte, wie mein Vater sie hatte," und c. 3: „Jedermann soll unter Bürgschaft stehen, sowohl innerhalb als aufserhalb der Burgen (ge binnan burgum ge buton burgum), und es soll Zeugenschaft eingcsetzt werden für jede Burg und jede Hundertschaft: für jede (gröfsere) Burg 33 Männer, für die

---

[1] Vgl. ebd. S. 3. 68.

[2] H. Leo, Rectitudines singularum personarum S. 26.

[3] Vgl. R. Schmid S. 440 und im Glossar unter Tungerefa.

[4] R. Schmid im Glossar.

[5] Vgl. Aelfred leges Angl. c. 40 (S. 92), wo nach dcm Zwölf- und Sechshyndemann zuletzt der Keorl genannt ist, bei diesem aber statt burc-bryce der Ausdruck edor-bryce, d. i. Zaunbruch, gebraucht wird.

[6] Vom Frieden und Mundium c. 15 (R. Schmid App. IV S. 384).

kleineren (smalum burgum), sowie für jede Hundertschaft 12 oder mehr, wenn ihr wollt. Bei allem Kauf oder Verkauf in einer Burg oder einem Wapentake (wæpengetæce), d. i. Hundertschaft, sollen einige beeidigte Männer Zeugen sein"[1].

Hier sind die kleineren Burgbezirke mit den Hundertschaften gleichgestellt; unter den gröfseren sind zahlreicher bewohnte Verkehrsplätze, also Städte, zu verstehen. Der Vorsteher der Hundertschaft heifst Ealdor (c. 8: hundredes ealdre; c. 10: se hundredes ealdor): dem sollen die Tunmänner alle Vergehen anzeigen. Ealdor, Ealdorman ist teils allgemeine Bezeichnung wie senior, teils bestimmte für den Vorsteher einer Grafschaft, dem der Gerefa, d. i. Shirgerefe, vicecomes, bei- und untergeordnet war[2]. Gerefen heifsen auch die über die Bürger gesetzten Beamten des Königs. So im Prolog der Zehntenverordnung Aethelstans (S. 126): „Ich Aethelstan mit Beirat des Erzbischofs Wulfhelm und meiner andern Bischöfe verkündige den Gerefen in jeglicher Burg ... dafs ihr zuerst von meinem eigenen Gut den Zehnten gebt ... und die Bischöfe mögen dann dasselbe thun von ihrem eigenen Gut und meine Ealdormänner und meine Gerefen desgleichen."

Der Burg-Gerefe heifst Wicgerefa. Wic ist vicus, Ort oder Stadt, Lunden-wic die Stadt London. Hlothar und Eadric von Kent c. 16: „Wenn einer von Kent in Lundenwic Gut (Vieh) kauft, so habe er für sich zwei oder drei redliche Männer zu Zeugen oder des Königs Wicgerefen." Auch in Winchester erscheint ein Wicgerefa[3].

Häufiger kommt jedoch die Benennung Portgerefa vor. Port ist weder Hafen noch Thor, sondern Stadt[4]. Eduard

---

[1] R. Schmid S. 194.

[2] Vgl. R. Schmid im Glossar unter Gerefa.

[3] Chron. Anglo-Saxonicum a. 897 (cd. Thorpe I, 174) nennt unter den bei einem grofsen Sterben gestorbenen angesehenen Männern Beornulf wicgerefa on Wintonceastre.

[4] Gleichwie in Flandern die Stadt 'Poort' und die Bürger 'Poorters' hiefsen.

c. 10 (S. 110) verordnet: „Ich will, daſs jedermann seinen
Gewährsmann habe und niemand auſserhalb der Stadt (butan
porte) kaufe, sondern daſs er das Zeugnis des Portgerefen
oder anderer glaubwürdiger Männer habe." Aethelstan
c. 12—14 (S. 139) wiederholte diese Verordnung und bestimmte ferner, daſs nur Eine Münze im ganzen Reiche des
Königs sein und niemand auſserhalb der Stadt (butan on
porte) münzen solle, wobei er zugleich die Zahl der Münzer
in einer Reihe von Städten festsetzte: in Canterbury 7, nämlich 4 des Königs, 2 des Bischofs und 1 des Abts, in
Rochester 3, nämlich 2 des Königs und 1 des Bischofs, in
London 8, in Winchester 6 u. s. w. und in den andern
(kleineren) Städten (odrum burgum) je 1. Aethelred, de In-
stitutis Lundoniae c. 9 (S. 221), beschränkte ihre Zahl in
jeder groſsen Stadt (in omni summo portu) auf 3 und auf 1
in omni alio portu. Portgerefa ist also, gleichbedeutend mit
Wicgerefa, der königliche Vorsteher der Stadt, analog dem
deutschen Burggrafen. Die lateinische Benennung ist praepositus oder praefectus civitatis[1].

Gerichtsversammlungen (gemot) wurden in den Burgen
und Städten, wie in den Hundertschaften und Grafschaften
gehalten: das Burggemot dreimal im Jahr, das Hundertgemot
alle vier Wochen, das Shiregemot, bei welchem der Bischof
und der Ealdormann den Vorsitz führten, zweimal im Jahr[2].
Die Competenz dieser verschiedenen Gerichte ist nicht ersichtlich, nur daſs das Hundertgemot als Niedergericht dem
Grafschaftsgericht untergeordnet war[3]. Höher aber galt der
Stadtfriede als der Friede im Hundert. Aethelred III c. 1
(S. 213) bestimmte, daſs der Friede, den der König gibt,

---

[1] Kemble Cod. Dipl. IV, 285: Et Godwinus praepositus civitatis
Oxnafordi et Wulfurnus praepositus comitis (also jener der königliche,
dieser der gräfliche Beamte) et omnes cives Oxnafordienses. VI, 180:
Ibiniside praefectus et tota civitas Gloucestriae.
[2] Eadgar I c. 1. III c. 5. Cnut II c. 18; vgl. Eduard II c. 8.
[3] Cnut II c. 17 und 19.

unabbüfsbar sein, der Friede, den Ealdorman und Gerefe in den fünf Burgen geben[1], mit 1200 (Shilling), der
Friede des Burggerichts mit 600, der des Wapentake (Hundert) mit 100 gebüfst werden soll. Es ist hiernach anzunehmen, dafs über Friedensbrüche, wie in den anderen genannten Gerichtsbezirken, so auch in den Städten erkannt
wurde[2].

Das Burggemot ist die Bürgerversammlung im Gericht.
Die Bürgerschaft oder Bürgergemeinde heifst Buruhwaru.
Im englisch-dänischen Friedensvertrage Aethelreds wurde
bestimmt, II c. 6 (S. 206): „Wenn ein Friedensbruch innerhalb einer Stadt (binnan byrig) geschieht, so gehe die Bürgerschaft selbst (buruhwaru sylf) hin und ergreife die Totschläger,
lebendig oder tot, ihre nächsten Magen, Mann für Mann,
oder, wenn sie nicht wollen, der Ealdormann, oder, wenn
dieser nicht will, der König."

Nirgends findet sich eine aus der Bürgerschaft selbst
hervorgegangene Gemeindebehörde erwähnt, wenn man nicht
etwa als solche „die ältesten (angesehensten) Männer, die zur
Burg gehören," ansprechen will, denen Aethelstan (II c. 20
§ 1. 4 S. 142) befiehlt, Ungehorsame und Rechtsverweigerer
zu strafen. Und etwas ähnliches kann man in der Bestellung von 33 Männern in jeder gröfseren Burg und von 12
in jeder kleineren finden, die nach der schon angeführten
Verordnung Eadgars bei Kauf oder Verkauf Zeugen sein
sollen. Wo aber in den Urkunden Städte unter den Zeugen-
schaften vorkommen, tritt immer nur die Bürgerschaft (burh-

---

[1] Es sind die Städte Leicester, Lincoln, Nottingham, Derby und
Stamford, welche lange Zeit in der Gewalt der Dänen waren und erst
durch Edmund wieder gewonnen wurden. Chron. Anglo-Saxonicum
a. 941 (ed. Thorpe I, 209. II, 89.

[2] Ich kann deshalb Stubbs, Constit. History S. 90, nicht bei-
stimmen, wenn er meint, dafs der Burggemot nur polizeiliche Befugnisse hatte, alle streitigen Sachen an das Hundertgericht gebracht
worden seien. Oder sind Friedensbrüche nur als Polizeisachen anzusehen?

waru) im ganzen neben dem Portgerefen auf. So die Bürger-
schaft von Canterbury (seo burhwaru on Cantwarebyrig) mit
Aethelred, dem Portgerefen, in einem Vertrage des Bischofs
Godwin von Rochester, der in jener Stadt im Jahre 1011 be-
urkundet wurde[1]; und so der Portgerefe und die gesamte
Bürgerschaft von Bath[2]; der Präpositus und alle Bürger von
Oxford[3]; der Präfect und die ganze Stadt von Gloucester[4];
alle Bürger oder die Bürgerschaft von Winchester[5].

Die Bürgerschaft ist nicht als Gilde zu denken[6]. Es
gab Genossenschaften und Standesgilden innerhalb und aufserhalb der burhwaru. Wir finden solche unter den Zeugen-
schaften bei Rechtsgeschäften im 9. und 10. Jahrhundert. So
in Urkunde vom Jahre 860 über Verkauf eines Grundstücks
(zu Canterbury), bezeugt und unterschrieben an erster Stelle
vom König Aethelbert, an zweiter vom Erzbischof Ciolnod
und noch anderen: Ego Aedelstan et ingan burgware. Ego
Aedelhelm et cniaghta gegildan. Ego Herewine et herred ..[7].
Das sind drei verschiedene Standesgenossenschaften mit ihren
Vorstehern, eine der Bürger, dann die Cnightengilde und
drittens, wie es scheint, eine geistliche Brüderschaft[8]. Und

---

[1] Thorpe Diplom. S. 301 (auch bei Kemble Cod. IV, 266).

[2] Kemble Cod. IV, 270: on Leafvildes gewitnefse portgerefen and
on calre dære burhware on Badon.

[3] Vgl. S. 38 Anm. 1.

[4] Kemble Cod. VI, 180 (J. 1022): et tota civitas Glocestriae et
multi alii tam Angli quam Dani.

[5] Ebd. S. 207: Et omnes cives istius civitatis, im ags. Text: and
seo burhwaru on Winceastre.

[6] Kemble, On the Saxons in England II 309, macht sich über
das Verhältnis von Gilde und Stadt folgende Vorstellung: „Die Freien
traten entweder mit oder ohne Mitwirkung des Grundherrn (lord) in
Gesellschaften oder Vereine zusammen, welche Gilden genannt wurden.
Wir können annehmen, dafs die ganze freie Stadtbevölkerung in
solche Verbindungen eingeteilt war und alle zusammen eine feste
und starke Körperschaft (substantive body) bildeten, welche gewöhnlich
burhwaru genannt wurde".

[7] Kemble Cod. II 83. Thorpe Diplom. S. 128. Cartularium Saxon.
II 128.

[8] Die Lesung dieser Zeilen ist teilweise unrichtig: ingan ist kein

in Urkunde vom Jahre 958 über das Testament eines angelsächsischen Grofsen zu Canterbury, wo als Zeugen genannt sind Erzbischof Oda, die Geistlichkeit von Christchurch und St. Augustin, mehrere Thane des Königs, endlich drei Genossenschaften innerhalb und aufserhalb der Bürgergemeinde und viele andere — da III geferscipas innan burhwara and utan burhwara and micle mættan[1].

Cnights, niedere Dienstleute, milites, denen wir in der Thanengilde zu Cambridge begegnet sind, kommen oft genug in den Urkunden als Stand oder einzeln vor[2]. Auch in London gab es, wie zu Canterbury, eine Cnightengilde, deren Ursprung in fabelhafter Erzählung auf die Stiftung von 13 Rittern unter König Eadgar zurückgeführt wird[3]. Sie endigte zur Zeit der normannischen Eroberung mit Selbstauflösung, indem sie ihren Grundbesitz innerhalb und aufserhalb der Stadt (infra burgum et extra) mit zugehörigen Leuten und Rechten dem Stifte der h. Dreifaltigkeit vermachte[4]. Man nimmt an, dafs der spätere Stadtteil (ward) Portsoken, der diesem Stifte angehörte, aus jener Schenkung herstammte[5].

Wort und kein Name. Kemble, The Saxons II 309 Note, corrigiert ingang und erklärt dies als Ausschufs oder Auswahl der Bürger, was aber ingang = Eingang nicht bedeuten kann; Prof. E. Sievers vermutet auf mein Befragen nigan als altkentisch für nigon = neun, also 9 Bürger. Statt gegildan, wie das Cart. Sax. richtig hat, lesen Kemble und Thorpe gealdan. Herred ist keine ags. Form, sondern hired oder hyred = familia; vgl. Urk. des Bischofs Aedhelwold von Winchester, Kemble Cod. VI 206, wo tres familiae, hyredas, der vorher genannten Stifter unterzeichnet sind.

[1] Kemble Cod. II 355. Thorpe Dipl. S. 510.

[2] Thorpe Dipl. S. 378 mænig god cnight. Kemble Cod. VI 155: Aelfget and Aelwerd his cnihtas. S. 184: and feala odra godra cnihta etc.

[3] Wilda, Gildenwesen S. 247.

[4] S. die Bestätigungsurkk. Heinrichs I u. Heinrichs II bei Madox, Firma Burgi S. 24. Heinrich I sagt: Praecipio, quod Prior et Canonici Sanctae Trinitatis Londou. teneant homines suos et terram suam de anglica Cnightengilda, sicut antecessores eorum .. tenuerunt tempore patris mei et fratris mei.

[5] Norton, Commentaries .. of the City of London S. 303.

Ferner ist in Winchester eine Cnightengilde mit Gildehalle bezeugt, welche ebenfalls zur Zeit der Eroberung durch die Normannen aufgehört hat[1].

Das Vorstehende kann genügen, um die Existenz der angelsächsischen Gilden nicht blofs in der späteren Zeit des Reichs, sondern auch in der früheren, wo man ihr Dasein mit Unrecht bestritten hat, zu beweisen[2]. Wenn sie erst ziemlich spät zur corporativen Organisation und dann auch zu eigenem Vermögensbesitz gelangten, so erklärt sich daraus unschwer ihre seltene Erwähnung in den Urkunden.

III. Städte und Gilden zur Zeit der normannischen Eroberung.

Domesday Book, auf Staatskosten unter Georg III in zwei grofsen Foliobänden gedrukt 1783; hierzu ein Band Additamenta 1816. Eine Übersicht des Inhalts mit Indices gibt H. Ellis, A general Introduction to D. B. 2 Bde. 1833.

Das in seiner Art einzig dastehende Reichskataster, genannt Domesday-Book, welches Wilhelm der Eroberer anfertigen liefs und das im Jahre 1086, zwanzig Jahre nach der Eroberung, vollendet wurde, ist das wichtigste Document für die englische Verfassungsgeschichte im 11. Jahrhundert. Auf Grund der Aussagen von Kronbeamten und anderen glaubwürdigen Personen ist darin die Beschreibung von Land und Leuten und hauptsächlich von den königlichen Einkünften in den einzelnen Grafschaften, Hundertschaften und Städten aufgenommen. Wenig fehlt an der Vollständigkeit des Werkes. Weggelassen sind die nördlichen Graf-

---

[1] Liber Wintoniae in Domesday Book, Addit. T. IV 531: Et ibi de justa (juxta?) fuit Chenictehalla, ubi chenictes potabant Gildam suam (die Gilde trinken ist der gewöhnliche Ausdruck für das Trinkgelag halten), et eam libere tenebant de rege Edwardo; modo eam tenent Godwinus Pison etc.

[2] Hierzu gehört noch, was im folgenden Abschnitt über Bürgergilden zu sagen ist.

schaften Northumberland, Cumberland, Westmoreland und Durham, vermutlich weil sie durch den letzten Racheakt des Eroberers nach einem Aufstand im Jahre 1069 gänzlich verwüstet worden[1], ferner die Städte London und Winchester, weil ihre Besitz- und Rechtsverhältnisse schon anderweitig festgestellt waren[2]. Zum Ausgangspunkt der Beschreibung ist überall die letzte angelsächsische Zeit, d. h. der Zustand der Dinge unter Eduard dem Bekenner (1042—1066), genommen, und es sind die Veränderungen angegeben, welche seitdem teils durch Verwüstungen und Güterconfiscationen bei der Eroberung, teils durch Übertragung von Ämtern und Lehen an die normannischen Barone und Söldner erfolgt waren. Eine tief greifende Umwälzung und Neuordnung des öffentlichen Rechts hat nicht stattgefunden; die alten Gewohnheiten, Abgaben und Dienste wurden in den Verwaltungskreisen der Grafschaften, Hundreds und Städte durchweg als Normen beibehalten.

Im Domesday-Book sind die Hundertschaften, hundreds, und die Städte, civitates oder burgi, letztere mehr als vierzig an der Zahl, nach der Reihe der Grafschaften, worin sie gelegen, beschrieben[3]. Der vorwaltende Gesichtspunkt und die hauptsächliche Veranlassung des Reichskatasters war das fiscalische Interesse, die Feststellung der königlichen Einkünfte. Aus Grund- und Hauszinsen, aus herkömmlichen Abgaben und Leistungen anderer Art (consuetudines), sowie aus gerichtlichen Gefällen setzt sich im ganzen die Geldleistung zusammen, welche als f i r m a r e g i s bezeichnet wird. Firma, ags. feorm, bedeutet Kost, Unterhalt, dann besonders Hofgut, Domäne[4], dasselbe, was im fränkischen Reich fiscus

---

[1] Bei E l l i s I, 318 sind die historischen Nachrichten über diese Gräuel zusammengestellt.

[2] Für Winchester im Liber Wintoniae: D. B. Additam. IV.

[3] Das Verzeichnis gibt E l l i s I, 191; Auszüge aus der Beschreibung bei M e r e w e t h e r I 68—282.

[4] R. S c h m i d im Glossar. In alter ags. Zeit wurden die Grundabgaben an den Fiscus in natura entrichtet; später und unter

oder res fiscalis hiefs. Die Firma war für jede Stadt besonders festgestellt und wurde durch den Vicecomes (Sheriff) der Grafschaft aufgebracht und an den Staatsschatz abgeliefert. Doch geschah es auch, dafs sie anderweitig verpachtet und dadurch zu einem Mehrbetrag gesteigert wurde. So heifst es beispielsweise in der Beschreibung von Chester (I f. 262 b): „Bei Übernahme der Stadt durch den Grafen Hugo galt sie nur 30 lib., denn sie war sehr verwüstet; jetzt hat sie Mundrat vom Grafen für 70 lib. und 1 Mark." Letzterer war der Unterpächter. „Die Stadt Canterbury galt vor der Eroberung (tempore regis Edwardi) 51 lib.; jetzt wird sie auf 50 geschätzt; doch gibt der, welcher sie zu Lehen hat, 30 nach Gewicht und 24 in geprägter Münze"[1]. „Die Stadt York (I f. 298 a) galt vor der Eroberung 53 lib., jetzt 100 nach dem Gewicht (ad pensum)."

Behufs Veranschlagung und Aufbringung der Firma ist die Statistik einer jeden Stadt gegeben, worin die Grundherren, jeder mit der Zahl der Hausplätze (mansiones, mansurae), die er besitzt, oder der Bürger, die ihm zinspflichtig sind, die herkömmlichen Abgaben und persönlichen Dienste der Einwohner, die Gerichtsgefälle und Bufsen für Vergehen u. s. w. verzeichnet sind. Sehen wir an einigen Beispielen den geteilten Besitzstand in den Städten.

In Canterbury (I f. 2) hatte der König vor der normannischen Eroberung (tempore regis Edwardi) 51 Bürger, die ihm den Zins (gablum ags. gafol) zahlten, und über andere 212 stand ihm das grundherrliche Gericht (saca et soca) zu[2]. Jetzt sind es nur 19, die ihm den Zins zahlen; 32 (Haus-

---

den normannischen Herrschern waren sie in Geld fixiert. Vgl. Dialogus de Scaccario Lib. I c. 7 bei Stubbs, Select Charters S. 193.

[1] D. B. I f. 2: 30 lib. arsas et pensatas et 24 lib. ad numerum. Bei Zahlung nach Gewicht mufste ein Aufgeld für die Einschmelzung gegeben werden; vgl. Ellis I, 161.

[2] Saca et soca, sac and soc, bedeutet die niedere Gerichtsbarkeit des Grundherrn bei Streitigkeiten und Vergehen; vgl. Leges Eduardi c. 22 und Ellis I 273.

plätze) sind verwüstet, 11 im Stadtgraben (in fossato civitatis); 12 hat der Erzbischof, 14 der Abt von St. Augustin zum Austausch für das Castell (pro excambio castelli) d. i. für die Grundstücke, welche das Kloster zu dessen Erbauung hergegeben hatte. Als andere Grund- oder Hausbesitzer sind noch genannt die Kirche der h. Dreieinigkeit, die Königin Edwa (Edgitha, Witwe Eduards des Bekenners) und mehrere Barone. Die Bürger besitzen 45 Hausplätze aufserhalb der Stadt, von denen sie selbst Zins und Abgaben beziehen; doch hat der König saca et soca; auch besafsen sie früher vom Könige 33 Äcker Land für ihre Gilde[1]. Aufserdem gab es eine nicht unbeträchtliche Zahl von Bürgern und Hausplätzen in Canterbury, welche verschiedenen auswärtigen Herrschaftshöfen (maneria, manors) zugehörten und dorthin ihre Abgaben entrichteten[2].

Ich wähle ein anderes Beispiel von den bedeutenderen Städten. In York bestanden vor der Eroberung 6 Districte (scyrae) aufser demjenigen des Erzbischofs[3]; einer davon war für die Castelle niedergelegt worden (una ex his vastata in castellis); von einem der übrigen fünf gehörte noch ein Drittel gleichfalls dem Erzbischofe. Es befinden sich darin 1418 besetzte Wohnplätze (mansiones hospitatae), wovon 391 dem Könige abgabenpflichtig sind; 400 nicht besetzte (non

---

[1] Burgenses habuerunt XLV mansuras extra civitatem, de quibus ipsi habebant gablum et consuetudinem; rex autem habet sacam et socam. Ipsi quoque burgenses habebant de rege XXXIII acras terrae in gildam suam. Auf die Gilde komme ich später zurück.

[2] D. B. f. 5ᵃ: Ipse archiepiscopus tenet Nordevde: huic manerio pertinent in civitate C burgenses III minus, reddentes VIII libr. et IIII sol. Andere 52 mansurae der Stadt gehörten zum Manor von Estursete, gleichfalls Domäne des Erzbischofs, von denen dieser 27 allein für seine Wohnung (in nova hospitatione) benutzt hatte, so dafs nur noch 25 davon übrig waren.

[3] D. B. f. 298ᵃ. Scyra (gewöhnlich Grafschaft, shire) bedeutet überhaupt einen Abschnitt oder Teil (ags. sciran, dividere), hier Stadtdistrict, wie in Huntingdon 4 Ferlingi oder Viertel (D. B. I f. 203ᵃ), in Cambridge 10 custodiae (I f. 189), = englisch wards.

hospitatae) geben nur 1 dn. oder weniger; 540 sind verlassen (vacuae) und 145 im Besitz von Franzosen (tenent
Francigenae). König und Erzbischof erhalten die gleichen
Abgaben, jeder aus seinem Teil. Noch andere Grundherren
der Stadt sind der Graf von Moreton, der 14 Hausplätze und
2 Fleischbänke (bancos in macello) und die Kirche des b.
Kreuzes besaß, — jetzt gehören sie dem Osbern (einem normannischen Baron); Wilhelm von Percy, der gleichfalls 14
Hausplätze und die Kirche der h. Maria hat, und verschiedene kleinere Grundbesitzer, darunter Odo der Bogenschütze
(balistarius) mit 3 Hausplätzen, ein Zimmermann Landric mit
10$\frac{1}{2}$, die ihm der Vicecomes gegeben[1]. Aufserhalb der
Stadt sind viermal 24 Juchert (carrucatae) steuerpflichtig (in
geldo civitatis)[2] und dienen mit den Bürgern bei den drei
öffentlichen Arbeiten (in tribus operibus regis), d. i. bei der
sog. trinoda necessitas der Angelsachsen, nämlich Heerdienst,
Verpflichtung zum Burgbau und Brückenbau.

Nur in seltenen Fällen war der König oder ein Bischof
oder weltlicher Grofser alleiniger Grundherr in der Stadt.
Ein Beispiel dieser Art ist Hereford. Freilich eine unhe-
deutende Stadt, die nicht mehr als 103 Einwohner innerhalb
und aufserhalb der Mauern zählte[3]. Vordem hatte dort Graf
Harald 27 Bürger; jetzt gehört sie allein dem Könige als
Domäne (in dominio). Früher gab der Ortsvorstand (praepositus) 12 lib. an den König und 6 an den Grafen und bezog dafür für sich alle Abgaben der Einwohner (et habebat
in suo censu supradictas omnes consuetudines), — jetzt gibt
die Stadt dem Könige 60 lib., und zu ihr gehören noch 18
auswärtige Herrschaftssitze (maneria), die dorthin ihre Steuer-

---

[1] Gelegentlich ist von 7 kleinen Hausplätzen die Breite von 50
Fufs angegeben: VII minutas mansiones continentes L pedes lati.

[2] Geldum, Kriegsgeld, das von Eduard dem Bekenner abge-
schaffte Danegild, welches Wilhelm der Eroberer als Kriegssteuer
erneuerte, Ellis I 351; diese aufserordentliche und besonders aus-
geschriebene Steuer war nicht in der Firma mitbegriffen.

[3] Dom. B. I f. 179.

beträge (firmas suas) entrichten, zusammen 335 lib. und 18 sol., außer den Gerichten der Grafschaft und Hundreds (exceptis placitis de hund. et de comitatu).

Eine bischöfliche Stadt war der Hafenplatz S a n d w i c h bei Canterbury, welcher von K. Eadgar 966 und wiederholt von den nachfolgenden Königen, Cnut und Eduard dem Bekenner, der Kirche und den Mönchen zu Canterbury geschenkt worden war [1]. Sie bildete nach D. B. f. 3a eine Hundertschaft für sich (jacet in suo proprio hundred), die dem Erzbischof gehörte und zum Unterhalt der Mönche diente (et est de vestitu monachorum). Sie zählte vor der Eroberung 307 bewohnte Hausplätze; jetzt hat sie 76 mehr und gibt 50 lib. als firma und 40000 Häringe an die Mönche. Ihr Dienst für den König ist der gleiche wie in D o v e r, wo die Bürger jährlich 20 Schiffe, jedes mit 21 Leuten bemannt, auf die Zeit von 15 Tagen stellen mußten [2].

Ebenso verschiedenartig gestaltet wie die grundherrlichen Verhältnisse in den Städten zeigen sich die persönlichen Verpflichtungen der Bürger, burgenses oder cives. Die meisten waren persönlich freie Grundholden und standen unter der niederen Gerichtsbarkeit, saca et soca, der Grundherren. Sochemanni ist der bezeichnende, wenn auch nicht häufig gebrauchte Ausdruck für dieses Verhältnis [3]. Nur ausnahmsweise findet sich an einzelnen Orten eine Minderzahl von Bürgern, welche Eigenbesitz hatten, und denen auf diesem auch die saca et soca zustand, wie z. B. 19 Bürger in Warwick [4] und die 7 Münzer in Hereford, die das gleiche Vorrecht genossen, dafür aber dem Sheriff auf dem Heeres-

---

[1] S. die Schenkungsurkk. in Kemble Cod. diplom. Nr. 519. 737. 896. 1328.

[2] Dom. B. f. 1 a.

[3] So in Stamford, welche Stadt in 6 custodiac, = wards, geteilt war: D. B. f. 336 a: In his custodiis sunt 77 mansurae sochemannorum, qui habent terras suas in dominio et qui petunt dominos ubi volunt. Andere Beispiele gibt Ellis I 70.

[4] D. B. f. 238 a: 19 burgenses habent 19 mansuras cum saca et soca et consuetudinibus.

zuge nach Wales folgen mufsten und dem Könige auch den
Sterbfall oder das Anfallgeld aus ihrem Nachlafs (relevamen-
tum) schuldig waren[1], und die 12 Lagemänner in Lincoln,
von denen noch weiter zu reden ist. Allgemein besafsen das
Recht der saca et soca die Bürger von Dover als Entgelt für
ihre Staatsleistung von Schiffen und Mannschaft[2].

Den Grundherren hatten die Bürger als deren Hintersassen nicht blofs den Haus- und Grundzins in Geld, sondern
noch andere Abgaben und Dienste zu leisten. In der Stadt
Hereford, die, wie erwähnt, königliche Domäne war,
erscheinen diese Verpflichtungen vermischt mit den öffentlichen Diensten, welche dem Könige als Landesherrn gebührten. Die Lage der Bürger streift nahe an Hörigkeit[3].
Jeder ganze Hof oder Hausplatz (integra mansura) mufs
$7\frac{1}{2}$ Denar für die Pferdestallung zahlen, an drei Tagen im
August Korn mähen und an einem Tage Heu machen, wo
es der Sheriff befiehlt. Wenn der König zur Jagd geht,
mufs aus jedem Hof ein Mann im Walde aufgestellt werden;
wer keinen ganzen Hof besitzt, mufs persönlich den Wacht-
dienst bei der Person des Königs verrichten, wenn dieser
anwesend ist. Aufserdem sind gewisse Rofsdienste zu leisten.
Der König erhebt von den Verstorbenen das Heergewedde
(heriot, relevium)[4]. Doch sind die Bürger persönlich frei.
Sie können fortziehen und ihr Haus mit den darauf haften-
den Diensten verkaufen, müssen aber dem Ortsvorstande
(praepositus), der die Erlaubnis dazu zu geben hat, ein
Drittel des Kaufgelds überlassen. In keinem Fall darf dem
Könige der Dienst von einem Haus- und Wohnplatz verloren

---

[1] D. B. f. 179 a.

[2] Vgl. S. 47. D. B. f. 1 a: hoc faciebant pro eo, quod eis per-
donaverat (rex Edwardus) saccam et socam. Es war ein Privilegium
des ags. Königs, welches bestehen blieb.

[3] D. B. f. 179 a.

[4] Vergl. hierüber Cnut Leges II. c. 71, wo dasselbe je nach dem
Personenstande abgestuft ist.

gehen; wenn einer ihn armutshalber nicht leisten kann, wird die Stelle mit einem andern besetzt. Das Recht der Ver- erbung ist beschränkt. Jeder kann bei Lebzeiten über sein Vermögen verfügen; ist das aber nicht geschehen, so verfällt das Gut dem Könige[1].

Anders ist das Dienstverhältnis zu einem besonderen Schutzherrn, in welches die Bürger gleichwie andere Leute als homines commendati oder dominici nach ihrer Wahl eintreten konnten. Besonders häufig ist dasselbe in der Beschreibung der Grafschaften Norfolk und Suffolk er- wähnt, und es kommen dabei auch homines dimidii vor d. h. solche, die zweien Herren dienten[2]. In Norwich z. B. hatte der Erzbischof von Canterbury das Schutzrecht (com- mendationem) mit saca et soca über 50 Bürger, desgleichen der Graf Herald über 32[3]. Ein reicher Mann, namens Edstan, stand im Dienste des Königs, so daſs er nicht ohne dessen Erlaubnis in den Dienst eines andern übergehen durfte. Dasselbe ist von 36 Bürgern in Thetford gesagt, welche do- minici regis waren, während allen übrigen die Wahl des Dienstherrn freistand. Dem Könige gebührten die herkömm- lichen Abgaben der Bürger; dem Dienstherrn allein kam das Heriot oder Heergewedde zu[4].

Abgesehen von diesen verschiedenen Abhängigkeitsver- hältnissen der Bürger in bezug auf das Recht der Person und des Besitzes gab es unter ihnen noch andere Klassen- unterschiede. Zahlreiche Franzosen, Francigenae, waren schon unter Eduard dem Bekenner in den englischen Städten

---

[1] D. B. I 179ᵃ: Si quis morte praeventus non divisisset quae sua erant, rex habebat omnem ejus pecuniam . . . moriente aliquo regis monetario, bahebat rex 20 sol. de relevamento; quod si moreretur non diviso censu suo, rex habebat omnem censum.

[2] Zahlreiche Beispiele gibt Ellis I 63 ff.

[3] D. B. II f. 116.

[4] D. B. II 118ᵇ: alii omnes poterant esse homines cujuslibet, sed semper tamen consuetudo regis remanebat, praeter herigete.

ansässig geworden. Wilhelm der Eroberer verlieh sein erstes
Privilegium für London, von dem später zu reden ist, an
Franzosen und Engländer. In der Stadt York waren Franzosen im Besitz von 145 Wohnplätzen[1]. In Hereford waren
sie besser gestellt als die Engländer, Anglici, hinsichtlich
der Gerichtsbufsen[2]. In Cambridge zahlten 3 Franzosen im
siebenten District (die Stadt war in 10 custodiae geteilt)
nichts von ihren Hausplätzen[3]. Auf das Personenrecht der
Francigenae im allgemeinen beziehen sich einige Wilhelm
dem Eroberer zugeschriebene Statuten: sie sollen die öffentlichen Abgaben wie die Engländer entrichten; aber bei Klagen wegen schwerer Verbrechen, Meineid, Mord, Diebstahl,
Raub, welche von Engländern gegen sie erhoben werden,
brauchen sie sich nur durch Eid zu reinigen, wo im umge-
kehrten Fall die Engländer sich durch Zweikampf verteidigen müssen[4].

Ein anderer Klassenunterschied, der bisweilen gemacht
wird, ist der von burgenses meliores und minores oder minuti
nach Mafsgabe des Vermögens und des dadurch bedingten
gröfseren oder geringeren Ansehens[5].

An verschiedenen Orten finden sich hörige Leute der
Bürger: so in Nottingham (Snotingeham) neben 173 burgenses
19 villani; in Huntingdon, das in 4 Quartiere (Ferlingi) ge-

---

[1] Vgl. oben S. 46.

[2] D. B. I f. 179: habent quietas pro 12 denar. omnes forisfacturas
suas, praeter tres supradictas, nämlich die drei schweren Brüche, welche
dem Könige mit 100 sol. gebüfst werden mufsten.

[3] D. B. I f. 189.

[4] Vgl. die Statuten bei Stubbs, Select Charters S. 83. c. 4 und
6. Dafs nicht die mit dem Eroberer ins Land hereingekommenen Normannen zu verstehen sind, sagt ausdrücklich c. 4: Et omnis Francigena,
qui tempore regis Edwardi propinqui mei fuit in Anglia particeps
consuetudinum (Abgabe) Anglorum, quod ipsi dicunt onhlote et anscote,
persolvatur secundum legem Anglorum.

[5] Vgl. Beweisstellen bei Ellis I 210. In Ipswich (Gepeswiz)
waren neben 110 Bürgern, welche Abgaben zahlten, 100 andere, die
wegen Armut nur 1 den. als Kopfsteuer entrichteten. D. B. II f. 290.

teilt .war, in zwei derselben 116 burgenses und 100 diesen untergebene bordarii, die zur Kriegssteuer mitzahlten[1].

Selten geschieht im D. B. von Kaufleuten und Handwerkern besondere Erwähnung, wie z. B. in Nottingham, wo einem Grundherrn 48 zinspflichtige Häuser der Kaufleute und 12 der equites d. i. solcher, die dem Könige mit einem Rofs dienten, gehörten[2]; in Hereford, wo 6 Schmiede 120 Hufeisen (ferra) aus dem Eisen des Königs anfertigen und jeder 1 den. geben mufsten. Es geht hieraus hervor, dafs es noch keine Genossenschaften oder Corporationen der Kaufleute und Handwerker gab, welche als abgabenpflichtig in Betracht gekommen wären[3].

Da allein das fiscalische Interesse bei Anfertigung des Reichskatasters der leitende Gesichtspunkt war, ist es bei aller Genauigkeit und Fülle seiner Angaben doch unmöglich, aus ihm ein deutliches Bild von dem städtischen Wesen der Zeit, von dem Leben und den Nahrungsquellen der Bürger zu gewinnen. Ja, es ist überhaupt schwer zu denken, wie bei den geschilderten Personen- und Besitzverhältnissen in den Städten, wo teils der König, teils geistliche und weltliche Herren die Grund- und Gerichtsherrschaft besafsen und die Bürger zumeist als deren Hintersassen in so verschiedene Klassen gesondert waren, überhaupt ein bürgerliches Gemeinwesen bestehen konnte. Dennoch hat es nicht

---

[1] D. B. I f. 203ᵃ.: et sub eis sunt 100 bordarii, qui adjuvant eos ad persolutionem geldi.

[2] D. B. I f. 280ᵃ: Will. Peurel habet 48 domus mercatorum et 12 domus equitum, in una harum manet unus mercator.

[3] Allgemein interessant für die im bisherigen geschilderten Zustände ist die Beschwerde der Bürger von Shrewsbury (D. B. I 252 in civitate Sciropesberie), dafs sie immer noch die ganze Kriegssteuer (geldum) wie zur Zeit K. Eduards geben müfsten, obwohl das Castell des Grafen 51 Wohnplätze eingenommen habe, andere 50 verwüstet seien und 43, die sonst mitsteuerten (geldantes), Franzosen gehörten, endlich der Graf 39 Bürger, die sonst gleichfalls steuerpflichtig waren, an die von ihm gegründete Abtei überlassen habe.

4*

gänzlich an einem solchen gefehlt. Das Wenige, was sich
hierüber aus dem Domesday-Book entnehmen läfst, soll hier
noch angeführt werden.

Sehen wir zuerst den Verwaltungsorganismus des Reiches,
in welchen die Städte eingefügt waren.

Noch bestand, so wenig wie in der angelsächsischen
Periode, kein Unterschied bezüglich der Verwaltung und
der Gerichte zwischen den Städten und Landbezirken oder
Hundreds. „Die englische Stadt,“ sagt der neueste Geschichtschreiber der normannischen Eroberung, „war nur
ein District, in welchem die Einwohner dichter zusammen-
gedrängt waren als anderswo: es waren nur mehrere Ortschaften (townships) enger vereinigt, ein Hundred kleiner
in Ausdehnung und dichter in Bevölkerung als andere
Hundreds“ [1].

In der That bildeten nach dem Reichskataster Städte,
die zu den mittleren gehörten, für sich ein Hundred, oder
waren als solches zur Kriegssteuer nach Hufenzahl ver-
anschlagt; gröfsere vereinigten mehrere Hundreds in sich, und
die kleinsten waren in einem ländlichen Hundred mit eingeschlossen [2].

Der Shirgerefe (Sheriff), der in normannischer Zeit vicecomes heifst, war der oberste Verwaltungs- und Gerichts-
beamte der Grafschaft. Graf, Ealdorman = Eorl, sonst
Statthalter des Königs, war jetzt nur Titel eines höheren
Ehrenamts, verbunden mit einem Drittel der Einkünfte (tertius
denarius). Nur wenige Grafen und Gräfinnen sind im
Domesday-Book genannt [3]. Als Ortsvorsteher erscheinen, wie
früher, praepositi oder praefecti, sowohl königliche, praepositi

---

[1] Freemann, The history of the Norman conquest of England
V 466.

[2] Sandwice jacet in suo proprio hundred (D. B. I f. 3 ª). Burgum
de Grantebrige (Cambridge) pro uno hundert se defendit (I, 189).
Burgum Hertforde pro 10 hidis se defendit (I, 132 ª).

[3] Vgl. über die normannische Grafschaftsverwaltung Gneist,
Englische Verfassungsgeschichte S. 113 ff.

regis, in Hundreds und Städten, wie herrschaftliche in den Herrschaftssitzen (honores, maneria) der Grofsen; sie hatten gewisse Einkünfte und Ländereien als Besoldung[1]. Ihnen lag es ob, die Abgaben und Dienste der Einwohner für den König oder die Herrschaft aufzubringen[2]; sie übten die Markt- und Sicherheitspolizei. In der Beschreibung der Stadt Chester, wo mit besonderer Ausführlichkeit die Bufsen für Vergehen und Übertretungen, von denen ²/₃ dem König, ¹/₃ dem Grafen zufielen, verzeichnet sind, ist bezüglich der Friedensbrüche der Unterschied gemacht: wenn der Friede vom Könige selbst oder in seinem Auftrage (vel suo brevi vel per suum legatum) verkündigt worden, ist der Bruch mit 100 sol. zu büfsen; wenn vom Grafen, erhält dieser ein Drittel; wenn von dem Präpositus des Königs oder einem Beamten des Grafen (a preposito regis aut ministro comitis), beträgt die Bufse nur 40 sol., wovon dem Grafen gleichfalls ein Drittel zukommt[3].

Neben den königlichen Beamten gab es in den Städten, wie in den Hundreds, besondere Gemeindeorgane, angesehene Männer, die als Zeugen bei Käufen zugezogen wurden, wie wir schon oben sahen[4]. Als solche sind öfter Lagemänner (lagemanni, lahmen) genannt, d. i. Männer des Rechts, die auch als Rechtsfinder oder Schöffen thätig waren. Nach einer alten Verordnung über den Verkehr zwischen Westsachsen

---

[1] D. B. I 218 b: Terra prepositorum regis et eleemosynarum ... in Euresot tenet Herbertus prefectus regis dimidiam hidam etc. f. 142 b Herfordshire: In Ajete tenet prepositus de isto hundred IX acras de rege.

[2] Z. B. D. B. I, 56 a: In burgo de Walingford ... et qui ibi manebant, faciebant servitium regis cum equis vel per aquas ... et hoc facientibus dabat prepositus mercedem non de censu regis sed de suo. Vgl. oben unter Hereford S. 46. In Chester wurde für Mauer- und Brückenbau von jeder Hide (Hufe) der Grafschaft ein Mann durch den Präpositus aufgeboten; derselbe hatte die Aufsicht über den Handel mit Marderfellen. D. B. I 262 b.

[3] D. B. I 262 b.

[4] Vgl. S. 37.

und dem wallisischen Volksstamme der Dunseten sollten 12 Lahmänner, 6 englische und 6 wallisische, in Streitigkeiten unter ihnen das Recht weisen[1]. In den sog. leges Edwardi confessoris ist bestimmt, dafs die Lagemänner und angesehenen Einwohner in Stadt und Hundred die Untersuchung wegen ungesetzlicher Käufe führen sollen[2].

Dieselben kommen in den Beschreibungen des D. B. an verschiedenen Orten als judices oder judices civitatis in der Zwölfzahl vor. Ihre Pflichten und Rechte lassen sie als ständige Schöffen erkennen. In Chester gehörten die 12 judices civitatis zu den Dienstleuten des Königs oder des Bischofs oder des Grafen[3]; sie waren verpflichtet, im Gericht des Hundred zu erscheinen: wer ausbleibt, büfst dem König oder dem Grafen. In Lincoln hatten die 12 Lagemänner das Recht der saca et soca über ihre Hintersassen: sie sind mit Namen genannt, unter ihnen drei Priester[4]. In York waren 4 judices, gleichwie die Kanoniker, für ihre Lebenszeit durch den König als abgabenfrei privilegiert[5]. In Cambridge waren die Lagemänner dem Sheriff die Abgabe des Hériot schuldig[6].

Auf einen Gemeindeverband der Bürger, mindestens als Markgenossenschaft, läfst die Erwähnung von Ländereien und Nutzungen im Gesamtbesitz derselben schliefsen. Es wurde bereits bei der Beschreibung von Canterbury und York bemerkt, dafs am ersteren Ort die Bürger 45 Wohnplätze aufserhalb der Stadt besafsen, von denen sie selbst

[1] R. Schmid, Anhang I S. 360 c. 3.

[2] Ebend. S. 518 C. 38 § 3: et postea inquirat justitia per lagemannos et per meliores homines de burgo vel hundredo vel villa, ubi emptor ipse manserit.

[3] D. B. I 262 b: hi erant de hominibus regis et episcopi et comitis.

[4] A. a. O. 336: 12 lagemanni, id est habentes sacam et socam.

[5] A. a. O. 298 a: et praeter 4 judices, quibus rex dabat hoc donum per suum brevem, et quam diu vivebant.

[6] A. a. O. 189 a: de harieta Lagemannorum habuit isdem Picot 8 lib. et unum palefridum et unius militis arma.

die Abgaben erhoben, dafs in Canterbury 96 Juchert (carrucatae) aufserhalb der Stadt die Lasten mit ihr teilten. Beides weist zwar nicht bestimmt auf Gemeindebesitz, denn es
konnten jene Wohnplätze und diese Felder einzelnen Bürgern
gehören: so war es der Fall in Nottingham, wo 38 Bürger
sich in den Ertrag von Weide und Waldparzellen aufserhalb
der Stadt teilten[1]. Deutlicher aber sprechen andere Stellen
für den Gesamtbesitz einer Stadt oder Gemeindebesitz aller
Bürger: in Exeter, wo 12 Juchert Feld aufserhalb der
Stadt an die Stadt Zins zahlten[2]; in Colchester, wo die
Bürger insgesamt aus Äckern und Grundstücken 60 sol.
jährlich für den Dienst des Königs erhoben oder aber, wenn
dieser nicht gefordert wurde, unter sich teilten[3]; in Cambridge, wo die Bürger sich beklagten, dafs der Vicecomes
ihnen die gemeine Weide genommen habe[4].

Ich komme nun auf die Frage, ob und wie das Gildewesen, das wir in der angelsächsischen Periode weit verbreitet sahen, sowohl als religiöse wie als Gilden von Standesgenossen, auch in der normannischen Zeit fortbestanden hat?

---

[1] D. B. I 280 a: Ad hoc burgum adjacent 6 carruc. terrae ad
geldum regis et unum pratum et silvae minutae ... haec terra partita
fuit inter 38 burgenses.

[2] D. B. I f. 100: Burgenses Exoniae urbis habent extra civitatem
terram 12 carruc., quae nullam consuetudinem reddit nisi ad ipsam
civitatem.

[3] D. B. II 107 a: In commune burgensium 24 acr. terrae et circa
murum 8 percae, de quo toto per annum habent burgenses 60 sol. ad
servitium regis, si opus fuerit, sin autem in commune dividunt.

[4] D. B. I 189: Reclamant autem super Picotem vicecomitem com-
munem pasturam sibi per eum ablatam. Die Stelle ist auch sonst interessant, da man daraus sieht, wie das Verhältnis der Stadtbewohner
zu dem Königlichen Grafschaftsbeamten war, und welche Bedrückungen
sich ein solcher erlaubte. Sonst (zur Zeit Eduards), heifst es dort, bestellten die Bürger dem Vicecomes seine Felder dreimal im Jahr; jetzt
wird dies neunmal gefordert. Sonst brauchten sie nicht Gespann und
Wagen zu stellen (nec averas nec curras inveniebant), wie es ihnen
jetzt auferlegt wird (per consuetudinem impositam). Auf der eingezogenen
Gemeinweide hat der Vicecomes drei Mühlen errichtet etc.

Nur an zwei Stellen des grofsen Reichskatasters finden sich Gilden erwähnt.

Bei Canterbury heifst es: „In der Stadt hat der Erzbischof 12 Bürger und 32 Wohnplätze, welche die Geistlichen des Orts für ihre Gilde besitzen" [1], und vorher: „Die Bürger hatten (zur Zeit Eduards) 45 Wohnplätze, von denen sie selbst die Abgaben einnahmen. Dieselben hatten auch 33 Acker Land vom Könige für ihre Gilde: diese Häuser und dieses Land besitzt (jetzt) Rainulf von Columbels" [2]. Und bei Dover: „In Dover sind 29 Wohnplätze, deren Abgaben dem Könige verloren gegangen sind. Von diesen hat Wilhelm, der Sohn Goisfrids, drei, wo die Gildhalle der Bürger war" [3].

Wir entnehmen hieraus, dafs zur Zeit der Anfertigung des Katasters die Bürgergilden zu Canterbury und Dover nicht mehr existierten und ihr Güterbesitz an Lehnsträger der Krone übergegangen war, während dagegen die Gilde der Geistlichen in Canterbury fortbestand [4]. Erinnern wir uns, dafs auch die Cnightengilden zu London und Winchester zur Zeit der normannischen Eroberung ihre Auflösung erfahren hatten [5], so liegt der Schlufs nahe, dafs die Normannen dem Gildewesen der Engländer überhaupt feindlich entgegen-

---

[1] D. B. I f. 3 a: et 32 mansuras quas tenent clerici de villa in suam gildam, et reddunt 35 sol. et un. mold. de 5 sol. (moldura oder molta d. i. gemahlenes Korn, im Betrage von 5 Schilling.)

[2] F. 2 a: Ipsi quoque burgenses habebant de rege 33 acras terrae in gildam suam: has domus et hanc terram tenet Rannulfus de Columbels.

[3] D. B. I 1 a: Willelmus filius Goisfridi 3, in quibus erat gihalla burgensium.

[4] Merewether und Stephens gehen in ihrem Eifer gegen alte Stadtcorporationen so weit, dafs sie diese Gilden wegzuerklären versuchen: Gilde bedeute hier nichts anders als guild d. i. Gülte, Abgabe, und guildhall den Ort, wo die Gülten bezahlt wurden! History of the boroughs I 73. II 599. Das ist eine Verirrung aus vorgefafster Meinung.

[5] Vgl. oben S. 41. 42.

traten und Wilhelm der Eroberer in ihm ein gefährliches Element nationaler Association erblickte, welches er unterdrückte, wo er konnte. Dennoch gelang es nicht, den tief eingewurzelten Trieb genossenschaftlicher Vereinigung, so wenig wie andere Gewohnheiten und Sitten des englischen Volks, durch Fremdherrschaft und Gewalt zu vernichten. Gleichwie die englische Volkssprache sind auch jene später wieder zum Durchbruch gekommen.

Ich verlasse nun die, wenn auch über Personen- und Besitzverhältnisse höchst lehrreichen, doch über die Gemeindeverfassung der englischen Städte nur wenig Auskunft gebenden Beschreibungen des normannischen Reichskatasters und komme zu den königlichen Verordnungen und Privilegien, um an der Hand derselben die weitere Entwickelung des englischen Städtewesens darzulegen.

IV. Das englische Stadtrecht im allgemeinen und die Kaufmannsgilde insbesondre.

Quellen: R. Schmid (a. a. O.) Leges Willelmi Conquestoris S. 322 bis 357; Leges Henrici Primi (eine Privatarbeit) Anhang Nr. XXI. — Rotuli Chartarum in turri Londinensi asservati ed. Duffus Hardy P. 1 1837 fol. (aus den J. 1199—1216). — Madox, The History and Antiquities of the Exchequer of the kings of England, 2 ed. 2 Bde. in 4° 1769 (Auszüge aus den Registern des Schatzamts). — Urkunden und Auszüge aus solchen in den schon citierten Werken von Madox, Brady und Merewether-Stephens. — Stubbs, Select Charters and other Illustrations of Constitutional History 4 ed. 1881. (Eine treffliche Auswahl der für die Verfassungsgeschichte wichtigen Urkunden und Quellenschriften.)

Litteratur. Die oben S. 15 f. cit. Schriften von Merewether und Stephens, Stubbs, Gneist und Grofs. Aufserdem Fr. Seebohm, The English village community 2. ed. 1883.

An erster Stelle sind einige allgemeine Grundsätze aus den Wilhelm dem Eroberer zugeschriebenen Gesetzen hervorzuheben.

„Märkte," heifst es in einem derselben, „sollen nur in
den Städten unseres Reiches, in den durch Mauern geschützten Burgen und sichersten Plätzen gehalten werden...
Denn dazu sind Burgen und Städte gegründet, nämlich zum
Schutze der Einwohner und zur Verteidigung des Reiches,
und darum sollen sie in aller Freiheit erhalten werden" [1].

Die Bedeutung der Städte und Burgen ist hier nach
beiden Seiten hin hervorgehoben, dafs sie zu Markt- und
Handelsplätzen bestimmt sind und dafs sie zur Verteidigung
des Reiches dienen.

Das Eine beruht auf älteren, schon erwähnten Verordnungen der angelsächsischen Könige wie die, dafs Kaufverträge nur in Städten mit Gewährsmännern sollen geschlossen werden [2]; das Andre beruht auf der Politik des
Eroberers, der besonders durch Befestigung der Städte und
Anlegung neuer Castelle auf die Sicherung seines Reiches
bedacht war: wir sahen im Domesday-Book, wie viel Hausplätze an manchen Orten, in York sogar ein ganzer Stadtteil für die Erbauung von Castellen verwüstet worden [3].

Wichtiger noch ist ein anderer allgemeiner Satz, der so
lautet: „Wenn hörige Leute Jahr und Tag unangesprochen
in unsern Städten gewohnt haben, sollen sie fortan vom
Joche der Knechtschaft befreit sein" [4]. Das ist ein Programm
der Zukunft, welches schwerlich schon von Wilhelm dem
Eroberer herrührt, sondern erst später zur Anerkennung
und wirklichen Geltung gekommen ist [5]. Als allgemein gel-

---

[1] Carta Regis Willelmi conquistoris de quibusdam statutis c. 11 (R.
Schmid S. 356).

[2] Vgl. S. 38.

[3] Vgl. S. 45.

[4] A. a. O. c. 17: Si servi permanserint sine calumpnia per annum
et diem in civitatibus nostris vel in burgis vel muro vallatis vel in
castris nostris, a die illa liberi efficiantur, et liberi a jugo servitutis
suae sint in perpetuum.

[5] Dieses Statut findet sich nicht im Textus Roffensis, welchen
Stubbs, Select Charters S. 83, als mutmafslich von Wilhelm I erlassene

tend in den privilegierten Städten spricht denselben Grundsatz Glanvilla zur Zeit Heinrichs II aus [1].

Am frühesten erlangten die Bürger der Reichshauptstadt L o n d o n die wichtigsten Freiheitsrechte.

Wilhelm der Eroberer bestätigte bei seinem Regierungsantritt in einer Zuschrift an Bischof Wilhelm, an den Stadtvorsteher (portirefan) Gosfrith und die ganze Bürgerschaft in London, sowohl die französische wie die englische (and ealle þaa burhwaru binnan London Frencisce and Englisce), den Bürgern alle Rechte, die sie seit Eduard dem Bekenner besessen hatten, insbesondre das Recht der Vererbung vom Vater auf den Sohn, und verhiefs ihnen seinen Schutz gegen jedwedes Unrecht [2].

Von den hergebrachten Rechten ist hier als das wichtigste hervorgehoben das Recht der Vererbung, woraus zu schliefsen ist, dafs dieses persönliche Freiheitsrecht zur Zeit keineswegs den Bürgern der Städte überall zustand, dafs vielmehr ihre persönliche Freiheit in der Regel in dieser wie in anderen Beziehungen beschränkt war, wie wir dies namentlich im Stadtrecht von Hereford gesehen haben [3].

Sehr viel weiter geht das folgende Privileg Heinrichs I (1100—1135) [4].

Darin wird den Bürgern das Dominium der Grafschaft Middlesex in Erbpacht für jährliche Zahlung von 300 lb. verliehen; ferner das Recht, den Sheriff (vicecomes) sowie den Richter in Sachen der Krone, Coroner (justitiarium ...

Gesetze abgedruckt hat. Ihm entspricht ein Artikel des Stadtrechts von Newcastle upon Tyne aus Heinrichs I Zeit, ebd. S. 112.

[1] In einer auch sonst bemerkenswerten Stelle seines Tractatus de legibus Angliae Lib V c. 5, auf die ich später zurückkomme.

[2] Stubbs, Select charters S. 82; vgl. Freemann, Hist. of the Norman Conquest IV 29.

[3] Vgl. S. 49.

[4] Rymer Foedera I Nr. 11. Stubbs Sel. Ch. S. 108. Hüllmann, Städtewesen III 66, der dieses Privilegium aus inneren Gründen Heinrich I absprechen und erst Heinrich II zuschreiben will, hat die das Gegenteil beweisende Zeugenreihe aufser Acht gelassen.

ad custodiendum placita coronae meae), aus ihrer Mitte zu
wählen, womit zusammenhängt die Befreiung von allen auswärtigen Gerichten (et cives non placitabunt extra muros
civitatis pro nullo placito). Dazu kommt die Befreiung von
verschiedenen genannten Steuern und Bufsen[1]; Abschaffung
des gerichtlichen Zweikampfs; Befreiung von Zöllen, Strafsen-
und Brückengeld durch ganz England; Bestätigung der gutsherrlichen Rechte der Bürger, gleichwie der Kirchen und
Barone[2], sowie gewisser Rechtsvorzüge im gerichtlichen Verfahren bezüglich ihrer Personen, ihres Landbesitzes und bei
Schuldklagen.

Überaus wertvolle Rechte waren hiermit den Bürgern
von London verliehen.

1. Finanzielle Selbstverwaltung durch immerwährende
Verpachtung der Firma, d. i. des fixierten Betrags der königlichen Einkünfte, zu Erblehen, feodi firma, feefarm.

2. Exemtion der Bürger von auswärtigen Gerichten, verbunden mit eigener Wahl der königlichen Richter, des Sheriff
und des Kronrichters. London, vereinigt mit Middlesex,
bildete eine Grafschaft für sich, in der die Stadtbezirke,
wards, den Hundreds entsprachen. Als Gerichte in der Stadt
sind genannt die öffentlichen (folkesmote et alia placita) und
das Stadtgericht, Husting, welches wöchentlich einmal gehalten werden soll, dessen Competenz vermutlich auf Han-
dels-, Gewerbe- und Polizeisachen beschränkt war[3].

----

[1] De schot et de loth, de danegildo et de murdro. Scot and lot
sind die üblichen städtischen Steuern und Dienste. Vom danegildum,
sonst geldum, der Kriegssteuer, war oben die Rede (S. 46 Anm. 2).
Murdrum ist die Mordbufse für einen im Bezirk der Stadt begangenen
Mord, dessen Thäter unbekannt war.

[2] Et ecclesiae et barones et cives teneant et habeant bene et in
pace soccas suas cum omnibus consuetudinibus, ita quod hospites,
qui in soccis suis hospitantur (Hintersassen oder Mieter), nulli dent
consuetudines suas, nisi illi cujus socca fuerit, vel ministro suo quem
ibi posuerit.

[3] Et amplius non sit miskenninge (d. i. variatio loquelae, Übelreden, nach du Cange) in hustenge neque in folkesmote neque in

3. Andere Befreiungen und Rechtsvorzüge, unter denen die Zollfreiheit des Handels im ganzen Lande den Bürgern am meisten zugute kam.

Das Recht der Sheriffwahl findet sich nicht wieder bestätigt in den nachfolgenden Privilegien, J. 5 K. Richard und J. 1 K. Johann, worin die übrigen Freiheiten in der Kürze wiederholt sind[1]. Wenn auch dasselbe nicht förmlich zurückgenommen wurde, so mußte doch seine Ausübung bei jeder Neuwahl mit vielem Gelde an das königliche Schatzamt bezahlt werden[2]. Aus den Registern des letzteren geht hervor, daß im 12. Jahrh. regelmäßig 4 bis 5 Sheriffs zusammen im Amte waren und für die Firma Rechnung ablegen mußten, und daß später ebenso regelmäßig zwei Bürger als Sheriffs, der eine für die Stadt, der andere für die Grafschaft Middlesex, fungierten[3].

Der Sheriff war der königliche Oberbeamte, insbesondere Finanzbeamte und Richter der Grafschaft, nicht der eigentliche Stadtvorsteher[4]. Als solcher erscheint nach wie vor der praepositus, reeve, an dessen Stelle später der von den Bürgern selbst gewählte Mayor trat.

Die Freiheiten der Bürger und die Stadtverfassung von London konnten als Maßstab für die Privilegien dienen, welche andere Städte, sei es von den Königen, sei es von den geistlichen oder weltlichen Grundherren bewilligt erhielten. So erlangten die Bürger von Lincoln von Richard I und Johann, die von Exeter von letzterem die gleichen Freiheitsrechte wie die von London[5]. In anderen Stadtprivi-

---

aliis placitis infra civitatem. Et husting sedeat semel in hebdomada, videlicet die Lunae.

[1] Brady, App. S. 28 und 30.

[2] Madox, Exchequer I 397; vgl. Stubbs, Constit. History S. 406.

[3] Madox Firma burgi S. 164—173 hat die ganze Reihefolge der Vicecomites sowie die Beträge der Firma bis auf die Zeit Karls II herab verzeichnet.

[4] S. über seine Stellung und Functionen in der normannischen Zeit Gneist Verfassungsgesch. S. 115. Gesch. der Communalverf. S. 420. Selfgovernment S. 88.

[5] Urkk. Richards I von 1194 für Lincoln bei Stubbs, Sel. Ch.

legien wurden bei Gewährung der Zollbefreiung diejenigen
Zölle und Hafengelder, welche London erhob, ausdrücklich
ausgenommen und damit das vorzügliche Recht der Hauptstadt vor anderen anerkannt[1].

Im Laufe des 12. und 13. Jahrhunderts bildete sich auf
Grund der königlichen Privilegien, insbesondere der zahl-
reichen, welche der tyrannische und immer geldbedürftige
König Johann den Städten verkaufte, ein gleichmäfsiges
Städterecht, wenn auch mit mancherlei Modificationen, aus.
Der Inbegriff desselben wird als Stadtfreiheit oder bürger-
liche Freiheit mit dem Ausdruck liber burgus, liberi bur-
genses, bezeichnet[2].

Als Grundlinien und wesentliche Merkmale dieser Stadtfreiheit sind zunächst eben diejenigen Freiheiten zu bezeichnen, welche durch Heinrich I den Bürgern von London
gewährt wurden: eigene Finanzverwaltung durch die Verpachtung der firma burgi an die Bürger und selbständige
Gerichts- und Polizeiverwaltung innerhalb der Stadt und
ihres Bezirks. „Aus der firma burgi in Verbindung mit
eigner Gerichtsbarkeit,“ sagt G n e i s t, „geht das englische
Stadtrecht hervor, welches am Schlufs der Zeit (der anglo-
normannischen Periode) in erkennbaren Umrissen entwickelt
dasteht“[3].

S. 268, und Johanns für dasselbe J. 1199 und für Exeter J. 1200 in
Rotuli Chartarum f. 5 und 70.

[1] 9. Johann für Yarmouth (1207 März 18) Rotuli f. 175: salva
libertate civitatis London. etc.

[2] So in einigen Privilegien Iohanns, z. B. in dem schon citierten
für Yarmouth: et quod burgus ille sit liber burgus in perpetuum et
habest socam et sacam, und in dem für Huntingdon, 7 Joh. (1205)
Rot. f. 157: quod predictus burgus de H. et burgenses . . habeant
easdem libertates . . quas alii liberi burgi et liberi burgenses nostri
Angl. habent. Ch. G r o f s bemerkt mit Recht in seiner Schrift über
die Gilda mercatoria S. 75, dafs die Kaufmannsgilde keineswegs notwendig zum Begriff eines liber burgus gehörte. In den angeführten,
wie in anderen Privilegien findet sich keine Beziehung auf dieselbe
Vgl. mehrere Beispiele bei M a d o x Exch. I 421—423.

[3] Englische Verfassungsgeschichte S. 124 und Gesch. der Communalverf. (2. Aufl.) S. 107.

Doch lag in diesen beiden Freiheitsrechten nicht allein das Eigentümliche des englischen Stadtrechts, wodurch die Städte sich von anderen Communen oder Herrschaften unterschieden. Denn die gleichen Rechte wurden häufig auch an geistliche und weltliche Grundherren auf ihren Herrschaftssitzen (honores, maneria, manors), welche bisweilen sogar ganze Hundreds für sich ausmachten, verliehen. Sehr gewöhnlich war die erbliche Verpachtung der firma regis an geistliche Herren oder Stifter, falls ihnen diese nicht als eleemosyna gänzlich geschenkt wurde, sowie die Befreiung der eingesessenen Leute von der Gerichtsfolge in Shire und Hundred, wozu bisweilen noch andere ausgedehnte Herrschaftsrechte, wie das Recht, Märkte zu halten, und Befreiungen ihrer Angehörigen von öffentlichen Abgaben und Zöllen hinzukamen[1]. Ähnliche Vergünstigungen, namentlich auch von Wochenmärkten, erlangten manche weltliche Lords in ihren Manerien und Hundreds[2]. Also weder die firma regis, noch die eximierte Gerichtsbarkeit, noch das Marktrecht allein machten die herrschaftlichen Höfe zu Städten.

Das eigentliche Wesen des englischen Städterechts ist daher nicht nur in den genannten Freiheitsrechten, sondern noch in anderen besonderen Rechtsvorzügen zu erkennen. Als einen solchen heben die Verfasser der Geschichte der englischen Städte, Merewether und Stephens, mit vielem Nachdruck und beständiger Wiederholung der Beweisführung bei den einzelnen Städten, und im Anschluß an

---

[1] Vgl. Zwei Charten 5. Johann (1204) Febr. 2 für St. Cuthbert in Durham, Rotuli Chart. f. 118. 119, und 5. Johann April 25 f. 129 für den Archidiacon von Wells (Somersethire), sowie die Register des Schatzamts über die Privilegien des Abts von Ramsey, welcher dafür 140 lib. und ein Streitroß gab, bei Madox Exch. I 404 Note h.

[2] Vgl. die Charten 5. Johann (1203) Juli 11 (Rotuli f. 108) für den Grafen von Derby und 5. Johann Apr. 25 für H. de Well (ebd. f. 129) und zahlreiche andere Beispiele in Rotuli Chart. f. 133 und 134 und bei Madox, Exchequer I 405—109.

sie auch G n e i s t das freie Bürgerrecht, d. i. die persönliche
Freiheit aller in der Stadt angesessenen (resiants) und am
städtischen Gericht, sowie an Abgaben, Ämtern und Diensten
teilnehmenden Einwohner (paying scot and bearing lot),
hervor[1].

Der wichtige Grundsatz, daſs hörige Leute (servi), die
Jahr und Tag unangefochten in einer Stadt gewohnt haben,
persönlich frei sein sollen, der sich bereits allgemein ausgesprochen findet in dem erwähnten, Wilhelm dem Eroberer
zugeschriebenen Statut, kehrt auch in einzelnen Stadtrechten
wieder. Mit der persönlichen Freiheit war zugleich das
Recht der Verfügung über Hab und Gut, sowie der Vermögensvererbung verbunden, wie dies Wilhelm der Eroberer
insbesondere den Bürgern von London zugestanden hatte.
Dies ist das eine charakteristische Moment des englischen
Stadtrechts. Als ein anderes hat dann W. S t u b b s in seiner
Verfassungsgeschichte von England das Gildewesen bezeichnet[2]. Es sind die Gilden der Kaufleute und Gewerbe-
treibenden gemeint.

Das Gildewesen war in England, wie wir sahen, angelsächsisch, nicht normannisch. Vorübergehend von den fremden Eroberern unterdrückt, lebte es doch unter den Nachfolgern Wilhelms I bald wieder auf und fand dann aufs neue
die weiteste Verbreitung, zumal in den Städten, wo die Verschmelzung beider Nationen aufs rascheste vor sich ging.
Dasselbe fand Raum und gesetzliche Anerkennung in der
Reichsorganisation Heinrichs II, welche die Verbindung der
königlichen Regierung mit den volkstümlichen Einrichtungen
bezweckte[3].

---

[1] G n e i s t, Gesch. der Communalverf. 108 f.

[2] Indem er G n e i s t in dem, was dieser über das englische Stadtrecht gesagt hat (s. oben S. 62), beistimmt, findet er eine Schwierigkeit in dem Verhältnis zur Gilde, welches derselbe bei Seite gelassen
habe: Constit. History (3 ed. s. 411) Anm. 1.

[3] G n e i s t, Engl. Verfassungsgeschichte S. 113.

Als erste und angesehenste städtische Gilde erscheint die **Kaufmannsgilde**, gilda mercatoria, deren öffentliche Bedeutung schon daraus hervorgeht, daſs sie und ihr Recht in zahlreichen, von den Königen Heinrich I bis Eduard II im 12. bis Anfang des 14. Jahrh. erteilten Stadtprivilegien ausdrücklich erwähnt ist [1]. Als Beispiele führe ich einige Charten Heinrichs II an.

„Ich befehle," sagt der König im Privileg für **Winchester**, „daſs meine Bürger von der Gilde der Kaufleute (gilda mercatorum) mit allen · ihren Gütern frei sein sollen von Zoll, Weggeld und herkömmlichen Abgaben (de omni thelonio, passagio et consuetudine)" [2]. Im Privileg für die Bürger von **Lincoln** bestätigt ihnen derselbe alle seit Eduards, Wilhelms und Heinrichs (I) Zeiten hergebrachten Freiheiten und auch „ihre Kaufmannsgilde von Einwohnern der Stadt und anderen Kaufleuten der Grafschaft," wie sie solche unter seinen Vorgängern besaſsen [3]. Das Privileg desselben für **Oxford** bestätigt gleichfalls Freiheiten und Rechte, wie sie die Bürger zur Zeit seines Groſsvaters Heinrich hatten und „namentlich ihre Kaufmannsgilde, so daſs, wer nicht von der Gildhalle ist, nicht Handel treiben darf in der Stadt und Vorstädten, auſser wie zur Zeit Heinrichs I" [4]. Besonders zu beachten ist, was das Privileg Heinrichs II für **Wallingford** über die dortige Kaufmannsgilde

---

[1] **Grofs** Diss. de gilda mercatoria (vgl. Litter. S. 18) gibt S. 37 das Verzeichnis von 92 englischen Orten (ohne die von Schottland und Irland), bei welchen die gilda mercatoria vorkommt. Davon sind 13 ohne Zeitbestimmung; die andern 79 fallen in den Zeitraum von Heinrich I bis Eduard II.

[2] Sel. Charters 165. Unter Consuetudines sind hier natürlich nur Handelsabgaben zu verstehen.

[3] Ebd. 166: gildam mercatoriam de hominibus civitatis et de aliis mercatoribus comitatus.

[4] Ebd. 167: Nominatim gildam suam mercatoriam ... ita quod aliquis, qui non sit de gildhalla, aliquam mercaturam non faciet in civitate vel suburbiis, nisi sicut solebat tempore regis Henrici avi mei.

bestimmt. Diese wird mit allen, seit Eduards des Bekenners
Zeit bestehenden Freiheiten der Bürger in der Weise bestätigt, daſs weder der königliche Stadtvorsteher, noch irgend
ein königlicher Richter sich in Sachen der Gilde einmischen
soll, auſser der Aldermann derselben und seine Diener. Nur
wer von der Gilde ist, kann Kaufmann sein, und wer die
Stadt verläſst und doch in Wallingford Handel treiben will,
muſs den Bürgern das Recht der Gilde leisten, gleichviel
ob er innerhalb oder auſserhalb der Stadt wohnt[1].

Es ergibt sich hieraus: 1. daſs die Kaufmannsgilde, wo
sie bestand, ausschlieſslich zur Kaufmannschaft berechtigt
war; 2. daſs sie eine selbständige Corporation bildete, mit
einem Aldermann als Vorsteher, der mit seinen Dienern die
Angelegenheiten der Gilde besorgte, worin der Stadtvorsteher
und die königlichen Richter sich nicht einmischen durften;
3. daſs zur Gilde nicht blos Stadtbürger, sondern auch Auswärtige in der Grafschaft als Mitglieder gehörten. Das Verhältnis der Gilde zur Bürgergemeinde, der Unterschied von
Gilde- und Stadtverfassung, des Gilde- und Stadtrechts ist
hiermit deutlich ausgesprochen.

Dem gegenüber wird nun gewöhnlich ein Rechtssatz aus
dem Tractatus de legibus Angliae von Randulf von Glanvilla aus der Zeit Heinrichs II angeführt[2], welcher die
Identität von Gilde und Commune beweisen soll. Seine
Worte lauten: Si quis nativus quiete per unum annum et
diem in aliqua villa privilegiata manserit, ita quod in eorum

---

[1] Brady App. p. 12: scilicet gildam mercatoriam cum omnibus
consuetudinibus et legibus suis libere habeant, ne praepositus meus
vel aliqua justicia mea de gilda eorum se intromittat nisi proprie aldermannus et minister eorum . . . nec mercator aliquis, nisi sit [de]
gilda mercatoria, et si aliquis exierit de burgo W. et vivat de
mercato ipsius W., praecipio, ut rectum gildae mercatoriae faciat ipsis
burgensibus, ubicunque sit infra burgum vel extra.

[2] Glanvilla war seit 1180 summus justiciarius von England und
kommt häufig unter Heinrich II und Richard I urkundlich vor; Madox
Firma burgi p. 35 k, 88 o, 169 o.

communam, scilicet gildam, tanquam civis receptus fuerit, eo ipso a villenagio liberabitur[1].

So weit darin nur ausgesagt ist, daſs der Hörige (nativus)[2], der sich Jahr und Tag in einer Stadt aufgehalten hat und als Bürger aufgenommen ist, frei sein soll von Hörigkeit, entspricht dies dem schon bekannten Grundsatze des englischen Stadtrechts[3].

Schwer zu verstehen ist jedoch, daſs Commune und Gilde gleichbedeutend zu sein scheinen. Allzu bequem ist der Notbehelf, in dem Zusatze scilicet gildam eine spätere Interpolation zu vermuten[4], und unzulässig, das Wort Communa kurzweg auf die Kaufmannsgilde selbst zu deuten[5]; Communa ist die Gesamtgemeinde der Bürger. Wären Commune und Gilde im Sinne des Autors wirklich ein und dasselbe, so erschiene seine Erklärung: Commune, das ist Gilde, überflüssig. Vermutlich ist daher der Zusatz als nähere Bestimmung aufzufassen, nämlich so, daſs die Aufnahme in die Commune durch die in die Gilde oder in eine Gilde bedingt war. Dem entspricht ein Artikel im Privileg Johanns für Hereford, worin verlangt wird, daſs der in die Stadt aufgenommene Hörige auch schon in der Gilde und Hanse der Kaufleute gewesen sein müsse[6]. Doch es ist nicht notwendig,

---

[1] Tract. L. V c. 5. bei Stubbs Select Ch. S. 162: Extracts from Glanvilla. Vollständig abgedruckt ist der Tractat bei Houard, Traités sur les coutumes Anglo-Normandes T. I.

[2] Nativi sind die Kinder von Hörigen, vgl. F. Ellis, D. B. I 76 gleichbedeutend mit servi.

[3] Vgl. oben S. 58. So auch im Privileg Heinrichs II (zur Zeit Glanvillas) für Nottingham (Sel. Ch. S. 166): Si aliquis, undecumque sit, in burgo de N. manserit anno uno et die uno tempore pacis absque calumnia, nullus postea nisi rex [in eum] jus habebit.

[4] So Gneist, Gesch. der Communalverf. S. 110 (Ausg. 2).

[5] So Groſs S. 83 Anm.

[6] 17 Johann (J. 1215), Rot. Chart. S. 212: Concessimus etiam ... quod si aliquis nativus alicujus in prefata civitate manserit .. et fuerit in prefata gilda (scil. mercatoria) et hansa, et lot et scot cum eisdem civibus nostris per unum annum et unum diem ... deinceps non possit repeti a domino.

nur an die Kaufmannsgilde zu denken. Es konnte auch eine Gewerksgilde sein, welche auswärtigen Hörigen durch ihre Aufnahme das Bürgerrecht verschaffte[1]. Denn mit der Annahme, dafs nach Glanvilla Neubürger überall in die Kaufmannsgilde aufgenommen sein mufsten, stände im Widerspruch die Thatsache, dafs diese Gilde in manchen Städten, namentlich in London, das doch für den Autor vorzugsweise in Betracht kam, nicht bestand, sowie dafs dieselbe keineswegs von vornherein zum Begriff einer privilegierten Stadt, liber burgus, gehörte, sondern in manchen Städten erst nachträglich eingeführt wurde.

Als in jeder Hinsicht belehrendes Beispiel kann die kleine Stadt Ipswich (Suffolk) angeführt werden, wo das noch erhaltene Stadtbuch zuverlässige Nachricht über die Errichtung der Kaufmannsgilde gibt[2]. Diesem Orte nämlich gewährte König Johann ein Privilegium, welches, im übrigen gleichlautend mit den an Lincoln, Northampton und Gloucester von ihm verliehenen, noch den Zusatz hat: et quod habeant gildam mercatoriam et hansam suam[3]. Gleichmäfsig erhielten die genannten vier Städte das Recht, durch den gemeinen Rat der Stadt (per commune consilium civitatis oder villatae) zwei Männer für das Amt des Ortsvorstands (praepositura) und vier Männer für die Krongerichte (placita coronae) zu wählen; nur Ipswich allein wurde auch eine Kaufmannsgilde bewilligt.

---

[1] So wird noch heute das Stadtbürgerrecht in London erworben. Gneist, Selfgov. S. 646: „Wenn Jemand durch Geburt, Lehrlingschaft oder Einkauf Mitglied einer Company (d. i. Gewerksgenossenschaft geworden, hat er damit einen Titel auf den Bürgerbrief erworben, welcher ihm gegen Zahlung einer nicht erheblichen Gebühr ausgefertigt wird."

[2] Vgl. die Auszüge bei Merewether I 393 und Grofs S. 42 ff.

[3] 2 Johann (1200) März 25, Rot. Chart. f. 65; vgl. hiermit die Privilegien desselben für Lincoln vom J. 1199 Juli 21 und 1200 Apr. 24, Rot. Ch. f. 5 und 56, für Northampton 1200 f. 45 und Gloucester aus demselben Jahr f. 56.

Das Stadtbuch von Ipswich berichtet nun, wie die ganze Bürgergemeinde als constituierende zusammentrat, um die Stadtverfassung gemäfs der Charte Johanns einzurichten. In zwei Zusammenkünften auf dem Friedhof von St. Marien wurden zuerst zwei Amtleute (baillifs) als Stadtvorsteher und vier Coroners, sodann 12 Bürgervorsteher (capital portmen) als Gemeinderat gewählt und letzterer eidlich verpflichtet, die Stadt getreu zu regieren, ihre Freiheiten aufrecht zu erhalten, gerechte Urteile ohne Ansehen der Person in den Gerichten zu sprechen. Hierauf schwor alles Volk, den Baillifs, Coroners und Bürgervorstehern Gehorsam und Beistand zu leisten. Sodann traten die Baillifs, Coroners und Bürgervorsteher für sich zur Beratung zusammen und machten Statuten zum Wohl und zur Ehre der Stadt. Eines von diesen betraf die Kaufmannsgilde: der Gemeinderat soll einen guten Mann zum Alderman derselben wählen, der nebst vier Beigeordneten unter eidlicher Verpflichtung die Angelegenheiten der Gilde zu besorgen hat. Endlich beschlofs die Bürgerversammlung, dafs die Rechte und Freiheiten der Stadt in einem Buche aufgeschrieben werden sollten, und in einem andern die Statuten der Kaufmannsgilde, „wie das auch in anderen Städten zu geschehen pflegt, wo eine Kaufmannsgilde ist, damit der Alderman wisse, was seines Amtes ist"[1].

Aufs deutlichste zeigt sich an diesem Beispiel das Verhältnis der Kaufmannsgilde zur Bürgergemeinde und ihre Unterordnung unter die Stadtregierung; wenn sie auch die angesehenste Klasse der Bürger in sich schlofs, machte sie doch keineswegs die Bürgerschaft selbst aus, noch auch trat sie an deren Stelle.

Ordnung und Einrichtungen der Kaufmannsgilde waren gleichartig mit denjenigen der sonst bekannten Gilden. Ihr

[1] Merew. I 395: That all the statutes of the guild merchant should be put in a certain other roll, in manner as elsewhere used in cities and boroughs, where there is a guild-merchant.

Vorsteher hiefs gewöhnlich Alderman. Andere Gildebeamte kommen unter verschiedenen Benennungen vor: ein oder mehrere Seneschälle oder Custoden (wardens), bisweilen auch Schöffen (scabini, eskevyns)[1]. Wenn in Ipswich und anderswo der Gildevorsteher von der Stadtregierung ernannt wurde[2], so findet sich doch auch, dafs anderwärts der König dieses Amt verlieh[3].

Selbstverständlich wurden von den Mitgliedern Eintrittsgelder und regelmäfsige Beiträge an die Gilde gezahlt. Jeder neu Eintretende mufste sich eidlich verpflichten, die Statuten der Gilde zu beobachten, den Oberen gehorsam zu sein; Übertretungen der Gildeordnung wurden mit Bufsen bestraft. Es fehlen nicht die für die Gilden aller Art charakteristischen Vorschriften über gegenseitige Hülfe der Gildegenossen (Gildains), religiöse Übungen und kirchliche Handlungen, für welche ein eigener Kaplan angestellt war, und gemeinsame Trinkgelage[4].

Die Gildhalle war der Zusammenkunftsort und zugleich Warenniederlage und Kaufhaus der Gilde. Sie hat in York und Beverley (am Hull) den deutschen Namen ‚Hanshus'[5]. Denn Hans, Hansa ist in England Fremdwort: es bedeutet ursprünglich eine Schaar oder Gesellschaft[6] und deckt sich

---

[1] Vgl. Grofs a. a. O. S. 46, wo die Belegstellen zu finden sind.

[2] In Chester wählten Mayor und Bürger die zwei Seneschälle der Gilde. Ebd. S. 52.

[3] Z. B. Thomas von York gab im J. 5 K. Stephans an das Schatzamt einen Jagdhund (fugatorem), damit er zum Alderman der Kaufmannsgilde ernannt würde: ut sit Aldermannus in Gilda mercatoria de Evervic. Madox Exch. I 397.

[4] Vgl. Grofs a. a. O. über die Organisation der Kaufmannsgilde S. 42 ff.

[5] Privileg des Erzbischofs Thurstan für seine Stadt Beverley aus der Zeit Heinrichs I, Stubbs Select Charters S. 109: Volo, ut burgenses de Beverlaco habeant suam hans-hus, quam eis do et concedo ... eadem liberatam lege, sicut illi de Eboraco habent in sua hans-hus.

[6] Goth. und Althochd. hansa, angels. hôs. Vgl. Grimms Wörterbuch unter Hansa.

insoweit mit dem Begriff einer Gilde. Dasselbe wird in den
städtischen Privilegien in Verbindung mit gilda mercatoria
gebraucht. So in dem von König Johann J. 1200 für York,
worin er den Bürgern dieser Stadt gildam suam mercatorum
et hansas suas in Anglia et Normannia bewilligte[1]. Die
Hansen der Yorker Kaufmannsgilde in England und Normandie waren mit ihr verbundene Handelsgesellschaften und
Factoreien. Hansa kommt aber auch als Attribut der Kaufmannsgilde selbst vor, wo den Bürgern einer Stadt die gilda
mercatoria et hansa oder cum hansa bewilligt wird, d. i. die
Gilde mit ihrer zur Kaufmannschaft berechtigten Gesellschaft[2].
Halten wir an dieser Bedeutung von hansa fest, so erklärt
sich daraus auch noch eine andere, von ihr abgeleitete. Hatte
die Kaufmannsgilde das ausschliefsliche Recht des Grofs-
handels, so mufste, wer etwa sonst noch Kaufmannschaft
treiben wollte, ihre Genehmigung dazu erlangen und eine
Abgabe dafür bezahlen[3]. Diese Handelsabgabe nun, von
welcher natürlich die Genossen der Gilde befreit waren, heifst
gleichfalls ansa[4]. So bedeutet hansa zuerst Gesellschaft,
dann in Verbindung mit gilda mercatoria speciell Handelsgesellschaft und schliefslich die Handelsabgabe, die an sie
für das Recht, Handel zu treiben, von Nichtberechtigten bezahlt werden mufste[5].

---

[1] Rot. Chart. f. 40: gildam suam . . . Normannia et lestagia sua
per totam costam maris. Lestagia, deutsch Lastadie, sind Landungs-
plätze für Schiffe und Waren.

[2] Vgl. das oben (S. 68) erwähnte Privileg für Ipswich: et baheant
gildam mercatoriam et hansam suam. Privileg Johanns J. 1200 für
Dunwich, Stubbs Sel. Ch. S. 311: Concessimus etiam eis hansam et
gildam mercatoriam sicut habere consueverunt, und andre von Stubbs
Const. Hist. S. 411 Anm. angeführte Beispiele.

[3] Vgl. die Beweisstellen bei Ch. Grofs S. 53 und 54.

[4] Vgl. ebd. S. 96 die Citate: quietus est (wer in die Gilde von
Leicester eintritt) de ansis et omnibus rebus, und in Verbindung mit
Befreiung von Zöllen und Weggeldern: quietantia de theloneo et
passagio et pontagio et de ansa.

[5] So werden sich die verschiedenen Bedeutungen von Hansa, über

Gleichwie die englischen Kaufmannsgilden auswärtige Factoreien besafsen, hatten auch die Kaufleute von Köln mit anderen aus dem deutschen Reiche ihre Gildhalle zu London, die von den Königen privilegiert war und zuerst in Urk. Heinrichs I vom J. 1157 erwähnt ist[1]. Sie zahlten für · dieselbe eine jährliche geringe Abgabe von 2 Schill., später auf 5 Schill. erhöht, an den König, gleichwie eine solche auch von den englischen Gildhallen an die Schatzkammer entrichtet wurde[2]. Die deutsche Handelsgesellschaft in London wurde eine Hanse genannt[3], und wie zuerst die von Köln als solche privilegiert war, so gestattete Heinrich III 1266 auch den Kaufleuten von Hamburg und 1267 denen von Lübeck, eine eigene Hanse gleichwie die Kölnische in seinem Reiche zu haben[4].

Ich betrachte nunmehr die Stadtverfassung in einzelnen Städten Englands, um sowohl die übereinstimmenden Grundzüge und abweichenden Formen derselben, als auch das verschiedene Verhältnis von Stadt- und Gilderecht, Stadt und Gilde bei ihnen aufzuzeigen.

---

welche Grofs (Beil. C.) nicht ins klare kommen konnte, wohl vereinigen lassen. Ich werde im Verlaufe meiner Schrift noch öfter auf die Bedeutung von Hanse zurückkommen.

[1] Precipio vobis (scil. vicecomitibus et ministris), quod custodiatis ... homines et cives Colonienses ... ita quod neque de domo sua Londoniensi neque de rebus ... injuriam aliquam .. faciatis .. Vgl. Hansisches UB. I Nr. 14 und Koppmann, Einl. zu den Hanse-Recessen I S. XXVI.

[2] Vgl. Madox, Exch. S. 341 o—w unter Einnahmen im J. 9 Henr. III: de 2 s. (d. i. sol.) de Guihalla de Glovernia (Gloucester) et de 2 s. de eadem Guihall de anno preterito.

[3] Urk. von 1280, Vergleich zwischen der Stadt London et mercatores de hansa Almanie in eadem civitate manentes. Sartorius Urspr. II Nr. 46 und Hans. UB. I Nr. 902.

[4] Hamb. UB. I Nr. 706 und Hans. UB. I Nr. 633: quod ipsi habeant hansam suam per se ipsos per totum regnum nostrum. Lüb. UB. I Nr. 291 u. Hans. UB. I Nr. 636: habeant hansam suam reddendo inde quinque solidos eodem modo, quo burgenses et mercatores Colonie hansam suam habent ..

V. Die Stadtverfassung in einzelnen Städten.

London.

Norton, Commentaries of the history, constitution and chartered franchises of the City of London, 3 Ed. 1869. — Stubbs Constit. history III 568—578. — Gneist, Selfgovernment (3. Aufl.) S. 643—652, beschreibt die zur Zeit (1871) bestehende Verfassung der City. — Derselbe, Die Stadtverwaltung der City von London 1867.

Die Privilegien der ersten normannischen Könige, durch welche den Bürgern von London einige der wichtigsten Freiheitsrechte gewährt wurden, sind schon oben erwähnt worden[1]. Vorübergehend tauchte unter Richard I in London und einigen andern englischen Städten eine sogenannte ‚Communa‘ nach den in Frankreich und speciell in der Normandie gegebenen Vorbildern auf. Eine solche wurde im Jahre 1191, während der Abwesenheit Richards auf dem Kreuzzuge, den Bürgern von London von Johann, dem Bruder des Königs, mit dem Erzbischof von Rouen, Grafen und Baronen, bewilligt und zugeschworen. Der Mönch von Winchester, Richard von Devizes, bemerkt hierzu, daſs weder K. Richard selbst, noch sein Vater Heinrich II, nicht für 1000 mal 1000 Mark Silber eine solche Verschwörung (conjuratio) zugelassen hätten, aus welcher jenes Unheil hervorging, welches heiſst: Communia est tumor plebis, timor regni, tepor sacerdotii[2]. Bekannt ist das gleiche Verdammungsurteil, welches in Frankreich der Abt Guibert von Nogent über die französischen Communen aussprach: Communio autem novum ac pessimum nomen.

Man erfährt nichts näheres über die Beschaffenheit der Londoner Commune. Ohne Zweifel war sie eine geschworne

---

[1] Vgl. S. 59.
[2] S. die Stellen im Excerpt bei Stubbs Sel. Ch. 252.

Einigung und Schutzverbindung nach Art der Communen von Nordfrankreich und Normandie[1]. Diese städtische Commune hat mit einer Gilde nichts weiter gemein als den allgemeinen Begriff der Einigung. Sie umfaßt die Gesamtgemeinde der Stadt und bezweckt deren Freiheit und Recht; die Gilde ist Privatgenossenschaft in einem engeren Kreise und bedingt durch besondere Interessen und eine gewisse Lebensgemeinschaft der Mitglieder[2].

Im Zusammenhang mit der Commune von London 1191 tritt der erste M a y o r der Stadt auf, Heinrich, Alwyns Sohn, der es dann auf seine Lebenszeit blieb[3]. Der Mayor war der Nachfolger des Praepositus als Stadtoberhaupt; der neue normannische Titel bedeutete eine höhere Würde desselben, worin die fortgeschrittene Selbständigkeit der Bürgerschaft ihren Ausdruck fand. Dies geht aus den Umständen hervor, unter welchen König Johann das auf die Wahl des Mayors bezügliche Privilegium erteilte. Der Beitritt der Hauptstadt zu dem Bündnisse der Magnaten gegen den tyrannischen König fügte ein bedeutendes Schwergewicht in der Wagschale der Entscheidung hinzu, und noch bevor der König nach längeren Verhandlungen die Magna Charta auf der Wiese zu Runnymede, 15. Juni 1215, unterzeichnete, gewährte er am 9. Mai seinen Baronen von der Stadt London (baronibus nostris de civitate nostra Londoniarum) durch einen besonderen Freibrief das Recht, alljährlich den Mayor aus ihrer

---

[1] Vgl. das fünfte Buch.

[2] S t u b b s, Const. History I 421, hebt die Unterscheidungspunkte zwischen der französischen Commune und der auf Privilegien beruhenden Freiheit der englischen Städte hervor, gebraucht dann aber S. 423 den schillernden Ausdruck, die Commune von London und andern englischen Städten im 12. Jahrh. sei die altenglische Gilde in einem neuen französischen Gewande gewesen (the old English guild in a new French garb), während er doch vorher den Begriff der Gilde ganz richtig festgestellt hat. Das treffliche Werk leidet mitunter an dergleichen schwankenden Unbestimmtheiten.

[3] S t u b b s, Const. History I 630.

Mitte zu wählen, welcher entweder dem Könige selbst oder
seinem Justitiar vorgestellt werden und ihm den Eid der
Treue leisten soll[1]. Der Mayor von London erscheint dann
auch unter den 25 Baronen des Reichs, welche als Garanten
der Magna Charta bestellt wurden[2]. Unter den Baronen der
Stadt sind natürlich nicht die Bürger schlechthin zu verstehen, sondern allein die Grundherren, denen ebenso wie den
Landbaronen die gutsherrlichen Rechte zustanden. Es waren
die machthabenden Bürger, welche aus ihrer Mitte den Mayor
und die Aldermänner wählten, wie dies noch bestimmter aus
einer an Mayor und Sheriffs gerichteten Proklamation Johanns
hervorgeht, worin er denselben befiehlt, die Ordnung der
Wahlen des Mayors und der Aldermänner gegen tumul-
tuarische Störungen und unbefugte Einmischung der Menge
zu schützen[3].

Mayor und Aldermänner also bildeten die regierende
Stadtbehörde, als Erwählte der Bürgerschaft, der Mayor auf
ein Jahr, die Aldermänner auf ihre Lebenszeit. Nach einer
alten Nachricht wurden zuerst im J. 1200 25 Aldermänner
aus den angesehensten Bürgern erwählt, um mit dem Mayor
die Angelegenheiten der Stadt zu beraten[4]. Die 25 Aldermänner entsprachen der Zahl der Stadtdistricte (wards)[5].
Schon hieraus läfst sich schliefsen, dafs die Aldermänner
nicht Vorsteher von Gewerksgilden waren, welche gleichfalls
so genannt wurden, sondern Vorsteher der Wards, in denen
sie die localen Gerichte (court leets) hielten, und von deren

---

[1] Stubbs, Select Charters S. 314.
[2] Ebd. S. 306.
[3] Brady, App. S. 17: Rex Majori et Vicecomitibus London ...
sed quod electio illa per Aldermannos et alios cives discretiores et
potentiores civitatis ad hoc specialiter praemunitos et summonitos fiat
et habeatur.
[4] Liber de antiquis legibus, cit. von Stubbs III 561: Hoc anno
fuerunt 25 electi de discretioribus civitatis et jurati pro consulendo
civitatem una cum Majore.
[5] Ein 26. District in Southwark kam später hinzu: Stubbs a. a.
O. und Gneist, Selfgov. S. 646 Anm.

Eingesessenen sie auf Lebenszeit gewählt wurden. Die Einrichtung der Stadtverfassung beruhte auf dieser localen Einteilung und ging nicht aus einer Vereinigung der Gewerksgilden hervor [1].

Die Gewerksgilden zu London gewannen erst in späterer Zeit, und auch dann nur die vornehmsten unter ihnen, politische Bedeutung. Sie bedurften der besonderen königlichen Genehmigung und zahlten dafür eine jährliche Abgabe an das Schatzamt. Aus dessen Registern erhalten wir daher Kunde von ihnen. So zuerst von der Weber- oder Tuchmachergilde 1130 [2], deren Abschaffung König Johann 1203 dem Mayor und Bürgern aus Gnade für eine Geldzahlung bewilligte [3]. Das deutet auf ein Zerwürfnis der aristokratischen Stadtregierung mit dieser Gilde, welche eines der bedeutendsten Gewerbe vertrat. Doch lebte sie bald wieder auf und erscheint dann aufs neue mit jährlichen Zahlungen der Firma an das Schatzamt, sowie bei den Prozessen, die bei demselben in ihren Angelegenheiten verhandelt wurden [4].

---

[1] Madox, Firma Burgi S. 30 teilt aus der Rolle des Schatzamts J. 6 Eduard II die Namen von 20 Aldermännern und Wards mit; letztere sind nach Strafsen oder Thoren (z. B. Billingsgate), einer vom Markt (warda fori) benannt. Nur bei zwei Wards rühren die Benennungen von Gewerben her: Warda de cordewanestrete d. i. Schustergasse und Warda de candleweystrete, sonst candelwykestrete d. i. Tuchgasse, wo Tücher einer gewissen Qualität verfertigt wurden (vgl. Madox a. a. O. 199 und 205 Anm.: si quis fecerit pannos de Candelwykestrete). Ohne Grund behauptet Norton, Commentaries S. 19 Anm. S. 59. 79. 289 und Index, durchweg die Identität von Wards, Gilden und Localgerichten, blofs weil die Vorsteher der Wards gleichwie die der Gilden Aldermen hiefsen.

[2] Robert, der Sohn Lefstons, vermutlich Alderman der Gilde, zahlt in diesem Jahre 16 lb. de gilda telariorum London. Stubbs I 406.

[3] Madox, Exch. I 405 m.: Cives Lond. debent 60 marcas pro gilda telaria delenda, ita ut de caetero non suscitetur et pro carta regis inde habenda. Merewether I 383 gibt aus der Urkunde an, dafs dagegen die Bürger die jährliche, auf 18 lb. erhöhte Abgabe der Gilde selbst übernehmen mufsten, damit sie der Krone nicht verloren ginge.

[4] S. die Auszüge aus den Rollen des Schatzamts bei Madox, Firma Burgi S. 191 ff.

Achtzehn Londoner Gewerksgilden wurden im J. 26 Heinrichs II (1180) als unerlaubte (gildae adulterinae), ver-mutlich weil sie die königliche Genehmigung nicht nachge-sucht hatten, in Strafe gezogen und mufsten unterschiedliche Bufsen (admerciamenta) an das Schatzamt entrichten[1]. Aus der Abstufung von diesen läfst sich auf den Vermögensstand der Mitglieder schliefsen: die höchste Bufse, 45 Mark, hatten die Goldschmiede zu zahlen; eine geringere, 16 Mark, die Spezereihändler (piperarii); nur 2 Mark die Filzmacher (fel-trarii); je 1 Mark die Fleischer (bocheji) und die Schneider (pararii); die geringste, 10 Schilling, die Pilger oder Elenden (pelegrini)[2].

Das erste bekannte Privileg der Weber- oder Tuch-machergilde ist dasjenige, welches ihr Heinrich II erteilte, unter Bezugnahme auf ein früheres von Heinrich I, wodurch der Gilde gegen jährliche Zahlung von 2 Mark Gold der ausschliefsliche Betrieb ihres Gewerbes in allen Stadtteilen von London zugesichert wurde[3]. Später kamen die Privi-legien derselben bei einem im J. 1409 vor dem Schatzamt geführten Prozesse gegen die Leineweber zur Sprache. Hier-nach hatte die Gilde jährlich 20 Mark (Silber) an die Sheriffs, d. i. durch diese an das Schatzamt zu zahlen; sie hatte das

---

[1] Madox, Exch. I 562. Ich bemerke bezüglich der Citate aus diesem Werke, die bei anderen anders lauten, dafs ich nach der 2. Ausg. 1769 citiere.

[2] Die Mehrzahl dieser Gilden ist nur unter dem Namen ihres Aldermanns aufgeführt (gilda unde est Aldermannus N. N.), einige aber auch nach den Orten, wo sie ihr Gewerbe betrieben, darunter vier an der Themsebrücke (de Ponte).

[3] Charta Henrici II de gylta Telariorum im Liber Custumarum (Munimenta Gildhallae Londoniensis ed. Riley) II 33: Sciatis me con-cessisse Telariis London. gildam suam cum omnibus libertatibus et consuetudinibus quas habuerunt tempore regis Henrici avi mei, et ita quod nullus nisi per illos se intromittat intra civitatem de eo mini-sterio, et nisi sit in eorum gilda, neque in Sudwerke neque in aliis locis Londoniis pertinentibus aliter quam solebat fieri tempore regis Henrici avi mei.

Recht, jährlich ihre Amtleute (baillifs) und Diener selbst zu
wählen, die vor dem Mayor der Stadt eidlich geloben mufsten, ihr Amt gut zu verwalten und wöchentliches Gericht zu
halten; diese führten die Aufsicht über den vorschriftsmäfsigen
Gewerbebetrieb, wofür sie dem Mayor verantwortlich waren;
die Werkleute wurden für fehlerhafte Fabrikation durch sie
gestraft[1].

Die selbständige Competenz der Gilde in gewerblichen
Angelegenheiten auf der einen Seite, ihre Unterordnung unter
die Stadtobrigkeit auf der andern kann als allgemeine Norm
für das Verhältnis der Gewerksgilden gelten.

Und auch das gehörte mit zu ihrem Wesen, dafs sie als
Brüderschaften einer bestimmten Kirche oder Kloster mit
besondern Andachtsübungen und Opfern zugethan waren,
wie dies aus einem Vertrage der Sattlergilde von London mit
dem Convent St. Martin hervorgeht, wonach deren Angehörige als Brüder und Teilnehmer an den gottesdienstlichen
Handlungen des Convents aufgenommen wurden, gegen den
sie sich ihrerseits zu Opfern in Wachskerzen und Geld verpflichteten[2].

Als drittes Element der Stadtregierung kam zu dem
jährlich gewählten Mayor und dem Rate der lebenslänglichen Aldermänner eine weitere Repräsentation der
Bürgerschaft durch einen jährlich gewählten Gemeinderat
(common council) hinzu, dessen Anfang in die Regierungszeit
Eduards I gesetzt wird[3]. Der Wahlmodus desselben war

---

[1] Madox, Firma Burgi S. 199 u. 205 Anm. Besonders streng
verboten war bei der Fabrikation die Vermischung der spanischen
Wolle mit der geringeren englischen.

[2] Madox a. a. O. S. 27 teilt die Urkunde mit, die er nach dem
Schriftcharakter in das 12. Jahrh. setzt. Als Vorsteher der Gilde,
die den Vertrag abschlossen, sind genannt der Alderman, der Kaplan,
4 Schöffen (schivini) und die Ältesten (seniores).

[3] Stubbs, Constit. Hist. III 571, gibt bestimmt das Jahr 1285
an, mit Verweisung auf Norton Commentaries S. 87; doch finde ich
dort nur eine Namenliste von diesem Jahr citiert, was nicht beweist,
dafs sie die erste war.

noch im 14. Jahrhundert schwankend. Zuerst ging man davon aus, daſs die Mitglieder des Gemeinderats, gleichwie die
Aldermänner, aus den Wards, also auf Grund der localen
Einteilung der Stadt, sollten gewählt werden[1]. Im 49. J.
Eduards III (1376/77) jedoch wurden durch Bürgerbeschluſs
die Wahlen des Gemeinderats auf die Gewerksgenossenschaften (trading companies) — sie hieſsen nicht mehr Gilden — übertragen und der Gemeinderat zugleich zum Wahl-
collegium für die obersten Stadtämter und die Parlamentsdeputierten bestimmt. Doch blieb es nicht lange dabei. Denn
schon 1384 kam man wieder auf den alten Wahlmodus nach
Stadtdistricten (wards) zurück, und dieser wurde nachher
fortdauernd beibehalten.

Unter den Gewerksgenossenschaften aber gewannen sodann die 12 vornehmsten Livery companies, auch honourable
companies genannt, das Vorrecht, sowohl bei den Wahlen
der obersten Stadtbeamten, Mayor und Sheriffs, als bei denen
der Parlamentsdeputierten mit dem Gemeinderat zugezogen
zu werden[2]. Und ein anderes Vorrecht derselben ist, daſs
der Mayor immer einer von den Liverymen sein muſs[3]. Infolge ihrer unbeschränkten Befugnis, die Livery als Ehren-
amt oder gegen Einkauf zu verleihen, wuchsen dieselben zu
einer solchen Miſsgestalt aus, daſs ein groſser Teil ihrer Mitglieder weder Gewerksgenossen, noch Bürger der Stadt sind[4].

Die Entwickelung der Stadtverfassung von London ist,

---

[1] Nach Beschluſs der Bürgerschaft im 20. Jahr Eduards III (1347/48).
Vgl. Norton, Commentaries S. 114.

[2] Statuten Eduards IV von 1468 und 1476; vgl. Norton S. 114
bis 127, dem Stubbs III 571—577 gefolgt ist.

[3] Liverymen sind die zur Amtstracht Berechtigten, womit gleichfalls ein Vorrecht der 12 Compagnien bezeichnet ist.

[4] Norton S. 247. Vgl. Gneist, die Stadtverwaltung der City
S. 18: „Die Honourable Companies zählen auch Groſswürdenträger
des Staats, Pairs, Herzöge und königliche Prinzen zu ihren Ehren-
mitgliedern, welche sich an den splendiden Festlichkeiten gern zu beteiligen pflegen."

wie wir sehen, nicht von einer Gildecorporation — eine
Kaufmannsgilde hat es dort nie gegeben[1] —, sondern von
der gesamten Bürgerschaft unter königlichen Beamten und
Richtern der Grafschaft und Stadt ausgegangen. Das von
König Johann den Bürgern eingeräumte Recht, das Stadtoberhaupt, den Mayor, selbst zu wählen, und die Errichtung
des permanenten Stadtrats der Aldermänner um J. 1200 bezeichnet den bedeutendsten Fortschritt in der Autonomie
der Stadt.

Andere Städte.

In York[2] war das Oberhaupt der Stadt, gleichwie in
London, der von den Bürgern gewählte Mayor, welcher mit
12 Aldermännern zusammen die Stadtobrigkeit darstellte.
Da York von altersher, nach der Beschreibung des Domesdaybook, in 6 Districte (Shires) eingeteilt war, von denen
einer dem Erzbischof gehörte[3], so wurden vermutlich je 2
Aldermänner aus jedem derselben gewählt, gleichwie die
Aldermänner von London Vorsteher und Vertreter der Wards
waren[4]. Durch Privileg Richards II (1396) wurde die Stadt
mit ihren Vorstädten zu einer Grafschaft für sich erhoben,
ihr Mayor zugleich zum königlichen Fiscal in Heimfallssachen
(escheator) ernannt und den Bürgern die Wahl von zwei
Sheriffs statt der bisherigen drei Baillifs, d. i. königlichen
Amtleute, gestattet[5].

Daſs in York um 1200 eine Kaufmannsgilde bestand,
wurde bereits oben erwähnt[6]; später kommt sie nicht mehr

---

[1] Vgl. Norton S. 261 und Groſs S. 39.

[2] Stubbs, Constit. History III 564 und 578 ff. Das von ihm
citierte Werk Drake, Eboracum, war mir nicht zugänglich.

[3] Vgl. S. 45.

[4] Stubbs III 579 sucht eine andere Erklärung für die 12 Aldermen von York, weil die Stadt erst unter Karl II in Wards eingeteilt worden sei; er hat jedoch das Domesdaybook übersehen.

[5] Vgl. die Urk. bei Madox, Firma burgi S. 246 c, und das Privileg 27 Henr. VI ebd. S. 293.

[6] Vgl. S. 71.

vor. Ein Statut Eduards IV J. 1464 verordnete, daſs jährlich an einem bestimmten Tage alle Gewerksgenossenschaften
sollten durch ihre Vorsteher (scrutatores cuiuslibet misterae)
nach der Guildhalle der Stadt (guihalda civitatis) zusammenberufen werden, um zwei Aldermänner vorzuschlagen, von
welchen die obere Ratskammer (consilium camerae maioris)
einen zum Mayor wählen wird[1].

Auch Bristol, im Mittelalter nach Gröſse und Bedeutung die dritte Stadt Englands, besaſs in älterer Zeit vorübergehend eine Kaufmannsgilde[2]. Durch Privileg Heinrichs H
von 1188 wurden den Bürgern mit anderen Freiheiten im
allgemeinen ihre rechtmäſsigen Gilden, wie sie seit lange bestanden, bestätigt[3]. Heinrich III verlieh ihnen unmittelbar
nach dem Tode Johanns das gleiche Recht, wie es die Londoner hatten, den Mayor zu wählen[4]. Eduard III befreite
sie im J. 47 seiner Regierung (1374) in einem groſsen Privileg, das sie mit 600 Mark bezahlten[5], von der Gerichtsfolge in den Grafschaften Gloucester und Somerset, welchen beiden die Stadt zum einen und andern Teil angehörte,
und erklärte diese als eine Grafschaft für sich, wo der Mayor
zugleich das Amt des königlichen Fiscals versehen soll. Für
das Sheriffamt dürfen die Bürger jährlich drei geeignete
Männer aus ihrer Mitte vorschlagen, aus welchen der königliche Rat den Sheriff ernennt. Um Mängeln und Schwierig-
keiten abzuhelfen, die in den Gewohnheiten der Stadt nicht
vorgesehen sind, werden Mayor und Sheriff mit Einwilligung
der Gemeinde ermächtigt, von Zeit zu Zeit ehrbare Männer
aus der Stadt zu wählen, mit deren Zustimmung sie Statuten
erlassen und Auflagen beschlieſsen können. Das Common

---

[1] Rymer Foedera XI 529.
[2] Stubbs a. a. O. S. 582: but there, as at York, it (the merchant
guild) had merged its existence in the communal organisation.
[3] Merewether I 357.
[4] Ebd. S. 415.
[5] Ebd. S. 641.

Council wurde fortan auch hier, wie in London, ständige Einrichtung[1].

Die Gewerksgenossenschaften zu Bristol hiefsen nicht Gilden, sondern Handwerke (crafts) oder Compagnien, wie in London[2]. Eine vorhandene Ordnung der Tuchwalker fullers) wurde 1406 durch Maire, Sheriff und Gemeinderat bestätigt[3]. Es gab eine Genossenschaft der Glöckner und Stadtmusikanten, die sich bis auf die Jetztzeit erhalten hat[4]. Eine eigentliche Gilde, die Kalandbrüderschaft, ist in der Eidesformel des Maire erwähnt, die ihn unter anderem verpflichtete, sie als ihr Patron in Rechten und Besitz zu schützen[5]. Eine andere fromme Brüderschaft und Gilde von St. Georg gehörte zum Spital in der Vorstadt[6].

Eine andere bedeutende Stadt war Exeter, wo in angelsächsischer Zeit eine Schutzgilde bestand, von der an ihrem Orte die Rede gewesen ist[7]. Von einer Kaufmannsgilde findet sich daselbst keine Spur. Einige Handwerkergenossenschaften waren Gilden oder Brüderschaften oder mit solchen verbunden. Besonders lehrreich ist in dieser Beziehung eine Verhandlung über das Recht der Schneider, denen Eduard IV im J. 1466 ihre Corporation mit der Befugnis, einen Meistervorsteher und andere Pfleger (wardens) selbst zu wählen, bestätigt hatte[8]. Hiergegen protestierten Mayor, Baillifs und

---

[1] Vgl. die Beschreibung der Stadtverfassung, welche von dem Stadtschreiber Robert Ricart aus dem J. 1479 herrührt, bei T. Smith English Guilds S. 413—428.

[2] T. Smiths Werk führt Genossenschaften aller Art ohne Unterschied als Gilden auf.

[3] T. Smith S. 283.

[4] Ebd. 288 unter der Überschrift: Gild of the Ringers; sie selbst nennt sich Company or society of Saint Stephen's Ringers.

[5] In einem Bericht über sie ist angegeben, dafs diese aus Brüdern und Schwestern bestehende Brüderschaft bei der Kirche Allerheiligen eine Schule für Juden und andere Fremde gestiftet hatte. T. Smith S. 287.

[6] Merewether S. 824.

[7] S. 31.

[8] T. Smith Guilds S. 300.

Stadtgemeinde bei dem Parlamente in einer Petition, worin sie angaben, daſs die Stadtcorporation seit alter Zeit aus Mayor, Baillifs und Gemeinde bestanden und der Mayor die Aufsicht und Regierung über alle Kaufleute und Gewerbsleute geführt, auch sie wegen Übertretungen bestraft habe[1]; nun aber sei von den Schneidern die „Gilde oder Brüderschaft zu Ehren des h. Johannes des Täufers" errichtet und diese vom Könige durch Patentbrief bestätigt worden; hierauf hätten die Schneider nicht allein Meister und Pfleger aus ihrer Mitte gewählt, sondern auch eine grofse Zahl von Einwohnern der Stadt aus verschiedenen Gewerken und sogar auswärtige Personen in ihre Gilde aufgenommen, Zusammenkünfte gehalten, Uneinigkeit und Unruhen im Volk angestiftet und sich gegen die Stadtobrigkeit unbotmäfsig bewiesen. Deshalb verlangten die genannten Stadtbehörden Zurücknahme des Patentbriefs und Abschaffung der Gilde. Diesem Gesuche wurde vom Könige entsprochen[2]. Dennoch bestand die Gilde fort. Ihre Ordnungen sind überliefert, worin sie sich auf Eduards IV Privileg beruft, aber auch die Autorität der Stadtobrigkeit anerkennt. Die Schuster, die sich „Meister des Handwerks von der Brüderschaft der h. Dreieinigkeit" nannten, und die Bäcker, „von der Brüderschaft der heiligen Frau und St. Clemens," erhielten ihre Statuten allein durch Verleihung von Mayor, Baillifs und Gemeinde der Stadt[3].

In Norwich, das ein wichtiger Handels- und Stapelplatz für Norfolk und Suffolk war, wo besonders die Wollenmanufactur grofsen Aufschwung nahm, und das nach Zahl der Einwohner zu den bedeutendsten Städten Englands gehörte, ist das Dasein einer Kaufmannsgilde nicht sicher be-

---

[1] T. Smith: to have the entier rule, oversight and governaunce of all Marchaunts, Mercers, Drapers, Grocers, Taillours and all other artificers.

[2] Soit fait comme il est désiré. Ebd. S. 309—312.

[3] Ebd. S. 331—334.

zeugt[1]. Durch Privileg 1 Joh. (1199) wurden den Bürgern
die Freiheiten und Gewohnheiten von London verliehen oder
bestätigt[2]; von einer Kaufmannsgilde ist da nicht die Rede.
Im Gegenteil ist im Privileg Heinrichs III von 1256 gesagt,
daſs alle Kaufleute gemeinsam mit den Bürgern Lasten und
Auflagen tragen und keine Gilde oder Brüderschaft zum
Nachteil der Stadt gehalten werden soll[3]. Norwich wurde
durch königliche Baillifs regiert, bis Heinrich IV im J. 1403
die Bürger für die ihm bewiesene Anhänglichkeit durch ein
Privileg belohnte, worin er das Amt des Baillif abschaffte
und sie ermächtigte, jährlich einen Mayor, der zugleich
Escheator des Königs sein soll, und 2 Sheriffs für Stadt und
Grafschaft, zu der er sie erhob, zu wählen[4]. Die im 14.
Jahrh. gestiftete Gilde von St. Georg war eine fromme Brüderschaft, welche durch Heinrich V 1417 Corporationsrecht erhielt; sie veranstaltete jährlich bei dem Amtsantritt des Mayors
eine groſse Stadtprozession.

Die benachbarte Seestadt Yarmouth, bedeutend durch
Betrieb der Fischerei und als Stapelplatz für die Schifffahrt,
erhielt durch 9 Johann (1208) ein Privileg, worin sie zur
freien Stadt (sit liber burgus in perpetuum) erklärt und den
Bürgern unter anderen Freiheiten auch die Kaufmannsgilde
gewährt wurde[5]. Doch kommt die Gilde später nicht mehr
vor. Die Stadt hatte keinen Mayor, sondern 4 Baillifs und
24 Jurati, die nachmals Aldermänner hieſsen und von den

---

[1] Ich weiſs nicht, wie viel das Citat aus Blomefield, welches
Groſs, Gilda mercat. S. 89, für die Gilde zur Zeit Heinrichs III an-
führt, wert ist. Thompson beruft sich nicht darauf, sondern nimmt
die Gilde nur nach der Analogie an und weil es eine Gildhalle
dort gab.

[2] Urk. bei Brady App. S. 33.

[3] Merewether S. 437. Thompson Essai S. 129: thal all merchants trading there should be in scot and lot, and that no guild or
fraternity should be held within the city, to its damage.

[4] Merew. 792. Thompson 131.

[5] Concessimus etiam eis Gildam mercatoriam. Brady App. S. 9.

Bürgern gewählt wurden[1]. Aus urkundlichen Aufzeichnungen des 14. Jahrh. geht hervor, daſs die Stadtgerichte (court leets) in jedem Viertel durch je einen Baillif mit 12 Beigeordneten (capital pledges) gehalten wurden, daſs alle Einwohner über 12 Jahre bei diesen Gerichten den Eid der Treue schwören muſsten und in deren Rollen eingeschrieben wurden, und daſs Personen, welche nicht Bürger waren und doch in der Stadt Handel trieben oder Lehrlinge hielten, zur Strafe gezogen wurden[2]. Es ergibt sich hieraus, daſs die Bürger allgemein zum Handelsbetriebe berechtigt waren. Die Stadtverfassung bildete sich ohne Kaufmannsgilde in aristokratischer Form aus[3]. Zur Zeit Heinrichs IV finden sich 2 Baillifs statt 4 und ein Gemeinderat von 48 Mitgliedern. Der Mayor erscheint nicht früher als in der Incorporationsacte Karls II von 1684.

Ich füge zu den genannten Städten Winchester hinzu, wo im Gegenteil die Kaufmannsgilde fortdauernd bestand. Es war der alte Königssitz von Wessex und nachmals öfter Witwensitz angelsächsischer Königinnen[4], wo auch Wilhelm der Eroberer sich einen Palast baute und wiederholt Reichsversammlungen zur Osterzeit hielt[5]. Bezüglich der Privilegien, welche Heinrich II, Richard I und Johann den Bürgern von Winchester in gleicher Weise wie anderen Städten verliehen, ist zu bemerken, daſs sie insbesondere den Bürgern von der Kaufmannsgilde bewilligt wurden, woraus nicht zu schlieſsen, daſs diese Gilde für sich die gesamte Bürgerschaft vorstellte, sondern nur, daſs sie das Privileg, dessen Befrei-

---

[1] Privileg 56 Henr. III bei Thompson Essai 141.

[2] Merewether S. 753—759.

[3] Thompson S. 142 stützt seine gegenteilige Behauptung allein auf die Analogie von Leicester und Preston.

[4] Freeman, History of Norman Conquest III, 67.

[5] Im Liber Wintomiae (D. B. Addit. f. 534. 535) ist bemerkt, daſs König Wilhelm für seinen Palast 12 Bürgerhäuser wegräumen lieſs: Postea fuerunt vastati 12 (burgenses), quia in corum terris fuit facta domus regis — und: Et hoc totum postea occupatum in domo regis.

ungen hauptsächlich den Kaufleuten zugute kamen, mit ihrem Gelde erkauft hatte[1].

Wichtig ist eine Beschreibung der Gewohnheiten von Winchester, welche Toulmin Smith aus einer Hds. des 14. Jahrhunderts herausgegeben hat[2]. Dieses Stadtrecht handelt von den städtischen Ämtern, von der jährlichen Wahl des Mayor durch 24 Geschworene der Gemeinde, welche als gute Männer den Mayor beraten, von der Wahl der zwei Baillifs in der Bürgerversammlung (borghmot), von der Bestellung der Stadtdiener (seriantes) und der 2 Coroners (für die placita coronae). Weiter folgen Statuten über Wollfabrikation, Verkauf von Lebensmitteln und Marktabgaben, Erhebung der Steuern für den König und die Commune, Thorzölle, Verfahren in Klagsachen beim Stadtgericht. Bei allem dem ist der Kaufmannsgilde mit keinem Worte gedacht; doch bestimmt ein Artikel folgendes: „Wenn man Gildenware besorgt (d. i. anschaffen will) mit allgemeiner Zustimmung, sollen die Meister (d. i. Vorsteher) der Stadt Leute ausfindig machen, welche geeignet und von gutem Rufe sind und das Richtige von den Kaufleuten sammeln (d. i. zusammenkaufen), und ein jeder von ihnen soll vier tüchtige Diener haben, und diese sollen untergebracht werden in vier Häusern, wie es zu allen Zeiten sein sollte (d. i. zu sein pflegt)"[3]. Es handelt sich hier, so viel ich sehe, um den

---

[1] Von den zwei Privilegien Heinrichs II (Stubbs Sel. Ch. S. 165) galt das eine, welches Zoll- und Handelsfreiheit gewährt, den Kaufleuten, das andre, welches die hergebrachten Freiheiten und Gewohnheiten bestätigt, den Bürgern insgemein. Das Priv. Richards I bezieht sich auf omnes cives de Gilda mercatoria (Brady App. S. 31); ebenso das von Johann J. 1215 (Rot. Chart. f. 217).

[2] English Gilds p. 349—363.

[3] Also, whanne me proveyde gilde chaffare by commune a-sent, by maystres of the towne a-spyge folke that be convenable and of good loos and gadere that ryghte of chepmen, and that everych of hem habbe fowre bynon stalworthe other mo, and thelke that beth y-herborwed in foure houses as hii ougte to be in all tymes. Das by vor maystres ist unverständlich, und statt hii ist hit zu lesen. (Ich folge der Interpretation meines Collegen Varnhagen).

Ankauf von Waren der Kaufmannsgilde für die Bedürfnisse
der Stadt, welchen die damit beauftragten Personen zu besorgen hatten.

Der Fortbestand der Gilde ist auch durch spätere Nachrichten des Stadtarchivs bezeugt, worin sich auch die findet,
dafs im J. 1705 Prinz Georg von Dänemark als Mitglied
aufgenommen wurde.

Es zeigt sich, dafs in den bedeutendsten Städten Englands eine Kaufmannsgilde entweder nie, wie in London,
oder nur vorübergehend bestand, wie in London, York, Bristol, Exeter, Norwich, Yarmouth, in anderen aber, wo sie
sich fortdauernd erhielt, wie in Winchester, kein die Stadtverfassung bestimmendes Element oder organisches Glied derselben war. Denn gleichmäfsig ging hier die Entwickelung
von der Bürgergemeinde der in der Stadt mit Haus und
Grundbesitz ansässigen, die bürgerlichen Lasten tragenden
Einwohner aus und fand ihren Abschlufs in der Ausgestaltung einer aristokratischen Stadtregierung mit politisch berechtigten Corporationen.

Es sind aber noch andere Formen der englischen Stadtverfassung zu betrachten, in welchen in der That eine eigentümliche Verschmelzung von Gilderecht und Bürgerrecht zur
Erscheinung kommt, in denjenigen Städten nämlich, wo die
Kaufmannsgilde die wesentlichen Rechte der Bürgergemeinde
an sich brachte und sich mit überwiegendem Einflufs in der
Stadtregierung behauptete. Als Musterbilder solcher Stadtverfassungen sind die von Leicester, Preston und Worcester
anzusehen.

Die Geschichte der Stadt Leicester ist von James
Thompson, der lange Zeit ihr Parlamentsdeputierter war,
ausführlich dargestellt worden[1]. Das verdienstliche, ganz
aus historischen Quellen und Urkunden geschöpfte Werk
würde noch wertvoller sein, wenn es dem Verfasser gefallen

---

[1] The History of Leicester 1849.

hätte, die hauptsächlichen Beweisstellen, auf welche er sich bei seinen Angaben und Ansichten stützt, im Wortlaut mitzuteilen[1]. So bleibt man häufig im Zweifel, ob, wenn von the commonalty die Rede ist, die Bürgergemeinde oder, wie Thompson annimmt, allemal die Gilde gemeint sei. Denn nach seiner Ansicht wäre beides allenthalben identisch gewesen[2].

Die Stadt gehörte seit der normannischen Eroberung den Grafen von Leicester. Als der erste wird Hugo de Grentmesnil, ein Kriegsgefährte Wilhelms des Eroberers, genannt. Aus Domesdaybook (I f. 230) ist ersichtlich, daſs der Graf bei weitem die gröſste Zahl der Häuser und 4 Kirchen der Stadt besaſs. Dessen Nachfolger war Robert von Mellent, ein anderer Begleiter des Eroberers, mit dem die Reihe der Grafen aus dem Hause Beaumont beginnt, von denen der letzte, Robert Fitzgerald, 1204 starb. Dann folgen die Montforts, Simon, Schwager des eben genannten, der Anführer im Albigenser Kriege, und nach diesem sein noch berühmterer Sohn gleiches Namens, der Regent und hoch gefeierte Reformator des Reichs unter Heinrich III. Als dieser zweite Montfort, Graf von Leicester, in der Schlacht bei Evesham 1265 gefallen war, verlieh der aus der Gefangenschaft freigewordene König die Grafschaft an seinen eigenen zweiten Sohn, Edmund von Lancaster, bei dessen Hause sie fortan verblieb.

Von den Grafen, als ihren Herren, erhielten die Bürger von Leicester ihre ersten Privilegien: Waldnutzung, Weidenutzung, Nachlaſs von Erntediensten gegen bestimmte Geldabgaben. In einer Zuschrift des Grafen Robert von Mellent an „Ralph und andere Barone, Franzosen und Engländer," ist gesagt, daſs die Kaufmannsgilde zu Leicester schon seit

---

[1] Mehrere hierher gehörige wichtige Urkunden hat derselbe später in seinem Essai on English Municipal History 1867 nachgebracht, aber auch diese nur in moderner Übersetzung.

[2] Vgl. unter Litteratur S.

Wilhelm dem Eroberer bestanden habe, und in einer anderen
von dessen Sohn und Nachfolger, Robert le Bossu, an dieselben wird die Gilde mit den Rechten, die sie unter seinem
Vater besessen, aufs neue bestätigt[1]. Die ungewöhnliche
Form des Privilegiums und die Wiederholung der gleichen
Adresse in beiden Zuschriften läfst deren Echtheit als zweifelhaft erscheinen. Es ergibt sich daraus nichts sicheres über
den Anfang der Kaufmannsgilde[2]. Gleichviel, ihr Dasein
im 12. Jahrh. ist durch das vorhandene Gildebuch bezeugt,
dessen Aufzeichnungen bis auf das Jahr 1197 zurückgehen,
wovon Thompson Auszüge mitgeteilt hat, aus denen folgendes zu entnehmen ist.

Im Jahre 1197 wurden 60 Personen in die Kaufmannsgilde aufgenommen, welche das Eintrittsgeld bezahlten und
in der Zusammenkunft, welche Morgensprache (morwenspech)
heifst, die Satzungen und Gewohnheiten der Gilde beschworen, auch jeder zwei Bürgen für gutes Verhalten stellten[3].
Auf gleiche Weise geschah in den folgenden Jahren die Aufnahme neuer Mitglieder, von denen diejenigen, deren Väter
bereits der Gilde angehört hatten, keine Aufnahmsgebühren
zu entrichten brauchten[4]. Nicht blofs Kaufleute, auch andere
Personen verschiedenen Standes und Berufs, z. B. ein Zimmermann, ein Hufschmied, ein Pächter (granger), ein Prediger,
sind als Aufgenommene genannt.

Es sind ferner die Steuerlisten der Stadt aus einer Reihe
von Jahren (1270—1275, 1301—1318) vorhanden[5]. Natür-

---

[1] Beide Schreiben bei Thompson im Essai S. 38.

[2] Thompson schreibt ihr in seiner History das einemal (S. 11)
römischen Ursprung, das andremal (S. 29) scandinavischen Ursprung
zu!

[3] Thompson Hist. S. 53. Essai S. 49,

[4] Die Gebühren sind de introitu, de tauro, d. i. für den Bullen der
Herde, et de hans, d. i. für die Handelsgesellschaft und den Mitgenufs
ihrer Rechte und Einrichtungen.

[5] Thompson Hist. S. 86 und 100 ff. Die Stadt wurde 1271 zum
Behuf der Steuererhebung in Viertel geteilt; es steuerten 480 Personen im ganzen — eine kleine Stadt!

lich trug die Gilde, welche die vermögende Bürgerklasse in
sich begriff, die Hauptlast. In ihren Rechnungen finden sich
Ausgaben für öffentliche Bedürfnisse, für Unterhaltung der
Stadtthore, Wälle und Brücken neben den am häufigsten
wiederkehrenden Posten für den eigenen Bedarf an Brot
und Wein. Als Stadtrechnungen können diese Gilderech-
nungen nicht gelten, schon wegen ihres geringen Betrages
im ganzen [1], und es müfste sonst noch vieles andere, was die
Bürger an den König, den Grafen, seine Gemahlin und Diener
zu leisten hatten, unter den Ausgaben mit verzeichnet sein [2].

Als Vorsteher der Gilde erscheinen zuerst 1200 ein
Alderman, bisweilen auch zwei Aldermänner und neben
diesen ein Rat (common council) von 24 Personen, die später
Jurati und Brüder heifsen. Der Alderman Peter Rogerson
war 1250 und in den folgenden Jahren Mayor [3], somit der
Vorsteher der Gilde zugleich das Stadtoberhaupt. Der Eid
der neu aufgenommenen Mitglieder der Gilde wurde dem
Mayor und den Brüdern geschworen. Sie versprechen darin,
die Ordnungen der Gilde zu befolgen, den guten Leuten der
Commune diejenigen anzuzeigen, welche innerhalb der Stadtfreiheit (franchise) Handel treiben, den Befehlen des Mayor
zu gehorchen und die guten Gewohnheiten der Stadt zu bewahren [4]. Die Gilde verlangte den Eintritt auch der Handelsleute in den aufserhalb der Stadt gelegenen Bischofslehen,
die nicht zur Bürgergemeinde (portmanmote) gehörten. Nach
dem Privileg Johanns für die Bürger von Leicester sollten
Kaufverträge über Grundstücke, wenn sie in der Bürgerversammlung (portmanmote) verlautbart worden, rechtsgültig

---

[1] In den Jahren 1297 und 1298 8—10 lib.; vgl. Hist. S. 91.
[2] Vgl. über diese Leistungen Thompson Hist. S. 100.
[3] Thompson Hist. S. 68. Essai S. 53.
[4] Thompson Essai S. 50 teilt die Eidesformel ausnahmsweise
im französisch normannischen Texte mit: Le serment de ceux qu'
entrant la gylde. Ceo oyetz vo' meyr et vos freres de la Gylde que
ieo leaument les leys de la Gylde tendray etc.

sein[1]. So der Kaufvertrag von 1254, wodurch der oben-
genannte Peter Rogerson und die Bürger von Leicester, in
Anwesenheit des Steward und des Baillif, d. i. der Beamten
des Grafen, und anderer Personen, ein Haus für die Gildehalle erwarben[2]. Es war dies eine Angelegenheit, welche
ebensosehr die Stadt wie die Gilde anging. Die Gildehalle
war das Kaufhaus und der Zusammenkunftsort der Gilde
wie der Bürgergemeinde.

Die königlichen Privilegien von Johann und Heinrich III
für Leicester wurden allgemein den Bürgern oder ‚Mayor
und Bürgern‘ bewilligt, ohne besondere Erwähnung der
Kaufmannsgilde[3].

Ebenso die gräflichen, namentlich das des zweiten Simon
von Montfort, aus dem hervorgeht, mit welcher Autorität der
Graf die Stadtherrschaft ausübte: er erliefs den Bürgern das
Brückengeld und die sog. Giebelpfennige von ihren Häusern,
gab ihnen die Zusicherung, dafs ‚bis ans Ende Welt‘ keine
Juden aufgenommen werden sollten, und veränderte die bis-
herige Gewohnheit des Erbrechts am väterlichen Gut zu
Gunsten der ältesten Söhne[4].

Die Kaufmannsgilde oder Stadtgilde, wie wir sie nennen
dürfen, blieb nicht blofs die regierende Corporation, sondern
brachte im 15. Jahrhundert die Rechte der Bürgergemeinde
überhaupt an sich, welche nun auch durch die ihr zuste-
henden Parlamentswahlen eine erhöhte Bedeutung gewonnen
hatten. So erscheint sie in dem Beschlufs einer Bürgerversammlung 7 Edw. IV (1467), worin der Mayor und ‚seine
Brüder‘ — wie nun die geschworenen Beigeordneten heifsen
— mit Zustimmung der Anwesenden von der Gemeinde verordneten, dafs am Tage der Wahl des Mayor, wie bei anderen
Gemeindeversammlungen (Common Halls) in der Gildhalle

---

[1] Merewether 223. Thompson Hist. 51.
[2] Thompson Hist. 68. Essai 62.
[3] Merewether 223. 225.
[4] Hist. 70 f. Essai 60 f.

nur diejenigen zugelassen werden sollten, welche die Bürgerfreiheit erlangt hätten, nämlich die, welche in die Kaufmannsgilde eingetreten seien [1]. Motiviert wird dieser Beschluſs in
dem vorhandenen Bericht des Stadtbuchs durch vorgekommene
Unregelmäſsigkeiten und Unordnungen, von welchen der
König und gewisse Lords Kunde erhalten hatten, was auf
einen Befehl von oben her hindeutet und ohne Zweifel mit
den Parteiungen des Reichs in dieser Zeit zusammenhing.

Gleichwie das Recht des Handelsbetriebs durch den Eintritt in die Stadtgilde bedingt war, muſsten nun auch die
Ordnungen der Gewerksgenossenschaften (Companies, occu-
pations), als welche Schneider, Schmiede, Schuhmacher, Bäcker
und Metzger genannt sind, durch den Major und ‚seine
Brüder‘ geprüft und genehmigt werden [2].

Den Abschluſs der Stadtverfassung in ihrer Entwickelung
bezeichnet, wie in anderen englischen Städten, die förmliche
Verleihung des Corporationsrechts (charter of incorporation)
durch die Krone, welches der Stadt Leicester im 30. J. der
K. Elisabeth erteilt wurde, wodurch Mayor, 24 Aldermänner
und 48 Gemeindevertreter unter dem Titel ‚Mayor und
Bürger der Stadt Leicester‘ das Recht erhielten, in ihrem Namen
Land zu kaufen und zu verkaufen, Prozesse zu führen, jährlich
den Mayor zu wählen und gegen die festgesetzte jährliche Pacht-
rente (feefarm) die Einkünfte aus den Fleischbänken, den
Ländereien der vier Collegien oder Gilden und von der
Meierei Newarke zu beziehen [3].

Eine ähnliche Verschmelzung von Gilderecht und Stadtrecht wie in Leicester zeigt die Verfassung der kleinen Stadt
Preston in Lancaster [4].

---

[1] Hist. p. 187: except they be franchised, that is to say, entered
into the Chapmanns Guild.

[2] Hist. S. 227.

[3] Ebd. 285.

[4] Dobson and Harland, A History of Preston 1862. Das
seltene Büchlein war aus England nur schwer zu bekommen. Der
Auszug, den Thompson Essai S. 91—109 daraus gibt, ist voller
Miſsverständnisse.

Der Ort gehörte zum Distrikt Amoundernefs, welchen
Robert von Poitou bei der normannischen Eroberung als
Lehen erhielt und den nach dessen Verbannung Heinrich I
an seinen Neffen Stephan, den nachmaligen König, verlieh.
Heinrich II bewilligte den Bürgern dieselben Freiheiten,
welche die von Newcastle under Lyne (in Stafford) von
ihm erhalten hatten[1]. Letzteres Privileg, auf welches hiermit
Bezug genommen ist, bestimmte, dafs Newcastle eine freie
Stadt sein und die Bürger eine Kaufmannsgilde haben sollen[2],
gewährte Befreiung von Zöllen, Weggeldern und anderen
Verkehrsabgaben, die Friedenspolizei nebst damit verbundenen
Rechten und Einkünften.

Das älteste Stadtrecht von Preston ist in einem Buche,
betitelt „Custumal", aus dem 13. Jahrhundert enthalten, worin
die bestehenden Rechtsgewohnheiten beschrieben sind[3]. Ich
hebe daraus diejenigen Bestimmungen hervor, welche das
Gilderecht und das Bürgerrecht im allgemeinen betreffen.

Der Anfang lautet: „Das sind die Freiheiten von Preston
in Aumundernesse, dafs sie eine Kaufmannsgilde haben mit
Hanse und anderen Gewohnheiten, die zu dieser Gilde gehören, so dafs, wer nicht von der Gilde ist, nicht Kaufmannschaft treiben darf in dieser Stadt, aufser mit dem Willen
der Bürger". Art. 2 bestimmt, dafs ein unfrei Geborner
(nativus) frei sein soll, wenn er in der Stadt wohnt und
Land besitzt, wenn er in der besagten Gilde ist und Jahr
und Tag mit den Bürgern lot and scot d. i. Stadtsteuern geleistet hat[4]. Art. 3. führt die Privilegien der Bürger auf,
bezüglich der Gerichts- und Handelsfreiheit: kein Sheriff soll

---

[1] Beide Urkunden sind in moderner Übersetzung von Dobson-
Harl. S. 6—7 mitgeteilt.

[2] That our town of New Castle under Lync be a free borough
and that the burgesses of that borough have a Guild Merchant in
the said borough etc.

[3] Dobson, Appendix 62, wo der lateinische Text leider ebenfalls
nur in englischer Übersetzung gegeben ist.

[4] Vgl. oben S. 67.

sich in ihre Klag- oder Streitsachen einmischen, ausgenommen
bei Sachen der Krone. Art. 4 und 5 handeln von der Gewinnung des Bürgerrechts: wer Bürger werden will, soll zum
Gericht (court) kommen, dem Stadtvorsteher (reeve, lateinisch
praefectus) 2 d. zahlen und durch die Amtleute (baillifs,
lateinisch praetores) das Bürgerlehen, burgage, empfangen,
worüber er ein Certificat erhält; er muſs das Bürgerlehen
binnen 40 Tagen anbauen, falls es noch unbesetzt ist[1]. Das
Bürgerrecht scheint hiernach nicht überhaupt durch die Aufnahme in die Kaufmannsgilde bedingt zu sein; doch für den
unfrei Gebornen wurde auch diese verlangt, um die Stadtfreiheit zu gewinnen.

Es ist ferner eine Reihe von Statuten in den Protokollen der Gildetage seit J. 1328 bis ins 19. Jahrh. erhalten. Die Bedeutung dieser Statuten sowohl wie der Zusammenkünfte, in denen sie beschlossen wurden, ergibt sich
aus dem frühesten Protokoll vom J. 2 Edw. III (1328). Hier
heiſst es zu Anfang: Es wurde ein Mayor-court zu Preston
in Amoundernefs gehalten unter dem Vorsitz des Mayor
und der zwei Baillifs. Zuerst wurden im Einverständnis des
Mayor, der Baillifs und Bürger mit der ganzen Gemeinde
der Stadt verschiedene Verordnungen zum Nutzen und zur
Wohlfahrt der Stadt für alle Klassen der Bürger in unserer
Kaufmannsgilde (to all manner of burgesses in our guild
merchant), für sie und ihre Nachfolger, beschlossen. So
wurde verordnet, daſs in Zukunft Mayor, Baillifs und Bürger
immer alle 20 Jahre, oder wenn nötig auch früher, eine
Kaufmannsgilde bestellen sollen, ,um die Charten unsrer Freiheit zu bestätigen'[2].

Dies wird im folgenden Artikel (3) als Erneuerung der

---

[1] Also, when any burgefs shall receive his burgage, and it shall
be a void place, the Reeve shall admit him so that he shall erect his
burgage within forty days, upon a forfeiture.

[2] To set a Guild Merchant at every twenty years, or crer, if
they have need, to confirm charters that belong to our franchise.

Gilde und Auffrischung der Stadt (at the renewing of the Guild and refreshing of our town) bezeichnet.

Die Kaufmannsgilde hat hier, wie man sieht, die Bedeutung einer constituierenden, regelmäfsig alle 20 Jahre wiederkehrenden Bürgerversammlung und ist nicht blofs Gilde der Kaufleute oder der zum Handel Berechtigten, sondern Gilde der Bürger oder Stadtgilde. Letzteres beweisen die Artikel 4 und 5 desselben Protokolls, wo ein Unterschied gemacht ist zwischen denjenigen, welche blofs bei dem Stadtgericht (by court roll) als Bürger eingeschrieben waren, und denen, welche in der zuletzt abgehaltenen Kaufmannsgilde aufgenommen worden: nur diese letzteren sollen zu den Ämtern des Mayor, Baillif und Sergeant gelangen; denn „die Freiheit der Bürger ist allein denen, die in Gilde sind, vom Könige verliehen, und Niemandem sonst" [1].

Guilds heifsen nun in Preston die Gildetage, welche regelmäfsig alle 20 Jahre stattfanden, auf denen das Stadtrecht erneuert und verbessert wurde [2]. Die Protokolle derselben enthalten neben den Statuten, die beschlossen wurden, auch Verzeichnisse der in die Gilde neu aufgenommenen Mitglieder [3]. Es finden sich Frauen, Witwen und Töchter darunter, auch auswärtige Edelleute und Standespersonen als Ehrenmitglieder, gleichwie bei den Corporationen andrer Städte.

Die Gildetage zu Preston waren fortdauernd die grofsen Festzeiten der Stadt, bei welchen lang vorbereitete Aufzüge und Schauspiele, Gastmähler und Volksbelustigungen aller Art angestellt wurden und zu denen eine grofse Menschenmenge von nah und fern herbeiströmte. Und so haben solche

---

[1] For the king gives the freedom to the burgesses which are in the Guild, and tho none others.

[2] Ähnlich wie das Stadtrecht von Köln durch die 10 jährigen Eidbücher im 14. Jahrh.

[3] S. 18. Gilde von 1397: These are the names of those whose fathers were not in the aforenamed guild, and who therefore made fine. Die Gebühr der einzelnen ist verschieden, 20—40 sh.

nach alter löblicher Gewohnheit noch bis in die neueste Zeit
in 20jähriger Wiederholung (1842 und 1862) zu Preston
stattgefunden, wenn gleich die Corporation selbst infolge der
Städteordnung von 1835 nicht mehr bestand.

Als eine Stadt mit Gildeverfassung ist ferner Worcester zu nennen[1]. Im Domesdaybook (I f. 175) ist sie
nur beiläufig unter den Ländereien des Bischofs von Worcester mit einer Anzahl von Häusern und Bürgern erwähnt.
Doch hatte sie zur Zeit des Königs Stephan eine Kaufmannsgilde, wie eine urkundliche Aufzeichnung beweist, wonach
Thomas von Worcester eine Gebühr an die Schatzkammer
schuldig war für die Aldermannschaft dieser Gilde[2]. Durch
ein Privileg Heinrichs III von 1261 wurde die Stadtregierung
mit 2 Baillifs, 2 Aldermännern, 2 Kämmerern und 48 Beigeordneten bestätigt und von dem Gericht des Sheriffs befreit[3]. Das noch vorhandene Stadtrecht vom J. 6 Edw. IV
(1467) zeigt die weitere Ausbildung der Stadtverfassung in
Verbindung mit der Kaufmannsgilde[4]. „Diese Ordnungen",
heißt es im Eingang, „wurden gemacht auf Befehl des
Königs und mit Zustimmung der Bürger und Einwohner der
Stadt in ihrer Kaufmannsgilde (at their yeld merchaunt).
Weiter: „Die Artikel der gegenwärtigen (of thys present
yeld) sollen jährlich am ersten Gerichtstage nach St. Michaelis
verlesen werden, wenn es verlangt wird. Die Baillifs sollen
die Ordnungen und Beschlüsse ausführen, die in der gegenwärtigen und den früheren Gilden gemacht sind; die Kämmerer sind dafür mit verantwortlich und beide im Falle der
Pflichtversäumnis straffällig an die Stadtkasse. Also auch
hier, wie in Preston, bedeutet die Gilde den von Zeit zu Zeit
abgehaltenen Gildetag, auf welchem die Ordnungen der Stadt
von Stadtmagistrat und Bürgern erneuert wurden.

---

[1] Vgl. Stubbs III 582.
[2] Merewether S. 321.
[3] Ebd. S. 468.
[4] T. Smith, Guilds S. 370—409, gibt dasselbe unter dem Titel:
The Kalendar of the Ordinances.

Bezüglich der Aufnahme in das Bürgerrecht oder Entziehung desselben im Stadtgericht bestimmt das Stadtrecht: Wer die Bürgerfreiheit gewinnen will, muſs, wenn er nicht Bürgerssohn oder sieben Jahre lang Lehrling gewesen ist, das Bürgergeld an die Stadtkasse und andere Gebühren an die Stadtbeamten entrichten; Bürger können nur sein, die in der Stadt wohnen; wer sich weigert, die städtischen Steuern und Lasten mitzutragen, verliert das Bürgerrecht (be disfranchised) und wird als Fremder angesehen (Art 35 und 37). Von einem besonderen Recht der Gilde als einer die Stadt regierenden Corporation ist in diesem Stadtrecht so wenig wie in dem von Preston die Rede.

Eine eigentümliche Verbindung von Gilderecht und Stadtrecht zeigt ferner die Stadt B e r w i c k am Tweed in Schottland in den Statuten, welche durch Mayor und gute Männer in den Jahren 1283 und 1284 (auch die Tage sind am Schluſs angegeben) festgesetzt wurden. W i l d a hat dieses interessante, lateinisch abgefaſse Document, worin er die Identität von Gilde und Bürgergemeinde und die Entstehung von dieser aus jener am deutlichsten zu erkennen glaubte, im Anhang seiner Schrift über das Gildewesen aus Houard, Traités sur les coutumes Anglo-Normandes T. II, mitgeteilt[1]. Im Eingang ist gesagt, daſs alle besonderen Gilden (particulares Gildae), die bisher in der Stadt waren, abgeschafft und nur e i n e allgemeine Gilde, auf welche der Besitz von jenen übertragen wird, sein soll; diese sollen alle Glieder als ihr Haupt verehren. Es ergibt sich daraus nicht, von welcher Art die bisherigen besonderen Gilden waren, und auch die allgemeine Gilde wird nur als eine feste und freundschaftliche Genossenschaft bezeichnet[2].

---

[1] W i l d a S. 376—386. T. S m i t h, English gilds S. 338, wirft Wilda Ungenauigkeit des Abdrucks vor, bloſs weil die Titelüberschriften weggelassen sind, gibt aber seinerseits den Text nur in englischer Übersetzung.

[2] Überschrift (die bei Wilda fehlt): Una generalis gilda observari

Die zunächst folgenden Artikel (2—14) betreffen allein die Gilde oder die Brüder der Gilde (confratres Gildae, confratres nostri) mit den gewöhnlichen Vorschriften und Regeln, die in den sonst bekannten Gildeordnungen vorkommen. Es wird den Brüdern zur Pflicht gemacht, die durch Alter und Krankheit verarmten Genossen aus dem Vermögen der Gilde zu unterstützen, ihr Leichenbegängnis zu bestreiten, für ihre Töchter durch Verheiratung oder Unterbringung im Kloster zu sorgen (c. 9—11). Sie sollen auch denjenigen, welche aufserhalb der Stadt (extra burgum nostrum) an Leib und Leben gerichtlich belangt werden, durch Abordnung von zwei oder drei aus der Gilde auf Kosten der letzteren in zwei Gerichtssitzungen (per duas diaetas) Beistand leisten: würde aber einer mit Recht verklagt, so soll er durch den Spruch (secundum arbitrium) des Aldermanns und der Mitbrüder verurteilt werden (c. 12). Vergehen der Gildebrüder unter sich durch Wort oder That, Beschimpfung oder Körperverletzung, sowie unanständiges Betragen im Gildehause, Mitbringen von spitzigen Messern in die Versammlung werden durch Geldbufsen an die Gilde und beziehungsweise an den Verletzten nach dem Urteil des Aldermanns, der Viertelsmänner (Ferthingmannorum), des Decans und anderer Brüder bestraft (c. 5—7). Alle Brüder müssen sich zur Beratung der Angelegenheiten der Gilde einfinden, wenn Aldermann, Viertelsmänner und Decan sie durch das Hornsignal (audito classico) einberufen (c. 14). Bei der Aufnahme in die Gilde ist eine Gebühr von 40 sh. zu entrichten, von der jedoch Sohn oder Tochter eines Gildebruders befreit sind (c. 8). Bürger, welche den Eintritt beharrlich verweigern, sollen

---

debet. c. 1 . . . Primo statuimus, quod omnes particulares gildae, hactenus in Burgo nostro habitae, abrogentur; et catalla iis rationabiliter et de jure debita huic gildae exhibeantur. Et nullo modo aliquam aliam gildam ab ista praesumant in Burgo procurare, sed, habito omnium membrorum ad unum caput uno respectu, unum inde in bonis actibus proveniat consilium, una societas firma et amica.

von keinem der Brüder mit Rat oder Hülfe, durch Wort
oder That in oder aufserhalb der Stadt unterstützt werden
(c. 13); wenn aber ein Nichtgildebruder noch im Sterben
etwas von seinen Gütern an die Gilde vermacht, so soll man
sich seiner wie eines Gildebruders annehmen (c. 4). So weit
die Gildeordnung.

Es folgt hierauf eine andere Reihe von allgemeinen Verordnungen (c. 15—46), welche die Bürgerschaft und Stadt
im ganzen angehen, über die öffentliche Polizei und das Gericht, Handel und Gewerbebetrieb und auch über die Stadtverfassung. Die Stadtregierung ruht in dem Gemeinderat
von 24 erwählten guten Männern zusammen mit dem Mayor
und 4 Vorstehern (praepositi)[1]. Mayor und Vorsteher werden durch die Gesamtgemeinde (per visum et considerationem
totius communitatis) gewählt, oder, wenn man sich nicht
einigen kann, durch die 24 des Gemeinderats allein, anstatt
der Commune. Die Stadtgerichte werden durch die Amts-
richter (ballivi) gehalten[2]. Auch auf die Gilde beziehen sich
mehrere dieser Statuten, aus denen ihre besondere Art und
Bedeutung ersichtlich ist. Sie erscheint als Kaufmannsgilde
mit der Bestimmung, dafs niemand sonst, als ,die Brüder
unserer Gilde,' mit Wolle, Häuten oder Wollenfellen handeln
und Gewand schneiden darf, aufser wenn ein fremder Kaufmann Geschäfte für sich selbst in der Stadt macht (einkauft
oder verkauft)[3]. Damit verbunden sind andere Rechte der
Gilde. Mancherlei Brüche bei Kauf und Verkauf werden
an sie gebüfst (c. 22. 29. 37). Verbotener Handel eines

---

[1] c. 33: Statuimus, quod commune consilium et communia guber-
nentur per viginti quatuor probos homines de melioribus, discretioribus
et fide dignioribus ejusdem Burgi ad hoc delectos, una cum Majore
et quatuor Praepositis.

[2] c. 17, vgl. c. 28, wonach den Baillifs auch das Polizeigericht
über den Marktverkauf zustand.

[3] c. 20: Nullus emat lanam, coria aut pelles lanitas ad reven-
dendum, aut pannos scindat, nisi fuerit confrater gildas nostrae, nisi
sit extraneus mercator ad sustentationem sui officii.

7*

Gildebruders in Gemeinschaft mit einem fremden Kaufmann wird nach dreimaliger Geldstrafe mit Verlust der Gilde gebüfst[1]. Ein anderes ist der Verlust des Bürgerrechts, womit ein Bürger (burgensis), der gegen seinen Eid einen geheimen Beschlufs oder die Heimlichkeiten der Gilde (secreta Gildae nostrae) offenbart, das erstemal nach dem Urteil des Aldermanns und anderer vertrauenswürdiger Personen der Gilde bestraft wird, im Wiederholungsfalle aber die Freiheit der Stadt (libertatem burgi nostri) zuerst auf Jahr und Tag, dann für immer, womit Infamie verbunden ist, verlieren soll[2]. Diese Statuten, ist am Schlufs gesagt, wurden gegeben durch den Mayor von Berwick und andere gute Männer an den genannten Tagen des J. 1283 in der Kirche St. Nicolai und an anderen genannten Tagen des J. 1284 in der Predigerkirche.

Es ergibt sich aus denselben eine enge Verbindung des Stadtrechts mit dem Gilderecht, aber auch der Unterschied von beiden. Nicht die Gilde, sondern die Bürgergemeinde unter Mayor, Vorstehern und Gemeinderat ist das früher da Gewesene. In ihr ist eine Anzahl besonderer Gilden entstanden; diese haben sich durch Gesamtbeschlufs zu einer einzigen und allgemeinen Gilde vereinigt, die sich als Kaufmannsgilde zu erkennen gibt, welcher in der Regel die Bürger angehören, und deren Rechte ihnen zugute kommen. Die Vorsteher derselben, Aldermann und Gildebeamte, sind andere als diejenigen, welche die Stadt regieren und ihr die Statuten geben. Wie sich beide, Gilde und Stadt, ihre Vorsteher und Leiter zu einander in der Stadtverfassung verhielten, ist nicht ersichtlich[3].

---

[1] c. 21: Et si quarto super hoc convictus fuerit, amittat gildam.

[2] c. 35: Et sciendum est ultra, quod infra illum Burgum nec in aliquo alio infra Regnum amplius libertate gaudere de jure poterit, quia infamis reputatur.

[3] Die in Liebermanns Bericht in Quidde's Zeitschr. IV 1890 S. 199 unter Britanniens Ortsgeschichte erwähnte Schrift: Scott, Berwick, war mir nicht mehr erreichbar.

VI. Gilden als religiöse Brüderschaften.

Toulmin Smith, English Gilds 1870 (vgl. Litteratur S. 17).

In der zweiten Hälfte des 14. Jahrhunderts nahm das religiöse Gildewesen in England den gröfsten Aufschwung: eine überaus grofse Zahl von frommen Brüderschaften wurde aller Orten gestiftet oder als ältere erneuert. Es kommt darin eine Erweckung des kirchlichen Sinnes bei der Laienwelt zur Erscheinung, wobei mancherlei Ursachen zusammenwirkten: der Schrecken von der vorausgegangenen Menschenvertilgung durch den schwarzen Tod, der populäre Hafs gegen das ausgeartete Mönchtum, das Aufstreben der unterdrückten niederen Volksklassen, die zündende Lehre Wiclifs. Vornehmlich die unteren Stände thaten sich in frommen Brüderschaften zusammen, die zwar im Anschlufs an den Gottesdienst der Kirche, aber doch unabhängig von ihrer Ordnung und geistlichen Zucht, auf besondere Weise sich die kirchlichen Gnadengaben anzueignen, das Seelenheil der Brüder und Schwestern zu fördern bedacht waren.

In welchem Grade diese auffallende Erscheinung des öffentlichen Lebens die Aufmerksamkeit der Staatsregierung auf sich zog, beweist das Ausschreiben, welches Richard II am 1. November 1388 an die Sheriffs erliefs, worin er diesen unter Bezugnahme auf die letzte Parlamentsberatung zu Cambridge befahl, aller Orten durch öffentliche Proclamation von den Vorstehern der Gilden und Brüderschaften, in London insbesondere auch von den Vorstehern und Aufsehern der Gewerbsgenossenschaften (mysteries and crafts), deren Statuten und Privilegien zugleich mit den Verzeichnissen ihrer Besitzungen an Land, Renten und beweglichem Gut einzufordern und bei der königlichen Regierung vorzulegen[1]. Es gingen hierauf die Berichte von mehr als 500 Brüderschaften ein, welche, meist lateinisch, sonst französisch oder englisch

---

[1] T. Smith S. 127—131 teilt das Ausschreiben im Wortlaute mit.

geschrieben, noch jetzt im Staatsarchiv (Record Office) aufbewahrt werden. In dem Werke von T. Smith findet sich
deren nur eine verhältnismäfsig geringe Zahl abgedruckt;
es bedürfte aber keiner gröfseren, um die nach Zweck und
Einrichtungen gleichartige Beschaffenheit aller dieser Gilden,
abgesehen von Variationen nach den örtlichen oder Standes-
verhältnissen, zu erkennen.

In Ansehung der Abfassungszeit sämtlicher Statuten ist
zu bemerken, dafs die Mehrzahl teils nur einige Jahre vor
1388, teils aus den letzten Decennien vorher datiert ist und
nur wenige bis ins 13. Jahrhundert zurückgehen. Doch ist
daraus nicht immer auf die Zeit der Stiftung der Gilden,
sondern nur auf die der letzten Abfassung ihrer Statuten zu
schliefsen. Ich hebe aus dieser Statutensammlung das allgemein Charakteristische der Gilden hervor.

Sie führen ihren Namen teils von den Kirchen oder
Heiligen, denen die einzelnen mit besonderer Verehrung zugethan waren, deren Tage sie festlich begingen, teils von
den Kirchenfesten, die sie besonders feierten, wie z. B. die
Corpus Christi - Gilde in York, die der heil. Dreieinigkeit in
Norwich. Es waren Laienverbindungen von Brüdern und
Schwestern, ohne Unterschied des Standes oder Berufs, und
nicht blofs auf die Einwohner des Orts beschränkt. Manche
von ihnen, die besonders hoch im Ansehen standen, waren
sehr zahlreich an Mitgliedern, wie z. B. im Verzeichnis der
Gilde Corpus Christi zu York gegen 14850 Namen eingeschrieben sind[1]. Bei der Gilde von St. Georg zu Norwich
finden sich Erzbischöfe und Bischöfe, Ritter, Mayors, Geistliche, Kaufleute, Handwerker, Männer und Frauen, als Mitglieder genannt[2]. Es gab aber auch fromme Brüder- und
Schwesterschaften, welche besonderen Ständen oder Berufs-
klassen angehörten, wiewohl sie auch andere Personen, die
an ihren frommen Übungen und verdienstlichen Werken teil-

---

[1] T. Smith a. a. O. S. 142 Anm.
[2] Ebd. Anhang 1.

nehmen wollten, zuliefsen. So eine im J. 1350 gestiftete
Gilde von St. Michael in Lincoln, welche ausdrücklich für
die mittleren und unteren Volksklassen bestimmt war[1], und
eine der Studenten (young scholars) zu Lynn (Kingslynn) in
Norfolk[2], sowie eine Menge Gilden der Handwerker und
anderer Leute, wie z. B. in Norwich eine Brüderschaft der
Barbiere, eine der Pelzhändler mit anderen guten Leuten,
eine der Schneider, eine der Zimmerleute, eine der Sattler
und Sporenmacher und auch eine der armen Leute (poor-
man's Gild), Elendengilde genannt in Deutschland[3].

Gleicher Art wie die Brüderschaften der Handwerker war
eine der Kaufleute (gilda mercatoria) zu Coventry (War-
wickshire), welche 1340 errichtet und durch Eduard III bestätigt ward[4]. Als Grund der Stiftung ist angegeben, dafs
manche Kaufleute des Orts auf der See mit ihren Waren
zu Schaden kommen, weshalb es hauptsächlich auf Unterstützung der Verunglückten und Verarmten unter ihnen abgesehen war; sonst nehmen die Statuten keinerlei Bezug auf
Kaufmannschaft. Die Gilde gewährt unverzinsliche Darlehen
auf ein oder zwei Jahre an Brüder und Schwestern, die auf
unverschuldete Weise in Not geraten sind, damit sie ihre
Geschäfte weiter betreiben können, unterstützt Kranke, Alte
und Schwache, sorgt für anständiges Begräbnis der Dürftigen
und läfst nach jedem Todesfall ein Jahr lang für die Seele
des Verstorbenen Messen singen u. s. w.

Birmingham gab das Beispiel einer religiösen Stadtgilde[5]. Baillifs und Gemeinde der Stadt richteten 1392 an Richard II die Bitte, die Stiftung einer Gilde zu Ehren des heiligen

---

[1] In den Statuten a. a. O. S. 178 heifst es: Whoever seeks to
be received into the gild, being of the same rank as the brethren
and sistren who founded it, namely of the rank of common and
middling.

[2] Ebd. S. 51.

[3] Ebd. S. 27—42.

[4] T. Smith S. 226 ff.

[5] Ebd. S. 239—261.

Kreuzes zu genehmigen, zu welcher sowohl Männer und
Frauen von Birmingham, als auch von andern Städten der
Umgegend gehören sollten[1], auch ihr zu gestatten, Meister
und Pfleger (master and wardens) der Gilde und Brüderschaft
zu wählen, eine Kapelle für ihren Gottesdienst in der Kirche
St. Martin einzurichten und andre fromme Werke zum Wohle
des Königs und der Königin wie der Brüder und Schwestern
der Gilde zu üben, wie es die Baillifs und die Gemeinde
der Stadt bestimmen würden. Der König genehmigte die
Bitte, nachdem er sich zuvor durch seine Commissarien Bericht erstatten lassen, ob nicht durch Schenkung von Grundstücken an die Gilde ein Abgang an den öffentlichen Steuern
und Lasten zu besorgen sei. Die Wohlthätigkeit der Gilde
wird später (J. 37 Heinrichs VIII) gerühmt in einem Bericht,
worin gesagt ist, daſs bei der Zahl von 2000 ansässigen Einwohnern der Stadt (houseling people) die Priester der Gilde
nicht ausreichten, um zu Ostern allem Volk das Sacrament
zu reichen, und daſs auf ihre Kosten die Armen der Stadt
mit Geld, Brot, Getränken und Kohlen unterstützt, auch
das Begräbnis und Seelenmessen für sie besorgt würden.
Und nicht bloſs Werke der Frömmigkeit wurden von der
Gilde verrichtet, auch für das Gemeindewohl bestritt sie bedeutende Ausgaben aus ihren Mitteln, wie denn in einem
Berichte vom J. 1 Eduards VI (1547) erwähnt ist, daſs zwei
groſse steinerne Brücken und mehrere Heerstraſsen durch
sie in gutem Stande erhalten wurden, wozu die Stadt, „die
eine der schönsten und nützlichsten in der ganzen Grafschaft
ist", für sich allein unvermögend wäre. Das schützte sie jedoch nicht gegen die allgemeine Confiscation aller Fonds von
Meſsstiftungen, Collegien und Brüderschaften[2], welche der

---

[1] to which shall belong, as well the men and women of the
said town of B., as men and women of other towns and of the neigh-
bourhood who are well disposed towards them.

[2] Lingard, Gesch. von England (Übers. von Salis) VII 25.

Reformationseifer der königlichen Regierung für notwendig zum Seelenheil der Unterthanen erachtete und in demselben Jahre gebot.

Der allgemeine Zweck der religiösen Gilden sowohl wie Mittel und Wege und Einrichtungen sind überall im wesentlichen die gleichen. Einige Beispiele können für viele genügen.

Eine Brüderschaft zu Garlekith in London wurde 1375 errichtet: Gott und dem Apostel St. Jakob zu Ehren, zur Besserung ihres Lebens und ihrer Seele und Vermehrung der Liebe unter Brüdern und Schwestern[1]. Es wird ein Eintrittsgeld an die Kasse (common box) entrichtet und der Eid geleistet, die Statuten zu beobachten. Die Pfleger (wardeins) sammeln die Beiträge und legen Rechnung ab. Eine besondre Tracht ist für Brüder und Schwestern vorgeschrieben. Am Sonntag nach dem St. Jakobstage findet das jährliche Hauptfest statt; aufserdem werden vierteljährliche Zusammenkünfte gehalten. Brüder und Schwestern besorgen das Leichenbegängnis eines verstorbenen Mitglieds und opfern für die Seelenmessen. Beistand und wöchentliche Unterstützung aus der Brüderschaftskasse wird den Armen und Kranken, den ungerechter Weise in Gefangenschaft gehaltenen Genossen gewährt; doch ist siebenjährige Mitgliedschaft und geleistete Zahlung der Beiträge zur Bedingung gemacht. Streitigkeiten der Brüder und Schwestern werden von den Vorstehern beigelegt, Ungehorsame oder Widerspenstige von der Brüderschaft ausgeschlossen.

Eine andre Brüderschaft zu London war die von St. Katharine in der Kirche St. Botulf. Die Aufnahme neuer Mitglieder wird durch Eid und Bruderkufs besiegelt[2]. Den Armen, Schwachen und Kranken soll Beistand, den Notlei-

---

[1] Fraternitee of St. James atte Garlekith in London (1375) ... for amendement of her lyves and of her soules, and to noriche more love bytween the bretheren and sustren of the bretherhede.

[2] Eine nicht unbedenkliche Ceremonie: and that every brother and suster in tokenynge of love ... schule kusse every other!

denden eine Unterstützung von wöchentlich **14** d. gewährt
werden. Es werden vierteljährliche Beiträge für Lichter und
Almosen gezahlt. Am St. Katharinentage findet eine Versammlung statt in der St. Botulfs-Kirche mit Messe und
Opfer, in der die Vorsteher (maisters) gewählt werden. Das
Leichenbegängnis der Armen (natürlich ist immer nur von
Mitgliedern die Rede) wird auf gemeinsame Kosten bestritten;
wenn einer innerhalb **10** Meilen entfernt von London stirbt,
soll die Leiche abgeholt werden. Der Altar der hl. Katharine
ist mit fünf Kerzen zu versehen, wo Totenmessen für die
Verstorbenen gelesen werden. Jeder Bruder soll das Kleid
der Brüderschaft, einen Kelch und das Meſsbuch haben.

Die meisten Brüderschaften gehörten dem Laienstande
an; doch nahmen auch Geistliche Anteil daran und waren
mitunter ihre Vorsteher. So wurden bei der schon genannten
groſsen Frohnleichnamsgilde (corpus Christi) zu York jährlich
sechs Priester als Vorsteher gewählt; die Laien sollten nicht
teilnehmen an der Leitung der Gilde[1]. Im Gegensatz hierzu
bestimmten die Statuten der Gilde der h. Dreieinigkeit zu
Cambridge, daſs Geistliche, die in die Gilde eintreten, nicht
zu deren Ämtern (Alderman und zwei Stewarts) gewählt
werden sollten, abgesehen von dem Kaplan, den die Gilde
für ihren Gottesdienst anstellte[2].

Sehr verschieden waren die Benennungen der Vorsteher:
bald sind es ein Alderman und zwei Stewarts als dessen
Beisitzer, bald Wardeins oder Pfleger, die mitunter auch
Schöffen (skevaynes) heiſsen, bald ein Würdenträger (grace-
man) nebst Wardens. Die vierteljährlichen Zusammenkünfte
werden bisweilen als Morgensprachen (mornspeeches, auch
bloſs spekynges), gleich wie die der Gewerbsgenossenschaften,
bezeichnet.

Manche Brüderschaften begingen ihre jährlichen Hauptfeste mit glänzenden Prozessionen und erbaulichen Schau-

---

[1] T. Smith S. 141.
[2] Ebd. S. 262.

stellungen. So nahm die Gilde des Gebets des Herrn (Gild
of the Lord's Prayer) in York den Anfang mit der Aufführung eines geistlichen Schauspiels, worin Laster und
Sünden verspottet, Tugenden gepriesen wurden, „zum Heil
der Seelen der Einwohner der Stadt und der Nachbarn";
derartige Schauspiele wurden alljährlich von ihr veranstaltet[1].
Die Gilde der h. Maria zu Beverley (Yorkshire) feierte ihr
Jahresfest zu Lichtmeſs mit einer Prozession, wobei die h.
Jungfrau, Joseph, Simeon und Engel Wachskerzen trugen,
und die Brüder und Schwestern der Gilde gleichfalls mit
zur Kirche folgten, worauf ein Schmaus mit Lobpreisung
der h. Jungfrau den Schluſs machte[2].

Bezüglich der festlichen Mahlzeiten und Trinkgelage
finden sich Vorschriften in einzelnen Gildestatuten wie die,
daſs keiner dabei in einem unanständigen Kleide, noch bar-
fuſs oder barbeinig erscheinen, keinen Lärm machen, nicht
schlafen, noch den herumgehenden Becher bei sich stehen
lassen und nicht länger bleiben soll, wenn der Aldermann
fortgegangen ist[3], ganz ähnlich denjenigen Regeln, die wir
in den dänischen Gildeordnungen wieder finden werden.

Ergebnisse. Ende der Entwickelung der englischen Stadtverfassung.

1. Wir sahen die Gildegenossenschaften bei den Angelsachsen als bestehend und anerkannt in den Gesetzbüchern
der Könige Ine und Aelfred. Bestimmtere Nachrichten über
einzelne derselben gewährten im 10. Jahrh. Aethelstans Gesetz
über die Organisation der Londoner Friedensgilden, im 11.
Jahrh. die Statuten der Brüderschaften zu Abbotsbury und

---

[1] Ebd. S. 137.
[2] Ebd. S. 148.
[3] Ebd. S. 87: Gild of the Conception in Bishop's Lynn; vgl. S.
93—95.

Woodbury, der Gilde zu Exeter, der Thanengilde zu Cambridge.

2. Es erhebt sich aufs neue die Frage nach dem Ursprunge der Gilden. Sind sie nur aus dem allgemein menschlichen und überall lebendigen Geselligkeitstriebe zu erklären, um Bedürfnisse zu befriedigen, für die den Einzelnen weder die Familie noch die öffentliche Rechtsordnung genügte, oder gab es bestimmtere Anlässe und Anknüpfungspunkte für ihre Entstehung bei den Angelsachsen? An einen Zusammenhang der angelsächsischen mit den fränkischen Gilden ist doch wohl nicht zu denken, aufser insofern die Bekehrung der Angelsachsen zum Christentum, die aber doch nicht von Frankreich, sondern von Rom ausging, auch bei ihnen den Sinn für die Bethätigung brüderlicher Liebe in einer engeren Genossenschaft weckte. Doch wir haben es an erster Stelle nicht mit religiösen Vereinigungen zu thun, sondern mit Gilden, die dies zwar auch in einem gewissen Grade waren, aber doch noch mehr Recht und Sitte des Volkes in ihren Einrichtungen bethätigten und in ihren Satzungen zum Ausdruck brachten.

3. Das Wort Gilde selbst, welches angelsächsisch Opfer bedeutet, führt auf den allgemeinen Ursprung der Gilden bei den germanischen Völkern aus dem heidnischen Opfercultus zurück[1]. Über diesen, wie er bei den Angelsachsen üblich war, gibt es ein Zeugnis von hervorragender Bedeutung. Papst Gregor der Grofse, der das christliche Bekehrungswerk in England unternahm, gab seinem Missionar, dem Abt Augustin, die Anweisung, nicht die Götzentempel selbst, sondern allein die Götzenbilder in diesen zu zerstören und den heidnischen Brauch der Opfer in einen christlichen umzuwandeln, dergestalt, dafs das Volk an den Geburtstagen der h. Märtyrer, deren Reliquien in den Tempeln aufbewahrt werden, Hütten aus Baumzweigen bauen und das Fest mit religiösen Gelagen begehen solle[2].

---

[1] Vgl. Einl. S. 4.

[2] Gregorii M. Epistolae XI Nr. 76. Das Schreiben ist an den

4. Leider berichtet B e d a, der vortreffliche Geschichtschreiber der Angelsachsen, nichts bestimmtes über deren
Götzenopfer und heidnische Gebräuche[1]. In den Gesetzen
Wihträds von Kent J. 696 wird das Opfern für Götzen als
deoflum geldan bezeichnet und mit Vermögenseinziehung bedroht[2]. Deofol-gyld heifst der Götzendienst in Aelfreds
Übersetzung des Beda. Mehr als das findet sich über den
heidnischen Cultus der Sachsen in den Gesetzen Karls des
Grofsen (S. 775—780): „Wenn einer an Quellen, Bäumen
und Hainen ein Gelübde thut und zu Ehren der Götzen
Mahlzeit hält (ad honorem daemonum comederet), soll er,
wenn er ein Edler ist, mit 60 Sol., wenn ein Freier, mit
30 Sol., wenn ein Lite, mit 15 Sol. bestraft werden[3]. Und
ähnlich reden Knuts Gesetze von dem Heidentum, das sie
in England verbieten, wo als Gegenstände der Abgötterei
Sonne und Mond, Feuer und Flut, Quellen und Steine genannt sind[4].

5. Bezüglich der Sitte des Trinkens bei den Angelsachsen bringt die Geschichte Britanniens von Gottfrid von
Monmouth (zwischen 1132—1135 verfafst) eine anmutige Erzählung, welche der Dichter Wace aus Caen in seinem Roman de Brut übersetzt hat[5], wie nämlich Hengist's Tochter

---

Abt Mellitus gerichtet, der den Augustin de causa Anglorum belehren
soll: Et quia boves solent in sacrificiis daemonum multos occidere,
debet hic etiam hac re de re aliqua solemnitas immutari: ut die de-
dicationis vel natalitiis sanctorum martyrum, quorum illic reliquiae
ponuntur, tabernacula sibi circa easdem ecclesias, quae ex fanis com-
mutatae sunt, de ramis arborum faciant et religiosis conviviis solem-
nitatem celebrent.

[1] Bedae Historia ecclesiastica gentis Anglorum (ed. Holder) I c.
7 erwähnt die Götzenopfer, III c. 30 die heidnischen Tempel und
Bilder (simulacra).

[2] c. 12 und dazu R. Schmids Erklärung S. 17.

[3] Capitulatio de partibus Saxoniae (ed. Boretius) I 68.

[4] Cnutes domas II c. 5 (R. Schmid S. 272).

[5] Galfredi Monumetensis Historia Britanniae Lib. VI c. 12
(Ausg. von San Marte). Wace, Roman de Brut, Vers 7110 ff. (Ausg.
von Roux de Lincy. Rouen 1836).

Roven den britischen König Vortiger über den sächsischen Brauch des Zutrinkens belehrte. So sprach sie: „Sitte ist es in unserem Lande, daſs der, welcher zutrinkt, Heil dir (wes hel) sagt, und so auch der, welcher den Becher empfängt; dieser trinkt einen halben nach, und beim Überreichen des Bechers ist es üblich, sich zu umarmen." So geschah es bei Vortiger und Roven, und darauf folgte ihre Vermählung. Wace fügt hinzu, daſs dies auch jetzt (er dichtete seinen Roman 1155) noch so in England beim Trinken üblich sei[1]. Und dasselbe bestätigt der normannische Dichter noch einmal in seinem Roman de Rou, wo er das Verhalten der Engländer auf der einen Seite und der Normannen und Franzosen auf der anderen in ihren Feldlagern vor der entscheidenden Schlacht bei Hastings 1066 beschreibt[2]. Die Engländer schmausten und tranken, tanzten und sangen die ganze Nacht hindurch: „sie riefen Heil und zur Gesundheit: laſs (die Becher) kommen und trinke Heil, trinke mir nach und mir zu, trinke voll, trinke halb, und ich trinke dir zu"[3]. So thaten die Engländer; die Normannen aber und die Franzosen brachten die ganze Nacht im Gebet und Bekümmernis zu, bekannten ihre Sünden u. s. w.

6. Der Hinweis auf den heidnischen Opfercultus, die Opfergemeinschaft und die Sitte der Trinkgelage ist freilich nicht genügend, um den Ursprung der Gilden in England zu erklären. Als allgemeines Rechtsinstitut fanden wir sie bei den Angelsachsen, als ein Verhältnis ähnlich dem der Sippe, der der Einzelne durch die Geburt angehört, aber

---

[1] V. 7140: Prist l'on us et commencement
              De dire en la tère ‚Weshel'
              Et de respondre après ‚Drinkhel'
              Et de boivre plain ou demi
              Et entrebaisier lui et li.
[2] Roman de Rou (Ausg. von H. Andersen. Heilbronn 1879) Vers 7349 ff.
[3] V. 7357: Bublie crient e weisseil / E laticome e drincheheil, / Drinc hindrewart e drintome, / Drinc folf, drinc half, e drinc tode.

nicht wie diese natürlich gegeben, sondern willkürlich durch Einigung der Freien, der Standesgenossen, entstanden. Sein Ursprung liegt in dem Wesen des Volkscharakters und läfst sich so wenig erklären, wie Volksrecht und Volkssitte überhaupt. Nur den Namen und den Brauch der Trinkgelage fügte die heidnische Gilde hinzu; wichtiger aber als dies war die Idee der Brüderschaft, welche das Christentum in das angelsächsische wie germanische Genossenschaftswesen einführte.

7. Die englischen Städte sind nicht aus Gilden hervorgegangen[1]. Ihr Anfang liegt in den Burgen und Burgbezirken der Angelsachsen. Burg (burh, buruh, byrig), d. i. ein befestigter Ort, heifst die Stadt, burhwaru die Bürgerschaft. Der Burgbezirk wird in der administrativen Einteilung des Landes dem Hundred, der Hundertschaft, gleichgestellt. Gerefen, Wic- oder Portgerefen heifsen die königlichen Beamten als Vorsteher der Burgen und Städte, entsprechend den Shiregerefen (Sheriffs) in den Hundreds der Grafschaften. Das Burggemot ist die Bürgerversammlung als Stadtgericht, wie das Hundertgemot das Gericht des Hundreds, das Shiregemot das der Grafschaft. Das Dasein von Gilden als Standesgenossenschaften, insbesondere die Cnigtengilde, findet sich wenigstens in einzelnen Städten (Canterbury, London) bezeugt.

8. Bei Errichtung des normannischen Staats mit straff centralisierter Verwaltung wurden die Gilden, die als gefährliche Verbindungen des nationalen Volkselements erschienen, unterdrückt, nur als religiöse und kirchliche Brüderschaften geschont. In dem Reichskataster, welchen Wilhelm der Er-

---

[1] Anders hat sich der verdienstvolle Geschichtsforscher Lappenberg, offenbar durch Wilda dazu bestimmt, darüber vernehmen lassen in der Geschichte von England I 609: „Die Anfänge des sächsischen Städtewesens sind auf die Gilden zu heidnischen Opfern zurückzuführen. Diese Feste waren mit den Gerichts- und Markttagen verknüpft." Diese Herleitung kommt rasch zum Ziele!

oberer 1085 im fiscalischen Interesse der Krone und der
Verwaltung aufnehmen liefs, stellt sich die Einwohnerschaft
der Städte in den verschiedensten Besitz- und grundherrlichen Abhängigkeitsverhältnissen, auch zum teil gemischt
aus Engländern und eingewanderten Franzosen dar. Nur
in seltenen Fällen war die Grundherrschaft der Stadt in
Einer Hand, des Königs, eines Bischofs oder weltlichen
Grofsen, vereinigt. Königliche oder herrschaftliche Beamte,
praepositi, waren über die Städte wie über die Hundreds
gesetzt. Es gab nur einen schwachen Gemeindeverband;
Lagemänner oder Richter sind als Gemeindebeamte genannt.

9. Die Gesetzgebung der ersten normannischen Könige
stellte die Grundsätze des Städterechts fest. Als Markt- und
Handelsplätze, als befestigte Orte zur Reichsverteidigung sind
die Städte bestimmt. Die persönliche Freiheit der Bürger
ist das Programm der Zukunft. Besonders den Einwohnern
von London, Engländern und Franzosen, wurden die wichtigsten Freiheitsrechte von Wilhelm dem Eroberer und seinen
Nachfolgern verliehen: finanzielle Selbstverwaltung durch Verpachtung der königlichen Einkünfte (firma regis oder burgi),
Befreiung der Bürger von auswärtigen Gerichten, Zollfreiheit im Reiche. Dies gab den Mafsstab für den Begriff einer
freien Stadt, liber burgus, sowie für die Privilegien anderer
Städte.

10. Auf der Grundlage des freien Bürgerrechts, welches
die persönliche Freiheit aller, am Gericht und den städtischen Lasten teilnehmenden Einwohner bedeutete, hat sich
die englische Stadtverfassung ausgebildet. Die eigene Wahl
des Sheriffs oder der mehreren Sheriffs, welche als königliche Richter und Finanzbeamte der Grafschaft fungierten,
wurde den Bürgern von London schon von Heinrich I vorübergehend zugestanden. Der Mayor, das selbstgewählte
Stadtoberhaupt, erscheint in London zuerst mit der Commune unter Johann 1191. Den ständigen Beirat desselben
bildet das Collegium der Aldermänner, gleichfalls von den

Bürgern gewählt aus den einzelnen Stadtdistricten. Beide zusammen führen die Stadtregierung, der Mayor jährlich wechselnd, die Aldermänner auf Lebenszeit. Erst spät kam als drittes Glied der Gemeinderat, common council, als jährlich wechselnde Gemeindevertretung hinzu. Dies ist die allgemeine Signatur der englischen Stadtverfassung im Mittelalter.

11. In den Städten, den Sitzen des Handels und der Gewerbe, lebte das altenglische Gildewesen in der Gestalt von Kaufmanns- und Gewerbsgilden wieder auf. Die Bewilligung einer Kaufmannsgilde war in den Privilegien einer Reihe von Städten mitbegriffen. Wo sie bestand, war sie die vornehmste Bürgergilde, welche allein das Recht des Großhandels, die Hanse, besaß und dasselbe an andere erteilte. Auf sie bezogen sich daher vorzugsweise die den Bürgern verliehenen Zoll- und andere Handelsfreiheiten. Doch es hat sich weiter gezeigt, daß die Kaufmannsgilde keineswegs das bestimmende Moment für die Entwickelung der Stadtverfassung überhaupt war. Schon deshalb nicht, weil sie gerade in den bedeutendsten Städten und größten Communen entweder ganz fehlte oder bloß ein vorübergehendes Dasein hatte, aus dem einfachen Grunde, weil die Zahl der Kaufleute in diesen für eine Gilde zu groß war. Nur in wenigen kleineren und kleinsten Städten hat die Kaufmannsgilde die Bedeutung einer das Gemeinwesen regierenden Corporation, einer Stadtgilde, gewonnen, doch auch da nicht so, daß Stadtverfassung und Gildeverfassung identisch gewesen oder das Gilderecht zum Stadtrecht herangewachsen wäre, sondern der Unterschied beider dauerte auch in der Vereinigung fort. Wo aber in einigen von diesen (Preston, Worcester) die Kaufmannsgilde, ihr natürliches Maß überschreitend, sich zur gesamten Bürgergemeinde erweiterte, verlor sie damit auch ihren eigentlichen Begriff und hatte nur den Namen der Gilde behalten.

12. Endlich sind uns im 14. Jahrhundert neben zahl-

losen religiösen Gilden auch einige Kaufmannsgilden (zu
Coventry, Birmingham) begegnet, welche sich lediglich als
fromme Verbrüderungen und gemeinnützige Gesellschaften
ausweisen.

Die Geschichte der Städte Englands weiſs nichts von einem
Patriziat der Geschlechter und auch nichts von den langen
und schweren Parteiungen, welche der Gegensatz der Gemeinde zu demselben in nicht wenigen deutschen Städten
hervorrief und welche deren innere Geschichte so bedeutsam
wie anziehend machen. Wohl hat es auch in einzelnen englischen Städten nicht an Zerwürfnissen zwischen den reichen
und mächtigen Bürgern und den ärmeren Klassen der Gemeinde, insbesondere bei den jährlichen Wahlen des Mayors,
gefehlt[1]; aber zu einer so tief greifenden und fortdauernden
Entzweiung und so gewaltsamen Evolutionen wie in einem
Teil der deutschen Städte ist es doch in England nirgends
gekommen. Dies ist schon sonst bemerkt, aber nicht erklärt
worden[2].

Der Grund dieser abweichenden Entwickelung des Städtewesens hier und dort war, wenn ich nicht irre, ein zwei-
facher, ein innerer und ein äuſserer. Während in den deutschen Städten sowohl der jährlich wechselnde Rat wie das
ständige Schöffentum sich auf einen engen Kreis von reichen
und mächtigen Bürgern abschlossen und aus beiden eine
Geschlechteraristokratie hervorging, behielt die Stadtverfassung in England noch im 13. und 14. Jahrhundert einen

---

[1] Vgl. beispielsweise bei Madox, Firma Burgi S. 96b, die Beschwerde der mediocres et pauperes burgenses der Seestadt Scarborough
über die Bedrückungen gewisser reicher Bürger, und S. 96c die Beschwerde der armen Bürger von Newcastle upon Tyne über die Kaufmannsgilde.

[2] Stubbs, Constit. History I 417. Groſs, Gilda mercatoria S.
70 Anm., gegen Brentano, der in England den gleichen Gegensatz
zwischen der Kaufmannsgilde und den Zünften wie in Deutschland
zu finden meinte.

überwiegend demokratischen Charakter bei, indem die obersten Stadtämter des Mayor, der Sheriffs oder Baillifs bei jährlichem Wechsel durch die Wahl aller activen Bürger, d. i. Haus- und Grundbesitzer, welche die bürgerlichen Lasten und Steuern (lot and scot) trugen, besetzt wurden. Und dieses demokratische Gepräge verlor sie auch dadurch nicht, daſs in den gröſseren Städten die Gewerksgilden, in den kleineren die Kaufmannsgilde die Wahlberechtigung ganz oder zum teil an sich brachten, da jene wie diese keinem Bürger, der die Aufnahmsbedingungen erfüllte, den Zutritt verschlossen.

Der äuſsere Grund lag in der verschiedenen Stellung der Städte gegenüber der Reichsgewalt oder in dem Unterschied der Reichsverfassung in beiden Ländern. Während im deutschen Reiche sowohl die königlichen oder Reichsstädte, wie die bischöflichen, die sich freie nannten, schon im 13. und noch mehr im 14. Jahrhundert sich fast wie unabhängige Republiken ihren Stadtherren und dem Reiche gegenüberstellten, in mächtigen Bündnissen zusammentraten, sich den Leistungen für König und Reich so viel wie möglich entzogen, bisweilen auch beiden den Gehorsam verweigerten, hatten die normannischen Herrscher in England eine starke Monarchie aufgerichtet, die sich unter den Königen aus dem Hause Anjou noch mehr befestigte, eine Reichsgewalt, die kein selbständiges Recht neben sich duldete.

In welcher abhängigen Lage sich die englischen Städte im 13. und 14. Jahrh. befanden, zeigt am besten das Beispiel der Hauptstadt London. Sie hatte von den ersten normannischen Königen die schätzbarsten Privilegien erlangt; doch schützten alle sie nicht gegen willkürliche Bedrückungen, neue Steuerforderungen und gewaltsame Eingriffe von seiten der königlichen Regierung. Die Bestätigung der Privilegien selbst muſste bei jedem Regierungsantritt eines Königs um hohen Preis erkauft werden. Wenn die Bürger von London, heiſst es in einer Aufzeichnung der königlichen Schatzkammer

vom J. 1 Joh. (1199), 3000 Mark zahlen wollen, sollen sie
ihre Charte haben, wenn nicht, nicht[1].

Es versteht sich, daſs die von den Bürgern selbst gewählten Sheriffs, Mayors und Baillifs der königlichen Bestätigung bedurften und den Eid der Treue und des Gehorsams
gegen den König vor den Baronen der Schatzkammer ablegen muſsten[2]. Diese Stadtbeamten waren dem Könige
verantwortlich und persönlich haftbar für die Aufbringung
der Steuern, und nicht selten geschah es, daſs sie wegen
Nichtbezahlung derselben dem Marschall in Gefängnishaft
überantwortet wurden. Denn die Bürger waren nicht immer
willig, zu zahlen. Im J. 39 Henr. III (1255) wurde den
Sheriffs befohlen, Gewalt gegen sie zu gebrauchen wegen
Aufbringung eines Geschenks für die Königin (pro auro
reginae), mit Anberaumung eines Termins für die Zahlung an
die Schatzkammer. Die Sheriffs erschienen beim Termin
und sagten aus, daſs sie Pfänder von den Bürgern genommen
hätten; aber niemand wolle diese kaufen. Die Barone der
Schatzkammer befahlen, die Pfänder zur Stelle zu bringen.
Die Sheriffs kamen wieder und erklärten, daſs ungefähr
1000 Bürger sich der Überbringung der Pfänder widersetzt
hätten; befragt, wer diese seien, nannten sie die Tuchmacher,
Goldschmiede, Spezereihändler, Schuster und andere Handwerker (ministeriales); doch wollten sie keine Personen mit
Namen nennen. Hierauf muſsten sie Bürgen für ihr Erscheinen
zur Haft stellen[3].

Es blieb keineswegs bloſs bei der jährlichen Firma von
300 lib. Die Bürger von London hatten wie alle andern
Vassallen des Königs die herkömmlichen Hülfsgelder (auxilia,
aids) zu leisten, bei Erteilung der Ritterwürde an einen Sohn
des Königs, bei Vermählung einer Tochter, zur Auslösung

---

[1] Madox, Exch. I 400 g.
[2] Eine Reihe von Beispielen ebd. II 11. 92 f.
[3] Madox a. a. O. I 240 m.

des Königs aus der Gefangenschaft, und andere sogenannte
freiwillige Geschenke, um die Gunst des Königs zu bewahren
(pro habenda benivolentia Regis)[1]. Dazu kamen aufserordentliche Steuerforderungen (tallagia) des Königs ganz,
willkürlicher Art. Als Heinrich III in demselben Jahre 1255, in
welchem er das schon erwähnte Geschenk für die Königin
verlangte, den Bürgern noch eine Schatzung von 3000 Mark
auferlegte, wollten sie nur 2000 Mark geben, und zwar nicht
als Steuer, sondern als Hülfsgeld; denn sie meinten, nicht
steuerpflichtig zu sein. Doch der König besteht auf den
3000 M. und will die Steuer auf die einzelnen Bürger nach
ihrem Vermögen, das sie eidlich angeben sollen, verteilen[2].
Die Bürger verweigern den Eid und bestreiten die Pflicht.
Man kommt auf die Frage ob Steuer oder Hülfsgeld zurück,
und der König befiehlt, in den Rollen der Schatzkammer
nachzuforschen, wo sich dann findet, dafs die Bürger von
London schon im 16. J. Joh. mit 3000 Mark und im 7. 26.
und 37 J. Henr. III mit verschiedenen Summen waren be-
steuert worden. Hierauf bekannten Mayor und Bürger, dafs
sie steuerpflichtig seien (se esse talliabiles), und zahlten die
3000 Mark[3]. Dazu kamen ferner Bufsen der Stadt, wenn
sie sich die Ungnade des Königs zugezogen hatte, bisweilen
zu enormen Beträgen, wie z. B. im J. 50 Henr. III (1266)
der König 200 Mark für den Grafen von Surrey anwies
auf die Bufse von 20000 Mark, über welche die Bürger mit
ihm übereingekommen waren, um seine Gnade wieder zu erlangen[4].

Das wirksamste Mittel aber, welches besonders häufig

---

[1] Belege bei Madox Exchequer, z. B. im J. 6 und 8 Ric. I
(1195—1197): Cives Lond. de 1500 marcis de dono suo pro habenda
benivolentia Regis et pro libertatibus suis confirmandis et de auxilio
suo ad redemptionem domini Regis (S. 473t).

[2] Madox a. a. O. I 712a.

[3] Madox I 712a.

[4] Ebd. S. 476u.

die Könige Heinrich III und Eduard I gebrauchten, um die
Bürger ihrem Willen zu unterwerfen, war die Suspension
ihrer Privilegien und die Einsetzung eines königlichen
.Pflegers (custos) über die Stadt auf so lange Zeit, als es ihm
gefiel. Der König nahm, wie der Ausdruck lautet, die Stadt
oder die Freiheit der Stadt in seine Hand. So geschah es
im J. 31 Henr. III wegen Nichtbezahlung einer Steuer-
forderung und Ungehorsams gegen die Befehle des Königs[1]
und wieder im J. 38 desselben wegen Verweigerung des
Geschenks für die Königin[2] und noch öfter unter dieser
Regierung. Ebenso nahm Eduard I im J. 1284 die Freiheit
der Stadt in seine Hand und ernannte einen Custos, der sie
12 Jahre hindurch an Stelle des Mayor verwaltete. Der
Grund seiner Ungnade war allein, dafs Mayor, Aldermänner
und Sheriffs sich weigerten, vor dem königlichen Richter im
Tower zu erscheinen, indem sie sich auf das alte und immer
wieder bestätigte Privilegium der Bürger beriefen, nur innerhalb der Mauern der Stadt zu Recht stehen zu müssen[3].
Wenn also die Bürger es wagten, sich auf ihre Privilegien
gegen den König zu berufen, wurden sie dafür mit Entziehung
derselben bestraft!

Neben dem vielgerühmten Selfgovernment, dessen sich
die englischen Städte gleichwie die Communen in den Grafschaften und Hundertschaften erfreuten, bestand ihre unbedingte Abhängigkeit von der fast absoluten Regierungsgewalt
des Königs fort. Daher war ihnen auch kaum ein Spiel-
raum für innere Zerwürfnisse und Parteiungen gelassen, da
solche alsbald durch Beschwerde der Beteiligten zur Entscheidung des Königs oder der reisenden königlichen Richter

---

[1] Madox Exch. I 246g: Et civitas Londoniae capta est in ma-
num domini Regis, quis non solverunt Regi debita etc.
[2] Ebd. 240g: capta fuit libertas civitatis in manu domini Regis.
[3] Norton, Comment. S. 86.

(Justices of Eyre) oder der Barone der Schatzkammer gebracht wurden[1].

In den deutschen Städten endigte der innere Parteikampf meist mit dem Sturze des Patriziats, sei es durch völlige Verdrängung der Geschlechter oder durch Ausgleichung mit den Zünften bei Aufrichtung einer gemäfsigt aristokratischen Stadtregierung. In England erstarrte seit dem 15. Jahrhundert das städtische Gemeindewesen in ausschliefslich mit der Stadtverwaltung betrauten Ausschüssen (Select bodies), welche das unbeschränkte Selbstergänzungsrecht besafsen und auch Nichtbürger und Auswärtige als freemen aufnahmen. In solcher Mifsgestalt wurde dasselbe vollends befestigt und auf die Dauer sanctionirt durch die königlichen Incorporationsacten, mit deren Verleihung die schwache Regierung Heinrichs VI bei den Städten Hull und Plymouth 1439 den Anfang machte und die Tudors und Stuarts bei vielen andern fortfuhren[2]. Die Rücksicht auf die Parlamentswahlen, die den Stadtcorporationen zustanden, war fortan der hauptsächliche Bestimmungsgrund, welcher die königliche Regierung wie die politischen Reichsparteien bezüglich der Städte in der Verwaltung und Gesetzgebung leitete. Erst durch die Parlamentsreform von 1832 wurde auch die Reform des gänzlich verrotteten Städtewesens im J. 1835 möglich.

Die historische Umschau über Städte und Gilden des Mittelalters kann sich von England aus nach zwei Seiten hin wenden, entweder nach der Normandie, welche unter den normannischen Herrschern mit England verbunden blieb, und von dort aus nach Nordfrankreich, oder aber nach Scandi-

---

[1] Das lehrreiche Werk von Madox, Hist. of the Exchequer, ist auch an Beispielen dieser Art reich.

[2] Merewether-Stephens, Introd. XXXIII ff. Gneist, Geschichte der Communalref. S. 318—325.

navien, wo Dänen und Norweger durch ihre Eroberungszüge und Ansiedlungen in England seit dem 9. bis ins 11. Jahrhundert in eine Art Culturgemeinschaft mit den Angelsachsen eintraten. Es wird sich in Rücksicht auf das Gildewesen, welches besonders in Dänemark zu einer ähnlichen Ausbreitung und mannigfaltigen Ausgestaltung wie in England gelangte, am meisten empfehlen, zuerst dorthin den Blick zu richten und dann auch Schweden und Norwegen in den Kreis unserer Betrachtung hereinzuziehen. Scandinavien bildet eine Welt für sich; wichtig sind aber auch seine Berührungen mit Deutschland.

Zweites Buch.

DÆNEMARK.

I. Die ältesten dänischen Gilden.

Suhm, Historie af Danmark (14 Bde., 1782—1828) V 73—89, X 568—574. — Kofod Ancher, Om de gamle Danske Gilder, in Samlede juridiske Skrifter III (1811). — Wilda, Das Gilden-wesen im Mittelalter. Von der Ges. der Wiss. in Kopenhagen gekrönte Preisschrift 1831. Erstes Hauptstück: Entstehung der Gilden und Verbreitung des Gildenwesens in Dänemark. — M. Pappenheim, Die altdänischen Schutzgilden 1885.

Unter dem Vorbehalt, erst am Schluſs meiner Ausführung über das dänische Gildewesen auf die verschiedenen Hypothesen über dessen Ursprung zurückzukommen, wende ich mich sofort zu derjenigen historischen Überlieferung, welche uns die früheste Kunde von einer dänischen Gilde bringt.

Die Seeländische Chronik, eine Compilation aus dem Ende des 13. Jahrhunderts, erzählt, wie und aus welcher Ursache der dänische König Niels bei seinem Einritt in Schleswig durch die Gilde der Stadt umgebracht wurde. Sie rächte an ihm den Mord, den sein Sohn Magnus an Herzog Knut Laward verübt hatte. Die näheren Umstände, wie dies zuging, werden folgendermaſsen berichtet. Der König sei vor seinem Einritt in die Stadt gewarnt worden, weil zu Hatheby, das ist Schleswig, eine Gilde, genannt Hezlagh, bestehe, nach deren strengem Gesetze die Bürger nicht un-gestraft lassen, wenn einem ihrer Genossen Tod oder Schaden zugefügt worden; nun sei der ermordete Herzog Knut Senior und Beschützer der Gilde gewesen. Doch der König

achtete nicht auf die Warnung und rief aus: „Sollen wir
uns vor Gerbern und Schustern fürchten[1]?" Nachdem er
hierauf in die Stadt eingeritten, eilten die Bürger auf den
Ruf der Gildeglocke herbei und erschlugen ihn samt seinem
Gefolge im Schlosse, wohin er sich geflüchtet. Als Zeitpunkt
des Ereignisses ist der 25. Juni 1134 festgestellt[2].

Diese Erzählung, die bei aller Kürze manches beachtens-
werte über die Gilde zu Schleswig aussagt, ist neuerdings
angezweifelt und für eine blofse Gildenlegende erklärt worden[3]. Der gegen sie geltend gemachte äufsere Grund, dafs
die Seeländische Chronik erst viel später abgefafst und aus
entlehnten und ungleichartigen Bestandteilen zusammengesetzt
sei, bedeutet zwar nicht alles, da sie gerade an dieser Stelle
eine gute Tradition benutzt haben könnte, doch immerhin
so viel, dafs man ihrer Erzählung nicht wie einem gleichzeitigen Berichte Glauben schenken darf.

Indem wir daher ihre Glaubwürdigkeit in den Einzelheiten vorläufig dahin gestellt sein lassen[4], besteht ihre Wichtigkeit doch darin, dafs hier zuerst das Dasein einer dänischen Gilde in Schleswig um 1134 bezeugt ist. Von da bis
zu der Zeit, da wir weiteres über die dänischen Gilden erfahren, liegt ein Zwischenraum von mehr als sechzig Jahren.
Von einer höchsten Gilde und geschworenen Brüdern zu
Schleswig redet das älteste Schleswiger Stadtrecht um J.
1200; von den alten Hauptgilden in Dänemark rühren die
Gildeordnungen her, welche aus der ersten und zweiten

---

[1] Quod burgenses districtissimam legem tenent in convivio suo,
quod appellatur hezlagh, nec sinunt inultum esse quicumque alicui
convivarum illorum damnum sive mortem intulerit, et dux Canutus,
dum adviveret, senior erat convivii illius et defensor. Sprevit hujusmodi admonitionem rex et dixit: Num quid timendum est nobis a pelli-
pariis et sutoribus istis?

[2] Dahlmann, Geschichte von Dänemark I 238.

[3] P. Hasse, Das Schleswiger Stadtrecht (1880) S. 113, Kap. 7
Chroniken.

[4] Pappenheim S. 126 ff. verteidigt sie auf allen Punkten.

Hälfte des 13. Jahrhunderts überliefert sind. Das Stadtrecht von Schleswig wird uns später beschäftigen; vorerst sind die Ordnungen der drei Hauptgilden zu betrachten. Es sind die Gilden des Königs Knut des Heiligen, des Herzogs Knut Laward, des Königs Erich Pflugpfennig. Die genannten Schutzpatrone lassen auf ihre Entstehungszeit und Aufeinanderfolge schliefsen.

König Knut wurde 1086 am 10. Juli in einem Aufstande zu Odense erschlagen und 1101 heiliggesprochen[1]. Herzog Knut Laward wurde am 7. Januar 1131 durch seinen Vetter Magnus in Falster ermordet und seine Leiche von dort nach Ringstedt in Seeland gebracht[2]. Auch für ihn erwirkte sein Sohn, Waldemar der Grofse, die Heiligsprechung 1169 durch Papst Alexander III[3]. Erich Pflugpfennig, Waldemars II Sohn, starb 1250, von seinem Bruder Herzog Abel in Schleswig umgebracht und nachmals gleichfalls als Märtyrer und Heiliger verehrt, wiewohl nicht canonisiert[4]. Gleichwie Herzog Knut führt auch er den Namen von Ringstedt, wohin K. Christoph I 1257 seine Gebeine bringen liefs, und von wo aus seine Verehrung sich in Dänemark verbreitete.

Nicht zu erledigen ist die Frage, ob es in Dänemark höchste Gilden schon früher gegeben hat, ehe die Verehrung der genannten Schutzpatrone nach einander aufkam, so dafs sie sich erst nachher nach diesen umgenannt hätten. Wilda, der die Schutzgilden um die Mitte des 11. Jahrhunderts aus England herüberkommen läfst, nimmt dies an; Kofod Ancher läfst es nur als möglich zu, dafs die K. Knutsgilde zu Odense schon vor der Canonisation des Königs bestanden habe[5].

---

[1] Dahlmann I 203. 211.
[2] Ebd. S. 229.
[3] Jaffé, Reg. Pontif. Nr. 7778.
[4] Dahlmann S. 405.
[5] Wilda S. 87. K. Ancher: Om de gamle Danske Gilder S. 156.

Betrachten wir nun die Ordnungen der genannten Gilden[1].

Die Ordnungen oder Skraen, d. i. Aufzeichnungen, der drei Hauptgilden, welche uns nur in späten Hss. aus dem 14. und 15. Jahrhundert vorliegen[2], stehen in einem derartigen Abhängigkeitsverhältnisse zu einander, daſs sich danach ihre zeitliche Folge mit Sicherheit bestimmen läſst. Ich führe sie in derselben Ordnung auf, wie die Texte bei M. Pappenheim abgedruckt sind, und bezeichne sie mit Buchstaben, um sie kurz zu citieren:

A. König Knutsgilde zu Flensburg,
B. König Knutsgilde zu Odense,
C. Herzog Knutsgilde zu Store Hedinge,
D. König Erichsgilde zu Kallehave,
E. König Knutsgilde zu Malmö[3].

Die Reihenfolge von A — D entspricht, wie man sieht, der Entstehungszeit der Gilden selbst, zuerst der K. Knuts-, dann der Herzog Knuts- und zuletzt der K. Erichsgilden.

Äuſserlich unterscheiden sich diese Skraen dadurch, daſs A und B in altdänischer Sprache, C, D und E in lateinischer abgefaſst sind. Dem Inhalte nach besteht, was den Kern und Grundstock der Artikel betrifft, wesentliche Übereinstimmung unter allen, doch so, daſs die jüngeren Ordnungen durch Veränderungen und Zusätze zugleich die Fortentwickelung des dänischen Gildewesens aufzeigen.

Als zusammengehörig sind an erster Stelle anzusehen die zwei dänisch geschriebenen Skraen der K. Knutsgilden zu Flensburg (A) und zu Odense (B)[4]. Bei Verglei-

---

[1] Sie sind jetzt übersichtlich und mit deutscher Übersetzung im Anhange von Pappenheims Schrift zusammen abgedruckt.

[2] Über die Beschaffenheit der Hss. handelt ausführlich Pappenheim im zweiten Abschnitte seiner Schrift. Als die älteste zeigt sich die von der Erichsgildeskra, welche um 1300 geschrieben ist; vgl. S. 164.

[3] Von der Knutsgilde zu Reval, deren Skra gleichfalls bei Pappenheim gedruckt ist, werde ich erst später in anderem Zusammenhange reden.

[4] Der Text der Flensburger Skra findet sich bei Thorsen

chung beider mit einander zeigt sich häufig wörtliche Übereinstimmung, doch B abweichend von A, sowohl in der
Reihenfolge der Artikel, wie durch einzelne Ergänzungen,
welche jene als die spätere von beiden erscheinen lassen.
Auf das höhere Alter der Flensburger Skra läfst auch die
gröfsere Härte ihrer Strafbestimmungen schliefsen[1]. Bezüglich der Abfassungszeit von beiden läfst sich aus ihnen selbst
nichts bestimmtes entnehmen. Denn die Verkündigung des
Königs Knut am Schlufs der Flensburger Skra, worin er
allen denen, die in der Knutsgilde sind, seinen Schutz ver-
heifst, beweist nur, dafs die Gilde in Flensburg zur Zeit
Knuts IV, Waldemars Sohnes (1182—1202), bestand, von dem
solche Verheifsung gegeben wurde. Und wenn im Vorwort
der Odenseer Skra gesagt ist, dafs König Erich die Knutsgilden nicht nur in Fünen, sondern in ganz Dänemark bestätigt hat, so bezieht sich dies nicht auf diese Skra besonders, sondern auf die Knutsgilden überhaupt, mag man nun
unter dem genannten König mit den dänischen Rechtshistorikern Erich Eiegod (1095 — 1103) oder wohl besser einen
der späteren Könige dieses Namens verstehen[2].

An zweiter Stelle gehören die beiden folgenden Skraen
C und D, als dem Inhalt und Wortlaut nach meist identisch,
gleichfalls zusammen. C trägt den Namen des Herzogs Knut
von Ringstedt als des Schutzpatrons: Lex convivii S. Canuti

Stadtretter S. 320 und Sejdelin, Diplomatarium Flensburgense S. 7,
der der Odenseer bei Kofod Ancher im Anhang; beide bei Pappenheim im Anhang, auf Grund der Hss. zu Schleswig und Kopenhagen berichtigt.

[1] Vgl. unten über das Gildegericht.

[2] Die gewöhnliche Annahme stützt sich auf die Jahrzahl 1100,
welche eine von Westphalen, Monum. Cimbrica III Praef. S. 112, be-
schriebene Handschrift hat. Doch wendet Pappenheim (S. 134 f.)
mit Recht dagegen ein, dafs die Canonisation von K. Knut selbst erst
im Jahre 1101 erfolgt ist. Seine weitere Ausführung jedoch, dafs
weder an Erich Emund, noch an Erich Lamm, sondern nur an Erich
Pflugpfennig (1241—1250) zu denken sei, erscheint mir sehr proble-
matisch.

Ringstadiensis, und wird dem Orte Store Hedinge (an der
Ostküste von Seeland) zugeschrieben[1]. D heiſst: Lex convivii beati Erici regis Ringestadiensis, nämlich des Königs
Erich Pflugpfennig, der ebenso wie Herzog Knut der Heilige
zu Ringstedt auf Seeland begraben war, und stammt aus
dem Orte Kallehave (an der südöstlichen Spitze von Seeland)[2]. Beide haben eine bestimmte Zeitangabe, womit noch
eine wichtige Nachricht über die Abfassung und Redaction
der Statuten verbunden ist, nämlich C im Schluſssatz: Ista
statuta fuerunt conscripta vel compilata in Scanör a 18 senioribus, qui dicuntur aldermanni de convivio sancti
Kanuti anno domini 1256 septimo Idus Septembris[3]; und
D gleichfalls am Schluſs (Art. 47, worauf dann noch zwei
neue Artikel hinzugefügt sind): Ista statuta fuerunt inventa
et compilata in Skanör ab 18 senioribus, qui dicuntur aldermæn de convivio beati Erici, anno domini millesimo
ducentesimo sexagesimo sexto septimo Ydus Septembris. Nur
die Jahrzahl ist in beiden Zeitangaben verschieden, 1256 und
1266, der Tag aber, 7. September, der gleiche.

Es fragt sich nun, welche von beiden Skraen der andern als Vorlage gedient hat. Das frühere und spätere
Jahresdatum allein kann hierüber nichts entscheiden; denn
es sieht doch ganz so aus, als ob die gleichlautende Nachricht über die Abfassung der Statuten durch die Aldermänner zu Skanör nur von der einen Skra in der andern
abgeschrieben sei, wenn man nicht etwa mit Kofod Ancher
glauben will, daſs beide Skraen an einem und demselben
Tage, 7. September, die eine 10 Jahre früher, die andere

---

[1] Pontoppidanus, Annales Ecclesiae Danicae, S. 346, machte
diese Skra zuerst in einem verstümmelten Text bekannt, Pappenheim gibt sie verbessert nach Resen, Atlas Daniae, S. 472 ff.

[2] Pappenheim S. 165. Den Text gab zuerst Kofod Ancher
a. a. O. heraus.

[3] Dieser in beiden Hss. von Uffenbach und Bartholin be-
findliche Schluſssatz (Wilda S. 106) hätte im Abdruck bei Pappenheim S. 480 nicht wegbleiben sollen.

10 Jahre später, seien abgefaſst worden[1]. Es liegt vielmehr
die Vermutung nahe, daſs in der Skra der Erichsgilde D die
spätere Jahrzahl nur deshalb eingesetzt wurde, weil die Verehrung des Königs Erich Pflugpfennig erst mit seiner Bei-
setzung in Ringstedt 1257 den Anfang nahm, also das Jahr
1256 für die Statuten der Erichsgilde nicht beibehalten werden konnte[2]. Entscheidend jedoch für die Priorität von C
ist, wie sich aus der Vergleichung beider Skraen mit einander ergibt, daſs D sich keineswegs bloſs als „eine ziemlich unüberlegte Abschrift," wie Wilda (S. 112) meinte,
sondern als eine mit Bedacht ausgeführte neue Redaction
ausweist[3].

Gegenüber der ersten Gruppe der Flensburger und
Odenseer Skra (A und B) gibt sich die zweite C und D als
die jüngere zu erkennen. Dies geht hauptsächlich daraus
hervor, daſs in den letzteren schon von dem Gildenbunde
und der gemeinsamen Satutenabfassung zu Skanör Erwähnung geschieht, wovon dort noch keine Spur zu finden ist,
und für das höhere Alter von A und B spricht auch die
gröſsere Einfalt des natürlichen Ausdrucks und noch mehr
der Umstand, daſs eine Reihe wesentlicher Artikel zum
Teil wörtlich in C und D aus jenen herübergenommen sind[4].

Eine dritte Klasse der Gildeordnungen vertritt E, die

---

[1] Om vore gamle Gilder § 18 S. 165.

[2] So Pappenheim S. 168, der sich aus diesem Grunde für die
Priorität von C entscheidet.

[3] Dies beweisen nicht bloſs die in D hinzugefügten Schluſsartikel
48 und 49, sondern noch mehr verschiedene Einschaltungen und erklärende Zusätze, wie z. B. Art. 8: vel prolocutionem id est væriæmal,
Art. 18: postquam giærthamen accepti fuerint statt postquam acceptum
est, in C u. a. mehr; ferner die Erwähnung der Gildeschwestern Art. 21,
die Abänderung zahlreicher Strafsätze, endlich die Einreihung der
in C erst gegen das Ende stehenden Art. 35—37 an die im Zusammenhange passendere Stelle Art. 12—14.

[4] Vgl. C 1—3 und D 1—5 mit A 1—4 und B 1—5; C 4 und D
8 mit A 21 und B 9 u. s. f.

Skra der König-Knutsgilde zu Malmö[1]. Diese nimmt zwar
im Vorwort keinen Bezug auf die Statutenabfassung zu
Skanör, sondern verweist auf ältere Statuten, die nur in
wenigen kurzen Sätzen abgefafst seien[2] und deshalb einer
Erklärung bedürften. Nichtsdestoweniger zeigt sie fast durchweg Übereinstimmung mit der Redaction von Skanör in C
und D, wobei überall nur die Kapitelüberschriften hinzugefügt
sind. Als neu erscheinen allein die 8 ersten Kapitel, welche von
Aufnahme der Gildebrüder, Abhaltung der Jahresfeste,
Gerichtstagen und Zusammenkünften handeln, und als Zusätze die Schlufsartikel 46—51, in denen aber auch die beiden
ersten wörtlich aus der Odenseer Skra (B 42 und 43) herübergenommen sind.

Dafs die zu Malmö erneuerte und verbesserte Redaction
der Statuten der Knutsgilden auch anderswo Eingang fand,
beweist die neue Odenseer Skra, von welcher Westphalen blofs die Kapitelüberschriften aus einer Hs. mitgeteilt hat, die mit denen der Malmöer völlig übereinstimmen[3].
An letztere schliefst sich gleichfalls die in niederdeutscher
Sprache abgefafste Skra der Knutsgilde zu Reval an.

Aus der vorstehenden Darlegung hat sich ergeben, dafs
zwar die zeitliche Aufeinanderfolge der mit A—E bezeichneten Gildeordnungen des 13. Jahrhunderts erwiesener Mafsen
feststeht, aber die Abfassungszeit der einzelnen nur ungefähr
bestimmt werden kann. Einen gewissen Anhaltspunkt bieten
allein für die Statuten aus der zu Skanör vorgenommenen
Revision die unsicheren Jahreszahlen 1231[4], 1256 und

---

[1] Text bei Lagerbring, Monum. Scauensia S. 133, und nach
diesem mit Benutzung einer Hs. des 17. Jahrh. bei Pappenheim
S. 489.

[2] Statuts ... in antiquis temporibus ex (l. ab) hominibus simplicibus
secundum exigenciam et condicionem temporis illius verbis paucis et
brevibus fuerant edita.

[3] Monum. inedita III Praef. 4; vgl. Pappenheim S. 176.

[4] Diese findet sich in der Hs. von D. bei Westphalen Monum. III.
Praef. S. 4 mit dem Schlufssatz: Haec statuta fuerunt inventa et

1266, wonach man die Gildeordnungen C und D ungefähr
in die Mitte des Jahrhunderts setzen darf. Ihnen vorausgegangen sind die Flensburger (A), als die älteste aller vorhandenen, und dann die Odenseer (B), deren Abfassungszeit
gänzlich unbestimmt bleibt. Denn die König-Knutsgilden,
denen beide angehören, sind zwar schon seit dem Anfang
des 12. Jahrhunderts ins Leben getreten; zu welcher Zeit aber
gerade die Gilden dieser Kategorie zu Flensburg und Odense
entstanden sind, bleibt unbestimmt. Was endlich die jüngste
Malmöer Ordnung betrifft, so dürfte man ihre Abfassungszeit
nicht später als in die zweite Hälfte des 13. Jahrhunderts
setzen, da der Gildenbund zu Skanör zur Zeit noch forthe-
stand[1], der sonst nicht mehr erwähnt wird.

II. Wesen und Einrichtungen der Gilden.

Siehe die Litteratur zum vorhergehenden Kapitel.

Wohl dem Namen und der Zeit nach sind die Gilden
des Königs Knut, des Herzogs Knut und des Königs Erich
verschieden; doch besteht in ihren Ordnungen wesentliche
Übereinstimmung der Sache. Die Grundbestimmungen über
Rechte und Pflichten der Gildegenossen, Ordnung des Gerichts und der Gelage, Vorsteher und Beamte sind bereits
in den älteren Skraen enthalten und kehren ebenso in den
jüngeren wieder; was in den letzteren hinzugekommen, betrifft hauptsächlich die äufsere Organisation und den Gildenbund. Es erscheint daher zulässig, die genannten Gildeordnungen als Ganzes zusammenzufassen und danach das

compilata in Rynckstaete ab Aldermannis de convivio St. Canuti a.
D. millesimo ducentesimo trigesimo primo. Vgl. Wilda S. 106.
    [1] E 8: Qui vero in aliquo convivio sancti Canuti . . . si legi-
time citatus fuerit ad synodum generalem in Skanör etc.

Wesen sowie die Einrichtungen der Gilden zu beschreiben. Doch sind auch die Verschiedenheiten zwischen den älteren und jüngeren Statuten zu beachten, welche die fortschreitende Entwicklung des Gildewesens im Laufe des 13. Jahrhunderts erkennen lassen.

1. Die Gilde als Genossenschaft.

Für das dänische Wort ‚Gilde‘ gebrauchen die lateinischen Statuten convivium, womit schon angezeigt ist, daſs das Zusammenleben der Genossen und insbesondere das Gelag das Wesen der Gilde ausmacht[1]. Die Genossen heiſsen Brüder, dänisch brøthær oder gildbrødræ, lateinisch confratres, convivae, auch congildae oder gildae[2]; die Ungenossen, dänisch umschrieben als die, welche nicht Brüder in der Gilde sind, lateinisch non congildae oder non gildae[3]. Als besondre Bezeichnung des Gildebruders kommt bisweilen auch der Ausdruck geschworener Bruder, sornæ broder, conjuratus frater, vor, weil ein solcher bei seinem Eintritt in die Gilde deren Satzungen beschwören muſste[4]. Wir werden später sehen, daſs diese Benennung in den Stadtrechten als specifische für die Gildebrüder gebraucht wird.

Die Genossenschaft der Gilde ist nicht an einen bestimmten Stand der Geburt oder des Berufs gebunden. Die Malmöer Skra verlangt von einem, der in die Gilde aufgenommen werden will, nur daſs er eine anständige und unbe-

---

[1] C pr.: Haec est lex convivii S. Canuti Ringstadiensis. Convivium als Gelag C 11. 12 (ante inceptum convivium) und öfter.

[2] Gilda = congilda z. B. C 5: et si gilda confratris sui pecuniam, C 7: et si gilda convivam suum, und öfter.

[3] C 1, D 1, vgl. A 1: thaer ey ær brothær i sentæ Knutsgilde, oder B 2: som ikkæ er gildbroder.

[4] In der Flensburger Skra kommt sornæ broder noch nicht vor, auch in der Odenseer nur in den Zusatzartikeln B. 38. 40. 41, öfter dagegen in den lateinischen Statuten der Skanörer Redaktion: C 38—40, D 44—45, E 43—44.

scholtene Person sei[1] und daſs niemand in der Gildeversammlung seiner Aufnahme widerspreche. Auch der Handwerkerstand war nicht schlechthin ausgeschlossen. Die
Ausschlieſsung der Bäcker erfolgte nach einem zu Skanör
gefaſsten Beschluſs nur aus einem besonderem Grunde, vielleicht, weil sie ihr Gewerbe auf unehrliche Weise betrieben
hatten[2]. Der Ausruf, den nach der oben erwähnten Erzählung König Niels bezüglich der Gilde zu Schleswig that:
„Soll ich mich vor Schustern und Schneidern fürchten?"
erscheint demnach nicht als ganz ungerechtfertigt.

Mit den Gildebrüdern gehörten auch deren Frauen und
Töchter der Gilde als Schwestern an. Von ihrem Eintritt
und Betragen beim Gelag, Krankendienst und Leichengefolge,
Opfern für Seelenmessen, Beiträgen und Buſsen ist in den
Statuten die Rede[3]. Und wenn nun zwar nicht anzunehmen
ist, daſs die Schwestern an Rechten und Pflichten der Genossenschaft auf gleiche Weise wie die Brüder teilgenommen
hätten, weil sie nach der Natur ihres Geschlechts weder zur
Führung des Vorsteheramts, noch zur Vollziehung der
Rache oder Vertretung bei Gericht befähigt waren, so
waren sie doch gleichfalls Mitglieder und anerkannte Genossinnen der Gilden, wie denn im Vorwort der Odenseer Skra der Schutz des Königs „allen Brüdern und
Schwestern der h. Knutsgilde" gleichmäſsig verheiſsen,
wie auch „allen Brüdern und Schwestern" ohne Unterschied
befohlen wird, das Recht und die Statuten der Gilde zu befolgen[4].

---

[1] E 1: idonea sit persona et sine infamia.
[2] C 42, D 46, E 45. Vgl. Pappenheim S. 237.
[3] Am häufigsten ist der Schwestern gerade in der ältesten Skra
gedacht: A 34. 36. 44. 45. 48. Das Eintrittsgeld der Frauen und
Jungfrauen ist dort auf 2 Mark Wachs festgesetzt.
[4] Die Behauptung Pappenheims (S. 52), daſs die Frauen erst
durch Einwirkung der Kirche Zutritt zu den Gilden erlangt hätten,
hängt lediglich mit seiner Hypothese von dem Ursprunge der Gilden

2. Zweck der Gilden. Rechte und Pflichten der Brüderschaft. Gilde und Sippe.

Über den Zweck der Gilden sprechen sich ihre Statuten nur allgemein und unbestimmt aus. Die Gilde, sagt das Vorwort der Flensburger Skra, diene zur Ehre Gottes und des heiligen Knut, zu Heil und Seligkeit derer, die darin sind, und in ihren Statuten finde sich, wie die Brüder sich vor jedem Schaden und Leid innerhalb und aufserhalb Landes bewahren sollen. Zur Abwehr von Unrecht gegen Brüder und Schwestern wird im Vorwort der Odenseer Skra der Schutz und die Rache des Königs verheifsen. Unbestimmter noch drücken sich die jüngeren Skraen über den Zweck der Gilden aus: die Statuten sollen den Genossen zum Nutzen gereichen im Glück wie in der Not[1]. Um die gegenseitige brüderliche Liebe unverletzt zu bewahren[2], den Umtrieben der Schlechten zu begegnen, Übermut und Gewalt zu verhindern oder zu bestrafen, seien die Statuten gegeben, sagt das Vorwort der Malmöer Skra.

In der That ist alles dies, Schutz und Abwehr gegen fremdes Unrecht, Nutzen der Genossen, Erhaltung der brüderlichen Liebe unter ihnen, Gewinnung des Seelenheils, in den Statuten enthalten. Die Bestimmung der Gilde zum Schutz der Genossen gegenüber den Ungenossen betrifft aber nur die eine Seite, ihr Verhältnis nach aufsen; die andere besteht in der Bethätigung der brüderlichen Gemeinschaft unter den Genossen selbst. Daher erschöpft die von Wilda aufgebrachte

---

aus der Blutsbrüderschaft zusammen, womit sich freilich die Mitgliedschaft der Schwestern schlecht verträgt.

[1] C prol.: ad utilitatem congildarum ejusdem convivii et ubicunque in prosperitate et necessitate observandam (legem) statuerunt. Ebenso D pr.

[2] Ut igitur voventium ad· invicem fraterna pietas illibata perseveret et maneat et simplicium simplicitas in pacis tranquillitate vigeat etc.

und seitdem allgemein beliebte Benennung dieser Gilden als ‚Schutzgilden‘ keineswegs ihren ganzen und eigentlichen Begriff.

Die Gilde heifst Brüderschaft (fraternitas) und stellt, wenn auch nur in dem Verhältnis von Brüdern und Schwestern, eine künstliche Familie dar. Es bindet sie die Verpflichtung, die Statuten zu beobachten, was die Mitglieder bei ihrem Eintritte auch eidlich zu geloben haben[1]. Die Gesamtheit der Brüder steht für den Einzelnen ein, wo er ihrer Hülfe oder Vertretung bedarf, und die Einzelnen helfen einander in Not und Gefahr. In welcher Weise das eine und das andere geschehen soll, ist in den Statuten vorgeschrieben.

Sie beginnen mit dem schwersten Fall, der einen Gildebruder treffen und die Hülfe der Genossen erfordern kann, wenn nämlich Totschlag an einem Gildebruder entweder durch einen andern Genossen oder durch einen Ungenossen begangen wird, und andererseits, wenn ein Gildebruder solchen an einem Ungenossen begangen hat. Im ersteren Fall ist ein verschiedenes Verhalten der Genossen gegenüber dem Totschläger vorgeschrieben, je nachdem dieser selbst ein Gildebruder ist, oder es nicht ist. Gegenüber dem Ungenossen sollen die Gildebrüder den Erben des erschlagenen Genossen beistehen, um Rache an dem Totschläger zu nehmen, oder Bufse von ihm zu erlangen[2]. So lange die Bufse nicht geleistet ist, dürfen sie mit dem Totschläger nicht essen noch

---

[1] Der Eidesleistung beim Eintritt wird in einem Zusatzartikel 49 der Skra D gedacht: Omnes, qui intrant gildam, jurent super candelam, quod lex dictaverit, quod omnes justitiam et legem observare voluerint, und dann auch in E 1: et receptus ad sancta se statuta convivii velle servare juret. Die Statuten waren an sich für die Genossen verpflichtend, der Eid nur accessorische Bekräftigung. Anders Pappenheim, der die Gilde von der Schwurbrüderschaft ableiten will S. 231.

[2] A 1, B 4, C 1. Von der Art und dem Betrage der Bufsen wird im folgenden Abschnitte die Rede sein.

trinken, noch sonst mit ihm zu Schiff oder zu Lande verkehren[1]. Ist aber der Totschläger selbst ein Gildebruder,
so legt die Gilde ihm die Bufse für die Erben und eine
Nebenbufse für die Gildebrüder auf[2]. In dem andern Fall,
wenn ein Gildebruder einen Ungenossen erschlagen hat, sind
die Brüder verpflichtet, ihrem Genossen aus der Lebensgefahr und zur Flucht zu helfen, sei es über Wasser mit
einem Boote und anderem Bedarf, wie Eisen und Kiesel zum
Feuerzeug, sei es über Land mit einem Pferde; auch sollen
sie, falls der Totschlag nur in der Notwehr begangen wurde,
Bürgschaft für die Mannbufse leisten und diese selbst aufbringen, wenn der Thäter unvermögend ist[3]. Wer dem wegen
Totschlags verfolgten und in Lebensgefahr geratenen Bruder
aus schlechtem Willen nicht helfen will und dessen überführt wird, soll aus der Gilde schimpflich ausgestofsen
werden[4].

Allgemeiner Grundsatz ist: „Jeder Gildebruder soll dem
andern in allen seinen rechten Sachen behülflich sein[5]."
Hiernach wird, so scheint es, die Hülfe von dem Rechte oder
der Gerechtigkeit derSache abhängig gemacht, was eine vorher-
gehende Untersuchung erfordern würde. So aber ist es doch
nicht gemeint; denn in dem erwähnten Fall des wegen Totschlags
in Lebensgefahr geratenen und flüchtigen Gildebruders wird
die Hülfe der Genossen ohne weiteres verlangt. Nicht von
rechten Sachen, sondern von Rechtssachen, welche ein Gildebruder bei dem öffentlichen Gerichte zu führen hat, ist die
Rede, wenn den Genossen geboten wird, ihn dorthin zu be-

---

[1] A 3, C 1, D 1, E 9.
[2] A 4. Schimpfliche Ausstofsung aus der Gilde erfolgt nur, wenn
der Totschlag aus Thorheit oder lang gehegtem Groll verübt wurde:
C 2, D 4, E 10.
[3] Fehlt in A 15, ist aber hinzugefügt in B 3 wie in den späteren
Skraen.
[4] A 2, B 5, C 3.
[5] A 7: til allæ sinæ ræte sagæ.

gleiten, um ihm als Zeugen oder Eideshelfer beizustehen[1], wobei jedesmal durch das Loos bestimmt wird, wer die Eideshülfe zu leisten hat[2]. Wenn aber einer vor den König oder den Bischof geladen wird, das ist vor das oberste weltliche oder geistliche Gericht, da soll der Aldermann zwölf Genossen auswählen, um ihn auf Kosten der Gilde zu begleiten und ihm nach Kräften zu helfen[3]. Solcher Beistand soll auch dem Gildebruder, dessen persönliche Sicherheit in der Stadt bedroht ist, gewährt werden: zwölf ernannte Genossen sollen bei Tag und Nacht um ihn sein, mit Waffen ihn von seinem Hause nach dem Markte und wieder zurück nach Hause geleiten[4].

In besonderen Fällen der Not eines Gildebruders, wie bei Schiffbruch oder Gefangenschaft im Ausland, ist der Genosse, der ihn in solcher Lage antrifft, verpflichtet, ihn mit seinem Gute zu unterstützen, doch nur bis zum Betrag von 3 Mark, was ihm entweder von dem Verunglückten selbst, oder, wenn dieser es nicht vermag, von der Gilde ersetzt werden soll[5]. Nach einem, wie es scheint, später hinzugefügten Statut soll in den erwähnten Fällen dem Verunglückten die Hülfe durch eine sämtlichen Brüdern im ganzen Bistum auferlegte Beisteuer (3 Denare) gewährt werden[6].

---

[1] B 26, vgl. c. 30: Si quis congilda negotium (in D 38 ist hinzugefügt arduum) cundi ad placitum habuerit, sequentur enm congildae.

[2] A 11, vgl. B 13.

[3] C 33, D 42, E 39.

[4] C 34, gleichlautend D 43 und E 40.

[5] A 17. 18, B 19. 20, C 8. 9, D 15. 16.

[6] C 35: Si quis frater captus fuerit ... de omnibus congildis in uno episcopatu existentibus accipiet quod vulgariter dicitur scuth (Schofs), 3 denarios; und 37: Si quis naufragium passus fuerit ... accipiat de quolibet fratre 3 denarios infra terminum illius episcopatus. Beide Artikel sind in C nachträglich an unpassender Stelle eingeschoben, nachdem unter 8 und 9 nur die früheren Bestimmungen aus A und B wiederholt worden. In der Redaktion D finden sie sich besser an demselben Orte beisammen: D 12. 14—16.

Die gleiche Beisteuer verlangt die Odenseer Skra von jedem Gildebruder für denjenigen, dem sein Haus abbrennt, der sein Schiff verliert, der eine Pilgerfahrt unternimmt[1].

Es ist Pflicht der Genossen, den gänzlich verarmten sowie den körperlich gelähmten Bruder zu unterstützen[2], den reisenden zu fördern[3], bei den erkrankten Brüdern und Schwestern zu wachen[4], die Leichen der Verstorbenen zum Grabe zu begleiten, zur Seelenmesse für sie zu opfern[5]. Auch wird für die verstorbenen Brüder und Schwestern insgemein regelmäfsig am Tage nach dem Gildegelage eine feierliche Totenmesse gehalten[6].

Kurz, die Pflicht der Unterstützung mit Vermögensopfern, sowie des Beistandes mit persönlichen Leistungen erstreckt sich auf alle Fälle im Leben und Sterben, bei denen die Genossen solcher bedürfen. Die Versäumnis derselben oder Verweigerung wird durch die Gilde mit entsprechenden gröfseren oder geringeren Geldbufsen, in den schlimmsten Fällen mit schimpflicher Ausstofsung und Beilegung des Nithingsnamens geahndet[7].

Es ergibt sich hieraus, inwieweit die Gilde, die sich eine Brüderschaft nennt, sich gleichwie eine künstliche Sippe

---

[1] B 33.

[2] A 19, B 21. 35.

[3] B 34, C 32, D 41, E 38.

[4] Nach A 44 soll das Loos bestimmen, wer bei dem Kranken zu wachen hat; nach C 21 sollen vier ernannte Brüder den Toten bewachen und zu Grabe tragen. Ebenso D 30, E 3.

[5] Der Leichenschofs, ligskud, den jeder mit einem Denar ins Haus des Verstorbenen bringen soll B 44, bedeutet wohl eben dasselbe wie das Seelenopfer C 21.

[6] A 47, B 30 vgl. E. 4, wo drei feierliche Seelenmessen am hohen Gelage vorgeschrieben sind.

[7] A 2 Nithænges naven, B 2. 5 Nidings nafu, C 2 cum malo nomine, quod est nithing. Das Wort und die Sache kommt auch in England vor. Willelmi Malmesbur. Gesta ed. Hardy II, 489: De Wilhelmo rege Rufo a 1088 — jubet, ut compatriotas advocent ad obsidionem venire, nisi qui velint sub nomine niding, quod nequam resonat, remanere.

verhielt. Sie umschloſs eine Anzahl Familien, Väter und
Söhne, Frauen und Töchter, indem sie ihnen Rechte erteilte
und Pflichten auferlegte, lieſs aber dabei das Familienrecht
unberührt. Das Gilderecht bestimmt nichts über das Ehe-
und Güterrecht, Erbrecht, väterliche Gewalt und Vormundschaft, und die Gilde selbst nimmt bezüglich ihrer Genossen
weder ein Erbrecht noch ein Vormundschaftsrecht für
sich in Anspruch[1]. Dagegen so weit es sich um das
Verhältnis der Genossen gegen Aufsenstehende handelt,
in Fällen, wo das Recht, die Sicherheit, die Ehre der
Person auf dem Spiel steht, tritt die Gilde ihnen schützend
und helfend zur Seite, und gehen Familien- und Gilderecht
zusammen; denn bei dem Rechte, der Sicherheit und Ehre
ihrer Angehörigen sind Gilde und Sippe gleichmäſsig beteiligt. So rächt die Gilde, indem sie den Erben eines
erschlagenen Gildebruders zur Rache oder Sühne mit dem
Totschläger verhilft, zugleich sich selbst, und dem Anteil,
den sie daran nimmt, entspricht die besondere Buſse, die sie
für sich fordert[2]. Auf der andern Seite übernimmt die Gilde
statt der Sippe die Bürgschaft für die Mannbuſse, die der
Gildebruder schuldig ist, und leistet die Bezahlung selbst
statt der Sippe, wenn auch nur in dem Falle, daſs der Totschlag aus Notwehr begangen wurde[3]. Die Gilde findet sich
gleichwie die Sippe in ihrer Ehre verletzt, wenn einer ihrer

---

[1] Vgl. Pappenheim S. 82 ff. über Gildeverband und Geschlechts-
verband, wo er den von Wilda S. 57 aufgestellten Satz: „an die
Stelle der alten Familie trat hier (in den Städten) eine künstliche
weitere — die Gilde“, zwar zum teil mit Recht, doch auf der andern
Seite wieder zu weitgehend in allen Punkten bestreitet.

[2] Wenn der Totschläger ein Gildebruder ist, soll er als Neben-
buſse an die Gilde nach A 4 12 Mark, nach B 1 3 Mark zahlen. Dem
Nichtgildebruder konnte die Gilde natürlich solche Nebenbuſse nicht
auferlegen oder gerichtlich von ihm einklagen, nahm aber in diesem
Fall von der Mannbuſse (40 Mark) 3 Mark für sich, nach den Skanörer
Statuten C 1, D 1.

[3] Siehe oben S. 136.

Brüder von einem Ungenossen beschimpft oder geschlagen
wird, und fordert von dem Verletzten, daſs er die Klage bei
ihr anstelle und mit ihrer Hülfe sich räche, oder sich Genugthuung verschaffe[1]. Die Gilde schützt den Frieden des
Hauses: wer mit bewaffneter Hand in Haus oder Hof eines
Gildebruders eindringt und Gewalt an den Personen verübt,
soll nach der Flensburger Skra mit Leben und Gut, nach
der Odenseer mit 6 Mark an den Verletzten, 1 Mark an
die Gilde und ½ an den Aldermann büſsen[2]. Die Gilde
wahrt die Familienehre: wer Ehebruch mit der Ehefrau
eines Gildebruders begeht, wer Notzucht in dessen Familie
verübt, wird als Niding aus der Gilde verstoſsen[3]. Die
Gilde übernimmt die Pflicht der Sippe durch Vertretung
des Genossen bei dem öffentlichen Gericht, Leistung der
Eideshülfe und des Zeugnisses, sowie durch Beschützung
desselben bei persönlicher Gefahr, und weiter als die der
Sippe reicht die Unterstützug der Gilde bei Unglücksfällen
der Genossen insofern, als solche nicht bloſs dem guten oder
üblen Willen der Verwandten überlassen, sondern durch die
Statuten vorgeschrieben und in ihrem Betrage bestimmt ist.

So ersetzte in der That die Gilde ihren Angehörigen in
einer Reihe von wichtigen Lebensverhältnissen den Anhalt,
den sie in der eigenen Familie nicht ebenso gut und sicher
finden konnten, und unendlich wertvoller noch wurde für sie
die Lebensgemeinschaft der Gilde oder die gewillkürte Familie, wenn ihnen die natürliche Sippe fehlte oder wenigstens nicht in der Nähe zur Seite stand, wie dies bei den
vom Lande in die Städte hereingezogenen Einwohnern meist
der Fall war. In den Gildeordnungen scheint es in der
That so, als ob für die Gildegenossen ein weiterer Ge-
schlechtsverband auſser der eigenen Familie gar nicht wäre
vorhanden gewesen.

---

[1] A 14, B 17, C 15, D 24, E 27.
[2] A 24, B 8.
[3] B 38—40, C 38. 39. D 44. 45, E 44.

3. Das Gildegericht und das Bufsensystem. Münzverhältnisse.

In der Gildeversammlung, dänisch gildestæven, moth, lateinisch conventus, colloquium, kommen, wie alle Angelegenheiten der Gilde, so auch die Klagsachen der Brüder zur Verhandlung und Entscheidung[1]. Vor dem Gildegericht des Aldermanns und der Brüder sollen alle Brüder zu Recht stehen: wer sich dem Urteil nicht unterwirft, wird aus der Gilde ausgeschlossen[2]. Und nur bei dem Gildegericht soll ein Bruder gegen den andern Recht begehren; verpönt ist die Klage bei einem mächtigen Herrn innerhalb oder aufserhalb des Landes[3], sowie die Ladung vor das öffentliche Gericht (Thing)[4], oder vor das oberste Gericht des Königs oder Bischofs, wenn nicht zuvor die Gilde ihre Genehmigung dazu erteilt hat[5]. In einem derartigen Verfahren gegen einen Gildebruder liegt Verschuldung sowohl gegen diesen wie gegen die Gilde, welche darum an beide zu büfsen ist. Die Gilde oder die Gesamtheit der Brüder straft die Vergehen der Einzelnen gegen die Genossen, sowie die Übertretungen ihrer Vorschriften durch Geld- und andere Bufsen, schlimmsten Falls durch schimpfliche Ausstofsung aus der Gilde. Es versteht sich, dafs die Corporation gegenüber ihren Mitgliedern hierzu die Macht wie die Befugnis hatte. Doch über das Mafs der gewöhnlichen Bufsen geht es hinaus, wenn

---

[1] Gildestæven A 26—29; Gildestefnac B 15; conventus quod dicitur moth C 17. 18; conventus coram senatore et congildis D 26; colloquium omnium fratrum quod dicitur stæfno D 27.

[2] A 5: Er soll abgesetzt sein und geringer geachtet werden. B 6: Er soll ohne Hülfe und Rat der Brüder bleiben. C 17: sit ille extra gildam; ebenso D 26.

[3] A 21, B 9, C 4, D 8, E 17: apud praepotentes quocunque loco.

[4] A 22, B 11.

[5] C 7: Et si gilda convivam suum ad regem vel episcopum, sive ad synodum vel ad placitum sine licentia senioris et gildarum consensu citaverit. Vgl. D 11, E 20.

bei gewissen Vergehen der Gildebrüder auf Verlust an Gut
und Leben erkannt werden soll: so bei Hausfriedensbruch
oder wenn ein Bruder sich zu Seeräubern auf dem Meere
oder Landräubern im Walde gesellt und seine Brüder be-
schädigt[1]. Ja sogar auf Nichtgildebrüder scheint sich diese
äußerste Strafgewalt der Gilde zu erstrecken, wenn es heißt.
daß derjenige, der einen Gildebruder erschlagen hat, falls
er die Mannbuße nicht aufbringen kann, Leben mit Leben
büßen soll, oder in anderer Fassung: wenn er die Bürgschaft
für die Mannbuße nicht aufbringen kann, soll es ihm ans
Leben gehen[2].

Hierbei entsteht nun die Frage, was es überhaupt mit
der Strafgewalt der Gilde auf sich hatte, insbesondere ob sie
die Genossen und sogar die Ungenossen am Leben strafen
konnte. Dies ist im Hinblick auf die so eben angeführten
Stellen von Kofod Ancher behauptet, von Wilda dagegen bestritten worden[3]. Auch Pappenheim spricht sich
dahin aus, daß die Gilde nicht das Recht hatte, Leibes- und
Lebensstrafe zu verhängen, zumal selbst im dänischen Landrechte Lebens- und Leibesstrafen erst später eingeführt wurden[4]. Doch läßt sich die Frage nicht so ohne weiteres ab-
thun: sie muß allgemeiner gefaßt und so gestellt werden,
ob überhaupt und inwieweit der Gilde ein Strafrecht zugestanden habe.

Ohne Zweifel hatte die Gilde als Privatgenossenschaft
kein Bannrecht, keine gesetzliche Strafgewalt gegen die
Genossen und noch weniger gegen die Ungenossen. In

---

[1] A 24. 20.
[2] A 1, B 4.
[3] Nach der Meinung des letzteren trat für den Gildegenossen,
der einen andern erschlagen hatte, höchstens Ausstoßung aus der
Gilde als Strafe ein; den Verwandten des Erschlagenen blieb es dann
überlassen, ihr Recht weiter zu verfolgen; gegen den Nichtgildebruder
aber half die Gilde als Partei den Blutsfreunden des Genossen zur
Rache. Vgl. Gildenwesen S. 142.
[4] Altdänische Schutzgilden S. 282.

der königlichen Bestätigung der Knutsgilde zu Odense wird
den Brüdern und Schwestern derselben der Schutz des Königs und seine Rache gegen diejenigen verheifsen, welche
ihnen Unrecht zufügen und die Bufse verweigern, das ist
Schutz und Ahndung durch die öffentlichen Gerichte. Von
einer Übertragung der Gerichtsgewalt an die Gilde ist nicht
die Rede. Hätte die Gilde ein ordentliches Gericht gebildet,
so hätten auch die Ungenossen ihre Klagen gegen Gildebrüder dort anbringen, ihr Recht dort verfolgen müssen.
Nichts der Art findet sich in den Skraen. Denn die Gildegenossen wie die Ungenossen standen unter dem öffentlichen
Gericht der Stadt und des Königs. Von dem Beistande,
den sie dort sich untereinander als Zeugen oder Eideshelfer
leisteten, von der Vertretung, die ihnen dort die Gilde
durch ihre Delegierten gewährte, war bereits die Rede.

Die Macht, welche die Gilde über ihre Genossen besafs
und die ihr gestattete, Vermögensstrafen über sie zu verhängen, war ihr lediglich durch die Natur und Festigkeit
des Bandes, das alle miteinander umschlang, sowie durch die
Vorteile gegeben, welche ihre Lebensgemeinschaft den Einzelnen zusicherte, und das Schwert ihrer Gewalt lag am
letzten Ende nur in der schimpflichen Ausstofsung aus der
Genossenschaft. Denn eine executorische Zwangsgewalt,
worin die Bedeutung des Gerichtsbanns liegt, hatte die Gilde
nicht. Jeder konnte sich ihrem Urteil, ihrer Strafe entziehen, wenn er die Ausstofsung nicht scheute. Dann aber
wurde er als Nichtswürdiger und in besonderen Fällen als
Feind angesehen, an dem man sich rächen konnte, wie
die Einzelnen oder die Gilde es vermochten. So, nur als Forderung des Gilderechts und Androhung der Rache, ist es zu
verstehen, wenn in den oben angeführten Fällen bestimmt
ist, dafs der Gildebruder Gut und Leben verwirkt habe, und
wenn bezüglich des Ungenossen, der die schuldige Mannbufse nicht aufbringen kann oder will, gesagt ist, dafs er
Leben mit Leben büfsen solle. Es bekundet einen fortge-

schrittenen Rechtszustand in den jüngeren Skraen, wenn eine derartige Racheandrohung nicht mehr vorkommt und in den gleichen Fällen der Gildebruder mit bestimmten Bufsen oder Ausstofsung bestraft, gegen den Ungenossen aber mit Klage bei dem königlichen Gericht verfahren werden soll[1].

Das Gericht der Gilde, als ein privates, beschränkt sich allein auf die Gildegenossen, ist aber für diese competent in Civil- wie Criminalsachen. Wenn Streit unter den Brüdern entsteht, heifst es in den älteren Gildeordnungen, da sollen alle Brüder zusammenkommen und nach Gesetz und Statuten prüfen, wer Recht hat; wer sich dann dem Ausspruche der Gilde nicht unterwirft, soll als Ungehorsamer ausgestofsen werden, weil er Gesetz und Urteil aller Genossen verachtet[2]. Besondere Bestimmungen sind getroffen für das Verfahren bei Klagen wegen Geldschuld und Vorkaufs[3].

Bezüglich der Vergehen, welche der Bestrafung durch die Gilde unterliegen, sind zu unterscheiden die gemeinen Vergehen und die besonderen gegen die Ordnung und Gebote der Gilde[4]. Die Beweismittel im gerichtlichen Verfahren sind der Zeugenbeweis des Anklägers, in der Regel durch zwei Zeugen, und der Reinigungseid des Angeklagten, wenn der Zeugenbeweis gegen ihn nicht erbracht werden kann. Der Reinigungseid ist nach Gilderecht ein Sechseid, wogegen im dänischen Landrecht der einfache oder mehrfache Zwölfeid die Regel bildet[5]. Gottesurteile kommen in den Gildeordnungen überhaupt nicht mehr vor[6].

---

[1] C 1: Si vero interemptor non potest pro se acquirere tak (Bürgschaft für die Mannbufse), nominati ex convivio ferant ipsum ad judicium regis. Ebenso D 1, E 9.

[2] A 6, B 6, C 17, D 26, E 29: tunc sit ille extra gildam, qui legem et judicium omnium gildarum (d. i. congildarum) contempserit.

[3] A 10, B 16. 42, E 47.

[4] Ich verweise auf die ausführliche Darstellung Pappenheims über Delikte des Gilderechts S 341—428.

[5] Stemann, Den Danske Retshistorie S. 155. Nur einmal wird der Zwölfeid im Gilderecht gefordert als Reinigungseid, bei Ehebruch B 38, C 38, D 44. Anders E 44.

[6] So wenig wie in Waldemars II. jütischem Gesetzbuch von

Das System der Bußen ist im dänischen Gilderecht nicht so einfach, wie im dänischen Landrecht, welches 40 Mark- und 3 Mark-Sachen als zwei Hauptklassen der Vergehen unterscheidet[1]. Die Hauptbußen für den Verletzten sind durchweg in Geld, nur die Nebenbußen für die Gilde öfters auch in Wachs, welches zu den Kerzen bei den Totenmessen, oder in Honig, der zur Methbereitung bei den Gelagen diente, festgesetzt[2].

Um die Geldbußen nach ihrer Bedeutung zu schätzen, ist es nötig, die Wertverhältnisse der verschiedenen Münzsorten, in denen sie festgesetzt sind, zu kennen[3].

Das alte scandinavische Münzsystem beruht auf der Rechnung nach der Mark, geteilt in 8 Unzen oder Öre, jede zu 3 Örtug, 1 Örtug zu 10 Pfennigen, so daß die Mark 240 Pfennige beträgt[4]. Es wird aber unterschieden die Mark Silber, als die gewogene in feinem Silber, und die Mark Pfennige, als die gezählte in Münzgeld. Letztere war gegen die Mark Silber in dem Verhältnis geringer an Wert, je nachdem das Münzgeld in Pfennigen geringhaltiger ausgeprägt wurde. In Dänemark war eine Mark Silber seit Anfang des 13. Jahrhunderts nach gesetzlicher Bestimmung gleich drei Mark Pfennige[5]; sie war gleichwie die lübische um ein Lot leichter als die kölnische[6].

1241. Dieser König schaffte auch in Schonen die Eisenprobe ab. In Seeland war sie schon früher außer Gebrauch. Vgl. Kolderup-Rosenvinge, Grundriß (übers. von Homeyer) S. 142.

[1] Stemann S. 602.

[2] Honig und Malz lieferten die Stuhlbrüder aus den Vorräten der Gilden zu den Gelagen B 22. In A kommen nur Wachsbußen, keine Honigbußen vor: in B und den späteren Statuten nur letztere.

[3] Vgl. Wilda, Strafrecht der Germanen S. 324 f. Nordström. Bidrag till den svenska Samhälls-författningens Historia II 377 ff. Stemann S. 598 ff. Grautoff, Geschichte des lübischen Münzfußes in Histor. Schriften III. (1836)

[4] Anders in Schweden, wo man den Ortug zu 8 Pfenn. (in Gotland zu 16 Pfenn.) rechnete. Nordström a. a. O.

[5] Nach Angabe des Erzbischofs Andreas Suneson (1201—1222) in seiner Bearbeitung der Lex Scaniae provincialis Buch II c. 65 (Schlyter, Corpus juris IX 292).

[6] König Waldemar II verpflichtete sich im Vertrage über seine

In den Gildeordnungen sind die Geldbufsen in der Regel in Mark Pfennigen oder Teilen von dieser, Öre und Örtug, und nur bisweilen in Mark Silber oder Teilen von dieser bestimmt. Daneben kommen aber auch Bufsen und Gebühren in Schillingen (solidi), und zwar Schillingen Englisch und Schillingen schlechthin, vor. Unter Schillingen schlechthin sind deutsche, speciell lübische zu verstehen. Englisches und lübisches Geld cursierte durch den Handelsverkehr in Scandinavien neben dem einheimischen. Von englischen Schillingen wurden 20 auf das Pfund Sterling gerechnet, von lübischen 16 auf die Mark, d. i. 16 Schill. Silber auf die Mark Silber und 16 Schill. Pfennige auf die Mark Pfennige[1].

Das Wertverhältnis der Mark Silber und der Schillinge lübisch in gemünztem Gelde ist durch sichere Angaben aus dem 13. Jahrh. bekannt. Nach der lübischen Zollrolle um 1226 war der Wert der feinen Mark Silber gleich 34 Schill., nach dem Münzvertrage zwischen Hamburg und Lübeck von 1255 gleich 39 Schill. weniger 2 Pfenn., nach dem neuen Vertrage von 1304 gleich 40 Schill. und 18 Pfenn., also eine Mark Silber gleich ungefähr 2½ Mark Pfennige[2].

Sehen wir nun die Bufsen in den Gildeordnungen. Die Mannbufse betrug nach altem dänischem Recht zur Zeit K. Knuts 40 Mark[3]. Ebenso hoch wird sie in den Gildeordnungen angegeben[4]. Doch verlangen die Flensburger Sta-

---

Auslösung aus der Gefangenschaft im Jahr 1225, 45000 Mark reines Silber zu zahlen, unaquaque marca lotone minus valente cum pondere Coloniensi. UB. der Stadt-Lübeck I 33.

[1] Grautoff a. a. O. S. 21. Nach Angabe eines Lübeckers galten zu Brügge im J. 1290 10 Schill. Sterling gleich 35 Schill. lübisch. Lüb. UB. I 500.

[2] Vgl. Lüb. UB. I 39 und Nr. 218. II 186: quadraginta solidi et decem et octo denarii unam marcam argenti ponderabunt, que marca per dimidium fertonem erit pura, d. i. die Mark ist bis auf ⅛ = 2 Lot d. i. 14lötig fein.

[3] Kolderup-Rosenvinge (übers. von Homeyer) § 69: Wilda, Strafrecht S. 404.

[4] B 1. 3. 4, C 1—3, D 1. 3. 5.

tuten für die Erben eines getöteten Gildebruders aufser der
Mannbufse noch eine Überbufse von 40 Mark, sei es, dafs
der Totschläger ein Gildebruder oder ein Ungenosse ist,
legen aber dem ersteren noch eine Nebenbufse von 12 Mark
für die Gilde auf, wobei er zugleich zum Niding erklärt
wird[1]. In den anderen Skraen ist die Überbufse ganz fallen
gelassen, die Nebenbufse für die Gilde auf 3 Mark herabgesetzt und die Ausstofsung aus der Gilde nur für den Fall
beibehalten, wenn der Totschlag aus bösem Willen oder
langgehegtem Groll geschehen war[2].

Eine Milderung des Strafsystems ist in den jüngeren
Skraen auch bei Hausfriedensbruch, bei schwerer Körperverletzung, Mifshandlung, ehrenkränkender Beschimpfung
wahrzunehmen. Wenn z. B. die Flensburger Skra im Falle
einer im Gildehause oder Gildehofe begangenen Körperverletzung mit Axt, Hammer oder anderem Werkzeug die
hohe Bufse von 40 Mark, gleich einer Mannbufse, für den
Verletzten und dazu eine Nebenbufse von einem Pfund
Wachs für die Gilde bestimmt, setzt die Odenseer Skra im
gleichen Falle nur Bufsen von 12 Mark für den Verletzten,
einem Pfund Honig für die Gildebrüder und 1 Mark für den
Aldermann an[3]. In gleicher Weise sind in der Odenseer
Skra die Geldbufsen für Beschimpfung, wenn ein Gildebruder den andern einen Dieb, treulos oder Hurensohn[4]
nennt, und für thätliche Mifshandlung von 6 Mark an
den Beschimpften oder Verletzten auf die Hälfte herabgesetzt[5].

---

[1] A 1 und 4.

[2] B 1. 4, C 1. 2, D 1. 4, E 10.

[3] Vgl. A 30 und B 7.

[4] B 12. Das dänische Wort heriensson bedeutet nicht Teufels-
kind, wie Pappenheim nach Schlyters Erklärung übersetzt. Vgl.
Kalkar Ordbog unter herje.

[5] C 14 und D 21, wo ausdrücklich bemerkt ist, dafs diese Bufsen
auch für die Gildeschwestern gelten soll: eadem autem poena con-
sorores de convivio puniendae sunt.

Cumulation der Strafen mit Ausstofsung aus der Gilde und Vermögensbufsen zugleich kommt nur in den beiden älteren Skraen vor; so bei Totschlag, den ein Gildebruder an einem andern begangen hat[1], bei See- oder Strafsenraub[2]. Die Skanörer Statuten bestimmen in diesen Fällen nur Ausstofsung aus der Gilde. Gegen den Ausgestofsenen konnte die Gilde nicht anders als gegen einen Nichtgildebruder mit weiterer Ahndung oder Rechtsverfolgung verfahren.

Es scheint ein Unterschied zwischen schimpflicher Ausstofsung mit dem Nidingsnamen und blofser Ausschliefsung aus der Gilde gemacht zu sein. Erstere wird bei den schwersten Vergehen gegen einen Gildebruder, wie Totschlag aus bösem Willen und Vorsatz, Verstümmelung an Hand oder Fufs[3], böslicher Verweigerung des Beistands in der Lebensgefahr, See- und Strafsenraub, Ehebruch, ausgesprochen. Blofse Ausschliefsung aus der Gilde erfolgt, wenn ein Gildebruder sich selbst von ihr lossagt, dadurch, dafs er sich ihrem Urteil nicht unterwirft, oder dafs er ohne sie eine Privatsühne eingeht[4].

Bei Rechtsverletzungen an der Person, dem Gut, der Ehre der Gildegenossen wird immer die Hauptbufse dem Verletzten, eine geringere Nebenbufse der Gilde und bisweilen noch eine kleine dem Aldermann zuerkannt. An die Gilde allein fallen die blofsen Ordnungsbufsen bei Übertretungen oder Versäumnissen ihrer Gebote[5]. In keinem Falle aber, auch nicht bei Totschlag oder Körperverletzung, findet sich eine an den König oder die Stadt zu entrichtende

---

[1] A 4, B 1.

[2] A 20, B 10.

[3] C 39 im Zusatzartikel.

[4] Verschieden lautet in diesen Fällen der Ausdruck A 5: er soll abgesetzt sein; B 6: er soll ohne Rat und Hülfe der Brüder bleiben; C 15. 17: sit extra gildam.

[5] Auch in diesen Fällen sind die Bufsen in den jüngeren Skraen beträchtlich herabgesetzt. Z. B. unmäfsiges Essen und Trinken mit Unfläterei soll nach A 41 und B 25 mit 3 Mark, nach C 20 mit 1/2 Mark, nach D 29 mit 6 Öre, endlich nach E 32 nur mit 3 Öre gebüfst werden.

Bufse erwähnt[1]. Dies ist in hohem Grade bezeichnend für das Verhältnis der Gilde gegenüber den öffentlichen Gerichten, wovon noch besonders zu reden ist.

4. Die Gilde als Gelag.

Die ursprüngliche Bedeutung des Wortes ‚Gilde‘ im Altnordischen ist Opfer und Trinkgelag[2]. Dänisch heifst ‚Gilde‘ die Genossenschaft im Gelag oder schlechthin das Gelag[3], wie lateinisch convivium, die Genossen convivae. Die Veranstaltung und Ausrichtung der Gilde, d. i. des Gelags, liegt den hierzu verordneten Brüdern ob[4]. Sämtliche Brüder und Schwestern müssen sich beim Gelag einfinden und ihren Beitrag dazu geben[5]. Ungeschicktes oder unanständiges Betragen beim Gelag, wie Bierverschütten, Fallenlassen oder Zerbrechen des Krugs, Umwerfen des Lichts, Unmäfsigkeit im Essen und Trinken, Schlafen auf der Gildebank und andere Ungebühr, wird mit Ordnungsstrafen in Geld belegt[6]. An die Gelagstage schliefsen sich regelmäfsig Seelmessen für die verstorbenen Brüder und Schwestern an. Das hohe Gelag der Knutsgilde zu Malmö dauerte drei Tage hintereinander fort, an denen feierliche Seelmessen, zuerst für den h. Knut, dann für die verstorbenen Könige, die sich als Wohlthäter der Gilde bewiesen hatten, endlich für die

---

[1] Die Worte fyrtiwe mark herscop A 4 d. i. 40 Mark an die Herrschaft (bei der Mannbufse) sind späterer Zusatz; vgl. den Text bei Pappenheim S. 443.

[2] Vgl. Einleitung S. 5.

[3] Gilde als Gelag A 32 und 34, B 21—25. Besonders bezeichnend ist der Ausdruck B 21: gildet drikes, die Gilde wird getrunken, und 30: gildet ær ænd, die Gilde ist zu Ende.

[4] A 32, B 22, C 11, D 18.

[5] B 36. Honigschofs genannt iu E d: qui denarios, qui dicuntur ‚hunaghscot‘, non solvcrit.

[6] Ganz ähnliche Vorschriften wie A 36—43, B 25—28 u. s. w. begegnen in den englischen Gildeordnungen; vgl. Toulm. Smith, English Gilds S. 87. 93. 95.

verstorbenen Brüder gelesen wurden[1]. An altheidnischen
Brauch erinnern in der Erichsgildeskra die drei Minnen, d. i.
Gedächtnisse, welche die Brüder stehend mit erhobenen
Bechern zu Ehren des h. Erich, des Erlösers und der Jung-
frau Maria absingen mufsten[2].

5. Vorsteher und Beamte der Gilde.

Die Gilde ist eine Corporation mit selbstgewählten Beamten[3]. Ihr Vorsteher ist regelmäfsig ein Aldermann, lateinisch senior oder senator. Titel und Amt sind die gleichen
wie bei den englischen Gilden und vermutlich von diesen
herübergenommen. Der Aldermann führt den Vorsitz in der
Gildeversammlung und beim Gelag. Verschiedene Gefälle
sind ihm zugewiesen, geringere Bufsen neben den gröfseren
für die Gilde und gewisse Emolumente in Kannen Bier beim
Gelag[4]. Auf den Bundestagen zu Skanör waren die Knutsgilden durch ihre Aldermänner vertreten[5].

Beisitzer des Aldermanns sind zwei Stuhlbrüder, stol-
brøthær, deren Geschäft es ist, die Ordnung im Gelag aufrecht zu erhalten[6], die aber auch noch mit anderen Functionen, wie Aufbewahrung wertvoller Sachen, betraut sind und
bei Besiegelung von Bruderschaftsbriefen, die der Aldermann
erteilt, zugezogen werden[7] und dafür gleichfalls ihre Ge-

---

[1] E 4; vgl. Pappenheim S. 201. Das hohe Gelag heifst adel-
gerd B 36—37.

[2] D 48: Haec sunt constituta de minnis a fratribus sancti Erici
... et ad quamlibet illarum minnarum trium debent confratres reci-
pere bicaria (jedesmal einen neuen vollen Becher) sedendo et bicariis
singulis receptis debent unanimiter surgere et inchoare minnam can-
tando. Vgl. Einleitung S. 8.

[3] Vgl. Pappenheim S. 212 f. Der Beamtenorganismus der Gilde.

[4] B 36.

[5] Vgl. oben S. 128.

[6] A 37. 43, B 22. 37.

[7] B 46.

bühren beziehen. Ein anderes Amt ist das der Gerdemänner, gærdæmæn, welche besonders für die Veranstaltung und Ausrichtung des Gelages zu sorgen haben[1].

Als Mitvorsitzender neben dem Aldermann erscheint in den Skraen der Skanörer Redaction ein praepositus, das ist der Geistliche, der die priesterlichen Handlungen für die Gilde verrichtet[2]. Er heifst Propst, nicht als Kirchenpropst, sondern als geistlicher Vorsteher der Gilde. Als der im Ansehen höher Stehende wird er in der Malmöer Skra vor dem Aldermann genannt und nimmt mit diesem an den Rechten und Geschäften des Vorstandes teil; so beim Gelag, bei der Aufbewahrung des Siegels und der Privilegien der Gilde, bei dem Gericht, gildestæven, welches regelmäfsig am Mittwoch gehalten wird[3].

Als äufsere Einrichtungen der Gilden sind endlich noch zu erwähnen das Gildehaus für die Zusammenkünfte und Gelage der Gilde[4] und die Gildeglocke, durch welche die Brüder zusammenberufen wurden[5].

---

[1] Gerdemänner sind in der Odenseer Skra (B 28) als diejenigen genannt, welche die Brüder beim Gelag bedienen und für die Ausrichtung desselben mit Getränk und Lichtern verantwortlich sind. Dasselbe besondere Amt, nur ohne den Titel, kommt auch schon in A 32 vor, ebenso in B 22 und C 11, wo der Titel hinzugefügt ist: postquam giærthæmen accepti fuerint. In E 3 heifsen sie praeparatores convivii. Später ist der Amtsname Gerdemänner allgemein bei den Gilden gebräuchlich.

[2] Das Seelenopfer wird nach C 21 praeposito, nach D 30 sacerdoti dargebracht. Dafs er neben dem Aldermann Sprecher in der Gildeversammlung war, zeigt C 29, D 39: Si quis gildarum strepitum vel clamorem in sermone senatoris vel praepositi fecerit. E 36.

[3] E 8 und 3. 7. 20. 51.

[4] Gyldehus, gildegorth A 23. 30, B 28, domus convivii C 13.

[5] E 9. 43. Durch unnötiges Anschlagen der Glocke konnte einem Gildebruder Schaden zugefügt werden B 43, weshalb E 48 vorschreibt, dafs dasselbe nicht ohne Erlaubnis des Aldermanns oder des Schreibers geschehen dürfe, aufser bei Ausbruch eines Brandes oder ähnlichen dringenden Anlässen.

6. Der Gildebund.

Die neue gemeingültige Redaction der Gildestatuten C
und D geschah in einer Zusammenkunft von 18 Aldermännern
zu Skanör um die Mitte des 13. Jahrhunderts. Hiermit wäre
noch nicht die Stiftung eines eigentlichen Gildenbundes bewiesen; denn der Zweck der Zusammenkunft könnte ein
bloſs vorübergehender gewesen sein, ohne einen dauernden
Verband der Gilden zu begründen. Daſs aber wirklich eine
Bundesverfassung derselben zustande gekommen ist, geht
aus einem Artikel der Malmöer Skra hervor, wonach zur
Zeit eine Bundesbehörde zu Skanör bestand, welche die
oberste Instanz der Rechtsprechung für die Knutsgilden bildete, was die regelmäſsige Wiederkehr der Bundestage und
eine feste Organisation des Bundes voraussetzt[1]. Wie lange
aber dieser fortgedauert hat und wie weit die Einigung der
Gilden sich über Dänemark erstreckte, ist gänzlich unbekannt. Wir wissen nur, daſs anfangs 18 derselben zu Skanör
vertreten und sowohl König Knuts- als Herzog Knutsgilden
dabei waren, da die Jahresfeste beider heiligen Patrone in
ihren Zusammenkünften gefeiert wurden[2]. Dagegen ist kaum
anzunehmen, daſs auch die Erichsgilden sich zu einem ähnlichen Bunde vereinigt hätten[3].

7. Die Gilde in der Stadt.

Die Gilden waren selbständige Corporationen und gaben
sich selbst ihre Ordnungen. Diese sind vormals durch weise,

---

[1] E 8: Qui vero in aliquo convivio sancti Canuti, ubicunque
sit, contumax inventus fuerit vel satisfacere noluerit, si legitime citatus
fuerit ad synodum generalem in Skanör et si ibidem respondere
contempserit, extunc a dicto convivio excludatur.

[2] Art. 6; vgl. Pappenheim S. 187. 201.

[3] Vgl. oben S. 128.

erfahrene und vorsichtige Männer gemacht[1], später bei der
erneuerten Redaction zu Skanör von 18 Gildevorstehern gefunden und zusammengestellt worden[2]. Dieselben hatten
verbindliche Kraft nur für die Genossen, berührten aber
auch die Außenstehenden. Nach beiden Seiten hin bedurften
die Gilden der öffentlichen Anerkennung. Solche wurde
ihnen zuteil durch die Bestätigung der dänischen Könige.
Sie findet sich für die St. Knutsgilden insgemein ausgesprochen am Schluß der Flensburger Skra, wo Knut IV den
Knutsgildebrüdern seinen Schutz verheißt, „gleichwie denjenigen, die uns täglich dienen"[3], d. i. seinen Hausdienern,
wie auch im Vorwort der Odenseer Skra gesagt ist, daß
König Erich „die St. Knutsgilde nicht nur in Fünen, sondern überall in Dänemark befestigt und gestärkt habe." In
der Bestätigung der Gilden selbst war zugleich die ihrer
Ordnungen enthalten[4].

Die Gilden waren Stadtgilden. Gildehaus und Gildehof
sind in der Stadt zu denken. Doch finden sich in den Gilde-
skraen auffallend wenig Andeutungen von einem Zusammenhange zwischen Gilde und Stadt. Die Verordnung der Odenseer Skra (B. 46), daß ein von Aldermann und Stuhlbrüdern
auf Verlangen bewilligter Bruderschaftsbrief vom Stadtschreiber ausgefertigt werden soll, beweist nur, daß diese Gilde
keinen eigenen Schreiber hatte. Daß die Gildebrüder und
Nichtgildebrüder nicht immer friedlich bei einander lebten,
ergibt sich aus der schon angeführten Vorschrift, daß, wenn
ein Gildebruder sich an Leib und Leben bedroht sieht, zwölf
andere ihm zum Schutze beigegeben werden sollen, um ihn

---

[1] B im Vorwort: forsynligæ mæn och beskedeligæ forfædræ. C:
homines senes et discreti olim invenerunt. D: homines senes et de-
voti olim invenerunt.

[2] D 47: Ipsa statuta fuerunt inventa et compilata in Skanör ab
18 senioribus.

[3] A: sosum them thæ us daglig thyene.

[4] Die angebliche Bestätigung der Statuten der Malmöer Skra

bei Tag und Nacht zu behüten, ihn mit Waffen vom Hause nach dem Marktplatze zu begleiten[1].

Doch waren die Gildebrüder nicht ausschliefslich Stadtbürger, auch Landbewohner konnten sich in die Gilde aufnehmen lassen, nur mufste ein solcher einen Gildebruder, der Stadtbürger war, als Bürgen für sich stellen, welcher in allen Dingen für ihn haftete[2]. Der Grund dafür liegt nahe; denn da die Landbewohner vom Wohnsitze der Gilde entfernt waren, befanden sie sich nicht immer in der Lage, die Pflichten eines Gildebruders selbst zu erfüllen. Auf weite Ausbreitung der Stadtgilden über das platte Land deuten ein paar Statuten in den jüngeren Skraen, wonach bei Gefangenschaft und Schiffbruch eines Gildebruders alle Gildebrüder innerhalb der Grenzen des Bistums die Beisteuer von 3 Denaren leisten sollten[3].

Das Gildegericht war unabhängig von dem öffentlichen Gericht, insoweit es sich um Sachen handelte, welche die Genossen allein betrafen. Es wurde bereits oben erwähnt, dafs in den Gildestatuten öffentliche Bufsen überhaupt nicht, weder für den König, noch für die Stadt, vorkommen. Die Befreiung der Gildebrüder von derartigen Bufsen findet sich ausdrücklich ausgesprochen in dem Falle, wenn zwei von ihnen einen Kaufvertrag mit einander abgeschlossen haben und dann der Verkäufer den Vertrag bricht: hier bestimmen die Odenseer und gleichlautend die Malmöer Skra, dafs der

---

durch den grofsen Waldemar und seine Nachfolger nach dem Vorwort ist für unsichere Tradition zu halten.

[1] C 34, D 43: Si quis fratrum . . . injuriam suam vindicaverit et auxilio eguerit in civitate . . .; vgl. oben S. 137.

[2] C 26: Si vero rurensis convivio sancti Canuti se sociaverit, acquirat unum de civibus, scilicet de ejusdem convivii confratribus, qui de omnibus causis . . . omnibus congildis pro ipso respondeat aut secundum praesens scriptum satisfaciat. Ebenso D 35.

[3] C 35: de omnibus congildis in uno episcopatu existentibus; besser D 12: in illo episcopatu; C 37: de quolibet fratre . . . infra terminum illius episcopatus, ebenso D 14.

wortbrüchige Verkäufer zweimal so viel an den Käufer büfsen soll, als er an des Königs Beamten (ombudsman) büfsen müfste, wenn er nicht Gildebruder wäre, und zweimal so viel an alle Gildebrüder, als er an die Stadt büfsen müfste[1]. Die Corporation der Gilde war innerhalb der Grenzen ihrer Gerichtsbarkeit von dem öffentlichen Stadtgerichte enthoben. Dieses Immunitätsprivilegium war in der Bestätigung mit enthalten, welche die dänischen Könige den Gildestatuten gewährten[2].

Für die richtige Auffassung des Verhältnisses zwischen Gilde und Stadt kommt noch ein Umstand in Betracht, aus dem sich die Möglichkeit des erwähnten und noch anderer Privilegien, von denen demnächst die Rede sein wird, leichter erklärt. Es war nämlich die Zahl der Genossen in den Knuts- und Erichsgilden, die als höchste Gilden hier allein in Betracht kommen, nur eine sehr geringe im Verhältnis zur Einwohnerschaft der Stadt. Hierfür gibt beispielsweise einen Anhaltspunkt die Flensburger Skra im Art. 11, wo gesagt ist, dafs in der St. Knutsgilde ein Eid nicht anders als mit Gildebrüdern geleistet werden soll, es sei denn mit Zustimmung des Klägers; im Falle aber beim Ausloosen der Eideshelfer nicht so viel Brüder anwesend sind, als zur Eideshülfe erfordert werden, können auch solche, die nicht zur Gilde gehören, zugezogen werden. Da nun der Gildeeid in der Regel ein Sechseid, nur in besonderen Fällen ein Zwölfeid war[3] und die Gildebrüder verpflichtet waren, sich gegenseitig die Eideshülfe zu leisten, läfst jene Bestimmung nur

---

[1] B 41 und E 46: solvat emptori in duplo plus quam teneretur regio exactori vel ad jus civitatis —; ausgelassen ist als selbstverständlich der Zusatz in B: om han ikkæ gildbroder voræ, d. i. wenn er nicht Gildebruder wäre.

[2] Pappenheims Einwendungen dagegen S. 326 f. kann ich um so weniger gelten lassen, als er beide Skraen an der angeführten Stelle eines Irrtums zeihen möchte.

[3] Bei Anschuldigung des Ehebruchs B 38, C 38 u. s. w. Zweifelhaft ist der Ausdruck C 41: acquirat XII ter fratres.

eine kleine Anzahl von Knutsgildegenossen in Flensburg annehmen[1].

Es ist wohl zu vermuten, daſs die angesehenste Gilde
der Stadt nicht sehr geneigt war, die Zahl ihrer Mitglieder
zu vermehren, und, wenn sie auch von Anfang an Handwerker nicht grundsätzlich von sich ausschloſs, doch immer
mehr sich als eine exclusive Gesellschaft der vornehmen
Bürger darstellte. Die in den Statuten festgesetzten Beiträge
und Ordnungsstrafen bei geringen Übertretungen lassen auf
begüterte Leute, und die besonders erwähnten Unglücksfälle
von Gefangenschaft und Schiffbruch auf reisende Kaufleute
schlieſsen. Einer Genossenschaft dieser Art konnte ein hervorragender Einfluſs und Anteil am Stadtregimente nicht
fehlen. Ich gehe hiermit zur Betrachtung der dänischen
Stadtrechte über.

III. Städte und Stadtrechte.

Texte der Stadtrechte: Kolderup-Rosenvinge, Danske Gaard-
   retter og Stadsretter in Samling of gamle Danske Love V.
   1827. — Urkunden: Regesta diplomatica historiae Danicae
   I 1 et 2. 1843. 1847. — Rechtsgeschichte: Kolderup-Rosenvinge, Grundriſs der dänischen Rechtsgeschichte übers. von
   Homeyer. 1825. — Stemann, Den Danske Retshistorie indtil
   Christian V. 1871. — Steenstrup, Studier over K. Valdemars
   Jordebog. 1873. — Dahlmann, Geschichte von Dänemark III
   (1843) 3—24.

1. Südjütland.

Handausgabe der Stadtrechte: Thorsen, De med Jydske Lov be-
   slægtede Stadsretter. 1855. — Paulsen, Beitrag zur Geschichte
   der südjütischen Stadtrechte in Falck, Staatsbürgerliches
   Magazin V. 1825.

---

[1] Vgl. Pappenheim S. 47 und 287.

Schleswig.

P. Hasse, Das Schleswiger Stadtrecht. 1880. Kritik dieser Schrift: Jørgensen, Slesvigs gamle Stadsret in Aarbøger for nordisk Oldkyndighed og Historie. 1880.

Der Stadt Schleswig, wo zuerst in Dänemark das Dasein einer Stadtgilde 1134 historisch bezeugt ist[1], gehört auch das älteste dänische Stadtrecht an[2]. Über die Abfassungszeit dieses in lateinischer Sprache geschriebenen Stadtrechts gehen die Meinungen auseinander. In den einleitenden Worten des Textes selbst ist der Dänenkönig Suen, das ist Svend, der 1157 in der Schlacht auf der Gratheheide fiel, als Autor genannt[3]. Auf solche Altersberufung ist jedoch wenig zu geben. Forchhammer und nach ihm Paulsen haben die Unhaltbarkeit derselben, welcher die früheren Historiker gefolgt sind, bewiesen und dagegen die Abfassungszeit zu Ende des 12. oder Anfang des 13. Jahrhunderts angenommen[4].

Einen äufseren Anhaltspunkt für die Zeitbestimmung gibt die Erwähnung des Herzogs neben dem Könige, des herzoglichen Beamten neben dem königlichen[5]. Dies pafst aber sowohl auf die Jahre 1188 bis 1202, da Waldemar, nachmals König Waldemar II, Herzog in Südjütland war, als auf die Jahre 1254 bis 1272, da die Söhne des Königs Abel im Herzogtum regierten. Für die erste frühere Zeit

---

[1] Vgl. S. 123.

[2] Text bei Kolderup-Rosenvinge V 311 und bei Thorsen S. 3.

[3] Cujus auctor principaliter exstitit Sveno rex Danorum.

[4] Forchhammer, Abhandl. über das Schleswiger Stadtrecht in Falcks staatsbürg. Magazin III 527. Paulsen, ebd. V 56.

[5] Art. 1: ut si civis Slaeswicensis incausaretur a Rege vel a Duce vel ab alio Principe. 73: Item portam civitatis versus aquilonem dehet construere villicus Regis et alteram portam villicus Ducis.

entscheiden innere, aus der Beschaffenheit des Stadtrechts entnommene Gründe. Paulsen hat in durchgeführter Vergleichung des Stadtrechts mit dem dänischen Landrechte gezeigt, daſs ersteres, wiewohl es sich mehrfach auf die Gewohnheit und die Landesgesetze des Reiches beruft[1], doch unabhängig ist von dem im J. 1241 durch König Waldemar II erlassenen jütländischen Gesetzbuch und in manchen Bestimmungen älteres Recht als dieses darstellt[2]. Dazu kommt, daſs die noch wenig entwickelte Stadtverfassung gleichfalls auf jene frühere Zeit um 1200 zurückführt. Es gab noch keinen Rat in Schleswig, der doch um die Mitte des 13. Jahrhunderts ohne Zweifel vorhanden war, wie denn ein solcher selbst in der nordjütländischen Stadt Ripen 1252 bestand[3].

Eine engere Begrenzung meinten Paulsen für 1201 bis 1202 und neuerdings Thorsen für 1195 zu gewinnen aus den Zollsätzen im Art. 30, woraus zu schlieſsen, daſs Rendsburg zur Zeit dänisch gewesen sei; doch abgesehen davon, daſs die Deutung der bezüglichen Stelle zweifelhaft ist[4], erscheint es unstatthaft, ein bestimmtes Jahr für die Abfassung der vorliegenden Redaction des Stadtrechts festzustellen, weil dasselbe offenbar nicht aus einem Gusse, sondern nur nach und nach entstanden und dann als Ganzes zusammengeschrieben worden ist, wie dies die darin vor-

---

[1] Art. 3: Regni consuetudine conservata. 19: secundum leges terrae. 46: commune preceptum.

[2] Vgl. Abteilung 2 der angeführten Abhandlung S. 97—198.

[3] Vgl. unter Ripen. P. Hasse hat in seiner nach manchen Seiten belehrenden, aber auch sehr an Hyperkritik und Hypothesensucht leidenden Schrift die spätere Abfassungszeit zwischen 1253—1257 behauptet und die entgegenstehenden Argumente zu entkräften gesucht. Ich halte seine Beweisführung für miſslungen, sowohl nach der negativen wie nach der positiven Seite. Auf das Privileg Waldemars III, welches 1256 consules et proconsules civitatis nostre Slesvie nennt, das aber Hasse für unecht oder um ein Jahrhundert zu früh angesetzt erklärt, komme ich später zurück.

[4] Vgl. Paulsen a. a. O. S. 59, Thorsen, Stadsretter Einl. S. 32. Dagegen Hasse S. 24.

kommenden Wiederholungen und Abänderungen einzelner
Rechtssätze, sowie die Zusätze in den Schlußartikeln (84 bis
91) erkennen lassen[1].

Schleswig war schon im 9. Jahrhundert ein berühmter
Handelsplatz des dänischen Reichs[2]. Ein Jahrhundert hindurch (934—1035) gehörte dann die schleswig'sche Mark
dem deutschen Reiche an. Heinrich I, der sie den Dänen
entrissen hatte, führte sächsische Colonisten herein[3]. Konrad II gab sie an Knut den Mächtigen zurück (1035). Seitdem blieben Mark und Stadt in Händen der Dänen. Zur
Zeit, in welche ungefähr die Abfassung des Stadtrechts fällt,
herrschte Waldemars des Grofsen Sohn Knut VI (bis 1202);
sein jüngerer Bruder Waldemar war Herzog in Südjütland.
Das dänische Reich stand auf dem Höhepunkt seiner Macht:
das Wendenland an der Ostsee, die deutschen Länder bis
an die Elbe, auch Lübeck waren ihm unterthan. Das dänische Städtewesen stand noch in seinem Anfang. Bei seiner
Entstehung und Ausbildung konnten ihm die zugehörigen
deutschen Städte, insbesondere Lübeck, als Vorbilder dienen.
Allein eine Übertragung des Stadtrechts von dorther hat in
Dänemark anfänglich nicht stattgefunden. Das Stadtrecht
von Schleswig ist ursprünglich und eigentümlich dänisch:
sowohl das öffentliche wie das Privatrecht und das Gerichtsverfahren zeigen sich in diesem teils übereinstimmend mit
dem dänischen Landrecht, teils auf Grund desselben nach
den Zwecken des städtischen Gemeinwesens und den Bedürf-
nissen der Einwohner modificiert[4]. Aus deutschem, speciell

---

[1] Vgl. die Zusammenstellung bei H a s s e S. 37. Am auffallend-
sten widerspricht im Art. 87 die allgemeine Bestimmung über die
Teilung der Bufsen zwischen Bürgern und Vogt den früheren Artikeln,
wonach eine Reihe von Bufsen dem Könige allein zufallen sollte.

[2] Vita Anskarii c. 24: in portu quodam regni sui ... Sliaswich
vocato, ubi ex omni parte conventus fiebat negociatorum.

[3] Adam. Brem. I c. 59: et Saxonum coloniam habitare praecepit.

[4] Vgl. P a u l s e n a. a. O. Abt. 2. P. H a s s e, Drittes Kapitel:
Stadtrecht und Landrecht S. 39 ff.

lübischem Stadtrecht möchte vielleicht der Artikel 77 geschöpft sein, worin gesagt ist, dafs wer von auswärts in die
Stadt gekommen und als Bürger sich Jahr und Tag dort
aufgehalten hat, wenn ihn jemand als seinen Hörigen in
Anspruch nimmt, mit einem Zwölfmännereid seine Freiheit
beweisen kann (se purgabit). Denn es entspricht dies dem
deutschen Rechtssatze, den schon das Privilegium K. Friedrichs I von 1188 für Lübeck enthält und der in den deutschen Städten fast allgemeine Geltung gewann, wonach der
Beweis des unangefochtenen Aufenthalts von Jahr und Tag
in der Stadt genügte, um die persönliche Freiheit gegen
jeden Anspruch zu wahren[1]. Dänisch und scandinavisch
wie deutsch ist der Rechtssatz, dafs erbloses Gut (dänisch
danearv, danefæ) dem Könige (dem Landesherrn) anheimfällt[2], und internationales Fremdenrecht, was damit zusammenhängt, dafs die Hinterlassenschaft eines Verstorbenen auf
Jahr und Tag für die Erben oder Verwandten aufbewahrt
werden soll[3]. Eigentümlich aber ist, was das Schleswiger
Stadtrecht in Verbindung mit beiden Rechtssätzen über den
Erbkauf bestimmt, der mit dem Königsrechte zusammenhängt. Sehen wir nun, wie letzteres und die Stadtverfassung
von Schleswig sich im Stadtrechte darstellen[4].

Der König von Dänemark ist der Grundherr der Stadt,
aufser einem Anteil des Herzogs von Südjütland an dersel-

---

[1] Lübecker UB. I 7 S. 11: Si vero quispiam de terra ipsorum
aliquem de libertate pulsaverit, et pulsatus probare poterit, quod anno
et die in civitate sine pulsatione substiterit, pulsatus evadit. Vgl. die
Zusammenstellung aus den deutschen Stadtrechten bei Gengler.
Deutsche Stadtrechtsaltertümer S. 415 f.

[2] Vgl. Kolderup-Rosenvinge übers. von Homeyer § 22. 48.

[3] Kaiser Lothar und nach ihm Heinrich der Löwe bewilligten
dies mit andern Rechten den Gotländern unter Bedingung der Gegenseitigkeit. S. das Privileg des letzteren von 1163, Hanseat. UB. I 9.
Dasselbe besagt das Privileg Friedrichs I für Lübeck a. a. O. und
das jütische Landrecht I Art. 23 (Jydske Lov in Kolderup-Rosenvinge
Samling III).

[4] Vgl. Dahlmann III 6 ff.

ben[1]. Alle eigentlichen Herrschaftsrechte stehen ihm zu. Ihm gehören die öffentlichen Wege, der Fluſs, die Königswiese, die er den Bürgern zum Gebrauch überlassen hat[2]. Die Einwohner sind ihm zur Entrichtung der Herdsteuer (arnægjald), verschiedene Klassen der Handwerker auch zu besonderen Abgaben verpflichtet[3]. Sie müssen, wenn sie ihr Vermögen auf ihre Angehörigen vererben wollen, dasselbe durch den sogenannten Rechtskauf oder Erbkauf (laghköp, arfköp) vom Könige lösen, welchem es sonst gleichwie erbloses Gut anheimfällt; nur die Unverheirateten sind vom Erbkauf befreit (Art. 29). Jene Regel erklärt sich aus dem den sächsischen Ansiedlern in Schleswig auferlegten Fremdenrecht, diese Ausnahme aus dem Familienrecht, wonach die Unverheirateten im Familienverbande verblieben, bis sie selbst einen eigenen Hausstand begründeten[4]. Vom Stadtgericht fallen an den König Brüche und Strafgelder, zumteil ganz, zumteil geteilt mit der Stadt. Seine Rechte und Einkünfte werden durch einen Beamten (exactor, Vogt), der zugleich Stadtrichter ist, verwaltet[5].

Bei alledem sind die Bürger für ihre Person und die Stadtgemeinde insgesamt im Besitze wesentlicher Freiheitsrechte. Die Stadt bildet für sich einen geschlossenen Ge-

---

[1] Auf dessen Anteil deutet c. 73, wonach der villicus ducis ein Stadtthor unterhalten soll. Nach Waldemars II Liber census Daniae (Langebek Script. VII 530) gehörte ein Viertel von Schleswig zum Herzogtum: De Hethaeby tres partes pertinent ad kunungslef et quarta pars ad ducatum.

[2] Art. 41. 68. 74.

[3] 29: debitum Regis, quod dicitur Arnægyald. 32—36: Abgaben und Buſsen der Schuster, Fellbereiter, Bäcker, Schlächter, Weinwirte.

[4] Vgl. meine Abhandlung über den Erbkauf in den dänischen Stadtrechten in den Sitzungsberichten der Berliner Akademie 1887 Nr. XIV.

[5] Ein andrer Beamter scheint der villicus Regis zu sein, der (nach 72), wenn der König in die Stadt kommt, mit den Zimmerleuten zwei Tage Arbeit zu verrichten hat (zur Herstellung der königlichen Wohnung) und (nach 73) das nördliche Stadtthor instand halten muſs, gleichwie der villicus Ducis das andere (südliche) Thor.

richtsbezirk mit selbständigem Gericht, ausgeschieden von den Landgerichten in Harde und Provinz, und es ist das vornehmste Recht der Bürger, daſs sie nicht auſserhalb der Stadtmauern zu Gericht stehen müssen, selbst nicht bei Majestätsvergehen[1]. Die Bürger sind neben dem Vogte mitthätig im Gericht als Urteiler, Zeugen und Eideshelfer, sowie bei der Zwangsvollstreckung von Schuldforderungen[2]. Über wichtige Streitsachen und schwere Vergehen, wie Mord und Gewalt, entscheiden 6 ständige Wahrsprecher (veredici), d. i. Sandmänner, wie sie dänisch heiſsen, die der König ernannte[3]. Die Bürgerversammlung (placitum) beschlieſst über Angelegenheiten der Stadt, Anordnung der Nachtwachen, Herstellung der Brückenstege u. a.[4]. Für die Stadtverwaltung besteht eine obrigkeitliche Behörde von vier Aldermännern (seniores quatuor de civitate), die von jeder neuen Münze 2 Mark erhalten (32); denn auch an dem Münzregal haben die Bürger Anteil, indem sie die Ausprägung der Silbermünze festsetzen und den Geldverkehr überwachen (31). Die Bürger selbst legen sich die Vermögenssteuer (skot) auf, mit welcher und dem Anteil der Stadt an Brüchen und Strafgeldern die Gemeindebedürfnisse bestritten werden[5].

---

[1] Unrichtig erklärt Hasse S. 55 die Worte Art. 1: licet causa opposita fuisset lese majestatis, durch ‚mit Ausnahme‘ von Majestätsvergehen, woraus er dann noch weitere Folgerungen zieht. Der niederdeutsche Text hat richtig: und were ok de zake al in der koningliken walt.

[2] Art. 24: Si est de pecunia exactor cum civibus ... extorqueat satisfactionem a concive. Ebenso Art. 79.

[3] Ich fasse den dritten Absatz des Art. 57, der sich zunächst nur auf Vergehen der Schiffsleute (nautae) bezieht, im allgemeinen Sinne, wie Dahlmann S. 10; denn es ist doch nicht anzunehmen, daſs die Sandmänner nur für die Schiffsleute bestellt gewesen wären.

[4] Art. 38: Postquam condictum fuerit in placito ... ut excubie nocturne fiant in civitate. 41: Qui pontem suum non refecerit infra quintum diem post judicium placiti. Pons, der Brückensteg, der vom Hause her über den Wasserlauf der Straſse führt.

[5] Zusatzart. 87: Item pro quolibet delicto omnia witaegyald (Wettengelder) debentur civibus et exactori, exceptis excubiis et collecta,

Es gibt keine vom Stadtrecht befreite Klasse der Einwohner, natürlich abgesehen von der Geistlichkeit, von der
mit keinem Worte die Rede ist, während von Rittern und
Freiherren, die sich in der Stadt niederlassen, gesagt ist,
daſs sie alle Lasten mit den Bürgern teilen sollen[1]. Wie
aber verhält es sich mit der Stadtgilde? Wie ist das Gilderecht in den Rahmen des Stadtrechts eingefaſst und welche
öffentliche Geltung wird ihm in diesem zugeschrieben?

Die Gilde heiſst im Stadtrecht die höchste oder höhere,
summum convivium, majus convivium (2—4), und ihre Genossen geschworene Brüder, fratres conjurati (65. 66). Jene
wie diese Benennung setzen das Dasein anderer Brüderschaften, religiöser oder gewerblicher, voraus; auf letztere
weist noch besonders der Aldermann der Bäcker, senior pi-
stor, im Art. 33 hin.

Den Gildebrüdern kommen nach dem Stadtrechte gewisse persönliche Vorrechte zu. Zuerst bei der gerichtlichen
Eideshülfe, die im dänischen Gerichtsverfahren eine besonders groſse Rolle spielt. War der wegen eines Vergehens
Angeklagte nicht durch handhafte That oder Zeugen überführt, so konnte er sich durch den Reinigungseid mit Eideshelfern, Zwölfmänner- oder Sechsmännereid je nach der
Schwere des Falles, von der Anklage befreien. Es versteht
sich, daſs dem angeklagten Gildebruder seine Genossen die
Eideshülfe leisteten, wozu sie nach dem Gilderechte verpflichtet waren[2]. Im Art. 27 des Stadtrechts ist nur der
eine Fall besonders hervorgehoben: wenn eine Anklage die
Mannheiligkeit betrifft, d. i. auf Verlust derselben durch
Friedlosigkeit geht[3]; in diesem Falle soll ein geschworener

---

quae skoot dicitur, das heiſst: Schoſs und Brüche für versäumte
Nachtwachen gehören den Bürgern allein.

[1] 63: Quicunque sive miles fuerit sive baro et infra menia civitatis habitare voluerit, omni legi civitatis subjacebit in omni honere
(für onere) et gravamine civitatis.

[2] Vgl. oben S. 137.

[3] Vgl. Wilda, Strafrecht der Germanen S. 301.

Bruder sich mit dem Gildeeid, ein Landbewohner aber mit dem Verwandteneid reinigen[1]. Es wird aber der Zwölfeid der Gilde nicht blofs den Gildebrüdern, sondern in gewissen schweren Fällen auch den Bürgern und Bürgerinnen überhaupt auferlegt: so dem Manne, der wegen Notzucht, der Ehefrau, die wegen Ehebruchs verklagt ist, und demjenigen, der eine schwere Verwundung verübt hat[2], während bei anderen Anklagen der gewöhnliche Zwölfeid oder Sechseid genügt[3].

Man sieht, dafs der Eid der geschworenen Brüder gröfsere Kraft und gerichtliche Geltung hatte, als der von anderen Bürgern, und man begreift, dafs die Erlangung solcher Eideshülfe für Nichtgildebrüder bedeutend erschwert war.

Es ist bei dem höheren Werte des Gildeeids von vornherein anzunehmen, dafs die Gildebrüder auch zu einem höheren Wergelde vor anderen Bürgern berechtigt waren. Davon ist allerdings im Schleswiger Stadtrecht, wenn auch nur beiläufig, die Rede. Im Art. 65 sind die Bufsen für schwere oder leichtere körperliche Mifshandlung mit 6 und 3 Mark festgesetzt, mit dem Zusatz: „es sei denn, dafs die Mifshandlung nicht einen geschworenen Bruder betrifft," in welchem Fall also, wie man anzunehmen hat, die Bufse eine entsprechend höhere sein würde[4]. Und hiermit steht im

---

[1] Et si est causa manhælegth, civis frater conjuratus purgabit se de convivio conjuratorum; ruralis vero purget se cum suis cognatis.

[2] Der Ausdruck lautet allgemein Art. 2: Si quis civium ... XII viris sibi adjunctis de summo convivio se purgabit. 3: Si quis civis ... qui si negaverit tunc summo convivio se purgabit. 4: Mulier adulterata — majoris convivii duodecimo juramento convivarum debet purgari. Ich stimme Ancher (a. a. O. § 31) bei, dafs das nicht blofs für Gildebrüder, sondern für alle Bürger gilt, wiewohl Dahlmann (III 16 Anm. 2) diese Auffassung für ein Mifsverständnis erklärt. Ich komme darauf bei dem Flensburger Stadtrecht zurück.

[3] Art. 5: duodecima manu se purgabit; 16: juramento simplici duodecim hominum se purgabit; 18: juret manu duodecima ... manu sexta.

[4] Si quis percusserit alium, non tamen fratrem conjuratum, baculo vel malleo securis vel capulo ensis, emendet VI marcas. Si

Zusammenhang die auffallende Bestimmung des folgenden Artikels 66: „Wenn der (mifshandelte) Bürger unverheiratet ist, so soll er in der Bufse, die er empfängt, dem geschworenen Bruder gleichstehen; ist er aber verheiratet, in allem Rechte um den halben Betrag weniger gelten"[1]. Das bessere Recht der ehelosen vor den verheirateten Bürgern ist hier anders zu erklären, als wie die oben erwähnte Befreiung derselben vom Erbkauf: als Grund des ihnen eingeräumten Vorzugs bezüglich der Bufsen läfst sich nur denken, dafs ihnen vorzugsweise die Last des Kriegsdienstes sowie der Verteidigung der Stadt oblag[2].

Übrigens ist in anderen Bestimmungen über Strafen und Bufsen ein Unterschied zwischen Gildebrüdern und anderen Bürgern nicht gemacht; so namentlich nicht beim Wergelde für Totschlag, welches das Stadtrecht in Übereinstimmung mit dem allgemeinen Landrechte (Regni consuetudine conservata) auf dreimal 18 Mark (54 Mark) nebst einer Mark Gold als Überbufse für die Verwandten und drei Mark für den König festsetzt[3].

Aufser den genannten persönlichen Vorrechten der Gildebrüder ist von irgend einem politischen Rechte derselben oder der Gilde im Stadtrecht keine Spur zu finden. Wohl läfst sich vermuten, dafs die höchste Gilde auch vorwiegen-

---

pugno percusserit . . . emendet III marcas. Nach dem gemeinen Gilderecht betrug in der That die Bufse für ein derartiges Vergehen gegen einen Gildebruder 12 Mark, also das Doppelte; vgl. B 7, C 14. D 23.

[1] Dum civis non uxoratus fuerit, in emendatione recipienda par erit fratri conjurato: cum autem uxoratus fuerit, semi inferior erit in omni jure.

[2] Vgl. Paulsen, Staatsbürg. Magazin V 67 A ****. Dahlmann III 7. Waitz, Schlesw. Holst. Geschichte I 144, und meine oben citierte Abhandlung über den Erbkauf.

[3] Art. 3. Es sind hier auch die dänischen Ausdrücke im Texte beibehalten: cognati vero interfecti thrinnae attan mark cum marca auri que gersum Danice dicitur. Vgl. Jydske Lov III Art. 21 und Kolderup-Rosenvinge (Homeyer) S. 132 Anm.

den Anteil an der Stadtregierung genommen habe; aber dafs
die Stadtbehörde der vier Aldermänner aus ihr allein hervorgegangen sei, wie W i l d a annehmen möchte[1], läfst sich
nicht mit Sicherheit behaupten.

Flensburg.

Text des Stadtrechts: K o l d e r u p - R o s e n v i n g e V, 368—435.
T h o r s e n S. 55—152. — S e j d e l i n, Diplomatarium Flensbor-
gonse (2 Bde. 1865—1873.) Bd. I bis J. 1500.

Das lateinisch geschriebene Stadtrecht von Flensburg
wurde laut des Vorworts am 16. August 1284 von den Ältesten (seniores), den Ratmännern und Bürgern der Stadt
gegeben und erhielt mit Ausnahme von drei Artikeln am
30. December desselben Jahres die Bestätigung des Herzogs
Waldemar IV[2]. Nachher wurden noch einige neue Artikel
hinzugefügt, welche der genannte Herzog im J. 1295 gleichfalls bestätigte[3]. Bald darauf erfolgte eine neue Redaction
in dänischer Sprache, verändert nicht blofs in der Reihenfolge der Artikel, sondern auch dem Inhalte nach bedeutend
erweitert, welche Herzog Erich, Waldemars IV Sohn, im J.
1321, wieder mit Hinzufügung mehrerer Artikel, bestätigte[4];
in dieser jüngeren Recension ist, wie gewöhnlich, das Vorwort der älteren beibehalten[5].

---

[1] Gildenwesen S. 154.

[2] Seniores, consules caeterique cives civitatis Flensburgh, leges
civiles scripturae commendatas non habentes, hos articulos legum
subsequentes composuerunt, gratia Domini Waldemari, illustrissimi
ducis Jutiae, super hoc contenta et concessa. Der Ausdruck composuerunt ist selbstverständlich nicht von der eigentlichen Abfassung zu
verstehen, die nicht an einem Tage ausgeführt sein konnte.

[3] Vgl. die Urkunde mit dem Datum Tondern, 30. Dec. 1284 bei
K o l d e r u p - R o s e n v i n g e S. 435, bei T h o r s e n S. 119.

[4] K o l d e r u p - R o s e n v i n g e S. 385, T h o r s e n S. 141.

[5] Die Originalhs. ist zwischen 1295—1321 geschrieben; K o l d.-
R o s e n v i n g e, Einl. S. XXXXV. Das einfache und vollkommen

Das Flensburger Stadtrecht ist seinem wesentlichen Inhalte nach, und zwar zum gröfsten Teil wörtlich, aus dem von Schleswig herübergenommen, doch mit Veränderungen, Auslassungen und Zusätzen, die den Verhältnissen von Ort und Zeit angepafst sind. Denn die Stadtverfassung hatte eine weitere Entwickelung erfahren. Es gibt jetzt einen Rat in Flensburg; die Ratmänner (consules) zusammen mit dem Vogte des Herzogs bilden die Stadtobrigkeit[1]. Im Stadtgericht, das noch ein weiteres Gebiet aufserhalb der Stadt umfafst[2], urteilen acht Sandmänner (veredici) über Totschlag, Körperverstümmelung, Notzucht und Frauenraub (Art. 2. 3. 14), ganz entsprechend dem jütischen Landrechte von 1241[3]. Letzteres hat aufserdem noch für eine Reihe von Bestimmungen des Strafrechts, des Familienrechts und des gerichtlichen Verfahrens als Grundlage gedient[4].

Die spätere dänische Recension enthält weiteres über die Ratsverfassung und die Ratswahl. Die Zahl der Ratmänner ist hier zu zwölf angegeben (Art. 104) und über deren Ernennung folgendes bestimmt (Art. 124): „Der Aldermann der

klare Verhältnis beider Recensionen zu einander ist von Thorsen gänzlich mifsverstanden und verkehrt worden. In seiner Ausgabe ist der dänische Text vorangestellt und der lateinische mit der wunderlichen Bezeichnung foreløbige Stadsret, vorläufiges Stadtrecht, erst hinterher gegeben, weil nach der Meinung des Herausgebers, die er in der Einleitung zu begründen versucht, nicht der lateinische, sondern der dänische Text als der im J. 1284 bestätigte anzusehen sei, während der lateinische nur zum vorläufigen Gebrauche gedient habe; und diese ganz willkürliche Annahme ist dann im Abdruck der Texte mit solchem Eigensinn durchgeführt, dafs das Vorwort des lateinischen Textes kurzweg beseitigt und nur im kleinen Notendruck unter dem Texte mitgeteilt wird. Thorsen irrt vollständig. Die lateinische Confirmationsurkunde vom Dec. 1284 bezieht sich selbstverständlich auf den ersten lateinischen Text, woraus sich alles übrige von selbst ergibt.

[1] Consules cum advocato: 17. 19. 43.

[2] Der Gerichtsbezirk ist im Art. 15 beschrieben.

[3] Jydske Lov II 2. Vgl. über die Sandmänner Dahlmann III 38.

[4] Vgl. P. Hasse S. 78.

Knutsgilde soll mit den vordersten Ratmännern die Ratmänner ein- und absetzen, wie sie dies für das gemeine
Beste gut dünkt, und keinen anderen Mann"[1]. Hiernach
hatte der Rat das Recht der Selbstergänzung, und zwar
wurde dieses Recht durch den Aldermann der Knutsgilde
und die älteren Ratmänner ausgeübt. Es ist hiernach zu
vermuten, daß auch unter den im Vorwort genannten seniores ebenfalls der Aldermann der Knutsgilde nebst den
älteren Ratmännern zu verstehen sei[2].

Die Knutsgilde zu Flensburg, von der wir die älteste
oben betrachtete Gildeordnung besitzen, stand, wie man aus
dem politischen Rechte ihres Aldermanns schließen muß, in
hohem Ansehen. Dagegen ist von den persönlichen Vorrechten, welche das Schleswiger Recht den Gildebrüdern
einräumte, in dem um ungefähr 80 Jahre jüngeren Stadtrechte von Flensburg schon eines hinweggefallen; denn die
geschworenen Gildebrüder sind hier in Ansehung der ihnen
zukommenden Bußen ausdrücklich allen übrigen Bürgern
gleichgestellt[3]; und bezüglich des anderen Vorrechtes, welches die höhere Geltung des Gildeeides betrifft, finden sich
mehrfache Abweichungen. Nach dem Schleswiger Rechte
war bei gewissen schweren Vergehen der Zwölfeid der geschworenen Gildebrüder zur Reinigung des Angeklagten erforderlich, gleichviel ob dieser zur Gilde gehörte oder nicht.
Nach dem Flensburger Rechte hingegen ist bei einigen dort
genannten Vergehen der Reinigungseid überhaupt nicht zulässig; so bei Totschlag und Notzucht, über welche die 8

---

[1] Aldærman af knutz gild mæth frammærst rathmanz rath scul
rathmen i takæ oc af settæ, sum them thyk for al menz goghæn, oc
engi annæn man.

[2] Vgl. über die senatores et consules in Ripen weiter unten.
Die niederdeutsche Übersetzung des Vorworts (Thorsen S. 57) hat
,Borgemestere und Ratmanne', offenbar nach späterer Auffassung,
welcher Jørgensen a. a. O. S. 36 gefolgt ist.

[3] Art. 77: Item si quis percusserit alium, etiam fratrem conjuratum . . . Statt etiam hat das Schleswiger Stadtrecht non tamen.

Sandmänner urteilen sollen (Art. 2 und 3). In anderen Fällen findet zwar noch der Reinigungseid durch die Gilde statt; aber anders ist diese hier benannt. Bei schwerer Verwundung, heifst es im Art. 5, mag sich der Angeklagte reinigen cum summo convivio, in quo est. Der Zusatz ‚in quo est‘ steht sicher nicht müfsig und kann nicht bedeuten, dafs dies nur für die Brüder der höchsten Gilde gelten soll, weil dann für alle anderen nichts bestimmt wäre[1]; er mufs vielmehr nach dem ausdrücklichen Wortlaut so verstanden werden, dafs der Angeklagte sich mit dem Eide seiner höchsten Gilde verteidigen soll, was auch der entsprechende Artikel 69 des dänischen Textes bestätigt, wo es heifst, dafs der Angeklagte sich wehren solle „mit dem Eide seiner Gilde, der er angehört, und, wenn er in keiner Gilde ist, mit einem Zwölfmännereid“[2]. Es ergibt sich hieraus, dafs es verschiedene Gilden in Flensburg gab, deren einer oder mehreren oder auch keiner der Angeklagte angehören konnte. Ebenso bestimmt drückt sich hierüber eine andere Stelle aus, welche den Reinigungseid wegen Diebstahls betrifft, wo sowohl der lateinische als der dänische Text gleichmäfsig bestimmen, dafs der Angeklagte sich mit 5 Nachbarn und aufserdem mit 6 Genossen seiner höchsten Gilde verteidigen soll, falls er aber in keiner Gilde ist, mit 6 angesessenen Bürgern, welche Herdgeld und Grundzins entrichten[3]. Der wiederkehrende

---

[1] Die Erklärung Pappenheims S. 122: in quo est = si in eo est, verträgt sich weder mit dem Wortlaute, noch mit dem Sinn des Statuts.

[2] Weri sik mæt logh (= lex im Sinne von juramentum) af sin giild thær han ær i; oc ær han ei i giild, gif tølf men ieth for sik.

[3] Lat. 25: Et si ipsum purgaverint (scil. quinque vicini) necesse est, quod sex de summo convivio, in quo est, ipsum super hac caussa defendant, et extunc sit defensus. Si in nullo convivio sit, sex cives, solventes suum Arngiald et Tofftgiald, suo juramento superaddito quinque supradictorum ipsum totaliter expurgabunt. Dem entsprechend Dän. 113: tha scul tho sæx men af thet hoghæst gild thær han i ær , . . En ær han ei i gildæ etc. — Dieser Artikel enthält eine bedeutende Erschwerung gegenüber dem Schleswiger

Ausdruck summum convivium, in quo est, läfst keine andere
Deutung zu, als dafs immer die dem Range nach höchste
Gilde, der jemand angehört, für ihn mit ihrer Eideshülfe
eintreten soll[1].

Und hiermit steht nun auch in vollem Einklange die
viel citierte Stelle des jütischen Landrechts, die einzige, wo
überhaupt von städtischen Gilden in demselben die Rede ist.
Art. 114 des 2. Buches nämlich setzt fest[2]: „Wenn jemand
fremdes Gut im Hause aufbewahrt, jenes aber mit diesem
durch Brand vernichtet wird, soll er sich mit den Ernannten
seines Geschlechts (nefnd i kin) rechtfertigen; ist er aber
ein Stadtbewohner (køpingman), mit den Ernannten seiner
höchsten Gilde (nefnd af hans høghæstæ lagh)[3]. Der hier
gebrauchte Ausdruck høghæstæ lagh bedeutet dasselbe wie
høghæst gild im Flensburger Recht[4]. Die Vorschrift des
jütischen Landrechts sagt also bezüglich des Eides, den der
Städter mit Ernannten seiner höchsten Gilde schwören soll,

Rechte Art. 15, wo bei Diebstahlsklagen die Reinigung nur entweder
durch 5 Nachbarn oder 6 andere Männer verlangt war.

[1] So hat dies nicht zuerst der dänische Rechtshistoriker Jör-
gensen (Aarböger for nordisk Oldkyndighed. 1872. S. 307), gegen den
sich Pappenheim (S. 110 ff.) wendet, sondern schon vor ihm ganz
richtig Wilda (Gildenwesen S. 79 f.) aufgefafst. Wenn dagegen
Pappenheim es für unmöglich erklärt, dafs eine Person gleichzeitig
mehreren Gilden angehört habe (S. 116), so bedürfte es für solche Behauptung eines besseren Beweises als blofs aus der allgemeinen Vorstellung, dafs „im deutschen Mittelalter eine Genossenschaft die einzelne Person in ihrer Totalität ergriffen" habe (nach Gierke, Genossenschaftsrecht I, 227); das Gegenteil davon wird sich weiterhin
bei Flensburg und Odense zeigen.

[2] Kolderup-Rosenvinge, Samling III 292.

[3] Unter köpingman ist nicht blofs ein Kaufmann zu verstehen,
sondern wie kiöbstad überhaupt die Stadt bedeutet, so kiöpingman
den Stadtbewohner; vgl. Molbechs Wörterbuch Kiöbstedmand =
Indbygger i en Kiöbstad.

[4] Lagh, laugh oder logh bedeutet in den dänischen Rechts-
büchern 1) Recht, neudänisch lov; 2) Eid, wie lateinisch lex (s. die
Stellen bei Stemann, Danske Retshistorie S. 150); 3) Regel einer
Genossenschaft und diese selbst, neudänisch laug.

ganz dasselbe, was das Flensburger Recht, und bezüglich der Gleichstellung des Gildeeides mit dem Verwandteneide der Landbewohner ganz dasselbe, was der Artikel 27 des Schleswiger Stadtrechts[1].

Von anderen Gilden, welche aufser der Knutsgilde in Flensburg bestanden, wird im folgenden Kapitel IV gehandelt werden.

Hadersleben.

Text des Stadtrechts bei Kold.-Rosenvinge S. 470—482, Thorsen S. 233—246.

Bald nach dem Flensburger Stadtrecht von 1284 wurde das in dänischer Sprache geschriebene von Hadersleben 1292 von den Bürgern dieser Stadt gewillkürt (wilkøret) und von Herzog Waldemar IV mit Beirat der Bischöfe von Hatheby (Schleswig) und Ripen nebst anderen guten Männern bestätigt. Dasselbe ist nicht wie das Stadtrecht von Flensburg unmittelbar aus dem von Schleswig geschöpft, doch aber letzterem in der Einrichtung der Stadtverfassung und den Gewohnheiten des bürgerlichen Rechts nahe verwandt. Für die Gerichtsverfassung und das Strafrecht bildet das jütische Landrecht die Grundlage, auf welches ausdrücklich verwiesen und dessen subsidiäre Geltung vorausgesetzt wird[2].

Vorangeht im Texte die Beschreibung, erstens der Viehtrift in den umliegenden Marken, zweitens der Grenzen des Stadtfriedens (byfrith) und drittens des Zollbezirks zu Wasser und zu Lande (1—3). Innerhalb des Stadtfriedens gilt das Stadtrecht, dem jeder, der in der Stadt wohnt, es sei ein Herr oder ein anderer (heller herre heller annen),

---

[1] Vgl. S. 163.

[2] Art. 14 und bezüglich des Erbrechts Art. 10 Om arff: som i Logbog er skrifven.

unterworfen ist (9). Gleichwie in Schleswig und von dorther übertragen in Flensburg, besteht auch in Hadersleben
noch der Erbkauf, den alle Bürger und Gäste thun müssen,
um ihr Gut zu vererben, sonst fällt es an den Herzog; un-
beerbtes Gut wird von den Ratmännern mit dem Vogte Jahr
und Tag aufbewahrt; meldet sich in dieser Frist kein Erbe,
so fällt es halb an den Herzog und halb an die Stadt (11).
Neu ist hierbei nur der Anteil der Stadt[1]. An den Herzog
ist wie in Flensburg (an den König in Schleswig) das jährliche Herdgeld (arnegiald) von jedem Hause und dazu der
Grundzins von jedem Hofe (tofftgiald) zu bezahlen (11 und
31)[2]. Als ein wichtiges neues Freiheitsrecht erscheint dagegen hier die Zollfreiheit der Bürger in der Stadt und im
ganzen Herzogtum (4)[3]. Auf der anderen Seite ist das
Grundrecht der Bürger, nur in der Stadt zu Recht zu
stehen, welches ihnen in Schleswig und Flensburg (Art. 1)
unbedingt zugestanden war, hier zu Gunsten des Landesherrn, nicht aber des Bischofs, dahin beschränkt, daſs jener
die Bürger auch auſserhalb der Stadt in jeder Sache vor
sein Gericht ziehen kann (16).

Über die Rats- und Stadtverfassung ist nichts näheres
angegeben. Der Rat scheint nur verwaltende Behörde zu
sein (Art. 11. 13. 35). Der Vogt oder, wie er auch heiſst,
Amtmann (umbozman) des Herzogs ist der Stadtrichter (16.
17. 23. 25). Ähnlich den Vorschriften des jütischen Lov
ist in Art. 14 und 15 die Competenz der 8 Sandmänner und
der 8 Nävninge, beide je 6 aus der Stadt und je 2 aus der
Stadtmark, so festgestellt, daſs die Sandmänner, d. i. die
ständig ernannten Wahrsprecher, über die schwersten Ver-

----

[1] Nach Schleswiger St. R. 19 und Flensburger 17 fiel das un-
angesprochene Gut ganz an den König oder den Landesherrn.

[2] Von letzterem ist im Schleswiger St. R. nicht, aber im Flensburger 28 die Rede.

[3] Dies findet sich nicht in Schleswig, und nur ein Teil des Schiffs-
zolls war in Flensburg den Bürgern erlassen (Art. 67).

gehen, die Nävninge, d. i. die nur auf ein Jahr Ernannten,
über die geringeren Vergehen urteilen sollen[1]. Landting
und Hardesting, das höhere und niedere Gericht, auf welche
sich die betreffenden Bestimmungen des jütischen Lov beziehen, waren im Stadtgericht vereinigt.

Die Bufsen für Vergehen zeigen sich im Art. 19—24
des Stadtrechts gegenüber den bisher betrachteten Stadtrechten oft verschärft.

Das Strafsystem des Schleswiger Stadtrechts war
lediglich auf Geldbufsen gestellt, deren Verweigerung Verlust der Mannheiligkeit, d. i. Rechtsunfähigkeit und Friedlosigkeit, zur Folge hatte. Die Todesstrafe kommt dort
nicht vor. Nur den Dieb soll man hängen[2]. Die öffentliche Bufse betrug für König und Stadt gleichmäfsig 3 Mark
(Art. 3). Im Flensburger Recht sind die öffentlichen
Bufsen auf 40 Mark erhöht und bei schweren Vergehen,
Notzucht, Raub, Hausfriedensbruch, mit der Hauptbufse für
den Verletzten gleichgestellt[3]. Auch hier kommt die Todesstrafe nicht vor, aufser bei Execution des auf der That ergriffenen Diebes[4]. Zuerst die dänische Recension des Flensburger Rechts setzt die Todesstrafe auf Heerwerk, d. i. Haus-
einbruch mit Totschlag oder Verwundung der Hausleute, fest
(60). Das Strafrecht von Hadersleben bestimmt Todesstrafe bei Notzucht und Mordbrand, und bei Körperverletzung
teils Verlust des gleichen Leibesgliedes, teils Geldbufse (20.
21. 24). Die öffentlichen Bufsen bei geringen Vergehen
zu 3 Mark, bei schweren zu 40 Mark fallen zum gleichen
Betrage der Stadt und dem herzoglichen Amtmann (umbozman) zu.

---

[1] Vgl. Jydske Lov, Buch 2, Art. 1—4, 51—57.

[2] Art. 14 und 25 des latein. Stadtrechts. Der Bestohlene soll
den auf der That ergriffenen Dieb mit auf dem Rücken gebundenen
Händen vor Gericht führen und hängen; wenn er ihn laufen läfst, ist
er dem Könige 40 Mark schuldig.

[3] Lat. Stadtrecht von Flensburg Art. 2. 35. 59. 60.

[4] Ebd. Art. 24. 26.

Die privilegierte Stellung der Gilde ist auch in diesem Stadtrecht ersichtlich. Ein Gildebruder soll bei den in Art. 27 und 28 erwähnten Fällen mit 6 Männern seiner höchsten Gilde (af hans høgest lagh) schwören; wer aber in keiner Gilde ist, mit 12 guten Männern (lagfæste mæn). Doch tragen die Gildebrüder die gleichen Steuern und Lasten wie andere Bürger, und das Grundstück, auf dem das Gildehaus von St. Knut steht, ist nicht befreit vom Toftgeld d. i. Grundzins (Art. 38).

Apenrade.

Statutum civitatis Apenradensis bei Kolderup-Rosenvinge Sammling V 454—469, bei Thorsen Stadsretter S. 215—230 mit niederdeutscher Übersetzung S. 181—210. — Apenrader Skra, lateinisch mit niederdeutscher Übersetzung, bei Kolderup-Rosenvinge S. 436—453, bei Thorsen S. 153—178.

Das Apenrader Stadtrecht liegt in zwei verschiedenen Abfassungen, beide in lateinischer Sprache mit niederdeutscher Übersetzung, vor, bei denen ein ähnliches Verhältnis besteht, wie zwischen den beiden Recensionen des Flensburger Stadtrechts. Das Statutum civitatis Apenradensis ist übertragenes Flensburger Recht und stimmt mit der dänischen Recension des letzteren überein, nur mit veränderter Kapiteleinteilung; die Apenrader Skra von 1335 hingegen ist ein eigentümliches Stadtrecht, mit dem wir uns daher allein zu beschäftigen haben[1].

---

[1] Auch hier hat Thorsen, Einl. S. 66 ff., das richtige Verhältnis verkannt und verkehrt. Irregeführt durch eine handschriftliche Notiz aus dem Jahre 1607, welche für sich nichts beweist, meint er, daß das Flensburg-Apenrader Stadtrecht erst nachträglich, wahrscheinlich 1514, übertragen und neben der in fortdauernder Geltung gebliebenen Skra gebraucht worden sei. Eine so späte Übertragung eines fremden Stadtrechts, nachdem man doch schon längst ein eigenes,

Die Skra wurde, wie das Vorwort sagt, von Rat und
Bürgern nach alten Statuten aus der Zeit des Königs Walde-
mar abgefaßt[1], eine wertlose Altersberufung wie die auf
König Svend im Schleswiger Stadtrecht; sie erhielt, wie am
Schluß gesagt ist, die Bestätigung durch Herzog Waldemar
(V) am 1. Mai 1335 zu Sonderburg[2].

Die Autonomie des Rates der Stadt zeigt sich hier schon
bedeutend fortgeschritten. Die obrigkeitliche Gewalt steht
dem herrschaftlichen Vogte und dem Rate gemeinschaftlich
zu. Bei Bürgeraufnahmen beziehen beide das gleiche Eintrittsgeld (Art. 1), bei Vergehen die gleichen öffentlichen
Bußen, welche von Bürgern 3 Mark, von Fremden 40 Mark
betragen (2). Beide, Vogt und Rat, richten zusammen über
Polizeivergehen[3]. Wenn der Vogt das gerichtliche Verfahren
gegen einen Bürger oder Fremden in einer wichtigen Sache
einleiten will, behält sich der Rat die Voruntersuchung und
im weiteren Verfahren seine Zustimmung vor[4]. Der Vogt
darf weder einen Bürger, noch einen Fremden wegen eines
Vergehens verhaften, wenn dieser gute Bürgen für sich
stellen kann (15. 16). Acht Sandmänner, veredici, und vier
Näfninge, welche beide Haus und Heim in der Stadt be-

---

von den dänischen Königen wiederholt bestätigtes besaß, ist ganz
undenkbar.

[1] Nos consules et cives . . . statuta nostre civitatis, que Skraa
dicuntur, prout erant temporibus Woldemari regis, ordinavimus et
scribi fecimus.

[2] Waldemar V, Sohn Herzog Erichs II von Schleswig, gelangte
zwar erst 1336 zur Regierung, nachdem er das 21. Lebensjahr erreicht
und Graf Gerhard von Holstein die Regentschaft niedergelegt hatte,
stellte aber schon früher Urkunden im eigenen Namen aus; vgl.
Waitz, Schleswig-Holsteins Geschichte S. 224.

[3] Art. 24: stabitur arbitrio et judicio domini regis et consulum;
vgl. Art. 44. 45. 48.

[4] Art. 53: Item advocatus noster nullam arduam causam contra
quemcumque civem vel hospitem in placito nostro incipiat nec prose-
quatur, nisi consulibus visum fuerit, quod justam causam habest liti-
gandi, et tunc eam causam de consilio consulum prosequi poterit, prout
exigit ordo juris.

sitzen müssen (habentes hus et heem), erstere ständig, letztere
jährlich vom Rate ernannt, urteilen im Stadtgericht nach
dem geschriebenen Gesetze von Südjütland (juxta librum
legalem Sunderjucie) Art. 17. 18, weshalb das Stadtrecht
Strafbestimmungen nur für die dort nicht vorgesehenen Polizeivergehen enthält. Der Vogt erhebt den Zins von Grundstücken und Gehöften (5) und Herdgeld von jeder Haushal-
tung (arnaegiald de quolibet matscap Art. 7). Dem Rate
fällt die Abgabe des Münzpfennigs zu, von welcher der Vogt
nicht mehr als 8 Mark erhält (6). Erblose Hinterlassen-
schaften fallen zu gleichen Teilen dem Vogte und dem Rate
zu (29). Aus allem geht die selbständige, mit dem Vogte
des Königs oder Herzogs gleichberechtigte Stellung des
Rates hervor.

Es gab in Apenrade, gleichwie in Flensburg und Hadersleben, eine Mehrheit von Gilden. Art. 20 bestimmt: „Wenn
ein Gildebruder (conviva) von St. Knut einen anderen (Gildebruder) verklagt, soll der Beklagte sich mit der sechsten
Hand, d. i. mit fünf anderen, verteidigen, und ebenso soll
es bei der Gilde von St. Nicolaus gehalten werden"[1]. Es ist
hier nur von Streitigkeiten der Gildebrüder untereinander
die Rede, die im Gildegericht abgemacht wurden, wobei beide
genannte Gilden als gleichberechtigt erscheinen. Sonst wird
in schweren wie leichten Fällen für die Reinigung eines Angeklagten überhaupt der Zwölfeid (legibus 12 hominum) verlangt und nur in einem Falle ausdrücklich die Eideshülfe
der Gilde des Angeklagten. Art. 13: „Wenn ein Bürger oder
eine Frau (Bürgerin) etwas an einen Fremden verkauft oder
von ihm kauft zum Schaden der Bürger, soll der oder die
solches leugnet, sich verteidigen cum suo hyghest lagh."

---

[1] Item hoc idem fiat de convivio sancti Nicholai, item de sancti
Nicholai hwirving hoc idem debet observari. Hwirving oder hwirfinge
drykkjar altnordisch bedeutet umgehende Trinkgelage; vgl. K.
Maurer, Bekehrung des norwegischen Stammes I 528.

Schleswigs neueres Stadtrecht.

Der niederdeutsche Text nebst lateinischer Übersetzung von Cypräus
(Pastor zu Schleswig im 17. Jahrh.) bei Kolderup-Rosenvinge S. 326—376; der erstere allein bei Thorsen S. 23—53.

Es ist endlich noch des neueren Stadtrechts von Schleswig zu gedenken, das um 1400 in niederdeutscher Sprache
geschrieben ist, ursprünglich wohl nur Privatarbeit, die aber
durch die Druckausgabe von 1534 öffentliche Geltung erhielt[1]. Man findet darin die alten Statuten zumteil verkürzt
und verändert, zumteil mit neuen verbunden und Altes und
Neues auf so ungeschickte Weise durcheinander gebracht,
daſs es nicht möglich ist, daraus ein bestimmtes Bild von
dem zur Zeit um 1400 in Schleswig geltenden Recht zu gewinnen.

Die Grafen von Holstein aus dem Schauenburger Hause,
Gerhards des Groſsen Söhne, hatten nach und nach das
ganze Herzogtum Schleswig an sich gebracht und wurden
dann auch 1386 von der Königin Margarethe damit belehnt.
Man sollte daher in diesem Stadtrechte als Landes- und
Stadtherrn nur den Herzog erwarten; dennoch findet sich
bald der König, bald der Herzog als derjenige genannt, an
den die Gerichtsbuſsen fallen[2]. Einen auffallenden Widerspruch bildet Art. 19, wonach die erblose Hinterlassenschaft
halb an den Landesherrn und halb an den Rat fallen soll,
mit Art. 37, der sie allein dem Könige zuweist: letzteres entspricht dem Art. 29 des alten Stadtrechts, ersteres ist neues
Recht. Ebensowenig stehen im Einklang die Bestimmungen,
welche den Rat und das Stadtgericht betreffen: nach Art.
15 und 16 sollen drei durch das Los ernannte Ratmänner

[1] Thorsen, Einleitung S. 40 f.
[2] Art. 2. 3. 5. 19. 22 u. s. w.

über Notzucht, Körperverletzung und Totschlag erkennen, und die Sandmänner nur über die im Weichbilde vorgefallenen Vergehen; dagegen verordnet Art. 101, dafs die Sandmänner über Totschlag und Verwundung, und Art. 102, dafs Stocknefnd über Hausfriedensbruch, Raub und Gewalt urteilen sollen. Ersteres ist neues Recht; letzteres entspricht dem jütischen Landrechte und der Gerichtsordnung von Hadersleben und Apenrade.

Durch Herzog Waldemar (III), Sohn des Königs Abel, hatten Bürgermeister und Rat (consules et proconsules) von Schleswig 1256 das Recht erhalten, den Stadtvogt selbst zu wählen, der über grofse und geringe Vergehen im Stadtgericht richten soll, wovon die Brüche halb dem Herzog, halb der Stadt zufallen[1]. Dem entsprechen die Bestimmungen des neuen Stadtrechts in den Artikeln 98 und 115.

Die Bürger von Schleswig wurden durch Herzog Erich 1260 vom Zoll, Thorgeld und anderen Abgaben, durch König Erich Glipping 1270 auch vom Herdgeld befreit[2]. Daher betreffen die Zollbestimmungen des neuen Stadtrechts im

---

[1] P. Hasse, Das Schleswiger Stadtrecht S. 18, hat die Echtheit der Urkunde, die sich im Anhange seiner Schrift abgedruckt findet, fälschlich bestritten. Der eine Grund, den er geltend macht, dafs die Stadtvogtei noch fortdauernd bis ins 14. Jahrh. herzoglich oder königlich war, ist gänzlich hinfällig, da Herzog Waldemar den Bürgern nur die Wahl des Vogts überlassen, nicht die Gerichtsvogtei selbst an sie abgetreten hatte; der Vogt blieb selbstverständlich nach wie vor herzoglicher Beamter; vgl. die Flensburger Urkunde von 1413 bei Seydelin Diplom. I 225, wonach König Erich dem Rate von Flensburg gleichfalls die Wahl des Vogts überliefs, sich aber dessen Bestätigung vorbehielt, so dafs derselbe nur so lange Vogt sein solle, als es ihn (den König) und sie (den Rat) gut dünke. Der andre Grund, dafs Consuln und Proconsuln in Schleswig erst viel später urkundlich vorkommen, bedeutet ebenso wenig. Die Stadt Schleswig hatte unzweifelhaft schon ihren Rat um 1250 oder früher, gleichwie das benachbarte Kiel 1232 (s. die Urkunde Nr. 505 in den Schleswigschen etc. Regesten herausg. von Hasse I S. 234) und die nordjütländische Stadt Ripen 1252.

[2] Suhm, Historie af Danmark X 417 und 670.

Art. 41 allein die fremden Kaufleute (alle koplüde de nene borgere zynt), und so wird auch im Art. 39 die jährliche Abgabe des Herdgeldes nur denjenigen Einwohnern, die keine Bürger sind, auferlegt. Der Erbkauf war bereits im J. 1326 durch die Handfeste des Königs Waldemar III allgemein für alle dänischen Unterthanen abgeschafft worden[1]; demgemäfs bestimmt Art. 37, unter Abänderung des Art. 29 des alten Stadtrechts, dafs nur die Nichtbürger und Gäste den Erbkauf thun müssen, wenn sie ihr Vermögen vererben wollen.

Die Gildebrüder sind nicht mehr auf gleiche Weise rechtlich bevorzugt, wie nach dem alten Stadtrechte. Weggefallen ist, wie schon in Flensburg, das Vorrecht auf höhere Bufsen, aber beibehalten die höhere Geltung des Gildeeides gegenüber dem gewöhnlichen Eide[2]; und als besondere Begünstigung der Knutsgilde erscheint es, dafs im Art. 104 den Brüdern derselben gestattet wird, bei Anklagen wegen Gewalt, wenn die That nicht offenkundig ist, sich mit Hülfe ihrer Genossen zu reinigen[3], während sonst bei Anklagen dieser Art nach Art. 102 die Stocknefnd zu erkennen hatten und der Reinigungseid überhaupt nicht zulässig war.

2. Nordjütland.

Ripen.

Text des alten und des néuen Stadtrechts lateinisch und dänisch bei Kolderup-Rosenvinge V 216—263. — Das alte Stadtrecht,

---

[1] Suhm XII 123.

[2] Art. 8 Reinigungseid der Frau bei Beschuldigung des Ehebruchs: de scal zick entledigen mit twelff eeden uthe dem hogesten gildelaghe.

[3] Oft eineme sunte Kanutes gildebroder wert wald to gelecht, is de wald nicht apenbare, he entschuldighe sick myt synen gildebroderen.

lateinisch, im Anhang bei P. Hasse, Quellen des Ripener Stadtrechts 1883. — Frensdorff, Das Stadtrecht von Ripen in seinem
Verhältnifs zu dem von Lübeck (Hansische Geschichtsblätter
Jahrg. 1883 S. 89—110). — Kinch, Ribe bys Historie og Be-
skrivelse 1869.

Von den Städten Nordjütlands kommt am meisten Ripen, der Sitz eines Bischofs, in Betracht. Hier hat neben
dänischem lübisches Recht gegolten, wie das Stadtrecht von
1269 beweist[1]. Das lübische Recht war nicht blofs in den
Städten Holsteins das herrschende, es hat auch in mehreren
südjütländischen, namentlich Tondern, Aufnahme gefunden[2].

Das Ripener Stadtrecht in 59 Artikeln wurde laut des
Vorworts von Erich Glipping auf einem Tage zu Nyborg
1269 mit Zustimmung der Grofsen des Reichs (meliores regni)
den Bürgern von Ripen verliehen. Schon vorher hatte
Christoph I 1252 in einem Privilegium für die Stadt verordnet, dafs, was Senatoren und Ratmänner der Bürger zusammen mit dem königlichen Vogte beschliefsen würden,
gültig sein solle, wie dies auf gleiche Weise Erich Glipping
1266 und Erich Menved 1288 wiederholten[3].

Unter den vor den Consuln genannten senatores sind,
wie im Vorwort des Flensburger Stadtrechts unter seniores,
vermutlich die älteren Ratmänner zu verstehen[4]. Denn nach
Art. 28 des Ripener Rechts blieben bei dem jährlichen Rats-
wechsel immer 4 Ratmänner des alten Rates noch ein Jahr
länger im Amte. Ob die Ratmänner von den Bürgern ge-

---

[1] Vgl. Dahlmann III 12. Hasse a. a. O. Stemann, Dansk
Retshistorie S. 41.

[2] Frensdorff S. 104: „Die Quelle, aus der man in Ripen das
lübische Recht schöpfte, ist nach unserer bisherigen Darlegung der
Tondersche Codex."

[3] Regesta dipl. Dan. I Nr. 923. 1130. 1409: Quicquid senatores
et consules dictorum civium simul cum advocato nostro faciendum
decreverint, ratum et stabile habeatur. Vgl. Hasse S. 37.

[4] Kinch S. 66 denkt an Aldermänner der Gilden, wiewohl sonst
nicht bekannt sei, dafs sie in Ripen Anteil an der Stadtregierung genommen hätten. Siehe über die Gilden im folgenden Kapitel.

wählt, oder durch den Vogt ernannt wurden, ist nicht ersichtlich. Der Rat vertritt die Stadt, der Vogt den König. Gleiche Bufsen sind an beide zu entrichten, auch in dem Falle, wenn der Rat Übertretungen gegen städtische Verordnungen straft, oder wenn einer auf seine Vorladung nicht erscheint (Art. 8 und 58). Nur Vergehen mit Wort oder That gegen den Rat selbst sind an ihn und jeden Ratmann besonders zu büfsen, und zwar mit doppelten Bufsen (29).

Die Strafen für Vergehen zeichnen sich durch eine für Dänemark in dieser Zeit ungewöhnliche Härte aus. Todesstrafe steht auf Totschlag oder Mifshandlung mit tödlicher Folge, Handabhauen auf schwere Verwundung. Ein Dieb soll gehängt werden, wenn der Diebstahl mehr als eine halbe Mark beträgt, und eine Diebin, um der weiblichen Ehre willen (pro honore muliebri), lebendig begraben werden: eine zarte Rücksicht auf das weibliche Geschlecht, von welcher sonderbar absticht die rohe Bestrafung der Männer durch die Weiber bei Ehebruch, beides nach lübischem Rechte[1]. Deutschem Brauche entspricht auch die Strafe zänkischer Weiber, Steine am Halse durch die Strafsen auf und ab zu tragen (13).

Das Stadtgericht ist bei Vogt und Rat, nicht bei dem Vogte allein[2]. Es finden sich hier keine dänischen Sandmänner und Nefninge, überhaupt keine ständigen Urteiler, so wenig wie in Lübeck[3], sondern für jeden einzelnen Fall werden Thatzeugen zum Gericht berufen, welche gleichwie

---

[1] Vgl. Art. 24 mit Hach, Das alte lübische Recht II c. 247: Dat wif de mit duve vorsculdet to hangende, to scal men levendich begraven dor wiflike ere, und Art. 26: Si vir cum legitima alicujus deprehenditur, juris est, ut ipse ab ca per vicos civitatis sursum et deorsum per veretrum suum trahatur — mit lüb. Recht I c. 43 und II c. 8.

[2] Art. 2: coram advocato et consulibus; 5: per advocatum et consules.

[3] Freusdorff, Die Stadt- und Gerichtsverfassung Lübecks S. 174.

Geschworene mit Stimmenmehrheit schuldig oder unschuldig sprechen: bei schweren Vergehen 12 Nachbarn am Orte der That oder des Thäters, bei andern 8 gute Männer (Art. 2 und 4). In leichten Fällen, wie Angriff mit Schwert oder Messer, Entwendung einer Sache, genügt das Zeugnis von zwei guten Männern (14. 39).

Das Ripener Stadtrecht weifs nichts vom Erbkauf, setzt vielmehr im Art. 7 das freie Verfügungsrecht der Bürger über ihr Vermögen durch Schenkung und Vermächtnis voraus, wobei jedoch, in Übereinstimmung mit dem lübischen Rechte, den Bürgern verboten wird, unbewegliche Güter an Kirchen und Klöster, Bischöfe und Ritter zu vermachen oder zu verkaufen; wohl aber dürfen sie solche an Bürger verkaufen und den Kaufpreis an Kirchen oder Klöster schenken[1]. Und gleichfalls im Einklang mit dem lübischen Rechte spricht Art. 25 das Vermögen eines Selbstmörders oder Hingerichteten den Erben zu; nur das eines gehängten Diebes soll halb an die Stadt, halb an den Vogt fallen[2].

Dennoch bestand zu Ripen die Gewohnheit des Erbkaufs in beschränkter Weise fort, wie aus den Zusatzartikeln des Stadtrechts hervorgeht, welche K. Erich Glipping gleichfalls bestätigt haben soll[3]. Denn hier ist (Art. 107—109) bestimmt, dafs die Hinterlassenschaft der Verstorbenen durch den Erbkauf frei werden, aber auch ohne denselben den Erben zukommen soll, falls der Erblasser durch plötzlichen Todesfall, wie Totschlag oder Untergang im Wasser, verhindert wurde ihn zu lösen. Diese Zusatzbestimmungen

---

[1] Vgl. Hach I c. 26: quin ea vendat pro argento et illud conferat ecclesiis.

[2] Vgl. ebd. I c. 83; die den Dieb betreffende Ausnahme ist hinzugefügt.

[3] Abgedruckt bei Westphalen, Monum. IV 2008, und Kold.-Rosenvinge Samling V 254—263. Die Bestätigung des K. Erich steht bei Art. 119, worauf noch andere Artikel bis 123 folgen. Art. 102 gibt blofs die historische Nachricht: Anno dom. 1201 incepimus murare circa civitatem.

lassen sich mit dem Stadtrechte selbst, das den Erbkauf nicht kennt, nur so vereinigen, dafs man sie allein auf die Fremden bezieht, welche auch in anderen Städten Nordjütlands, sowie in Schleswig, fortdauernd dem Erbkaufe unterworfen blieben[1].

Das Stadtrecht von Ripen hat angeblich weitere Verbreitung gefunden. Nach handschriftlicher Nachricht soll K. Erich dasselbe 1271 auch in Nyborg auf Fünen eingeführt haben[2]. Das 'Allgemeine Stadtrecht', welches unter dem Namen desselben Königs geht, weicht nur in unwesentlichen Punkten und in der Anordnung der Artikel von dem von Ripen ab[3]. Das Vorwort, worin gesagt ist, dafs K. Erich, Christophs Sohn, dasselbe im J. 1269 zu Nyborg erlassen hat, ist das gleiche in beiden.

Randers, Kolding, Aalborg, Viborg.

Text bei Kolderup-Rosenvinge V. Randers S. 276. Kolding S. 301. Aalborg S. 278. Viborg 264.

Die Behauptung Dahlmanns, dafs das Ripener Recht, wahrscheinlich durch Unterstützung der hohen Geistlichkeit, „das Übergewicht in den Städten Nordjütlands" erlangt habe[4], finde ich nicht bestätigt. Die Privilegien des K. Erich Menved für Randers 1311, des K. Waldemar III für Kolding 1327 enthalten nichts, was besonders auf jenes Recht hinweist, wohl aber die allgemein übereinstimmenden Grundzüge der dänischen Gerichtsverfassung nach jütischem Landrecht. Als ständige Urteiler im Gericht bei schweren Ver

---

[1] Vgl. meine Abh. über den Erbkauf in den Sitzungsberichten der Berliner Akademie 1887 Nr. XIV.

[2] Kolderup-Rosenvinge, Samling V, Jndlidning S. L.

[3] Vgl. den Text ebend. S. 485—500: Kong Erik Glippins almindelige Stadsret 1269.

[4] Gesch. von Dänemark III, 13.

gehen sind hier wie dort Sandmänner (veredici) genannt, in Randers 8 an der Zahl, in Kolding 4: aus besonderer Gnade gestattet der König den Einwohnern des letzteren Orts, 4 Sandmänner und 2 Nefninge zu haben, welche beide der Rat ernennt und der Vogt des Königs einsetzt; die Nefninge wechseln jährlich nach Gewohnheit des Landes; Sandmänner und Nefninge sollen in allen Sachen, die im Stadtfrieden vorkommen, urteilen (Art. 3). Die späteren Privilegien Christians I für Kolding 1452 und 1475 haben wenig zu bedeuten.

In dem für A a l b o r g von Waldemar IV (1340—1375) verliehenen Stadtrechte ist bemerkenswert Art. 19, wonach der mit Unrecht Beschuldigte sich mit 6 bescheidenen Männern aus seiner höchsten Gilde verteidigen soll[1], was mit den südjütischen Stadtrechten übereinstimmt[2]. Ausdrücklich ist im Stadtrechte von V i b o r g von Christoph von Baiern 1440 die St. Knutsgilde genannt, wo im Art. 19 für die Bürger der Stadt die Rechtsverteidigung durch die Gildebrüder gleichgestellt wird mit der durch die Geschlechtsverwandten, gleichwie im Landrecht[3].

3. Seeland.

Roskilde.

Text lateinisch und dänisch bei K o l d e r u p - R o s e n v i n g e V 172—187.

---

[1] K o l d e r u p - R o s e n v i n g e a. a. O. S. 281: tha maa han tage til seg (sex) beskeene mendt og werye sigh met syn höygeste Lough som theth segh bör.

[2] Vgl. oben S. 169. 174. 176.

[3] Text in K o l d e r u p - R o s e n v i n g e Samling S. 268, lateinisch und dänisch: Item quicunque aliquem civem pro quacunque causa impecierit, pro qua secundum leges terre cum juramento suorum consanguineorum se defendere deberet, ipse cum convivis St. Kanuti se defendat. Vgl. oben S. 170.

Auf zwei zu Roskilde im 12. Jahrhundert bestehende Gilden, eine der Inländer und eine der Ausländer, wird gewöhnlich eine Stelle des Saxo Grammaticus gedeutet[1], welche doch, genau genommen, nicht von Gilden, sondern nur von zwei Parteien redet, die sich bei der Bischofswahl nach Askers Tode bekämpften[2]. Wohl aber kennt das Stadtrecht, welches Erich Glipping 1268 den Bürgern von Roskilde verlieh, eine geschworene Gilde und zwar mit so großem Vorrechte, daß der Zwölfeid eines Gildebruders zu seiner Rechtfertigung genügt, wo andere Bürger deren drei aufbringen mußten, also daß 3 Zwölfeide von jenen gleich 9 von diesen galten[3].

Auch darin unterscheidet sich das Roskilder Stadtrecht von dem nur um ein Jahr später durch Erich Glipping an Ripen verliehenen, daß die Todesstrafe hier allein bei Notzucht zur Anwendung kommt[4]. Totschlag, Heerwerk, Verwundung auf dem Marktplatz (pa thorghet) werden auf gleiche Weise mit je 40 Mark für den Verletzten, den König und die Stadt gebüßt (1. 3. 4). Bei Totschlag wird die auffallende Unterscheidung gemacht, daß die öffentliche Buße zu 40 Mark für König und Stadt nur für den Fremden gilt, der Totschlag begeht, oder an dem er begangen wurde, während der Bürger, der einen andern umbringt, nur 12 Mark an König und Stadt zu büßen braucht[5]. Bezüglich der Geldbußen im allgemeinen wird die Regel aufge-

---

[1] Dahlmann III 16.

[2] L. 14 S. 500 (ed. Holder): dividua Roskyldensis populi conjuracione . . . indigenarum sodalitas alienigene conjurationis partes protrivisse.

[3] Art. 1 bei Totschlag, wenn einer nicht durch die That überführt worden ist: novics XII manu se purget . . . si autem fuerit in convivio conjurato, ter XII manu se purget, si negaverit. Ebenso Art. 2 bei Notzucht: ter XII manu se defendat, si sit conjuratus XII manu se purget, und öfter.

[4] Art. 2 mit dem Vorbehalte: prout regie majestati placuerit.

[5] Art. 1: solvat XII marcas denariorum, quod vulgariter dicitur congiildae (?) pro jure regio et civitati totidem; anders der dänische

stellt (14), daſs sie zuerst an den Kläger (die verletzte Partei), dann an die Stadt, zuletzt an den Vogt zu entrichten
sind; wenn aber das Vermögen des Schuldigen nicht aus-
reicht, soll ein verhältnismäſsiger Abzug von jedem Drittel
stattfinden.

Über die Stadt- und Gerichtsverfassung ist wenig aus
diesem Stadtrechte zu entnehmen. Der Vogt (foget, lateinisch exactor) ist der Stadtrichter, der die Bürger zu Gericht
fordert[1], ihre jährlichen Steuern für den König einnimmt
(9), gemeinschaftlich mit ihnen Verordnungen für die Stadt
erläſst[2]. Der Rat ist nicht genannt, sondern an dessen Stelle
die Bürger; aber es gibt ein Rathaus, wohin die Bürger zu
Gericht geladen werden[3].

Der Handel der auswärtigen Kaufleute ist nicht weiter
als durch eine geringe persönliche Abgabe von 4 Schill. an
die Stadtgemeinde (communitati) belastet (10). Das Bäcker-
gewerbe wird allen Bürgern freigegeben gegen eine Abgabe
von ½ Mark an den König, unter Abschaffung der höheren
Gebühr, welche die Bäckerzunft von jedem neuen Ankömm-
ling forderte, als eines Miſsbrauchs[4].

Kopenhagen.

Stadtrechte und königliche Privilegien bei Kolderup-Rosenvinge
V 96—171. — Urkunden: Kjøbenhavns Diplomatarium ed. O.

Text: han scal bethale IX marck penninge som kalles thegngiæld
(Mannbuſse).

[1] Art. 5 verordnet, daſs er dies nicht in den heiligen Festzeiten
des Jahres, deren Termine angegeben werden, thun darf.

[2] Art. 16: quod cum aliquid in civitate de novo fuerit ordinan-
dum, consilio et consensu exactoris et civium concorditer ordinetur.

[3] Art. 12: praetorium civitatis, dänisch stadzsens radhufs.

[4] Art. 15. Der lateinische Text gebraucht den Ausdruck convivium für die Bäckerinnung — nisi dans ad ipsorum convivium 3
marcas, vorher aber pistoris officium, wo der dänische baghere embit
hat. Das Stadtrecht tritt der Neigung zum Zunftzwang im öffentlichen
Interesse scharf entgegen: non obstante quadam, ut dicitur, consuetudine, que prorsus dicenda est corruptela.

Nielsen I. — O. Nielsen, Kjøbenhavns Historie og Bescri-
velse. 1877.

Kopenhagen gehörte bis Mitte des 14. Jahrhunderts dem
Bischof von Roskilde. Der Ort hiefs schon Hafen der
Kaufleute, als die Normannen ihn 1167 verheerten[1]. Der
berühmte Bischof Absalon, K. Waldemars I Stütze und
Kriegsgefährte, baute auf einer Insel die Burg zum Schutze
des Ortes und des Landes und schenkte diese 1186 der
Kirche von Roskilde[2]. Je mehr die Hafenstadt an Bedeutung zunahm, um so mehr trachteten die dänischen Könige
nach ihrem Besitze, sodafs es den Bischöfen von Roskilde
immer schwerer wurde, sich darin zu behaupten. Bischof
Niels Stigson wurde 1245 durch K. Erich Pflugpfennig vertrieben[3]. Erst nach des Königs Tode 1250 wurde Bischof
Jakob Erlandson wieder Herr der Stadt, und dieser verlieh
den Bürgern ihr erstes Stadtrecht, 1254[4].

Der erste Artikel handelt von der Verteilung der öffentlichen Bufsen von 40 Mark, 3 Mark und 40 Schill. zwischen
Bischof und Stadt, wobei der erstere den Löwenanteil mit
$^3/_4$ erhält. Die Stadtgemeinde (communitas) soll ihren Anteil zum Besten der Stadt für Graben, Planken und Brücken
verwenden.

Besonders die Rechte des Bischofs als des Stadtherrn
kommen in Betracht, seine Einkünfte aus dem Schofs, dem
sog. Mittsommergeld, den die Bürger an ihn, wie in anderen

---

[1] Saxo Gramm. S. 556 (ed. Holder): — ad vicum, qui mercatorum
portus nominatur.

[2] P. Urban III bestätigte die Schenkung 1186 Oct. 21: Kjøb.
Diplomatarium I Nr. 1: castrum de Hafn, quod illustris memorie
Waldemarus olim rex Dacie († 1182) tue fraternitati contulit et tu
Roschildensi ecclesie . . . dedisti.

[3] Dahlmann I 400. Vgl. die Bullen des P. Innocenz III von
1247—1249 in Kjøb. Diplom.

[4] Latein. Text bei Kold.-Rosenvinge Samling V 96—100 und
mit vorausgeschickter dänischer Übersetzung bei Nielsen, Diplom.
Nr. 16.

Städten an den König, jährlich entrichten müssen, ferner
Abgaben von Schenken, vom Häringsfang, Grundzins, Diebs-
schofs (thyvestud) für die Bewachung der Diebe und Missethäter im Gefängnis des Vogtes (Art. 3)[1].

Wenig bedeuten die persönlichen Leistungen der Bürger
für den Bischof, wie die Stellung eines Schiffs mit 12 Leuten,
wenn er nach Schonen hinüberfahren will (2), die Waffenhülfe zur Verteidigung seiner Güter, doch nicht auf weitere
Entfernung von der Stadt, als von wo sie an demselben Tage
wieder zurückkommen können (6).

Der Bischof ist der Stadtherr, aber nicht alleiniger
Grundherr; nur so weit die Bürger auf seinem Boden
wohnen (in den Strandstrafsen), sind sie ihm zum Grundzins
verpflichtet[2]; sie können ihr Eigengut (fundum suum) ver-
äufsern, doch mit Vorkaufsrecht des Bischofs und, wenn an
einen Fürsten, Ritter oder Herrendiener, nur mit seiner
Genehmigung (13).

Letzteres Recht wurde dem Bischofe von der Gemeinde
zugesagt und beschworen[3], welche somit als selbständige
Corporation erscheint, die auch den Bürgern Leistungen und
Dienste zum öffentlichen Nutzen, wie Herstellung von
Strafsen, Unterhaltung von Gräben und Planken, auferlegt
und dabei vorkommende Versäumnisse mit dem bischöflichen
Vogte durch Pfändung und Bufsen bestraft[4]. Es mufs dem-

---

[1] In einem späteren Verzeichnisse der Einkünfte des Bischofs
(Urk. zwischen 1375—1389 in Kjøb. Diplom. I, 111) sind noch andere
Abgaben aufgeführt, Biergeld, von Waagen (de punderen), Gästen,
Metzgern, Schustern, Bäckern, Fischern.

[2] Art. 3: Quicumque habitant in fundis domini episcopi, solvere
debent pro yorthskyld 12 denarios. Nach dem erwähnten Verzeichnisse: videlicet 1 sterlingus de quolibet fundo et curia in plateis
circa mare.

[3] Art. 13: Promisit communitas tam ex parte sua quam ex
parte heredum suorum et juramento confirmavit.

[4] Art. 10: Exactor et cives recipient pignora auctoritate domini
episcopi, et postea taxabitur pena et satisfactio juxta modum culpe.
Vgl. Art. 9. 15.

nach neben dem bischöflichen Beamten auch ein Organ der
Bürgerschaft, Rat oder Ausschufs, da gewesen sein, wiewohl
dessen hier so wenig wie im Roskilder Stadtrecht Erwähnung geschieht.

Der Bischof ist der Gerichtsherr nicht blofs in der
Stadt; denn es gibt noch kein eximiertes Stadtgericht, bei
welchem die Bürger allein zu Recht stehen, sie können auch
aufserhalb der Stadt, nur nicht in weiterer Entfernung als
bis Roskilde, vor Gericht geladen werden (16).

Es gibt hier, so wenig wie in Ripen, keine ständigen
Urteiler, Sandmänner oder Näfninge im Gericht. Artikel 7
verordnet in Fällen von Gewalt oder Unrecht, die gegen
einen Bürger, Canoniker, Kaufmann begangen werden, dafs
alle Bürger dem Verletzten zu Hülfe eilen und je drei
Bürger und drei von den Leuten des Bischofs (ex familia
episcopi) die Strafen je nach der Gröfse des Vergehens ab-
schätzen sollen; falls sie aber sich nicht einigen können, soll
der Bischof selbst angerufen werden und entscheiden.

Mehr als in Roskilde zeigt sich in Kopenhagen das Bestreben, Handel und Marktverkehr der fremden Kaufleute
(hospites) zu beschränken: sie dürfen weder Felle kaufen,
noch Gewand schneiden mehr als einer unter dem Arm fort-
tragen kann, noch Getreide in Scheffeln kaufen (4. 5).

Es findet sich in diesem ersten Stadtrechte von Kopenhagen keine Spur von einer Hauptgilde, Kaufmanns- oder
anderen Gilden. Dagegen wird in dem nächstfolgenden,
welches Bischof Johann Krag 1294 den Bürgern verlieh[1],
gleich im ersten Artikel ausdrücklich verboten, „um nicht
blofs das Übel, sondern auch den Anlafs des Übels zu ent-
fernen", dafs keinerlei Gilden oder Genossenschaften oder
Verbindungen unter anderem Namen zu Kopenhagen bestehen sollen[2], bei Strafe von 40 Mark oder schimpflicher

---

[1] Kold.-Rosenvinge V 101—120. Kjøb. Diplom. I Nr. 33.
[2] Ne de cetero aliqua convivia seu sodalicia, que vulgariter
gilde vel hwirwing dicuntur, Hafnis habeantur a quibuscumque

Ausweisung. Auch hatte schon der Vorgänger Johann Krags,
Jakob Erlandson, als Erzbischof von Lund 1257 von Christoph I ein allgemeines Gildenverbot verlangt, weil die Gilden
und Trinkgelage die Ursache vieler Übel, als Verschwörung,
Meineid, Müfsiggang, seien [1].

Das ältere Stadtrecht von 1254 ist in das neue von
1294 aufgenommen, aber durch zahlreiche polizeiliche und
strafrechtliche Verordnungen vermehrt. Rechte und Gewalt
des Bischofs sind stärker betont, und am Schlufs heifst es:
Der Bischof kann diese Statuten auslegen, verändern und
neue machen, wie es ihn mit Zustimmung seines Kapitels
gut dünkt. Wer in der Stadt Bürger werden will, mufs
zuvor dem Bischofe Treue geloben; der Bürger, der einem
andern Herrn als ihm huldigt, verliert das Bürgerrecht und
mufs sein Erbe binnen drei Monaten verkaufen (8). Der
Bischof von Roskilde ist der wahre Herr von Kopenhagen
nach beiderlei Rechten, dem geistlichen und weltlichen: wer
einem andern dort die Herrschaft verschaffen will oder zu-
erkennt, soll schimpfliche Ausweisung und Vermögenseinziehung erleiden, vorbehalten jedoch die dem Könige schuldige Ehrfurcht, zumal wenn er in die Stadt kommt [2]. So
ist auch bei der dem Bischofe von den Einwohnern zu leistenden Waffenhülfe die Pflicht nicht unerwähnt gelassen,
dem Aufgebote des Königs zur Reichsverteidigung zu folgen
(16). Der Stadtfriede wird durch die Anwesenheit des Königs oder des Bischofs verstärkt, und ist dessen Störung mit
40 Mark an den Bischof und ebenso viel an die Stadt zu
büfsen (53).

------

clam vel aperte, vel quecumque alie colligaciones in fraudem hujus
statuti sub quocumque colore . . . possint haberi. Über hwirwing
vgl. oben S. 176 Anm. 1.
   [1] Scriptores rerum Danicarum (Langebek) V 594.
   [2] Art. 29: salva in omnibus reverencia, que debetur domino regi
Dacie, ad quam ei exhibendam ubique et specialiter, cum ad civitatem
Hafneusem declinaverit, sunt astricti.

Burg und Stadt gehören zusammen; beide sind dem Burgvogte (advocatus castri) des Bischofs untergeben. Die Burgleute, welche die Familie des Bischofs heifsen, von der einen und die Einwohner der Stadt von der anderen Seite sind zu gegenseitiger Hülfleistung verpflichtet[1]. Der Burgvogt und seine Diener bewachen die Stadt, und die Bürger müssen ihnen auf Anruf beistehen (38); nur die Leute des Bischofs dürfen in der Stadt Waffen tragen, die Fremden müssen sie ablegen (45).

Neben und mit dem Vogte erscheint jetzt der Rat als Stadtobrigkeit[2], der aber ganz von dem Bischofe abhängig ist; denn dieser setzt die Ratmänner (consules) ein, und wer ohne seinen Willen Ratmann sein will, verliert sein Hauptgut und kann nicht mehr Ratmann werden[3]. Vogt und Rat zusammen führen das Regiment in Gericht und Verwaltung. Der Rat soll nichts verhandeln ohne den Burgvogt oder dessen Stellvertreter aus der bischöflichen Familie (21); was er in dessen Beisein beschliefst und entscheidet, soll Kraft haben, aufser in geistlichen Sachen (76). Vogt und Rat verordnen die Herstellung der Strafsen und anderes, was not thut (19), bestimmen die Bufsen bei Vergehen und Übertretungen, wo sie nicht zum voraus festgesetzt sind (40. 57. 95), führen bei Erbschaften die Obervormundschaft für die unmündigen Kinder und bewahren das erblose Gut auf Jahr und Tag, nach welcher Frist es dem bischöflichen Fiscus anheimfällt (70. 71). Der Burgvogt, sein Schreiber (clericus) und zwei Ratmänner bewahren das Stadtsiegel (20). Von andern städtischen Beamten sind die Kämmerer genannt,

---

[1] Art. 34: — Similiter familia episcopi de castro veniet in auxilium civitatis, si vocata fuerit, ita tamen quod salva sit custodia in castro.

[2] Urkundlich ist sein Dasein zuerst 1275 bezeugt, Nielsen, Diplomatarium I Nr. 21.

[3] Art. 55: Quicunque se gesserit pro consule Hafnensi, non institutus per episcopum Roskildensem, capitalem porcionem substancie sue amittet et nunquam de cetero erit consul.

welche wenigstens einmal im Jahr vor Bischof und Rat über
die Einkünfte der Stadt Rechnung ablegen müssen (10).

Dieses neue Stadtrecht ist reich an Strafbestimmungen,
unter welchen jedoch die Todesstrafe nicht vorkommt[1]. Auf
Totschlag, der nach dem älteren Stadtrecht mit Geld gebüfst
wurde, steht ewiges Gefängnis (56); auf Verwundung mit
Waffen dreifache Geldbufse zu 6 und 12 Mark für den Verletzten, den Bischof und die Stadt (57). Sonst sind die här-
testen Strafen Vermögensconfiscation und schimpfliche Ausweisung[2]. Wer sich der Strafe durch Flucht entzieht, dessen
Name soll in das Stadtbuch eingetragen werden (41).

Nur Bürger, nicht Herren oder Herrenleute, auch nicht
geistliche Orden, dürfen liegende Güter in der Stadt erwerben (7). Wenn eine Frau, die in der Stadt wohnt, einen
Herrenmann (herræman) heiratet und die Stadt verläfst,
mufs sie ihr liegendes Erbe verkaufen oder an die Erben,
die dort bleiben, aufgeben (9); ebenso wer in ein Kloster
eintritt (89)[3].

Andere Bestimmungen betreffen den Kauf und Verkauf
und die Marktordnung. Der Bischof hat überhaupt das
Vorkaufsrecht, besonders bei Lebensmitteln für den täglichen
Bedarf[4]. Bischof und Rat bestimmen die Verkaufsplätze

---

[1] Erzb. Jakob Erlandson hatte 1257 ihre Einführung vergebens
von K. Christoph I verlangt. Scriptores rerum Danicarum V 589:
Unde monet, ut homicidas non solum poena pecuniaria, quae modicum
timetur, sed et corporali puniatis etc.

[2] Bemerkenswert ist das Strafverfahren bei Bigamie (95): erst,
wenn die Kirche den Schuldigen nicht zu bessern vermag und dieser
ein Jahr lang im Kirchenbanne beharrt, soll er durch Vogt und Rat
nach ihrem Ermessen bestraft werden; dasselbe geschieht in andern
Fällen, wenn einer ein Jahr lang im Kirchenbanne geblieben ist.

[3] Letzterer Artikel scheint erst nachträglich hinzugefügt zu sein,
sowie Art. 88, worin Art. 70 abgeändert ist.

[4] 47. Item quicunque civium emerit aliquam rem, quam episcopus suis usibus dixerit esse necessariam, tantam et non plus recipiet
ab episcopo et rem assignabit eidem. Art. 50 erwähnt den Vorkauf
von Fischen und andern Efswaren, der allein dem Bischofe zusteht,
si fuerit in civitate et necesse habuerit de eadem (re empta).

(26). An jedem Mittwoch und Sonnabend ist Markt, und dauert der Marktfriede von Sonnenaufgang bis zur Vesperglocke; wer ihn verletzt, mufs dem Bischofe sowie der Stadt mit 40 Mark büfsen (69).

Den zu Kopenhagen geborenen Einwohnern ist die Ausübung eines jeden Handwerks, das einer versteht und betreiben will, freigegeben gegen eine blofse Recognitionsgebühr für den Vogt und die Stadt[1]. Gewisse Beschränkungen des Schuster- und Bäckergewerbes werden ausdrücklich abgeschafft und verboten (51. 52).

Es gab nach diesem bischöflichen Stadtrecht weder Handwerker-, noch andere Gilden in Kopenhagen; Freiheit des Gewerbebetriebs war die Regel.

Das Stadtrecht des K. Erich von Pommern für Kopenhagen ist eine nur wenig veränderte dänische Abfassung des bischöflichen von 1294[2]. Von Wichtigkeit sind aber zwei Privilegien desselben Königs vom J. 1422, welche sich auf Handwerkerämter und Kaufmannschaft beziehen.

Das eine, vom 15. Febr., ist allgemein gehalten und gilt für alle königlichen Städte[3]. Die Handwerkerämter stehen unter Aufsicht des Vogts, der Bürgermeister und des Rats, welche Macht haben, sie nach Gefallen in der Stadt und im Bezirk einzusetzen; denn nur in den Städten dürfen bürgerliche Gewerbe betrieben werden. Sie heifsen Ämter (æmbede), nicht Gilden. Es besteht kein Innungszwang: wer Amtmann (embizman), das ist Mitglied eines Amtes, werden will, hat als Eintrittsgeld nicht mehr zu bezahlen, als wie der, welcher als Bürger aufgenommen wird (3). Die Handwerker-

---

[1] 48: Item quicumque natus est Hafnis, cum sciverit, voluerit et potuerit exercere aliquam artem mechanicam, utpote sutoriam, pellipariam etc., non tenebitur aliquid solvere, ut operetur, nisi tantum unam oram advocato et oram civitati in signum sue professionis.

[2] Vgl. Kjøb. Diplomatarium Nr. 114. Der Text ist gedruckt bei Kold.-Rosenvinge S. 127—144.

[3] Kold.-Rosenvinge S. 121. Kjøb. Dipl. Nr. 112. Vgl. die Bestätigung durch Christian I J. 1479 cheud. Nr. 169.

ämter, und die zu ihnen gehören, haben keinen Teil an der
Stadtregierung. Allgemein lautet die Vorschrift: In allen
Städten soll keiner aus den vorgenannten Ämtern fortan
Bürgermeister oder Ratmann sein, sondern allein andere
Bürger und Kaufleute[1].

Das Privilegium K. Erichs vom 28. Oct. 1422 betrifft
insbesondere die Handwerkerämter und Kaufmannschaft von
Kopenhagen[2]. Die Kaufleute dieser Stadt werden mit den
gleichen Freiheiten und Privilegien begnadigt, wie die in
den königlichen Märkten und Fischerorten von Skanör, Falsterbo, Malmö und Dragör, namentlich mit Zollfreiheit für
ihre Waren und Schutz des königlichen Friedens, wogegen
den fremden Kaufleuten Zölle und andere Handelsbeschränkungen auferlegt sind.

Aus dem Stadtrechte Christophs von Baiern für Kopenhagen 1443[3] geht hervor, dafs es dort eine deutsche und
eine dänische Kaufmannscompagnie (companie) gab, deren
Stellung gegenüber der Stadtregierung nur darin verschieden war, dafs die Aldermänner der ersteren durch die deutschen Kaufleute selbst gewählt wurden, doch 'mit Vollmacht
und Rat' der Stadtobrigkeit, während die Aldermänner der
dänischen Compagnie gleichwie die aller Handwerkerämter
von Vogt und Rat eingesetzt wurden[4].

Das gleiche Recht, nämlich Ernennung der Aldermänner
durch die Stadtregierung, galt für alle alten und recht-
mäfsigen Gilden und Gesellschaften[5]. Denn trotz des Gilden-
verbotes des älteren Stadtrechts gab es doch wieder Gilden

---

[1] Art. 2: Item scall engin j nogher køpstadh wære eller her
effter at worthe burghemester eller rathman aff thisse forskrefne
æmbede, men thet scule wære andere burghere oc køpmæn.

[2] Kold.-Rosenvinge S. 124—126. Kjøb. Diplom. I Nr. 113.

[3] Kold.-Rosenvinge S. 145—168. Kjøb. Diplom. Nr. 127.

[4] Art. 1 und 2: Item schule foghten, burgemestere oc radhit
sætte aldermæn uti thet danske kompanie oc alle æmbede.

[5] Och then samme ræt blive um alle andre gamble oc skellige
gylde oc samfund, som aff alder wæret have i Køpenhaffn.

in Kopenhagen, aber nur rechtmäßige, von der Stadtregierung anerkannte, da Art. 3 besagt, daß Vogt, Bürgermeister und Rat Macht haben, Gilden und Gesellschaften zu verbieten, die sie als unnütz oder schädlich befinden. Von denjenigen, die wirklich bestanden, wird im folgenden Abschnitte die Rede sein.

4. Schonen und Falster.

Lund. Malmö. Landskrone. Stubbekjøbing.

Lundske Stadsret bei **Kolderup-Rosenvinge** V 49—62. — Codex juris urbici Scaniae bei **Schlyter**, Corpus juris Suco.-Gotorum IX 399—434. Spätere Stadtrechte von Malmö und Lund, Landskrone, Stubbekjøbing bei **Kold.-Rosenvinge** a. a. O.

Das Stadtrecht von **Lund**, bei dem es im Zweifel bleibt, ob es ursprünglich an diese Stadt, oder an Malmö, oder an Helsingborg verliehen wurde, stammt, nach der altertümlichen dänischen Sprache, sowie nach dem Inhalte seiner Rechtssätze zu urteilen, aus dem 13. Jahrhundert[1]. Es gewann allgemeine Geltung in den Städten von Schonen[2].

Im Eingang ist dasselbe biærkeræt genannt. Biærk bedeutet überhaupt einen Gerichtsbezirk, dann insbesondere den städtischen Bezirk oder das Weichbild; demnach heißt Biærkeræt so viel wie Stadtrecht[3]. Die Einwohner der Stadt

---

[1] So nach Ansicht der neueren Rechtshistoriker gegen **Ancher**, der es erst in das 14. Jahrh. setzte. Die älteren Hss. nennen Lund als Ort des Stadtrechts, die meisten jüngeren Malmö, andere Helsingborg oder Landskrone. Vgl. **Kolderup-Rosenvinge** V Einl. S. 16 f. **Schlyter** Einl. S. 118 ff. **Stemann**, Dansk Retshistorie S. 43.

[2] So nach der Variante in den Eingangsworten: Thettæ ær thæn ræt ther man callar ware biærkeræt i alle köpstæther i Skanæ — statt ther i Lund ær.

[3] Entscheidend für diese Erklärung ist, wie mir scheint, der

13*

heifsen Bonden, was ebensogut einen Landmann wie einen Städter bedeuten kann. Doch fehlt nicht das charakteristische Merkmal der Stadt, der besondere Gerichtsstand; denn Art. 39 bestimmt, dafs die Einwohner von Lund nur vor das Stadtgericht (bything), nicht aber auswärts, weder vor das königliche, noch das Landgericht sollen gefordert werden. Der Vogt, der auch Amtmann (umbuzman) heifst und der Stadtvorsteher ist, soll sie nicht in den heiligen Zeiten des Julfestes (Jule hælgh), der Osterfasten oder eines Kriegszuges vor sein Gericht laden (38)[1]. Es gibt in Schonen, so wenig wie in Seeland, keine ständigen oder ernannten Urteiler, sondern statt des Ausspruchs von solchen soll (bei nicht handhafter That) der dreifache Zwölfeid zur Anwendung kommen[2]. Bei Bestimmung der Bufssätze für Friedensbruch, Totschlag, Verwundung, Heerwerk wird stets dieses Verteidigungsmittel offen gelassen. Todesstrafe kommt nicht vor. Die Mannbufse beträgt 30 Mark mit ebensoviel als Überbufse (43). Der Mannbufse entsprechend ist der Bufstarif für andere Körperverletzungen geregelt: für eine Hand die halbe Mannbufse, für beide Hände die ganze (46) u. s. w. Wo ein besonderer Fall von Verletzung im Tarif nicht vorgesehen ist, setzen gute Männer die Bufse fest (41). Das Stadtrecht handelt von der Gewere beim Kauf, vom Ehe- und Erbrecht. Keine Rede vom Erbkauf. Ebensowenig von Gilden.

Das spätere Stadtrecht von Lund, 1361 von K. Walde-

Ausdruck im Privileg für Odense: bierk eller wicbelle; vgl. dieses unter Fünen. Andere Stellen und Erklärungen sind angeführt bei Kolderup-Rosenvinge V 614 Anm., Lund, Ordbog til de gamle Danske landskabslove unter biærk, Kalkar, Ordbog til det ældre Danske sprog S. 212. Ich komme darauf bei Schweden und Norwegen zurück.

[1] Vgl. Roskilde S. 186 Anm. 1.

[2] Art. 36: Nefnd skal ey i Lund ganga, for nefnd skal ganga threnne tylter. In K. Christophs allgemeinem Stadtrecht Art. 15 ist dies überhaupt als Regel ausgesprochen.

mar IV verliehen, beruht nicht auf dem älteren, sondern ist ein gänzlich neues, zum grofsen Teil übereinstimmend mit demjenigen, welches derselbe König im Jahre ·vorher den Bürgermeistern, Ratmännern und Bürgern von ·Malmö gewährt hatte. Letzteres ist deshalb ·zuerst zu betrachten [1].

Unverkennbar ist der Fortschritt der städtischen ·Autonomie. Die Stadtregierung wird vom Bürgermeister und Rat (Borgemester och Raad) geführt. Der Rat besteht ·aus lebenslänglichen Mitgliedern und ergänzt sich selbst (Art. 1). Er gibt den Handwerkerämtern ihre Ordnungen und beaufsichtigt sie. Er verordnet die Steuern und Auflagen, welchen alle Einwohner ohne Unterschied, auch Ritter und Geistliche, welche Häuser, Güter, Schiffe zu Malmö besitzen, unterworfen sind [2]. Die jährliche Hauptsteuer ist das Mittsommergeld, welches der königliche Vogt (foged) mit zwei Ratmännern und zwei anderen Bürgern erhebt (5). Über die Einrichtung des Stadtgerichts ist nichts gesagt; doch ist anzunehmen, dafs dasselbe durch Vogt und Rat ·gebildet wurde. Denn offenbar ist der Rat gemeint, wenn es im Art. 15 heifst: „Die Bürger können wegen schwerer Vergehen die Schuldigen friedlos ·machen und an Hals und Hand strafen" [3]. Kauf und Verkauf von Grundbesitz in der Stadt darf nur mit Zustimmung des Rats geschehen (11). So ist auch die Errichtung neuer Gilden oder ·Gesellschaften (ny gilde eller kompanii) nur mit des Rats Erlaubnis gestattet, „ausgenommen die von alter Zeit hergebrachten", wie ·im Art. 12 hinzugesetzt ist. Und bestimmt findet sich das Dasein und Recht der alten Knutsgilde im ·Art. 25 bezeugt, wo es

---

[1] Dänisch mit alter (fehlerhafter) lateinischer Übers. bei Kold.-Rosenvinge V 70—83.

[2] Nur die eigenen Wohnhäuser sind von der·Steuer ausgenommen ·nach Vorwort und Art. 27.

[3] In ipsorum placito ipsi cives talem pace privare poterint et punire in collo et manu secundum delicti qualitatem; ebenso im dä-·nischen neuen Lunder St.-R. Art. 16.

heifst, dafs bei aller Art Anklagen, wo drei Zwölfeide zur
Reinigung erforderlich sind, man sich mit dem Eide von 6
Knutsgildebrüdern verteidigen kann[1].

Die Bestimmungen über Zollfreiheit der Bürger bezüglich der königlichen Zölle im Reiche (18) und über Handelsbeschränkungen der Gäste zu Gunsten der Bürger (8—10)
kehren in den dänischen Stadtrechten des 14. und 15. Jahrh.
regelmäfsig wieder.

Im wesentlichen und meist wörtlich übereinstimmend
mit dem Stadtrecht von Malmö ist das neue von L u n d 1361[2].
Auffallend ist, dafs die die Gilden betreffenden Artikel hier
nicht aufgenommen sind; doch folgt daraus nicht, dafs es
keine Gilden in Lund gegeben habe. Das Dasein einer St.
Knutsgilde und anderer Gilden in Lund ist anderswo bezeugt[3].

Völlig identisch, abgesehen von unbedeutenden Zusätzen,
ist mit dem Malmöer Stadtrecht Waldemars IV das von
Erich von Pommern 1415 an L a n d s k r o n e verliehene
Privileg[4].

Von Waldemar IV erhielt auch das unbedeutende Städtchen S t u b b e k j ø b i n g auf Falster 1354 ein ähnliches Privilegium[5]. Es ist nichts besonderes darin, als Art. 4, der
von dem gerichtlichen Reinigungseid handelt: „Wer sein
Recht durch gerichtliche Eide beweisen will, mufs dies entweder mit 3 Eiden, welche Tyltered (Zwölfeide) heifsen, von
der St. Knutsgilde thun, oder mit 9 Zwölfeiden von andern,
doch rechtsfähigen Männern"[6]. Die enorme Häufung der

---

[1] For nogenhande sag, saa at hand skal werie sig met 3 tylter
eid, tha maa hand siig werie met 6 S. knuds gildebrödre.

[2] Dänisch bei K o l d.-R o s e n v i n g e S. 64—69.

[3] Vgl. den folgenden Abschnitt.

[4] Dänisch bei K o l d.-R o s e n v i n g e S. 84—91. In den Hss.
wechseln die Namen Landskrone und Malmö. Art. 23 sagt dasselbe
in betreff des Eides von 6 Knutsgildebrüdern gleich 3 andern Zwölfeiden, wie Art. 25 Malmö. Neu sind Art. 28—32 und 34.

[5] Lateinischer Text bei K o l d.-R o s e n v i n g e S. 576—578.

[6] Quicunque leges firmaverit, aut tribus legibus quae tylter di-

gerichtlichen Eide bis zur Zahl von 108 bei einer einzigen
Klagsache und die dreifache Wertschätzung des Knutsgilde-
eids gegenüber einem gewöhnlichen begegnet hier ebenso
wie im Roskilder Stadtrecht von 1268.

5. Fünen.

Odense.

Stadtrecht und Privilegien bei Kolderup-Rosenvinge S. 205 –215.

Das Privilegium Waldemars IV für Odense ist nur
in derjenigen Form vorhanden, in der es Christian I 1477
erneuerte. Bestätigt werden darin von ihm den Bürgern
zuerst alle Freiheiten und Rechte, die sie von seinen königlichen Vorfahren besafsen, und zwar in der Stadt und dem
dazu gehörigen, nach den Ortsgrenzen beschriebenen Weichbild [1]. Als Stadtobrigkeit sind genannt der königliche Vogt
und der Rat. Der jährlich an den König zu entrichtende
Schofs der Stadt (byscat) ist auf 300 Mark festgesetzt (12).
Dafür sind die Waren der Bürger zollfrei im Reiche, aufser
in den Märkten von Schonen (15). Vorschriften über den
Handel der Gäste (17—19) wie im Privileg für Malmö. Die
Handwerker sind dem Rate zum Gehorsam verpflichtet, der
die Ungehorsamen aus ihrem Amte ausschliefsen kann (21).
Die Handwerkerämter sollen keine Skra und kein Recht
haben, das nicht vom Rate bewilligt ist (24). Strafordnung bei

---

cuntur vulgariter de convivio et fraternitate Sancti Canuti, aut cum
novem legibus, Tyltereed dictis, de communibus hinc inde recipiendis,
tamen legalibus, se defendere obligentur.

[1] Der deutsche Ausdruck kommt hier neben dem dänischen vor,
Art. 1: stads marckeskiell, som almenth kalles bierk eller vicbelle,
d. i. der Stadt Feldmark, die gewöhnlich Bjärk oder Wikbeld genannt
wird; vgl. oben S. 195.

Totschlag und Verwundung: wer nicht dem Verletzten, dem
Könige und der Stadt (mit Geld) zu büfsen vermag, soll
Leib für Leib, Hand für Glied geben (3). Bei der Rechtsverteidigung kommt in Betracht, ob einer in einer Gilde ist
oder nicht, und im ersteren Fall, ob er in der Kuntsgilde
ist. Wer bei nicht handhafter That sich mit Eid vor dem
Stadtgericht rechtfertigen will[1], sagt Art. 2, der wehre sich,
wenn er in einer Gilde ist, mit 12 rechtsfähigen Männern
(loghfaste men) seiner Gilde, und wenn er es nicht kann,
büfse er nach Landrecht; ist er aber nicht in einer Gilde,
so wehre er sich mit 12 anderen rechtsfähigen und vermögenden Bürgern, und ist er in der Knutsgilde, mit 6 anderen Gildebrüdern, wie es alte Gewohnheit ist[2].

Nächst dem Stadtrecht kommen für Recht und Verfassung noch zwei königliche Privilegien aus dem 15. Jahrhundert in Betracht, das eine von Christian I vom J. 1454,
das andere von K. Hans vom J. 1495[3]. Aus dem Vorwort
des ersteren, das auch im andern wiederholt ist, geht hervor,
dafs Zwietracht zwischen Bürgermeistern und Rat einer- und
der Gemeinde (menigheden) andrerseits entstanden war,
weshalb der König die Eintracht wiederherstellen will. Doch
findet sich im Privilegium von 1454 nichts, was bestimmt
hierauf hinzielt oder worin etwa eine an die Gemeinde gemachte Concession zu erkennen wäre. In Art. 1 und 2 ist
das Selbstergänzungsrecht des Rates anerkannt, gleichwie in
Waldemars IV Privilegien für die Städte von Schonen. Nur
der Bürgermeister wird auf Vorschlag des Rates vom Könige
auf Lebenszeit ernannt.

Besser pafst das erwähnte Vorwort auf das Privileg von
K. Hans 1495, worin eine neue, in den bisherigen Stadt-

---

[1] Dem dänischen Ausdruck: oc festher low for seck entspricht
der lateinische: firmare legem.

[2] Oc er han i sancti Knutz gilde, tha lowgwerie segh selff siaette
gildbrother, som gammel sidwane er.

[3] Kold.-Rosenvinge S. 211—215.

rechten noch nicht vorgekommene Regel bezüglich der Be-
steuerung und der Ratswahl aufgestellt ist, nach welcher
die Gemeinde (almuge) einen wichtigen Anteil in beiden
Beziehungen erhielt. Wenn einer vom Rate abgeht, heißt
es in Art. 4, sollen die 15 ‚Radmeister‘, d. i. Vorsteher der
Gemeinde in den 15 Stadtbezirken, 4 zuverlässige Männer
vorschlagen, aus denen Bürgermeister und Rat einen wählen:
nur darf kein Handwerker Ratmann werden, außer wenn er
Handwerk und Gilde aufgibt[1]. Denselben Grundsatz fanden
wir schon im Privileg K. Erichs für Kopenhagen 1422 ausgesprochen. Bezüglich der Handwerkerämter ist im Art. 5
verordnet, daß bei jeder Zusammenkunft derselben zwei
Ratmänner anwesend sein sollen, damit „unser (des Königs)
und der Stadt Recht nicht verschwiegen werde"[2]. Der Einfluß
des deutschen, insbesondere lübischen Stadtrechts ist in diesen
die Handwerkerämter betreffenden Bestimmungen deutlich
zu erkennen[3].

Allgemeine Stadtrechte.

Almindelige stadsretter von Erich Glipping, Margarethe, Christoph
von Baiern und Hans bei Kolderup-Rosenvinge V 483 bis
575, und Gesetzbücher Christians II ebend. IV.

Unter dem Namen von allgemeinen Stadtrechten gehen
einige, angeblich von dänischen Königen herrührenden Städteordnungen aus dem 13. bis 15. Jahrhundert, von welchen
nur die letzte von K. Hans vom Jahre 1483 oder 1487 (die
Hss. geben die Jahrzahl verschieden an) als authentisch und
für die Unionsreiche geltend anzusehen ist[4]). Denn das s. g.

---

[1] uden the offvergiffve there₃ embethe oc gilde.
[2] Art. 8: thi at wor oc byssens rett scall ey forthies.
[3] Vgl. Buch VIII.
[4] Stemann, Retshistorie S. 44 f.

allgemeine Stadtrecht von Erich Glipping scheint nur
an Nyborg in Fünen 1271 verliehen worden zu sein und ist
selbst nur aus dem Stadtrechte von Ripen desselben Königs
entlehnt. Und das der Unionskönigin Margarethe (1397
bis 1412) verdankt diesen Namen allein einer handschrift-
lichen Notiz ohne sonstige Beglaubigung. Auch das von
Christoph von Bayern 1443 erweist sich als blofse Compilation aus dem Stadtrechte von Lund oder Schonen und
vornehmlich aus dem von Kopenhagen desselben Jahres 1443[1].
Bleibt hiernach die Entstehung dieser allgemeinen Stadtrechte
im Zweifel, so können sie doch immerhin als Aufzeichnungen
des zur Zeit geltenden Rechts angesehen werden, um daraus
die allgemeinen Grundzüge des dänischen Städtewesens im
Mittelalter zu entnehmen.

Die Stadtverfassung ist überall im gleichförmigen Be-
stande vorausgesetzt. Vogt, Bürgermeister und Rat bilden
die Stadtobrigkeit, welcher sowie dem Könige jeder Bürger
Treue und Gehorsam geloben mufs (Margarethe Art. 7).
Der Rat ergänzt sich selbst, wie wir schon in den Privilegien
Waldemars IV sahen. Die neuen Städteordnungen des 15.
Jahrh. finden nicht nötig, dies besonders zu erwähnen; nur
bestimmt die von K. Christoph: „wer, ohne von Bürgermeister
und Rat zum Ratmann gewählt zu sein, sich doch für einen
solchen ausgibt, soll Hals und Hauptgut verlieren"[2], und die
von K. Hans, dafs die Städte je nach Bedarf zwei Bürgermeister oder mehr und 10 Ratmänner, sowie 4 Viertelsmänner (fierdings mend) oder mehr nach Bedarf haben
sollen (2).

Vogt, Bürgermeister und Rat bilden auch das Stadtgericht, an welches alle Klagen in Rechtssachen zu bringen
sind (Margarethe Art. 16, Christoph 15). Weder Sandmänner
noch Nefninge erscheinen als Schöffen. Die Städteordnung

---

[1] Kolderup-Rosenvinge gibt S. 519 f. die Parallelstellen.
[2] Übereinstimmend mit dem Kopenhagener St.-R. von 1443
V Art. 21. Ebenso im allg. St.-R. des K. Hans Art. 136.

von Christoph wiederholt den Satz des Lunder Stadtrechts als allgemeine Regel: „Es sollen keine Nefninge in den Städten sein" (Art. 15).

Die allgemeinen Stadtrechte enthalten nur wenig über das Privatrecht, Familien- und Erbrecht, für welche das Landrecht ausreichte. Nur die Städteordnung von K. Hans verbreitet sich auch hierüber ausführlich. Bei weitem das meiste sind Straf- und polizeiliche Bestimmungen.

Da das bürgerliche Wesen in den Städten hauptsächlich auf Handel und Gewerbe beruhte, sahen wir schon in den älteren Stadtrechten das Bestreben, den Nutzen derselben soviel wie möglich allein den Bürgern zuzuwenden, dagegen den Handel der Gäste zu beschränken. Eben hierauf zielen die ersten Artikel in der Städteordnung Margarethens, gleich als ob dies an Wichtigkeit allem anderen vorangehe. Stehender Grundsatz, der auch in den anderen Städteordnungen wiederkehrt, ist, daß die Gäste nur mit Bürgern, nicht mit anderen Gästen in der Stadt Handel treiben dürfen, auch dann nicht, wenn Bürger für sie das Maklergeschäft übernehmen[1]. Die Gäste müssen Zoll und andere Abgaben zahlen, von denen die Bürger befreit sind. König und Stadt wahren sich das Vorkaufsrecht an den Gütern der fremden Kaufleute. Letztere sollen gleich nach ihrer Ankunft im Hafen, bevor sie ihre Waren öffentlich feilbieten, Vogt und Bürgermeister benachrichtigen, falls diese etwas für den Bedarf des Königs oder der Stadt kaufen wollen (Margar. Art. 1). Dagegen besteht in den Städten für die Handwerker eine kaum beschränkte Gewerbefreiheit: wer in der Stadt geboren ist, sagt Margarethens St.-O. Art. 18, wie schon das Kopenhagener Stadtrecht von 1294, kann jedes Gewerbe, das er will und versteht, gegen Zahlung einer geringen Abgabe (1 Oere) an das betreffende Amt, betreiben; wer aber von

---

[1] Christophs St.-O. Art. 35: ‚Om Giestepenninge', und Kopenhagener St.-R. III Art. 14.

auswärts kommt, soll soviel bezahlen, wie die Amtsschra vorschreibt[1]. Handwerkerämter und Gilden stehen unter der Aufsicht der Stadtobrigkeit. Allgemeiner Grundsatz ist, daſs neue Gilden oder Gesellschaften (gilder eller selschab) nur mit Bewilligung des Vogts, der Bürgermeister und des Rats dürfen errichtet werden, unnütze und schädliche aber verboten sein sollen[2].

Schlieſslich sei noch der merkwürdigen Reform der Städteverfassung durch K. Christian II gedacht, in dessen beiden Gesetzbüchern, dem sog. geistlichen vom J. 1521 und weltlichen von 1522, zuerst die Ideen der Reformation auftauchen[3]. Die unterschiedliche Benennung dieser Gesetzbücher ist nicht zutreffend; denn beide handeln gleichmäſsig von geistlichen und weltlichen Sachen und verhalten sich zu einander nur wie Entwurf und Ausführung[4]. Doch ist die Reform der Städteverfassung allein in dem weltlichen Gesetzbuch enthalten, das auch die ‚Ordinanz‘ heiſst.

Bekannt ist die Erzählung, daſs Christian II durch die Holländerin Sigbritt, die Mutter seiner geliebten ‚Düveke‘, auf die Blüte der holländischen Städte und deren tüchtigen Bürgerstand aufmerksam gemacht worden und dem Rate dieser gescheidten Holländerin, sich dieselben zum Muster zu nehmen, gefolgt sei. In der That zeigt seine neue Städteordnung in der ‚Ordinanz‘ wesentliche Übereinstimmung mit der Stadtverfassung von Amsterdam, von wo die genannte Sigbritt herstammte[5]. In den Städten soll ein ‚Scultus‘, d. i. Schultheiſs, über Bürgermeister und Ratmänner gesetzt und

---

[1] Som deris embedschraa derom udviser. Nach Kopenhagener St.-R. von 1294 Art. 48 soll 1 Oere an den Vogt und die Stadt bezahlt werden.

[2] Margarethe Art. 8. Christoph 25. Hans 71.

[3] Beide sind in Kolderup-Rosenvinges Samling IV abgedruckt.

[4] Kolderup-Rosenvinge Einleitung und Dahlmann III 356 ff.

[5] Vgl. Amsterdam unter Holland Buch VII.

alle drei Jahre vom Könige ernannt werden (Art. 1). An die Stelle des bisherigen Stadtvogts trat hiermit ein königlicher Präfect mit holländischer Benennung. Der Schulz soll 30 achtbare Bürger, mehr oder weniger je nach der Gröfse der Stadt, die gute Kaufleute und nicht Handwerker sind, ernennen, aus denen die 4 Bürgermeister und 7 Schöffen oder Ratmänner im zweijährigen Wechsel zu wählen sind (Art. 3. 4. 6). Dies ist das getreue Abbild der holländischen Stadtverfassung, wonach eine für sich abgeschlossene politische Corporation von Kaufleuten und vermögenden Bürgern, die sog. ‚Vroedschap', ausschliefslich zum Stadtregiment berechtigt war.

Nichts mehr vom Gildewesen kommt in den Gesetzbüchern Christians II vor, nachdem dasselbe jede Bedeutung im öffentlichen Rechte verloren hatte[1]. Überhaupt zeigt diese Gesetzgebung schon ein ganz modernes Gepräge, sowohl in kirchenreformatorischen Ideen[2], als auch in polizeilicher Fürsorge für das Wohl der Unterthanen, wie z. B. den Bürgerssöhnen in den Städten befohlen wird, bevor sie Kaufleute werden, ein Handwerk zu lernen, womit sie sich im Fall der Verarmung ernähren könnten[3], und wie den Gutsherren auf dem Lande verboten wird, ihre armen gutshörigen Leute zu verkaufen, nach der schändlichen Gewohnheit, die in Seeland, Falster, Laaland und Moen herrscht[4].

Freilich hatte Christian II schlechtes Glück mit seinen tiefgreifenden Reformen, wodurch er sich ebenso sehr wie durch seinen herrischen Absolutismus und seine unkluge

---

[1] An der einzigen Stelle, wo das Wort Gilde vorkommt, im geistlichen Gesetzbuch Art. 129, bedeutet es die Gelage bei den Erntefesten, die wie die Schmausereien bei Hochzeiten und Kindtaufen abgeschafft sein sollen.

[2] Den Geistlichen wird verboten, das Recht in Rom zu suchen (Geistl. Gesetz Art. 21, Ordinanz 77), und anbefohlen, nach dem Rate des Apostels Paulus eine Frau zur Ehe zu nehmen (Geistl. Gesetz 17).

[3] Ordinanz 55. 61.

[4] Geistl. Gesetz 11.

auswärtige Politik bei Geistlichkeit und Adel verhafst machte.
Nachdem er 1523 aus Dänemark entflohen war, wurden seine
Gesetzbücher öffentlich verbrannt. Aber sein Name blieb in
Ehren bei allen Bürgern der Städte, und wiewohl diese im
Bunde mit Lübeck in dem unglücklichen Kriege von 1534
unterlagen, gelangte doch die Kirchenreformation endlich
durch Christian III zum Siege, und dieser erneuerte auch
Christians II Gesetze, die er in seine Recesse aufnahm[1].

IV. Gilden in den Städten.

Von den drei alten und Hauptgilden, deren Ordnungen
wir oben betrachtet haben, findet sich in den Stadtrechten
allein die St. Knutsgilde genannt, wobei ebenso wenig wie
in den zu Skanör vereinbarten Statuten ein Unterschied
zwischen den königlichen und herzoglichen Knutsgilden gemacht wird.

Im Schleswiger Stadtrecht ist nur schechthin von dem
summum convivium und den Prärogativen der fratres conjurati die Rede[2]. Das Flensburger Stadtrecht in der dänischen
Redaction schreibt dem Alderman der Knutsgilde eine Mitwirkung bei der Besetzung des Stadtrats zu. Im St.-R. von
Haderleben ist das Gildehaus von St. Knut erwähnt. Die
Apenrader Skra von 1335 nennt die St. Knutsgilde, daneben
aber auch die Gilde von St. Nicolaus, als gleichberechtigt
mit dieser bei der Eidesleistung[3]. In den Stadtprivilegien
Waldemars IV für Stubbekjøbing, Malmö und Lund ist des-

---

[1] Stemann, Retshistorie S. 55.

[2] Man weifs anderweitig, dafs die Gilde zu Schleswig den Herzog
Knut als Schutzpatron verehrte; vgl. Sach, Geschichte der Stadt
Schleswig S. 110.

[3] Vgl. oben S. 176.

selben Vorrechts der Gildebrüder von St. Knut gedacht.
Ebenso in dem von Odense, welches Christian I bestätigte.
Desgleichen in den Stadtrechten von Viborg und Kolding
um Mitte des 15. Jahrhunderts. Das Stadtrecht von Roskilde 1268 gebraucht den Ausdruck convivium cónjuratum,
ohne andere Benennung, gleichwie das von Schleswig.

Die St. Erichsgilde ist nur von wenigen Orten bekannt,
von Kallehave durch die vorhandene Gildeordnung[1], von
Röthinge durch das Siegel der Gilde[2], von Kopenhagen
durch Pontoppidan[3].

Auf das Dasein anderer, dem Ansehen und Range nach
untergeordneter Gilden weist, wie schon oben bemerkt, die
Bezeichnung der höchsten Gilde und der für diese besonders
gebrauchte Ausdruck geschworene Gilde hin. Es ist nun zu
sehen, von welcher Art und Einrichtung jene anderen Gilden
waren, zu welchem Zweck es genügen kann, nur die bedeutenderen Städte in den verschiedenen Landschaften zu
berücksichtigen.

1. Südjütland.

Flensburg.

Sejdelin, Diplomatarium Flensborgense I und II, 1865 und 1873.
F. Wedel, Gilder og Laug i Flensborg, 1873.

Die St. Knutsgilde zu Flensburg ist durch ihre oben
betrachtete älteste dänische Gildeordnung (A) und das Flensburger Stadtrecht von 1284 bekannt[4]. Nur wenig mehr

---

[1] Vgl. S. 128.
[2] Pappenheim S. 164 nach der Beschreibung von Arne
Magnusson.
[3] Vgl. unter Kopenhagen.
[4] Vgl. S. 168.

über sie enthalten die Urkunden der Stadt. Sie findet sich in den Verzeichnissen der Erbenbesitzer mit Grundstücken sowie mit einem Gildehause aufgeführt[1]. Ihre bevorzugte, von allen übrigen Gilden· ausgenommene Stellung wird noch durch einen Artikel in der Zunftordnung der Schmiede vom J. 1514 bezeugt, worin gesagt ist, daſs diese neue Innung (lag) das gleiche Recht wie alle anderen in der Stadt ge-nieſsen soll, nur nicht wie die St. Knutsgilde[2]. Als eine vornehme Gilde aus der besseren Gesellschaft behauptete sie sich noch in späterer Zeit, nachdem sie wie andere zu einer bloſsen Schützengilde geworden[3].

Nicht weiter als bis in die zweite Hälfte des 14. Jahr-hunderts gehen die urkundlichen Nachrichten über andere Gilden von Flensburg zurück. Auch sind diese meist erst in dieser Zeit gestiftet worden.

Es sind nach chronologischer Ordnung, so wie sie zum erstenmal vorkommen, die folgenden.

1. Die h. Dreifaltigkeits- oder Kalandsgilde, convivium sancte Trinitatis sive Calendarum. Statuten der Stiftung 1362[4].

2. Die h. Gertrudsgilde, convivium beate Gertrudis vir-ginis. Statuten der Stiftung 1379[5].

3. Die h. Laurentiusgilde, convivium sancti Laurentii. Mitgliederverzeichnis, 1377—1518[6].

4. Die h. Marien- oder Trägergilde, convivium beate Marie sive fertorum oder latorum. Aufzeichnungen des Gildebuchs seit 1399[7].

---

[1] Sejdelin S. 427. 435 und 436 (by sante Kanutes ghildebrødre stenhus) 480. 489. 521.

[2] A. a. O. II Nr. 294 S. 105: ock hebben wy gegunt, dat se er lach mögen midt lage unde lageszrecht holden gelick ander lage binnen unszer stadt, ahne sunte Canutis lach.

[3] Ihr Name verschwindet erst Mitte des 18. Jahrh. S. die Nach-richten über sie bei Wedel S. 28 ff.

[4] Sejdelin Dipl. I 55.

[5] Ebd. S. 101.

[6] Ebd. S. 82.

[7] Ebd. S. 144.

5. Die Kaufleutegilde U. l. Frau, Unser leve vrouwen lage des kopmans to Flensborgh unde to sunte Margreten altare. Statuten und Mitgliederverzeichnis um 1420[1].

6. Die h. Leichnamsgilde der Schüler, convivium corporis Christi, gestiftet 1432[2].

7. Die St. Johannisgilde, die grofse und die kleine, grote und luttike sunte Johannes lagh, 1436[3].

8. Die St. Nicolaigilde, sunte Nicalaus lag. Statuten von 1446[4].

9. Die St. Mariengilde, U. l. vrouwen lagh in sunte Nicolaus kerken. Statuten von 1492[5].

Die allgemeine Benennung dieser Genossenschaften ist lateinisch convivium, fraternitas, dänisch und niederdeutsch lag, broderschop. Das Wort Gilde wird nicht für sie gebraucht. Ihre Organisation ist durchweg die gleiche, mit einem Aldermann und zwei Beisitzern oder Stuhlbrüdern als Vorstand, nach dem Vorbilde der alten Gilden. Auch nach Zwecken und Einrichtungen sind sie diesen nachgebildet, nur ohne eigene Gerichtsbarkeit, welche jenen ihr charakteristisches Gepräge verlieh. Es sind immer noch Gilden, aber in wesentlich abgeschwächter Gestalt. Sie lassen sich nicht schlechthin als geistliche und weltliche Gilden unterscheiden, wenn auch bei den einen das geistliche Element mehr als bei den andern überwog, und kaum als Standesgilden, wenn auch ihre Stiftung von einem besonderen geistlichen oder weltlichen Stande ausging; denn in allen waren verschiedene Klassen der Einwohner vereinigt. In ihren Statuten wieder-

---

[1] Ebd. S. 232. Sie wurde vor dem J. 1404 gestiftet, wie Wedel S. 93 beweist.

[2] Ebd. S. 389.

[3] So findet sie sich unter den Erbenbesitzern im Stadtbuch genannt. Ebd. S. 439. 446. Als militärisch organisierte Schützengilde wurde sie noch in neuester Zeit 1853 durch K. Friedrich VII bestätigt. Wedel S. 44.

[4] Ebd. S. 516.

[5] Ebd. S. 694.

holen sich gleiche oder ähnliche Vorschriften über die Aufnahme neuer Mitglieder, Rechte und Pflichten derselben, Abhaltung der Zusammenkünfte und Gelage, religiöse Dienste. Und mit den Männern nahmen auch die Frauen an der Genossenschaft teil.

Sehen wir zuerst die Gilde der h. Dreifaltigkeit oder sog. Kalandsgilde. Diese war ursprünglich eine Gilde der Geistlichen zu vorwiegend religiösen Zwecken. Nach ihren Statuten vom J. 1362 sollte die Genossenschaft auf die Mitgliederzahl von 24 Priestern beschränkt sein, aber auch Laien, falls es an Priestern fehlte, doch nicht mehr als 8, aufgenommen werden. Der Aldermann (senator) der Brüderschaft und seine zwei Beisitzer werden jährlich gewählt. Zweimal im Jahr werden Zusammenkünfte mit Gottesdienst und Gelag an drei Tagen hintereinander gehalten. Die Pflichten der Brüder bestehen vornehmlich in geistlichen Verrichtungen, Messelesen für die verstorbenen Mitglieder. auch Almosengeben an die Armen. Dazu kommen die gewöhnlichen Vorschriften über die Ausrichtung des Gelags und das schickliche Verhalten der Brüder bei demselben, Beiträge und Bußen, Beilegung ihrer Streitigkeiten durch Aldermann und Beisitzer. Die Gilde gelangte bald zu hohem Ansehen, und es blieb nicht bei der anfangs bestimmten Mitgliederzahl. Auf Andrängen der Laienmitglieder wurden auch Frauen zu den Gelagen zugelassen; der Bürgermeister von Flensburg zuerst brachte die seinige mit [1]. Der Bischof, Ritter und Edle, die geladen wurden, durften in Begleitung ihrer Diener, der erstere mit zwei, die letzteren mit einem, erscheinen.

Eine ältere Gilde war die von St. Lorenz. In ihrem Mitgliederverzeichnis seit 1377 sind die Brüder in Abteilungen zu je 4 Personen aufgeführt, denen es nach alter Sitte oblag, der Reihe nach das Gelag auszurichten [2]. Das

---

[1] A. a. O. S. 58.
[2] A. a. O. S. 83: Isti sunt fratres in convivio sancti Laurentii,

Gelag scheint die Hauptsache bei dieser Gilde gewesen zu sein. Als Mitglieder sind Männer mit ihren Frauen, auch Frauen und Töchter allein, Personen verschiedener Stände, nicht wenige Handwerker genannt.

Die Gilde St. Gertrud wurde 1379 mit Beirat eines Bürgermeisters und mehrerer Ratmänner errichtet. Aufser der allgemeinen Vorschrift, dafs die Brüder sich untereinander in allen Nöten mit Wort und That getreulich beistehen sollen, wird in den Statuten den Brüdern und Schwestern noch die besondere Pflicht auferlegt, armen Pilgern und Verbannten die gleiche Hülfe wie ihren eigenen Genossen zu gewähren[1]. Es war, wie es scheint, hauptsächlich eine Laienbrüderschaft aus den unteren Ständen[2].

Eine Gilde· niederer Art war die der Lastträger (fertorum). Dieser war es hauptsächlich um das gemeinsame Trinken der Brüder und Schwestern zu thun, nicht weniger als 6 mal im Jahr und zwar am Pfingstfest 4 Tage hintereinander. Doch finden sich an der Spitze ihres Mitgliederverzeichnisses 5 Ratmänner, drei von ihnen mit Ehefrauen, und 20 Priester[3].

Die Gilde des h. Leichnams wurde 1432 von den Schülern zu Flensburg errichtet, wobei sie als Grund angaben, dafs sie bisher noch keinen besonderen Heiligen als Patron, wie andere Gilden, gehabt hätten[4]. In ihren Statuten findet sich neben den üblichen Gilderegeln die Vorschrift, dafs

---

et volunt servire in convivio, sicuti mos est ab antiquo, et semper quatuor fratres simul secundum ordinem.

[1] Insuper fratres et sorores tanto subsidio pauperes peregrinos ac exules, versus istam civitatem pervenientes, quanto proprios convivas, fideliter adjuvabunt.

[2] Wedel S. 79 sagt, dafs sie einen gewissen Gegensatz gebildet habe, einerseits zu der vornehmen Knutsgilde, andrerseits zu dem Priesterkaland.

[3] A. a. O. S. 153.

[4] A. a. O. S. 389: wente de scholers de en hadden nenen hovetman van hilghen to erende, alse in anderen lage synt.

keiner von diesem Lag einen von einem andern Lag zum
Stechen oder Brechen (to stekende edder to brekende) heraus-
fordern soll. Wenn ein Bruder oder eine Schwester stirbt,
soll der Schulmeister mit seinen Schülern, sowie die Priester
sie in Prozession zu Grabe begleiten. Das Mitgliederverzeichnis, in welchem zwei Herren und vier Priester an
der Spitze stehen, führt Männer und Frauen in grofser Anzahl auf, keine Schüler als solche, aber einen Schulrector,
einen Bürgermeister, Gewerbtreibende aller Art[1].

Die Brüderschaft der Kaufleute und Schiffer nahm den
Anfang, wie in ihrer ‚Willkür' erzählt ist, bei dem Trinken
einer Gesellschaft von 6 Personen zu Fastnacht, wo sie
übereinkamen, den Überschufs ihrer Zeche mit 6 Schill. zu
einem brennenden Licht vor dem Marienbilde zu verwenden[2]. Dann beschlossen sie, Aldermänner zu wählen und
eine Willkür zu machen. Man war darauf bedacht, das
Vermögen der Brüderschaft zu vermehren, indem das Geld,
welches ihr aus Überschüssen und Brüchen zufiel, einzelnen
Genossen zum Handelsbetrieb dargeliehen wurde, welche den
Gewinn daraus an die Brüderschaft abzuliefern hatten. Im
übrigen handeln die Statuten von dem gemeinsamen Trinken
der Brüder und Schwestern, von Beiträgen und Brüchen in
Tonnen Bier und Wachs bei Übertretungen der Regeln,
dann auch von dem Opfer, das ein jeder beim Begängnis
einer Schwester oder eines Bruders darbringen soll. Wiederholt wird versichert, dafs niemand gezwungen sei, in der
Brüderschaft zu bleiben: wer die Willkür nicht halten will,
mag austreten; sein Name wird im Buche der Brüderschaft
gestrichen; und am Schlufs heifst es, dafs „Willkür und
Brüderschaft gemacht sind um der Messe U. l. Frau und
der Seelen Seligkeit willen". Im Verzeichnisse der Mitglieder
stehen Herren und Priester voran; hierauf folgen Männer

[1] S. 391—401 vom J. 1432—1520.
[2] Diplom. I 233.

mit ihren Frauen in grofser Zahl, nicht blofs Kaufleute und Schiffer, auch andere Gewerbtreibende, wie Goldschmiede, .ein Glaser, ein Bartscherer, Knechte oder Gesellen, und geistliche Personen. Von einer besonderen Standesgilde der Kaufleute oder Gilde für Zwecke der Kaufmannschaft ist also hier nicht die Rede. Es ist nur eine Brüderschaft besonderer Art für den allgemeinen Zweck genossenschaftlicher Vereinigung, gleichwie die andern schon erwähnten.

Verschieden davon waren die mit Handwerkerämtern verbundenen Brüderschaften, welche gleichfalls bisweilen den Namen eines Heiligen als ihres Patrons führten.

Handwerkerordnungen kommen in Flensburg erst im 15. Jahrhundert vor. Im J. 1437 wurden den Ämtern der Schuhmacher und der Kürschner ihre Skraen von Bürgermeistern und Rat verliehen. Ersteres Amt bildete eine Brüderschaft, welche das Lag des h. Jakob hiefs[1]. Die Statuten der Skra beziehen sich teils auf das Amt oder den Gewerbebetrieb der Schuhmacher, teils auf ihre Brüderschaft. In der einen Beziehung handeln sie von dem Verhältnisse zwischen Meistern, Gesellen und Lehrjungen, sowie von den Bedingungen der Aufnahme in das Amt, wobei die Heirat einer Schusterstochter oder Witwe eine wichtige Rolle spielt, in der andern von dem Verhalten der Brüder und Schwestern untereinander, dann vom Gelag, Beiträgen und Brüchen, ganz wie die gewöhnlichen Gildeordnungen.

In der Schra der Pelzer (Kürschner) wird die Brüderschaft, wiewohl sie keinen besonderen Namen von einem Heiligen führt, doch bestimmt von dem Amte oder Handwerk unterschieden[2]. Nachdem vorher von der Aufnahme in das Amt die Rede war, heifst es im Art. 12: Wer die Brüderschaft gewinnt, es sei Meister, Frau oder Knecht (Gesell), mufs 4 Schill. lübisch geben, und im Art. 13: Welcher

---

[1] Skra der Schuhmacher. Diplom. I Nr. 109 S. 448.
[2] A. a. O. I Nr. 110 S. 461.

Knecht ein Vierteljahr im Pelzeramt gedient hat, soll die Brüderschaft gewinnen.

Ebenso erscheinen die Bäcker in der ihnen verliehenen Skra vom J. 1452 zugleich als Amt und Lag[1]. Das Zunftwesen zeigt sich hier schon ganz hübsch ausgewachsen. Wer Meister werden will, mufs seine echte Geburt von Vaters und Mutter Seite beweisen, zwei Jahre im Amte gedient haben und eine Prüfung vor den Aldermännern durch Backen dreierlei Brotes bestehen. Das Trinken ,unse rechte lachdrank' wird zweimal im Jahre gehalten; es sind Brüder und Schwestern dabei.

Ein gemeinsames Amt mit Brüderschaft wurde im J. 1497 von Malern, Goldschmieden, Glasern und Bildschnitzern (snydkers)[2] zu Ehren der h. Maria, des St. Lucas und St. Loyen (Eulogius) mit Genehmigung des Rates errichtet, der ihm die Ordnung als broderscop und ampte verlieh[3]. Die Schmiede, Grob- und Kleinschmiede, Messer- und Büchsenmacher erhielten gleichfalls vom Rate 1514 eine neue Schra, worin sich am Schlufs die oben angeführte Stelle bezüglich ihres Lag befindet[4].

Ich komme hier auf die oben angeregte Frage zurück, ob jemand mehreren Gilden zugleich als Mitglied angehören konnte, wie dies die Vorschrift des Flensburger Stadtrechts vorauszusetzen scheint, wonach ein wegen Diebstahls Angeklagter sich mit 5 Nachbarn und 6 Genossen seiner höchsten Gilde, in der er ist, cum summo convivio, in quo est, verteidigen soll, aber auch der Fall angenommen wird, dafs einer keiner Gilde angehört, si in nullo convivio sit[5]. Aus den Mitgliederverzeichnissen der Gilden in den Flens-

---

[1] A. a. O. Nr. 145. S. 557.
[2] Es sind unter snydkers nicht blofs Schreiner, sondern sculptores zu verstehen, wie das Wort lateinisch übersetzt ist (Diplom. II 131) und das Meisterstück, das sie zu machen hatten, beweist, Skra Art. 35.
[3] A. a. O. Nr. 208 S. 711.
[4] Vgl. oben S. 208.
[5] Vgl. oben S. 169.

burger Urkunden geht mit Bestimmtheit hervor, dafs Männer wie Frauen in der That gleichzeitig verschiedenen Gilden angehörten. Ich greife einige Beispiele nach Zufall heraus.

Der im Verzeichnisse der Kaufmannsgilde um 1420 an der Spitze aufgeführte Herr Erich Dozenrode, welcher 1413 als Geistlicher und kaiserlicher Notar, 1415 als Archidiaconus und Generalvicar zu Schleswig vorkommt, war auch 1437 Mitglied der h. Dreifaltigkeits- oder Kalandsgilde[1].

Der Goldschmied Heyse (Heyze) gehörte zur Brüderschaft der Kaufleute und mit seinem Weibe Christine (Kerstyn) zugleich zur h. Dreifaltigkeits- und zur h. Leichnamsgilde[2].

Hermann Schroder mit Frau war in der Kaufmannsgilde vor 1460, trat 1473 mit seiner Ehefrau Sissel in die h. Leichnamsgilde ein und legte in dieser 1482 als abgehender Alderman Rechenschaft ab; derselbe ist 1496 in der St. Lorenzgilde genannt[3].

Frau Agnes Fedders findet sich in der h. Dreifaltigkeitsgilde zwischen 1437—1455 unter den Schwestern genannt, als Schenkerin auch in der St. Lorenzgilde, als Mitglied in der St. Gertrudsgilde (um 1419) und in der Kaufmannsgilde (um 1420)[4].

Welche von den verschiedenen Gilden nun, denen eine Person gleichzeitig angehörte, als deren höchste Gilde anzusehen sei, bestimmte sich schwerlich nach einem objectiv feststehenden Rangunterschiede derselben, sondern vermutlich allein nach der Wahl des Betreffenden, der im gegebenen Falle den Reinigungseid mit seinen Gildegenossen zu leisten hatte.

----

[1] Diplomat. I 236 und 256; vgl. Urkunde von 1415 S. 228. Und ebd. S. 65 und 81.

[2] Ebd. S. 236 und S. 81 und S. 391. 401.

[3] Ebd. S. 244 und S. 392. 393. 404 und S. 96.

[4] Ebd. I 65 und S. 93 und S. 117 und S. 237.

2. Nordjütland.

Ripen.

P. Terpager, Ripac Cimbricae oder Beschreibung der Stadt Ripen.
1736. — J. Kinch, Ribe byes Historie. 1869.

Das Stadtrecht von Ripen, von dem oben die Rede
war, thut keine Erwähnung von Gilden, woraus jedoch nicht
zu schliefsen, dafs es dort zur Zeit überhaupt keine gegeben
habe[1]. Von einer König Knutsgilde ist wenigstens das
Siegel bekannt[2], und von anderen sind urkundliche Nachrichten vorhanden. Im J. 1397 wird das steinerne Gildehaus von St. Peter erwähnt[3]; die Gilde besafs Grundstücke
und Renten. Besonders reich an Vermögen zeigt sich die
Priestergilde, convivium Sacerdotum, Praeste Gilde, die
aber nicht blofs Priester, auch Bischöfe und edle Herren,
andere Laien beiderlei Geschlechts zu ihren Mitgliedern
zählte. Aufser Renten von Grundstücken und Häusern besafs sie einen Schatz von Kleinodien, kostbaren Gefäfsen
und Büchern. Als Vorsteher sind zwei Aldermänner genannt[4]. Von der Gilde der h. Gertrud sind die Statuten
nur auszugsweise mitgeteilt. Zu Anfang derselben findet
sich die Erklärung, dafs die Gilde nicht blöfs des Trinkens
wegen gestiftet sei[5]. Die Gildeordnung gleicht in Einrich-

---

[1] Hasse, Die Quellen des Ripener Stadtrechts S. 2: „Es ist
eine neuerdings besonders von K. W. Nitzsch hervorgehobene Beobachtung, dafs im Gebiete des lübischen Rechts nirgends eine Spur
von Gildenbildung zu tage trete." Die späteren Gilden, fügt Hasse
hinzu, seien rein religiösen Charakters. Beide Behauptungen treffen
in Ripen nicht zu.
[2] Terpager S. 430 gibt die Abbildung, worin der König sitzend
mit Krone, Scepter und Reichsapfel dargestellt ist.
[3] Ebend. S. 441.
[4] A. a. O. S. 445—452. Die Urkunden sind aus dem 15. Jahrh.
[5] A. a. O. S. 436.

tungen und Vorschriften denjenigen der alten Gilden, nur daſs
die brüderliche Hülfe nicht mehr so weit geht wie dort,
nicht auf Rechtshülfe und Rache sich erstreckt; denn der
besser geordnete öffentliche Rechtszustand lieſs solches nicht
mehr zu. Dagegen wird auſser den gewöhnlichen Pflichten
der Brüder und Schwestern besonders noch Unterstützung
mit Beiträgen zu Wallfahrten der Brüder nach entfernten
heiligen Stätten, wie der h. Maria zu Loretto, St. Peters in
Rom, St. Jakobs zu Compostella und des h. Olav, verlangt.
Auch von der scharfen Zucht und Strenge der Buſsen in den
alten Gilden sind diese Statuten weit entfernt: die Brüche
für schlechte Aufführung beim Gelag, selbst für körperliche
Miſshandlung eines Bruders, werden mit ganzen oder halben
Kannen Bier abgethan[1].

3. Fünen.

Odense und Sveaborg.

Suhm, Samlinger til Danske Historie I und II. — Bircherod,
Om gamle gilder i Odense I. Vgl. Wilda, Gildenwesen S. 271
bis 280.

An beiden Orten finden sich Kaufmanns- und Handwerkergilden, welche lediglich den allgemeinen Gildecharakter
aufzeigen, ohne besonderen Zwecken von Standes- oder Be-
rufsgenossen zu dienen.

Die Gilde der h. Dreifaltigkeit zu Odense, deren
Skra 1476 erneuert und verbessert wurde[2], gibt sich allein
dadurch als Kaufmannsgilde zu erkennen, daſs ihre Brüder

---

[1] Kinch (S. 611—618) nennt, die Angaben Terpagers ergänzend,
noch andere Gilden, darunter eine der Schneider, denen der Rat 1349
das Recht verlieh, daſs ohne ihre Zustimmung niemand Kleider anfertigen dürfe (S. 196), und eine der Schmiede, deren Skra in deutscher
Sprache 1424 abgefaſst ist (S. 324).

[2] Gedruckt bei Suhm, Samlinger von Bircherod I 1.

sich Kaufleute und Kaufmannsgesellen (Köbswenne) nennen.
Als Zweck des Vereins ist lediglich Erlangung des Seelenheils angegeben[1]. Die Statuten handeln von religiösen
Pflichten und Diensten, Abhaltung einer täglichen Messe in
der St. Albans-Kirche, wo ein eigener Kaplan für die Gilde
angestellt war, von Vigilien und Gebeten für die Verstorbenen,
der Festversammlung nach dem h. Dreikönigstag und Ausrichtung des Mahles, von der jährlichen Wahl des Aldermanns
und der zwei Länsmänner oder Stuhlbrüder. Die Zahl der Mitglieder war auf 30 Paare, Männer und Frauen, beschränkt.

In der zwanzig Jahre später, 1496, erneuerten Skra dieser
Gilde zeigt sich sowohl ihr Verhältnis zur Stadtobrigkeit als
ihre Verwandtschaft mit der Knutsgilde auf eigentümliche
Weise. Der Stadtvogt, der zur Zeit ihr Aldermann war,
Bürgermeister und Rat haben die Artikel bestätigt, welche
den Kaufleuten und ihrer Kaufmannschaft zum Nutzen gereichen sollen. Die Brüder verbinden sich mit Hand und
Mund, unter den Siegeln der Stadt, St. Knuts und ihrer
Brüderschaft, die Messen und Vigilien zur Ehre der b. Dreifaltigkeit und des h. Knut zu halten. Die Zahl der Paare
ist bis auf 40 vermehrt; es gibt aber auch Anwärter, Brüder
und Schwestern, ‚Hobebrödre oc söstre‘, welche bei Erledi-
gung einer Stelle ihrer Aufnahme entgegensehen (S. 26).
Ferner handelt das Privilegium, welches K. Hans 1496
Bürgermeistern und Rat und den gemeinen Kaufleuten, „die
in der Gilde der h. Dreifaltigkeit sind“, erteilte, von den Auf-
nahmebedingungen[2]. Ein junger Mann, der Kaufmann in
Odense werden und in ‚die heilige Dreifaltigkeits-Kaufmanns-
gilde‘ aufgenommen sein will, muſs mindestens 15 Jahre alt
sein und 2 oder 3 Jahre bei Kaufleuten gedient haben, muſs
4 Mark Geld und 1 Mark in Wachs als Eintrittsgeld geben und

---

[1] S. 16: Item hwilken brodher eller söster, som will gaa i thette
bröderschap for syn siæls salighæts skyuldh.
[2] A. a. O. S. 29.

die Satzungen der Gilde beschwören, ein Vermögen von
30 Mark nachweisen und zugleich Gildebruder in der St.
Knutsgilde sein, „damit wer es nötig hat, sich vor Gericht
mit der sechsten Hand wahre und weder sich noch die
Gildebrüder damit belästige" [1].

Man sieht, die Angehörigkeit zur einen Gilde schloſs die
zur anderen so wenig aus, daſs hier sogar die Mitgliedschaft
in beiden zugleich gefordert wird, und nicht weniger
beachtenswert ist der Grund, weshalb die Mitgliedschaft der
Knutsgilde verlangt wird. Letztere nämlich war so zu sagen
eine bequeme Schwöranstalt geworden, welche denjenigen,
die zu ihr gehörten, die Eidesleistung erleichterte und dadurch die Genossen der anderen Gilde von der lästigen
Pflicht der Eideshülfe befreite.

Die Kaufmannsgilde zu Sveaborg wurde, wie ihre
Skra in der Einleitung angibt, zu Ehren der h. Dreifaltigkeit, der Jungfrau Maria und der heiligen Frau Anna im
J. 1444 von den Kaufleuten unter dem Namen St. Anna
lagh errichtet und, wie am Schluſs gesagt ist, von Bürgermeistern und Ratmännern der Stadt bestätigt. Die Satzungen
der Skra gleichen denjenigen der gewöhnlichen Brüderschaften
ohne charakteristischen Unterschied.

Ganz ähnlicher Art sind die noch vorhandenen Skraen
verschiedener Handwerkergilden, wie die der Schneider zu
Odense [2], der Goldschmiede, Riemer und Schwertfeger zu
Sveaborg [3]. Es sind keine Zunftordnungen, sondern ledig-

---

[1] S. 31: Item skal ingen Kiöbmaand være i Gildet med mindre
end han skal være udi St. Knutsgilde, fordi at om nogen Gildbroder
trængde paa Lov, da maan har værge sig med siette haand, og ey
ydermeere besværge sig eller sine gildbrödre dermed.

[2] In Brandt, Gammeldansk Læsebog S. 297, abgedruckt aus
Fyenske Aktstykker. Noch andre Handwerkergilden, der Schmiede,
der Schuhmacher und eine vornehme religiöse Gilde ‚Elende Lag‘ oder
‚Unsrer Frau Gilde‘ sind aufgeführt bei Engelstoft, Odense Byes
Historie 1862 S. 60.

[3] Abgedruckt bei Suhm I 2 S. 210.

lich Gildeordnungen zum Zweck der religiösen und geselligen Vereinigung.

4. Seeland.

Kopenhagen.

Pontoppidanus, Origenes Hafnienses 1760. — Nielsen, Kjøbenhavns Diplomatarium I. — Wilda S. 280.

Im Stadtrecht Christophs von Baiern für Kopenhagen
1443 sind, wie schon bemerkt, Gilden und Gesellschaften im
allgemeinen, die deutsche und dänische Handelscompagnie
besonders erwähnt[1]. Pontoppidan berichtet von 4 Gilden
(convivia), die im J. 1370 in Kopenhagen bestanden, nämlich
die der h. Maria, des heiligen Geistes, des h. Erich und der
h. Katharina, zu welchen dann noch 1403 eine von Kopenhagener Bürgern gestiftete Gilde der h. Karina hinzugekommen sei; aufserdem fänden sich 1527 eine Gilde Corporis
Christi und 1531 eine Kalandsgilde bezeugt. Derselbe gibt
weiterhin (S. 186) einen Auszug aus den Statuten der
deutschen Compagnie vom J. 1382, mit deren Platt-
deutsch er sich leider den Kopf zerbrechen mufste[2], weshalb
der Auszug sich in der That als sehr mangelhaft erweist. Glück-
licher Weise ist der Text noch vorhanden, dem ich folge[3].
Die Gesellschaft (selschop) bestand aus Kaufleuten von Wismar, Stralsund, Stettin und den deutschen Städten insgemein
(alle de gemeyne kopman uth den dudeschen steden). Sie
nahm den Anfang zu Lichtmefs 1382 mit Stiftung einer
Prunkdecke (boldex) und von 4 Lichtern für die Begäng-

---

[1] Oben S. 194.
[2] Skjønt jeg blev keed af at bryde hovedet med det plat tydske!
[3] Vgl. diesen bei Nielsen, Diplomatarium I 119 Nr. 81.

nisse der Brüder, wobei drei Messen gesungen wurden, für welche jeder Bruder mit seinem Gelde opfern soll. So, wie dies, ist auch alles übrige den gewöhnlichen Gildeordnungen entsprechend. Wer von auswärts kommt und die Brüderschaft gewinnen will, muſs 1 Mark lübisch geben. Die Brüder sollen· denjenigen zur Bewahrung ihres Guts und Lebens helfen, die auf kurze Zeit, etwa 6 Wochen, nach Kopenhagen kommen. Dreimal im Jahr wird von der Gesellschaft ein Gelag abgehalten mit Messen ·und Opfern für die verstorbenen Brüder. In der Versammlung zu Pfingsten sollen drei Aldermänner gewählt werden, je einer von den Kaufleuten von Wismar, Stralsund und Stettin. Dazu kommen die gewöhnlichen Vorschriften über das Verhalten der Brüder in der Zusammenkunft und beim Gelag: es wird verboten Waffen mitzubringen und zu würfeln; auch Gäste, Frauen und Jungfrauen werden mit Erlaubnis der Aldermänner gegen Entrichtung eines Geldbeitrags zugelassen. Ein Bruder der Compagnie, der sich mit einer Frau oder Jungfrau verheiratet, soll eine Tonne deutschen Bieres geben; ebenso Gelehrte, wenn sie Priester werden. Keiner soll den andern· vor Gericht verklagen, wenn er nicht zuvor seine Sache an die Aldermänner gebracht hat; keiner soll dem andern Vorkauf thun, oder ihn aus seiner Budenstelle (bodenstede) verdrängen u. s. w. Man sieht, es war keine eigentliche Handelscompagnie, sondern lediglich eine Brüderschaft der deutschen Kaufleute nach Art der dänischen Gilden. Doch wird dieselbe mit der Zeit wohl einen anderen Charakter angenommen haben, da sie die Eifersucht der dänischen Kaufleute erweckte und Anlaſs zu einer Verordnung des Königs Christian I 1477 gab, wodurch sie abgeschafft und der Handel der Deutschen eingeschränkt wurde[1]. Letzteren wird darin die

---

[1] Nielsen, Diplomatarium I 211 Nr. 163. Die Urkunde vom 27. August ist dänisch abgefaſst, in Form eines königlichen Briefs an Rat und Gemeinde von Kopenhagen. Pontoppidan brauchte sich also in diesem Fall nicht den Kopf mit einem fremden Idiom zu zerbrechen;

Schifffahrt in der Winterszeit von St. Andreas (30. November) an, bis die See wieder offen ist, verboten; ihre Schiffe dürfen während dieser Zeit auch nicht in einem dänischen Hafen verweilen, wogegen den dänischen Kaufleuten die Schifffahrt nach den deutschen Landen nach wie vor freigegeben ist und sie jede Art Waren ausführen dürfen, aufser Honig, Hafer und junge Pferde. Auf deutsches Bier ist ein Silberzoll gelegt und der Preis desselben festgesetzt. Die Fremden dürfen nur mit Bürgern im Handel verkehren, nicht mit Landleuten (bønderne), und müssen bei Bürgern in Kost liegen u. s. w. Diese Handelspolitik erwies sich jedoch für Dänemark selbst so wenig vorteilhaft, dafs die deutsche Compagnie schon nach 10 Jahren von K. Hans wieder zugelassen wurde[1] und K. Friedrich I nach Unterwerfung der Städte 1524 die deutschen Handelsgesellschaften nicht blofs in Kopenhagen, auch in Malmö und anderen Orten wiederherstellte[2].

Die dänische Compagnie oder die h. Dreifaltigkeitsgilde, wie sie sich nannte, erscheint im 16. Jahrhundert und später als Schützengilde, bei der sich selbst mehrere dänische Könige und viele vom Adel als Brüder einschreiben liefsen[3].

---

dennoch hat er den Text nicht recht verstanden. Denn er fand darin das vollkommene Gegenteil von dem, was wirklich gesagt ist, als ob nämlich der Handel der Dänen beschränkt und dem deutschen Handel alle Freiheiten eingeräumt worden wären, was er mit grofser Schrift hervorhebt (Origenes Hafn. S. 120). Es ist auch nicht etwa eine andere Verordnung, auf die er sich bezieht, wie man nach der Jahrzahl 1475 vermuten könnte, sondern eben dieselbe vom J. 1477, wodurch die deutsche Compagnie zu gunsten der dänischen abgeschafft wurde. Wilda, Gildenwesen S. 282, folgt Pontoppidan in der falschen Jahrzahl und bringt ein neues Mifsverständnis hinzu, indem er die Aufhebung der deutschen Compagnie einer Verordnung nicht des Königs, sondern des Rats der Stadt zuschreibt.

[1] Privileg vom 1. März 1487. Nielsen, Diplomat. I Nr. 175: thet mene tyske købmen mue have oc holde tysk kompenij oc samfund oc aldermen etc.

[2] Lünig XIV 26.

[3] Pontoppidan S. 326 f.

Es sind ferner Ordnungen von Handwerkergilden in Kopenhagen vorhanden. Zwar als offenbar unecht muſs die Skra der Schneider von 1275 erklärt werden, welche Nielsen für die älteste in Dänemark überhaupt ausgibt[1]; denn als starker Anachronismus erweist sich die Rechnung nach Schillinggroschen, wie noch anderes, was erst der späteren Zeit angehört. Um so mehr ist zu beachten eine Skra der Bäckergesellen (baghere swenne) vom J. 1403, aus der hervorgeht, was für eine Bewandtnis es mit der von Pont-oppidan genannten Gilde der h. Karine von 1403 hatte[2]. Mit Genehmigung nämlich von Bürgermeistern und Rat und Erlaubnis der Aldermänner und Brüder der Bäckergilde stifteten die Gesellen der Bäcker für sich eine Brüderschaft und Gilde (brodereskap oc lag) zu Ehren der Heiligen und der Jungfrau Karine, um in der Kapelle dieser Heiligen in der Frauenkirche jährlich zwei Messen, die eine zu Pfingsten, die andere am St. Knutstag (7. Januar) nach Jul-tag (jwle daw), abzuhalten, und setzten die Ordnung der Brüderschaft in einer Reihe von Statuten fest nach dem Muster der gewöhnlichen Brüderschaften unter Berücksichtigung ihrer besonderen gewerblichen Angelegenheiten. Eine groſse Zahl von Brüdern und Schwestern, Männern mit ihren Frauen, ist namentlich unterschrieben.

Mehr den Charakter einer eigentlichen Zunftordnung zeigt die Skra der Goldschmiede von 1429 in niederdeutscher Sprache[3]. Die Statuten wurden der Compagnie von St. Loyen (Eulogius), wie sie sich nennt, vergönnt von dem Könige Erich von Pommern und der Königin Philippa mit Wissen des Schloſshauptmanns von Kopenhagen Ritters Espe Brok und des gesamten Rats. Sie enthalten Vorschriften

---

[1] Diplomat. I 26 Nr. 23. In der Vorbemerkung sagt der Herausgeber, die Urkunde finde sich in Abschrift bei Resens Sammlung der Skraen 1683 und sei wahrscheinlich aus dem Lateinischen übersetzt, aber nur ein schlechter Auszug.

[2] Ebend. II 34 Nr. 21.

[3] Ebend. II 52 Nr. 37.

über Ausübung des Gewerbes, Verhältnisse der Gesellen
und Lehrlinge, Erwerbung des Meisteramts, aber auch über
das gemeinsame Trinken, woneben das Trinken in Tavernen
oder Bierbänken verboten wird (11), über die Bufsen, von
denen ¹/₃ dem Vogt, ¹/₃ dem Rate und ¹/₃ der Gilde zufallen.

Von anderen Handwerkerskraen dieser Art aus dem
16. Jahrhundert, welche das Urkundenbuch von Kopenhagen
enthält, ist nicht nötig zu reden. Nur eine Urkunde vom
J. 1525 will ich hervorheben, worin eine Reihe von als lag oder
ambet benannten Gilden der Handel- und Gewerbtreibenden
zu Kopenhagen mit je 2 Aldermännern nebst Stuhlbrüdern,
von den Kaufleuten an bis zu den Fuhrleuten und Trägern
herunter, aufgeführt ist, welche bei dem Rate ein Gesuch
wegen Überlassung einer Viehtrift stellten[1].

5. Schonen.

Malmö. Lund.

Suen Bring, Monumentorum Scanensium P. 2.: 1745. — W. Flensburg, Kort Berättelse om de så kallade Ste Knuts Gildet be-
  synnerligen det som nu i Malmö florerar. 1743. — G. Ljunggren, St. Knutsgillet i Lund. 1869. — H. Hildebrand
  Medeltidsgillena i Sverige. Hist. Bibliotek N. F. I 72—78.

In den Städten Schonens waren die Knutsgilden beson-
ders zahlreich. Flensburg kannte solche, wie in seinem
Wohnort Malmö, auch in Skanör und Falsterbo, Lund,
Ystadt, Landskrona und dem verschollenen Ort Tommarp[2].

---

¹ Nielsen, Diplomatarium I 357 Nr. 233.
  ² A. a. O. S. 20. In Falsterbo bestand neben der Knutsgilde
auch eine Johannisgilde, wie die erhaltenen Siegel von beiden beweisen. Vgl. D. Schäfer, Das Buch des lübeckischen Vogts auf
Schonen, Einl. S. XXV Anm. 2.

In Malmö, Lund, Ystadt bestanden sie auch unter der schwedischen Herrschaft (seit 1658) fort und bestehen als gesellige Klubs noch bis auf den heutigen Tag, wie mir von einem schwedischen Landsmann versichert wurde.

Von der St. Knutsgilde zu Malmö und ihren alten Statuten ist schon die Rede gewesen, und auch aus dem Stadtrechte Waldemars IV von 1360 erwähnt worden, daſs ein Sechseid der Gildebrüder gleich drei Zwölfeiden von anderen galt[1]. Daſs die Gilde sich noch bis ins 18. Jahrh. in hohem Ansehen erhielt, beweist, daſs nicht bloſs Bürgermeister und Ratmänner der Stadt als Aldermänner derselben gewählt wurden, sondern auch hochgestellte Personen, Gouverneure, Generale und Landeshauptleute dieses Gildeamt nicht verschmähten, und daſs selbst Könige und Fürsten, Herren und Damen aus den höchsten Ständen, sowohl in schwedischer wie dänischer Zeit sich als Mitglieder aufnehmen lieſsen[2]. Die königlichen Begnadigungen, welche der Gilde zu teil wurden, kamen vornehmlich ihren Trinkgelagen zu gute: Zollfreiheit für Rostocker Bier bis 10 Last, für spanischen, Franz- und Rheinwein oder Spezereien in bestimmten Quantitäten. Aufser der Knutsgilde nennt Flensburg in Malmö noch eine ganze Reihe von Gilden: Fronleichnam, U. Frau, St. Nicolai, St. Jakob, St. Olaf u. s. w.

Von der Knutsgilde zu Lund ist aus älterer Zeit nur bekannt, daſs sie schon im 14. Jahrhundert existierte. Über ihre späteren Schicksale hat gleichfalls ein kundiger Ortsangehöriger, der Schwede Ljunggren, urkundliche Nachrichten gegeben. In der noch vorhandenen Ordnung von 1586 zeigt sich die Gilde bereits als Schützengilde, doch in den althergebrachten Formen mit Aldermann und Stuhl-

---

[1] Siehe oben S. 198.
[2] Vgl. das Namensverzeichnis bis 1735 bei Flensburg S. 104 bis 123.

brüdern; sie erfreute sich, wie die Malmöer Knutsgilde, eines
Privilegs der Accisefreiheit bis zu 6 Last Rostocker Biers;
denn das Gelage an den drei Jahresfesten spielt immer noch
die Hauptrolle. Das Amt der zwei Maigrafen, welche
5 Tonnen Bier dazu liefern, geht der Reihe nach um[1]. Die
kirchlichen Verpflichtungen des katholischen Gottesdienstes
sind weggefallen; aber die anderen Pflichten, bestehend in
gegenseitiger Hülfeleistung der Brüder, Unterstützung der
Armen, Pflege der kranken Brüder, Leichenbegängnis u. s. w.,
sind geblieben. Sogar das Vorrecht der dreifachen Geltung
des Gildeeids vor Gericht bestand fort, doch nur unter den
Genossen selbst, wenn einer nicht vorzog, betreffenden Falls
lieber aus der Gilde auszuscheiden. Es gibt auch eine
Straf- und Bußordnung der Gilde, unter der gleichen Voraussetzung: für Totschlag z. B. ist, abgesehen von der gerichtlichen Bestrafung, eine 20 Mark-Buße an die Gilde zu entrichten wegen Übertretung des Gebots der christlichen Liebe.
Das Gildegericht ist Sühnegericht, hindert aber den Gildebruder nicht, seine Sache an das ordentliche Gericht zu
bringen.

Die heutige Knutsgilde zu Lund ist eine exclusive
Gesellschaft von Standespersonen beiderlei Geschlechts, die
sich Brüder und Schwestern nennen, jährlich neue Mitglieder
aufnehmen, die alten Gedächtnistage festlich begehen, gesellige
Vergnügungen veranstalten u. s. w. Bischöfe und Regierungs-
präsidenten waren ihre Aldermänner, L j u n g g r e n, der ihre
Geschichte schrieb, Stuhlbruder.

Ferner ist eine um J. 1373 gestiftete Priestergilde in
Lund bekannt, sodalitium clericorum majus, deren Statuten
J. 1505 H i l d e b r a n d im Auszuge mitteilt. Ihre Mitglieder
waren Priester in festgesetzter Zahl von 13; doch wurden

---

[1] Vgl. über die Maifeste mit Maigrafen und Vogelschießen bei
der Zirklergesellschaft in Lübeck W e h r m a n n, Das Lübeckische
Patriziat in Zeitschr. des Vereins für Lüb. Gesch. und Altertumsk.
V 317.

auch überzählige und Laien mit ihren Hausfrauen zugelassen. Die allgemeinen Gildenormen finden sich in den
Statuten wieder.

Es ist zuletzt noch einiger Genossenschaften der deutschen
Kaufleute in Dänemark zu gedenken. Von der deutschen
Compagnie in Kopenhagen war bereits die Rede. Aus alter Zeit
stammt die sog. Sachsengilde zu Lund, von welcher eine
Strafse der Stadt den Namen führte. König Erich von Dänemark bestätigte 1264 der Lorenzkirche zu Lund gewisse Rechte,
welche sie in dieser Strafse zur Zeit der schonischen Märkte
hatte[1]. Unter dieser Sachsengilde ist vermutlich eine Genossenschaft deutscher Kaufleute zu verstehen, welche bei
dem Häringsfang und Marktverkehr in Skanör und Falsterbo
beteiligt waren und zu diesem Zwecke ein Kontor zu Lund
hatten[2].

Über eine Genossenschaft der deutschen Kaufleute zu
Elenbogen (Malmö) geben zwei Urkunden der Stadt
Lübeck vom J. 1329 Nachricht[3]). In der ersten suchen die
deutschen Kaufleute die Unterstützung des Rats von Lübeck
für ihre Genossenschaft (societas) nach, weil sie sonst nichts
auszurichten vermöchten[4]; in der andern sind die Statuten
derselben enthalten und ist als Zweck Nutzen und Förderung
der Fremden, welche nach Elenbogen kommen, angegeben.
Die Gesellschaft trägt Sorge für das Leichenbegängnis der
Verstorbenen, schützt aber auch die Lebenden gegen feind-
selige Behandlung[5]. Streitigkeiten der Genossen unter sich

---

[1] Diplomatarium Suecanum ed. Liljegren I Nr. 449. Urk. dat.
Roskild 22. Oct. 1264: Der König bestätigt der Kirche quidquid juris
ecclesia habuisse dinoscitur in civitate Lundensi sive in platea que
dicitur Saxægilde stratæ in nundinis Scaniensibus. (Prof. K.
Lehmann, jetzt in Rostock, machte mich auf diese Stelle aufmerksam.

[2] Vgl. über den Betrieb der Häringsfischerei und des Handels
in Schonen Dahlmann III 141 und besonders Schäfer a. a. O
Einl.

[3] UB. von Lübeck II Nr. 505. 506.

[4] quia sine vestro auxilio nil utilius complere valeamus.

[5] Praedicta quidem societas et prescripta omnia facta, arbitrata

sollen mit Hülfe und Rat der Städte (denen die Kaufleute angehörten) beigelegt werden. Bescholtene Personen sind ausgeschlossen, und wenn einer sich eine Frau in Dänemark und seinen Wohnsitz daselbst nimmt, wird er in dem Buche (dem Mitgliederverzeichnisse) gestrichen. Der Lübecker Rat bestätigte diese lobenswerte Vereinigung und ermahnte seine Mitbürger, den Provisoren derselben beim Vollzuge der Statuten zu helfen.

Eine ähnliche Genossenschaft der deutschen Kaufleute bestand auf der Insel B o r n h o l m zu Rothna (heute Rottum, auch Rönne), welcher der Erzbischof Nikolaus von Lund 1378 gestattete, ihre Leichengerätschaften in der dortigen Kapelle zu haben und Messen für die Brüder und Fremden (pro fratribus et exulibus) lesen zu lassen, sich der Schiffbrüchigen anzunehmen und Streitsachen unter sich abzumachen[1]. Aus späteren Urkunden des Erzb. Peter von Lund ergibt sich, dafs diese Gilde den Kaufleuten von Greifswald angehörte[2].

6. Estland. Reval.

G. F. v o n B u n g e, Liv-Esth-Curländisches Urkundenbuch nebst Regesten I—VI. 1853—1873. — D e r s e l b e, Einleitung in die livländische, esth- und curländische Rechtsgeschichte. 1849. — D e r s e l b e, Quellen des Revaler Stadtrechts in Sammlung der Rechtsquellen von Bunge und Madai. — D e r s e l b e, Das Herzogthum Estland unter der Königin von Dänemark. 1877.

---

et confederata sunt propter bonum pacis, ut ipsorum sociorum alter juvans alterum efficaciter possint malorum insultus (l. insultibus) resistere et eis injuriantes repugnare.

[1] Urkunden bei S u h m Historie XIV 514. Die Genossenschaft ist genannt quoddam sodalitium seu convivium, das zu Ehren Gottes, der h. Jungfrau und frommem Gedächtnis aller Fremden (omnium exulum) gestiftet sei.

[2] In Urk. von 1412 heifsen sie mercatores de Gripeswald, und in Urk. von 1434 fratres convivii Teutonicorum de Gripeswold. Vgl. Pommersche und Rügische Geschichtsdenkmäler von Kosegarten I 27.

Das dänische Gildewesen verbreitete sich im 13. und 14. Jahrhundert weiter über die Ostsee hinüber und zwar zunächst in Estland, welches 1219—1227 und dann über ein Jahrhundert lang 1238—1347 unter dänischer Herrschaft stand.

Zuerst in dem Friedensvertrage Waldemars II mit dem deutschen Ordensmeister in Livland 1238 wird Reval als Stadt (civitas) genannt, neben der 1219 erbauten Burg (munitio)[1]. K. Erich Pflugpfennig verlieh ihr 1248 das lübische Recht. Nur wenige Dänen haben sich in Estland angesiedelt; dänische Namen kommen fast nur bei den königlichen Beamten und Geistlichen vor; die meisten Einwanderer waren Deutsche. Während des ganzen Zeitraumes der dänischen Herrschaft in Estland, sagt v. Bunge, findet sich keine Spur von ihrer Einwirkung im Herzogtum. Die dänischen Gesetze haben in Estland nie Geltung gehabt; das Privatrecht beruhte ganz auf Grundsätzen des deutschen Rechts[2]. Nichtsdestoweniger ist zu behaupten, daſs allein durch dänischen Einfluſs die ersten Gilden in Reval eingepflanzt worden sind. Die Knuts- und die Olavsgilde beweisen dies schon durch ihre Namen.

Erstere ist 1326 in einer urkundlichen Aufzeichnung des Stadtbuchs von Reval erwähnt[3]. Ihre Statuten, welche in die Zeit zwischen 1300 und 1347 zu setzen sind, stimmen zum Teil wörtlich mit denen der Malmöer Gilde überein[4]. Die Zusätze, welche sie später erhielten, Art. 63—70 mit den Jahresangaben 1468—1486 und Art. 71—86 aus der Zeit 1490—1564, beweisen, daſs die Gilde fortdauernd mit

---

[1] v. Bunge, Estland S. 82. 146.
[2] A. a. O. S. 97. 232.
[3] v. Bunge, UB. II Nr. 935, Sp. 517. Es handelt sich um einen Vertrag der fratres gildae s. Kanuti mit den Nachbarn des Gildehauses wegen Mitbenutzung einer Mauer.
[4] Sie sind, ohne die späteren Zusätze, auch bei Pappenheim, Altdänische Schutzgilden, im Anhang S. 502 ff. abgedruckt.

ihren alten Einrichtungen bestand [1]. Als Ämter derselben
sind der Oldermann, Beisitzer (Stuhlbrüder) und Gerdemänner, aufserdem noch Baumeister und Kolbenträger
(kolvendreger) genannt (71). Die Brüder sind Kaufleute,
Schiffer, Handwerker aller Art; nur Nichtdeutsche
waren ausgeschlossen [2]. Zu Weihnachten und Fastnacht
finden die Haupttrinken (hovet drunken) statt — das zu
Fastnacht heifst ‚nüchternes Steven‘ —, zu welchen auch
Frauen und Jungfrauen geladen werden; die Brüder, die mit
ihnen tanzen sollen, werden (zu jedem Tanze nicht mehr als
11 Tänzer) durch den Oldermann bestimmt (81. 82).

Die Gilde des norwegischen Heiligen Olav, den auch
in Dänemark verschiedene Gilden verehrten [3], kommt gleichfalls in den Eintragungen des Stadtbuchs von Reval an
mehreren Stellen in den Jahren 1341—1350 vor [4]. Auch in
den späteren Statuten der Knutsgilde geschieht derselben
Erwähnung, wo Art. 66 bestimmt: Wenn die Brüder in der
Gilde trinken und gleichzeitig auch die von St. Olavsgilde,
soll niemand einen der letzteren zu Gast bitten oder dorthin
zu Gast gehen [5].

Doch nicht blofs von diesen beiden Gilden in Reval
ist der dänische Ursprung zu behaupten, ganz unverkennbar
zeigt sich dieser auch in der Skra der h. Leichnamsgilde, deren Abfassung in das Ende des 13. Jahrhunderts
fällt [6], also der Zeit nach der Knutsgildeskra von Reval
vorausgeht. Gilden dieses Namens (sanctissimi corporis

---

[1] UB. IV Nr. 1519 Sp. 295 ff.

[2] Art. 75: Die Brüder in St. Knutsgilde sollen keine Undeutschen
(Undudesgen) zu Brüdern machen oder zu Gaste bitten, weil daraus
viel Unheil entsteht (wente dar vele quades af kumpt).

[3] Z. B. in Heddinge makele auf Seeland, nach Terpager, Ripae
Cimbricae S. 423, wo das Vorwort der Statuten mitgeteilt ist.

[4] UB. II Nr. 935 Sp. 160. 178. 232. Die Eintragungen betreffen
Rentenkäufe zu 1 Mark für je 12 Mark, wobei also das Capital sich
mit 8$\frac{1}{3}$ % verzinste.

[5] Ebend. IV Sp. 295.

[6] Ebend. I 762 Nr. 593.

Christi) sind auch in Dänemark an verschiedenen Orten
bekannt: z. B. in Synderherit auf Laaland[1], in Flensburg[2]. Wenngleich die Benennung auf religiöse Tendenz
schliefsen läfst, stellt doch die Skra der Revaler Gilde den
Brüdern und Schwestern neben dem Seelenheil auch die
leibliche Wohlfahrt in Aussicht[3]. Die Statuten in 16 Artikeln, denen noch einige Zusätze bis J. 1502 angefügt sind,
sind aus den dänischen Gildeordnungen geschöpft und stimmen
mit wenigen Ausnahmen mit den ältesten derselben, von Flensburg und Odense, meist wörtlich überein. Es findet sich nur
wenig eigentümliches darin, wie dies, dafs die Beisitzer des
Aldermanns nicht Stuhlbrüder, sondern Ratgeber heifsen, während den Gerdemännern hier wie dort die Ausrichtung des
Gelags obliegt[4]. Die Vorschriften über das Verhalten der
Brüder und Schwestern, ihre Unterstützungspflicht in Not
und Gefahr, besonders bei Schiffbruch und Gefangenschaft,
die Bestimmungen über Vergehen und Strafen, Bufsen in Geld
oder Wachs, Ausstofsung aus der Gilde, die Trinkordnung
sind die gleichen, wie in den dänischen Gildestatuten.

Einrichtungen und specifische Benennungen der dänischen
Gilden wurden auch in der nachdänischen Zeit — als K.
Waldemar IV 1347 Estland an den deutschen Orden verkauft hatte — bei den neuerrichteten Gilden zu Reval beibehalten, bei der Grofsen Gilde und der der Schwarzenhäupter. Beide waren Kaufmannsgilden. Erstere, die
Grofse Gilde, heifst Brüderschaft, Steven ihre Zusammenkunft; sie hat einen Aldermann, Beisitzer und Gerdemänner;
ihre Statuten enthalten ähnliche Vorschriften über das Ver-

---

[1] Terpager, Ripae Cimbricae S. 422 teilt Statuten der Gilde
vom J. 1388 mit.

[2] Vgl. oben S. 211.

[3] Desse scra is gescreven den meinen broderen und den süsteren
to trote (l. troste) und to salicheit des lives und der sele.

[4] Ich finde nicht, was scapkar im Art. 15 bedeutet: Swanne de
olderman das schapkar kundiget, dat scolen alle brodere und alle
süstere vroliken drinken etc.

halten der Brüder untereinander wie die dänischen Gilde-ordnungen [1]. Aber als nichtdänisch, sondern deutsch erweist sich die Gilde durch ihren exclusiven Standescharakter: unwürdig der Gilde macht sich der Bruder, der sich durch Heirat verringert, und ausgeschlossen von ihr wird, wer sich mit einer Handwerkerstochter, sei es aus der St. Canuti Gilde oder einer anderen, verheiratet [2]. Undänisch ist auch die Bestimmung, daß kein Bruder der Großen Gilde zugleich einer andern Gilde in der Stadt angehören darf (Art. 24), übereinstimmend jedoch mit einer allgemeinen Satzung der Bursprake von Reval um 1360 [3].

Die Gesellschaft der Schwarzenhäupter (swarten hofede) erhielt die Genehmigung des Rats für ihre Ordnung im J. 1407 [4]. Die wenigen Artikel derselben über Verhalten, Vergehen und Bußen der Brüder bieten nichts neues dar und lassen auch nicht auf den besonderen Zweck und Stand der Brüderschaft schließen. Es gab auch eine Brüderschaft desselben Namens in der kurländischen Stadt Goldingen an der Windau, Sitz eines Comthurs des deutschen Ordens, von der eine ältere Schra erhalten ist, aus der sich jedoch ebenso wenig bestimmtes entnehmen läßt [5]. Die Schwarzenhäupter zu Reval bestanden gleichwie die Große Gilde bis auf die neueste Zeit fort; ihre letzte sehr ausführliche Ordnung — ‚Gesetze des löblichen Corps der Schwarzenhäupter‘ — ist

---

[1] Die Schra in hochdeutscher Übertragung findet sich in v. Bunge, UB. IV Nr. 1518 S. 282, mit Zusätzen aus den Jahren 1429—1551. Hinzugefügt sind spätere Satzungen und Beschlüsse, fortlaufend bis zum J. 1821, mitgeteilt in Quellen des Revaler Stadtrechts, hg. von v. Bunge II 5—16.

[2] Quellen a. a. O. Art. 84 S. 13: Beschluß von 1774.

[3] UB. II Nr. 982 Art. 19 S. 686: Nen man scal mer gilde hebben den eine, bi 1 Mrk. Rig. (Rigische Mark). Demgemäß ist im Protokoll der Wedden aus den J. 1330—1350 Nr. 14 die Bestrafung von 7 Personen, darunter ein Fleischer und ein Bäcker, verzeichnet: quod habuerunt duas fraternitates, UB. II Nr. 924 S. 484.

[4] UB. IV Nr. 1738 S. 597.

[5] Ebend. Nr. 1520 S. 301.

vom J. 1818[1]; erst aus dieser ist ersichtlich, daſs es ein
‚Corps‘ der unverheirateten Handlungscommis und der Eintritt von solchen obligatorisch war (§ 1 und 3).

Anhang.

Riga. Ältestes Stadtrecht und Gilden.

Aufser den bei Reval citierten Quellen und Schriften: Hansisches
   Urkundenbuch, herausg. von K. Höhlbaum, I 1876. — K.
   Höhlbaum, Die Gründung der deutschen Kolonie an der
   Düna in Hans. Geschichtsbl. Jg. 1872, S. 23—65. — L. Na-
   piersky, Quellen des Rigischen Stadtrechts. 1876. — v. Bunge,
   Die Stadt Riga im 13. u. 14. Jahrh. 1878.

Riga wurde durch den ersten Bischof und Heiden-
bekehrer Livlands, Albert, abstammend aus einem Ritter-
geschlecht Bremens, 1201 erbaut und bald auch mit Mauern
befestigt[2]. Er verlieh den Bürgern das Recht der Gotländer,
jus Gutorum[3], d. i. nicht das schwedisch-gotländische Recht,
von dem später die Rede sein wird, sondern das Recht der
Kaufleute von Gotland. Welches aber war dieses Recht?
Es konnte zweierlei bedeuten, entweder das in den Privilegien der Gotländer begriffene Recht, oder dasjenige Recht,
nach welchem die Kaufleute in Gotland, d. i. Wisby, lebten.
Beides ist in dem an Riga verliehenen Stadtrechte enthalten. Sehen wir zuerst die Privilegien.

Herzog Heinrich der Löwe erneuerte im J. 1163 ein
nicht mehr vorhandenes Privileg K. Lothars, worin den Gotländern im Herzogtum Sachsen Friede und Rechtsschutz,
sowie Genugthuung für Schaden an Personen und Sachen,

---

[1] Quellen des Revaler Stadtrechts II 71.
[2] v. Bunge, Die Stadt Riga S. 7 ff.
[3] Hansisches UB. I Nr. 194: quod (episcopus) a constitutione
civitatis concessit civibus in genere jus Gutorum.

unter Festsetzung der Todesstrafe bei Totschlag nebst 40 Mark Mannbufse für die Erben, Handverstümmelung bei Verwundung mit Waffen, zugesichert, ferner Zollfreiheit und andere Vergünstigungen unter Bedingung der Gegenseitigkeit gewährt waren [1]. Auch befahl der Herzog seinem Vogte zu Wisby, die gleichen Strafgesetze dort bei den ihm untergebenen Deutschen zur Ánwendung zu bringen [2]. Hiermit im Zusammenhang steht dann das spätere Privilegium, welches Bischof Albert von Riga im J. 1211 den Kaufleuten, insbesondere denen von Gotland, zur Belohnung für den Beistand, den sie ihm bei der Heidenbekehrung in Livland geleistet hatten, bewilligte [3]. Darin war enthalten Zollfreiheit, Befreiung vom gerichtlichen Zweikampf und von der Probe des glühenden Eisens, vom Strandrecht, Rechtsprechung durch den bischöflichen Richter in Sachen, die an ihn gebracht würden, und Gleichheit der Münze, wie in Gotland so in Riga Sehen wir nun das jus Gotorum der Bürger von Riga.

Über die Bedeutung und den Inbegriff desselben ent-

----

[1] Lübecker UB. I Nr. 3 (Hans. UB. I Nr. 15). Im Eingang der Urkunde spricht der Herzog die Absicht aus, die alte Eintracht zwischen Gotländern und Deutschen wiederherzustellen und die vielen Feindschaften zwischen ihnen beizulegen.

[2] Hansisches UB. I Nr. 16. S. unten bei Gotland.

[3] Ebend. Nr. 88. Vgl. Höhlbaum, Die Gründung etc. a. a. O. S. 56. Doch finde ich hierzu zu bemerken, dafs das Privilegium nicht blofs den Kaufleuten von Gotland, sondern den Kaufleuten überhaupt galt, die sich um die Heidenbekehrung verdient gemacht hatten, unter ihnen allerdings vorzugsweise den ersteren (mercatores praecipue Guttenses). Die Bewilligung lautet allgemein: Concedimus igitur mercatoribus Dunam et caeteros portus Livoniae frequentantibus. Demgemäfs sind unter singulae civitates in dem Satze: excessus suos singulae civitates, si poterunt, componant, nicht, wie Höhlbaum meint, die in Wisby vereinigten Städte, sondern die Städte überhaupt zu verstehen, denen die in Livland reisenden Kaufleute angehörten, wobei auch darauf Rücksicht genommen wird, dafs manche Kaufleute keiner einzelnen Stadt zugehörten oder ihr gehorsam waren — similiter inter illos, qui ad nullam civitatem habent respectum.

stand Uneinigkeit zwischen dem Bischof Albert und der Stadt, und es fand deshalb im Dec. 1225 eine Verhandlung zu Riga unter dem Vorsitz des Legaten Wilhelm von Modena statt, welche eine Vereinbarung unter Festsetzung der Rechte der Bürger von Riga zur Folge hatte[1]. Der Bischof selbst erklärte zuvörderst, er habe den Bürgern bei Errichtung der Stadt im allgemeinen das Recht der Gotländer (in genere jus Gutorum) und insbesondre Zollfreiheit und Befreiung vom gerichtlichen Zweikampfe, vom glühenden Eisen und vom Strandrecht bewilligt. Man sicht, es sind dies eben dieselben Rechte, welche in dem Privilegium des Bischofs Albert für die Kaufleute, insbesondre die gotländischen, vom J. 1211 enthalten waren. Streitig konnten also nur die andern dort gleichfalls erwähnten Rechte sein: Rechtsprechung durch den bischöflichen Richter und Gleichheit der Münze. In Beziehung auf diese wurde nun durch den Schiedsspruch des Legaten erstens den Bürgern das Recht zuerkannt, den Stadtrichter selbst zu wählen, welchen der Bischof bestätigen und einsetzen wird, sodann dem Bischofe das Münzregal vorbehalten, aber dabei die Gleichheit der Münze in Riga mit der gotländischen ausbedungen, wie dies in dem erwähnten Privileg den gotländischen und andern Kaufleuten zugesagt worden. Aufserdem aber wurde den Bürgern noch alles dasjenige als Recht zugesprochen, was sie binnen drei Jahren als Recht der Deutschen in Gotland (de jure Teutonicorum commorancium in Gutlandia) erweisen könnten, ausgenommen das Recht derselben, ihren Geistlichen (Pfarrer) selbst zu wählen, was denen von Riga abgesprochen wird. Hier wird also mit klaren Worten auf das Recht der Deutschen in Gotland, d. h. in Wisby, hingewiesen, was auch die gemachte Ausnahme bezüglich der Selbstwahl des Geistlichen beweist; denn den Deutschen in Wisby war eben dieses Recht von dem Diöcesanbischof von

---

[1] Ebd. Nr. 194.

Linköping bewilligt und von demselben päpstlichen Legaten, der die Verhandlung in Riga leitete, kurz vorher (1225 Juli), als er in Wisby war, aufs neue bestätigt worden [1].

Ich komme jetzt zu dem ältesten, in lateinischer Sprache abgefaſsten Rigischen Stadtrecht. Die Abfassungszeit wird von dessen Herausgeber, L. Napiersky, aus guten Gründen in das J. 1227 oder 1228 gesetzt [2].

Dasselbe liegt in dem Texte vor, in welchem es den Einwohnern von Reval und Wirland auf ihr Verlangen mitgeteilt wurde. Es wurde abgefaſst und an Reval mitgeteilt noch während des dreijährigen Zeitraums, der nach dem Schiedsspruch von 1225 den Bürgern von Riga freigegeben war, um sich alles Recht, das sie als Recht der Deutschen in Wisby erweisen könnten, anzueignen. Ist nun schon hiernach anzunehmen, daſs letzteres Recht, wenn nicht die einzige, doch die hauptsächliche Quelle des Rigischen Stadtrechts war, so wird dies noch durch die ausdrückliche Aussage des Rates von Riga erhärtet, da er im J. 1238, also ungefähr 10 Jahre nach Abfassung desselben, bei dem Bischof Nicolaus um die Erlaubnis nachsuchte, das gotländische Recht (jura Gotlandiae), welches seit Gründung der Stadt im Gebrauch gewesen sei, in einigen Artikeln zu verbessern, die für die neue Stadt, sowie für den (christlichen) Glauben unpassend seien [3].

Die vorstehenden Zeugnisse über die Natur und Her-

---

[1] Vgl. die Urk. des Bischofs Bengt von Linköping im Diplomatarium Suecanum I Nr. 231 (wieder abgedruckt im Hansischen UB. I Nr. 191) und die Urk. des Legaten Wilhelm von Modena Nr. 232.

[2] Die Quellen des Rigischen Stadtrechts, Einl. XIV. Der Text ist S. 3—12 abgedruckt. Vgl. v. Bunge, Einleitung in die Rechtsgeschichte S. 139 ff.

[3] Urk. des Bischofs: Notum esse volumus ..., quod venerunt ad nos consules civitatis Rigensis, significantes nobis, quod a prima fundatione civitatis ejusdem vixerint secundum jura Gotlandiae, et eadem jura in aliquibus articulis non fuerint congruentia novellae civitati et fidei. v. Bunge, Einl. 135 Anm. 6.

kunft des ältesten Stadtrechts von Riga könnten für sich
allein genügen[1]; doch läfst sich auch aus ihm selbst, wenn
auch nur in einzelnen Sätzen, die Übereinstimmung mit dem
Rechte der Deutschen in Gotland beweisen. Ich kann
mich dabei freilich nur auf das um etwa hundert Jahre
später als das Rigische Stadtrecht abgefafste Stadtrecht von
Wisby berufen; es sind aber in diesem die alten Gewohnheiten und Rechtsgrundsätze der deutschen Colonie in Gotland mit enthalten[2].

Vorangestellt ist im Rigischen Stadtrecht der Satz, dafs
niemand selbst richten, sondern bei dem Richter (der Stadt)
Genugthuung für Verletzungen nach dem verordneten Rechte
suchen soll. Derselbe Artikel findet sich im Stadtrecht von
Wisby[3]. Es folgen strafrechtliche Artikel (1—14) mit Bestimmung der Geldbufsen für den Verletzten und bei öffentlichen Vergehen auch für die Stadt, aber keine für den
Stadtherrn, den Bischof: so auch selbstverständlich nicht
in Wishy, wo es keinen Stadtherrn gab. Die Mannbufse ist
in Riga zu 40 Mark festgesetzt (Art. 35), wie der Bischof
von Riga sie in seinem Privileg von 1211 nach gotländischem Recht bestimmt hatte. Die gleiche Mannbufse findet
sich in Wisby. Leben für Leben, Hals für Hals steht in
Riga auf handhaftem oder durch Umstände erschwertem Totschlag, Verlust von Hand und Fufs auf Verletzung der gleichen Leibesglieder (Art. 3. 7), übereinstimmend mit den
Strafsätzen im Privileg Heinrichs des Löwen 1163 für die
Gotländer[4]. Das Stadtrecht von Wisby folgt dem gotlän-
disch-schwedischen Strafsystem mit einem ins einzelne gehen-

---

[1] v. Bunge (Einl. S. 137) widerspricht der richtigen älteren
Ansicht aus unerheblichen Gründen; Napiersky (Vorwort S. XVIII)
bezweifelt zwar nicht die Entlehnung des Rigischen Stadtrechts von
Gotland, sagt aber, dafs sie sich nicht beweisen lasse.

[2] Vgl. über dasselbe unter Wisby bei Schweden. Text bei
Schlyter, Corpus juris Suco-Gotorum antiqui VIII.

[3] L. I c. 4: Negbein man do zylf recht u. s. w.

[4] Vgl. S. 234.

den Bufstarif; die Bufsen sind dort verdoppelt bei Vergehen in der Kirche, in eines Mannes Wohnung, in der Badstube, im heimlichen Gemach[1]. Fast gleichlautend ist die Satzung im Art. 9 des Rigischen Stadtrechts, woraus hervorgeht, dafs dies altes gotländisches Recht in Wisby war[2]. Riga Art. 8 über Hausfriedensbruch (dänisch Heerwerk) mit oder ohne Waffen entspricht in seinen Bestimmungen über Folgen und Bufsen des Vergehens den Gewohnheiten und Gesetzen des nordischen Rechts[3] und findet sich weiter ausgeführt in Wisby (I c. 52). Die Bestimmung Riga Art. 16, dafs das Zeugnis von zwei Ratmännern der Stadt über Schuldsachen beweiskräftig ist, hat später in Wisby (I c. 12) die allgemeine Fassung erhalten, wonach zwei Ratmänner überall volles Zeugnis ablegen.

Das gotländische Recht, d. h. das Recht der Deutschen in Wisby, war zur Zeit seiner Verleihung an Riga, abgesehen von den gotländischen Privilegien, noch kein geschriebenes. Wäre es dies gewesen, so hätte es nur einer einfachen Übertragung bedurft, wie die des Stadtrechts von Riga auf Reval; auch wäre nicht den Bürgern von Riga eine dreijährige Frist gegeben worden, um erst zu ermitteln und zu beweisen, was das Recht der Deutschen in Wisby sei. Anderes aber ist im Rigischen Stadtrecht nicht von dorther entlehnt, sondern ihm selbst eigentümlich.

Mehrfach sind in demselben Ratmänner (consules) als Stadtobrigkeit genannt (16. 38. 40. 44). Die Einsetzung des Rats war in Riga im Frühjahr 1226 erfolgt[4], sicherlich nicht nach dem Vorbilde von Wisby, wo die Deutschen zur Zeit blofs eine Sondergemeinde in der Stadt bildeten. Nach

---

[1] Wisby I c. 10.

[2] Art. 9: Quicunque alium inhonestaverit in ciniterio, in foro, in stupa, in privata. Dasselbe galt nach schwedischem Rechte; vgl. unter Schweden das Bjärköa-Recht.

[3] Vgl. die von Wilda citierten Stellen, Strafrecht der Germanen S. 242 f. 953, auch das alte Schleswiger Stadtrecht Art. 49 u. a. m.

[4] Napiersky Einl. XII. v. Bunge, Riga S. 13.

Art. 43 sollen schlafende Wächter auf der Stadtmauer mit Geldbuſse bestraft werden. Riga war schon bei seiner Gründung mit Mauern befestigt worden[1]; Wisby dagegen schloſs sich erst 1288 durch Ummauerung vom Lande ab[2].

Die Bürger von Riga begehrten 1238, wie schon erwähnt, die Verbesserung einiger Artikel ihres gotländischen Rechts, weil sie für ihre neue Stadt und den christlichen Glauben unpassend seien. Vermutlich sind darunter jene harten Strafsätze, wie Abhauen von Hand oder Fuſs, Fesselung des Schuldknechtes u. a., zu verstehen[3], welche den Bürgern von Riga nicht bloſs als unchristlich, auch als ungeeignet für ihre neue Stadt erschienen, weil sie die Fremden von der Ansiedelung abschrecken konnten. Auch sind dieselben in dem an Hapsal verliehenen Rigischen Stadtrecht von 1279 schon fortgefallen[4]. Eine vollständige Umbildung erfuhr dann dasselbe gegen Ende des 13. Jahrhunderts durch Aufnahme des hamburgischen Rechts in der Redaction von 1270, wobei die gotländische Grundlage des ersteren gänzlich beiseite gesetzt wurde[5].

Mit Dänemark, welchem Estland bis 1347 zugehörte, stand Riga lediglich in äuſseren Handelsbeziehungen, und es findet sich daselbst keine Spur eines dänischen Elements in der Einwohnerschaft[6]. Dennoch hat auch in Riga, wie in Reval, das dänische Gildewesen Eingang gefunden. Denn

---

[1] Beweisstellen bei v. Bunge a. a. O. S. 51.

[2] Siehe unter Wisby.

[3] Rigisches St. R. Art. 34: Quicunque ante judicem pro debitis legitime datus fuerit proprius, nunquam secure ibit, nisi ambobus pedibus compeditus. Hier der Beweis für v. Amira's Vermutung (Nordgerman. Obligationenrecht I 125), daſs die Schuldknechtschaft, welche das (neuere) Stadtrecht von Wisby nicht kennt, dem älteren nicht gefehlt habe.

[4] Vgl. die Concordanztafel X bei Napiersky S. CXIII.

[5] Vgl. v. Bunge, Einleitung in die Rechtsgeschichte S. 150, und Napiersky, Einl. Abschn. IV und V.

[6] v. Bunge, Riga S. 74 f.

als Gilde ganz nach dänischem Muster erweist sich die
Brüderschaft des h. Kreuzes und der h. Dreifaltigkeit in Riga, deren ‚aus dem Latein ins Deutsche ge-
brachte Schra‘ das Datum vom 18. Nov. 1252 trägt[1], also
einer Zeit angehört, welche den ältesten dänischen Gildeordnungen nicht fern lag und ungefähr mit dem Anfang des
Gildenbundes zu Skanör zusammenfällt. In der Einleitung
der Skra wird der religiöse Zweck mehr noch als wie in
der Flensburger Skra hervorgehoben. Es ist darin die Rede
von der Verantwortung vor dem künftigen Gerichte Gottes,
in dessen Betrachtung die Brüder und Schwestern ‚eine löb-
liche Brüderschaft und Gilde‘ zu Ehren des h. Geistes und
zum Heil ihrer Seele gestiftet haben. Die einzelnen Artikel
sind fast durchgängig übereinstimmend, wenn auch nicht
gerade im Wortlaut, mit den Bestimmungen der dänischen
Gildeordnungen[2]. Die Ämter der Gilde: Aldermann, Beisitzer, Gerdemänner, sind dänisch, sowie in den Bufssätzen
die Münzen Öre und Artig (Ortüg), neben Mark und Schilling Rigisch. Nur hie und da begegnet ein eigentümlicher
Ausdruck, wenn es z. B. im Art. 4 heifst: Ein Bruder, der
so viel Bier verschüttet, als man mit einem Fufse nicht bedecken kann, soll 2 Artig zahlen; oder eine neue Satzung,
wie Art. 10: „Wenn einer seine Brüche nicht gutmachen
will, soll man ihn unter die Kufe stellen; ist aber die Brüche
blau und Blut, da soll ihn der Vogt richten,“ womit die Competenz des Gildegerichts gegenüber dem Stadtgericht begrenzt
ist, und Art. 35, wonach Weber und Bastarde nicht als

---

[1] Livl. UB. I Sp. 307 Nr. 242.

[2] Vgl. z. B. Art. 16: „Wenn ein Bruder befehdet wird, so dafs
er nicht wagt, aus der Gilde in seine Herberge zu gehen, soll man
ihm 4 oder 6 Brüder mitgeben, um ihn in seine Herberge zu begleiten,“ mit den dänischen Statuten C 34, D 43, E 40: Si quis
fratrum ... auxilii eguerit in civitate causa defensionis ..., sint
cum eo die ac nocte 12 denominati ex fratribus ad defensionem et
cum armis eum sequantur de hospitio in forum, de foro autem ad
hospitium.

Brüder oder Schwestern aufgenommen, noch auch zu Gaste gebeten werden sollen.

Dänische Benennungen und Anklänge kommen noch später vor in den Statuten der Compagnie der Kaufleute vom J. 1354[1], welche, gleichwie die der Schwarzenhäupter in Reval, unverheiratete einheimische wie ausländische Kaufleute vereinigte[2]. Und neben dieser Compagnie gab es, ebenso wie in Reval, noch eine zweite Gilde der Kaufleute, welche die Grofse Gilde hiefs[3].

Rückblicke und Ergebnisse.

1. Das Wort Gilde bedeutet in Dänemark wie in Norwegen und Schweden das Zusammentrinken oder Trinkgelag, convivium. Gilden, convivia, heifsen dann die durch Rechte und Pflichten verbundenen Brüderschaften, fraternitates, welche an bestimmten Jahrestagen festliche Trinkgelage abhielten. Laugh, Lag, d. i. Recht und bezüglich der Gilden Regel oder Ordnung, nach welcher die Genossenschaft lebt, war in Dänemark die allgemeine Bezeichnung für die Gilden.

2. Die dänischen Gilden reichen nicht bis in das graue Altertum zurück. Die älteste, von der es eine Kunde gibt,

---

[1] Livländ. UB. II 578 Nr. 950.

[2] Sie ist in der Einleitung ,de mene kumpanie, beide gast und borger' genannt und bestimmt im Art. 58, dafs „welk man in unser kumpanie sik vorneddert (sich erniedrigt) als en wif to nemen", austreten soll, was später geändert wurde.

[3] Das Verhältnis beider zu einander ist nicht klar. Nach v. Bunge, Riga S. 90 und S. 117 Anm. 84, wäre die Grofse Gilde erst aus der vorgenannten Compagnie hervorgegangen. Nicht beachtet scheint jedoch hierbei, dafs in den Statuten der letzteren bereits von zwei Gilden die Rede ist. Art. 78: „dat nemand borger narung don sall (es sind Kaufleute gemeint), he si den ein broder der beiden gilde."

ist die Gilde zu Hatheby oder Schleswig, welche unter dem
Namen Hezlag, d. i. convivium conjuratum, im J. 1134 bezeugt ist. Die frühesten Gildeordnungen stammen aus dem
13. Jahrhundert. Die Namen der Landesheiligen, welche die
ältesten dänischen Gilden als Schutzpatrone verehrten, lassen
auf die Entstehungszeit derselben schliefsen, und zwar der
König-Knutsgilden frühestens zu Anfang des 12. Jahrhunderts, der Herzog-Knutsgilden zu Ende desselben, der König
Erichsgilden in der zweiten Hälfte des 13. Jahrhunderts.

3. Es waren Brüderschaften der Laien aus verschiedenen Ständen. Die Mitgliedschaft war nicht durch eine
bestimmte Berufsart oder Lebensstellung bedingt. Auch
Geistliche wurden nicht ausgeschlossen; jedenfalls gehörte der
Priester, der die kirchlichen Handlungen für die Gilde verrichtete, ihr als Mitglied, bisweilen als Vorsteher (praepositus) an.

Jedes neu aufgenommene Mitglied mufste die Statuten
der Gilde beschwören. Daher heifsen die Gildegenossen geschworene Brüder, conjurati fratres. Doch wurden auch
Frauen, insbesondere Ehefrauen und Töchter der Brüder, als
Gildeschwestern aufgenommen, denen die gleichen Pflichten
wie jenen oblagen, so weit das schwächere Geschlecht sie
zu erfüllen vermochte.

4. Das Wesen der Gilde ist Lebensgemeinschaft mit bestimmten Rechten und Pflichten, die sich aus dem Begriffe
der Brüderlichkeit herleiten. Die brüderliche Liebe soll sich
unter den Genossen bethätigen durch gegenseitigen Beistand
im Leben und Sterben, Schutz in Not und Gefahr, Vertretung gegenüber den Ungenossen bis zur Rachepflicht. Sie
hat mehr von der Art einer germanischen Sippe als von
christlicher Bruderliebe an sich, wenngleich auch diese sich
in den religiösen Pflichten und Diensten kundgibt, welche
die Gilde von ihren Genossen forderte. Die Bezeichnung
von Schutzgilden, welche durch Wilda aufgebracht worden,

ist nur zum teil für sie zutreffend und darum nicht geeignet, sie ihrem Wesen nach von andern zu unterscheiden.

5. Die Gilden erscheinen als selbständige Corporationen mit gewählten Vorstehern, Aldermann, Stuhlbrüdern, Gerdemännern und anderen Beamten. Die Corporation gibt sich selbst das Gesetz, beschließt die Statuten, welche ihre Lebensordnung durch Gebote und Verbote regeln, übt richterliche und disciplinäre Gewalt über ihre Angehörigen aus, deren Übertretungen sie mit Bußen belegt, deren Vergehen sie schlimmsten Falls mit Ausschließung aus der Gilde und dem Nidingsnamen straft.

6. Bei alledem stehen die Gilden unter den öffentlichen Gerichten des Landes- und Stadtherrn, bei denen sie, wie abwehrend sie sich auch gegen sie verhalten, doch das Recht ihrer Genossen gegenüber den Ungenossen suchen oder verteidigen müssen.

7. Um die Mitte des 13. Jahrhunderts traten 18 Knutsgilden zu einem Verbande zusammen, der seinen Mittelpunkt und Versammlungsort zu Skanör auf Schonen hatte und dessen Vertreter die oberste Instanz für die Gesetzgebung und richterliche oder disciplinäre Entscheidung bildeten. Doch scheint dieser Gildenbund nur von kurzer Dauer gewesen zu sein.

8. Die Gilden hatten ihren Sitz in den Städten. In dem Zweck, den sie hier erfüllten, ist, wenn nicht der Grund ihrer Entstehung, doch ihres Aufkommens und ihrer Ausbreitung zu erkennen. Die Bewohner der Städte waren nur zum kleinsten Teil eingeboren an dem Orte, wo gerade durch besonders günstige Umstände ein städtisches Gemeinwesen ins Leben gerufen wurde. Die meisten kamen, angezogen durch die Vorteile des Gewerbebetriebs und Handelsverkehrs, vom platten Lande oder aus der Fremde her. Daher entbehrten sie die althergebrachte Geschlechtsgenossenschaft, bei der die Einzelnen und ihre Familien Rückhalt und Beistand in ihren sittlichen und rechtlichen Lebens-

verhältnissen fanden, und es war das Bedürfnis vorhanden, den natürlichen Verband der Sippe einigermafsen durch den künstlichen der Gilde zu ersetzen. Freilich konnte eine derartige freie Vereinigung sich nur auf einen kleinen Kreis von Personen erstrecken, die durch Vermögen und Ansehen in stand gesetzt waren, die von der Genossenschaft beanspruchten Rechte zu behaupten, sowie die ihren Mitgliedern auferlegten Pflichten zu erfüllen.

9. Wir begegnen in den dänischen Stadtrechten den alten Gilden, insbesondere Knutsgilden, unter dem Namen von höchsten Gilden, summa convivia, womit auf eine Mehrheit der Gilden hingewiesen ist, unter denen jene die vornehmsten waren. Nur den geschworenen Brüdern der höchsten Gilden werden gewisse persönliche Vorrechte zugeschrieben, im älteren Schleswiger Stadtrecht sogar ein höheres Wergeld, sonst aber allgemein die doppelte, ja dreifache Geltung des gerichtlichen Eides. Es ist hiernach zu vermuten, dafs dieselben auch einen hervorragenden Anteil am Stadtregiment nahmen; doch gab es nirgends in Dänemark eine regierende Stadtgilde, und nur im Flensburger Stadtrecht findet sich als politisches Recht der Knutsgilde einzig dies erwähnt, dafs ihr Aldermann bei den Ratswahlen mitwirkte.

10. Die erwähnten Prärogativen, namentlich die fortdauernd anerkannte höhere Glaubwürdigkeit der Knutsgildebrüder, sind nicht zu denken ohne landesherrliche Verleihung; denn wie hätten sonst die Gildebrüder sie gegen ihre Mitbürger durchsetzen, in den Stadtrechten zur Anerkennung, in den öffentlichen Gerichten zur Anwendung bringen können? Man mufs annehmen, dafs die dänischen Könige, auf deren Schutz sich die Gildeordnungen von Flensburg und Odense berufen, in den Gilden eine Stütze des noch wenig gesicherten öffentlichen Rechtszustandes in den Städten erkannten und sie aus diesem Grunde förderten.

11. Die Stadtgemeinde und ihr besonderes Recht, das

Stadtrecht, war von dem Moment an vorhanden, da die Stadt mit ihrem Weichbilde (bierk) als eigener Gerichts- und Verwaltungsbezirk unter einem von dem Könige eingesetzten Vogte eingerichtet und dadurch abgesondert war von dem Hardesding des platten Landes und dem Landding der Provinz.

12. Die verschiedenen Stadtrechte sind aus den ortsüblichen Gewohnheiten entsprungen, neben denen zugleich das Provinzialrecht zum Ausdruck kam oder subsidiäre Geltung behielt. Es fand aber auch Übertragung eines gegebenen Stadtrechts auf andere Städte statt; so in Südjütland des von Schleswig auf Flensburg und weiter des von Flensburg auf Apenrade. Doch ein fortdauerndes Verhältnis von Mutter- und Tochterrecht, wie unter den rechtsverwandten Städten in Deutschland und den Niederlanden, hat hier nicht bestanden. Denn das übertragene Stadtrecht wurde alsbald auf eigentümliche Weise umgestaltet oder ganz abgestofsen, wie in der dänischen Redaction des Flensburger Rechts und der lateinischen Skra von Apenrade.

Von besonderer Bedeutung war in Nordjütland das Stadtrecht von Ripen, in welchem neben dänischen Rechtsquellen auch das lübische Recht Eingang fand. Für die seeländischen Stadtrechte von Kopenhagen und Roskilde war die bischöfliche Herrschaft bestimmend, und einen andern Kreis unter sich verwandter Stadtrechte bilden die von Schonen, wo im 14. Jahrhundert die königliche Gesetzgebung unter Waldemar IV eingriff und Gleichförmigkeit anstrebte.

In den sog. allgemeinen Stadtrechten des 15. Jahrhunderts endlich, welche verschiedenen dänischen Königen zugeschrieben werden, von denen jedoch die älteren nur Privatarbeiten waren, finden sich die allgemeinen Normen des in den Städten geltenden öffentlichen und Privatrechts zusammengefafst.

13. Die dänischen Städte waren zumeist unmittelbar königliche, mittelbar nur in Südjütland, so lange es dort

regierende Herzöge gab, und in einigen geistlichen Herrschaften, wie Kopenhagen bis 1350 und Roskild. Sei es aber, dafs der König oder ein Herzog oder ein Bischof regierte, so waren doch die Rechte des Stadtherrn überall im wesentlichen die gleichen. Dieser setzt den Vogt als Stadtrichter ein; ihm fallen die öffentlichen Bufsen teils ganz, teils geteilt mit der Stadt zu. Es wird ihm von den Einwohnern ein Herdgeld, auch Mittsommergeld nach dem Zahlungstermin genannt, entrichtet. Dazu kommen Abgaben und persönliche Leistungen der Gewerbtreibenden, Marktgebühren, Zölle vom Handel; auch wird das Vorkaufsrecht von Waren besonders des Lebensbedarfs von dem Stadtherrn beansprucht. Alles dies war in jedem verliehenen oder bestätigten Stadtrechte besonders bestimmt.

14. Seitdem es ein Stadtgericht gab, hatten die Bürger ihren besonderen Gerichtsstand bei demselben. Als ihr erstes und Hauptrecht ist in Schleswig vorangestellt, dafs sie nicht aufserhalb der Stadtmauern zu Gericht gefordert werden sollen, selbst nicht bei Majestätsvergehen. Sie sind persönlich frei, zinspflichtig nur vom Grundbesitz, der ihnen als Leihe des Stadtherrn gehört. Mit Unrecht hat man aus dem in Schleswig hergebrachten Erbkauf, wodurch Bürger wie Fremde gegen eine geringe, an den König zu zahlende Gebühr das Recht der Vermögensvererbung gewinnen mufsten, auf ursprüngliche Hörigkeit der Stadtbewohner geschlossen. Es ist als ein bei Einführung der dänischen Herrschaft in Schleswig den dortigen sächsischen Einwohnern erteiltes Fremdenrecht zu erklären, welches dann als alte Gewohnheit von dorther auch auf andere Städte in Südjütland überging, später aber nur noch für die Fremden in Anwendung kam.

15. Der Fortschritt der bürgerlichen Freiheit und die Entwickelung der Stadtverfassung ist in den zeitlich aufeinander folgenden Stadtrechten ersichtlich. Das Schleswiger Stadtrecht stellt um 1200 den ältesten bekannten Zu-

stand des dänischen Städtewesens dar. Es gibt noch keinen Rat der Stadt neben dem herrschaftlichen Vogte; aber die Bürger nehmen teil an Verwaltung und Gericht, und es besteht eine Gemeindebehörde der vier Ältesten. Seit Mitte des 13. Jahrhunderts findet sich dann das Dasein des Rats früher oder später in den einzelnen Städten durch Urkunden und Stadtrechte bezeugt: in Schleswig auch mit Bürgermeistern (consules et proconsules) 1256, in der nordjütischen Stadt Ripen schon 1252, in Kopenhagen 1275 u. s. w. Die Ratsordnung war anfänglich verschieden in den einzelnen Städten. Wir sahen jährliche Ratswahlen in Flensburg und Ripen, Einsetzung der Ratmänner durch den Vogt des Stadtherrn in Kopenhagen, Selbstwahl des Rats mit Vorschlagsrecht der Gemeinde in Odense. Allgemeine Regel wurde dann die Lebenslänglichkeit des Ratsamts und das Selbstergänzungsrecht des Rats, bestehend aus zehn Ratmännern und zwei oder mehr Bürgermeistern (Waldemars IV Stadtrechte in Schonen und allgemeine Stadtrechte). Grundsätzlich waren die Handwerker vom Rate ausgeschlossen, oder sie mußten ihr Handwerk aufgeben (Kopenhagen 1422, Odense 1494, allgemein 1521).

16. Das Stadtgericht war herrschaftlich unter dem Vorsitze des Stadtvogts, und nichts änderte daran das Recht der Bürger, den Vogt selbst zu wählen oder vorzuschlagen, was die Schleswiger schon 1256 erhielten. Gerichtsschöffen, auf Zeit gewählte Näfninge und ständige Sandmänner kennt nur die Gerichtsverfassung von Jütland. In Seeland und Schonen bildeten Vogt und Rat zusammen das Gericht, wie dies auch in den allgemeinen Stadtrechten des 15. Jahrhunderts als Regel gilt.

17. Bezüglich des Handels und der Gewerbe, welche den eigentlichen Lebensnerv der Städte ausmachen, geht die Tendenz der Stadtrechte wie der Landesgesetzgebung dahin, den Handel der Fremden, so unentbehrlich er ist, möglichst einzuschränken. Zollfreiheit war ein Hauptprivilegium der

Stadtbürger, und unbedingte Gewerbefreiheit die Regel in den allgemeinen Stadtrechten wie in dem von Kopenhagen. Den Handwerkerämtern wurden ihre Ordnungen vom Rate verliehen, und wiewohl sie ihre Angelegenheiten bei Aufnahme in das Amt, Erteilung des Meisterrechts, den Verhältnissen zwischen Meistern, Gesellen und Lehrlingen und dem ganzen Gewerbebetriebe selbständig besorgten, wurden sie doch immer unter strenger Aufsicht und Gerichtsbarkeit der Stadtobrigkeit gehalten.

18. Weit verbreitet und überaus mannigfaltig war das Gildewesen in Dänemark im 14. und 15. Jahrhundert. Es gab eine Vielheit von Gilden in den einzelnen Städten, mit Benennungen aller Art nach Kirchenheiligen oder Kirchenfesten, nach Ständen und Klassen der Einwohner, die sich in ihnen als Brüderschaften zusammenthaten, alle in Statuten und Einrichtungen den alten Gilden des 13. Jahrhunderts nachgebildet. Als gefährliche Genossenschaften und Ursache von allerlei Übeln wurden die Gilden im Stadtrecht von Kopenhagen 1294 verboten, dann aber überall von der Bewilligung der Stadtobrigkeit abhängig gemacht, welche so befugt wie verpflichtet war, unnütze und schädliche Gilden zu verbieten.

19. Auch in Estland kam unter dänischer Herrschaft (1238—1347) das Gildewesen in Aufnahme. Die Knutsgilde und Olafsgilde zu Reval geben sich schon durch ihre Namen als dänische zu erkennen, und die noch vorhandenen Statuten der ersteren sind zumeist von der Knutsgilde in Malmö entlehnt. Selbst in den von Dänemark unabhängigen Gebieten Kurlands und Livlands fanden die dänischen Gilden beifällige Nachahmung, und Riga, welches sein gotländisches Stadtrecht an Reval mitteilte, nahm umgekehrt von daher das Muster für seine Gilden.

20. In der Ausbildung ihrer Verfassung konnten den dänischen Städten die deutschen in Niedersachsen zum Vorbild dienen. So schon zu Anfang bei Absonderung des

Stadtgerichts von den Landgerichten mit einem eigenen Gerichtsbezirk, für welchen auch in einem dänischen Stadtrecht (Odense) das sächsische Wort Weichbild neben dem dänischen bierk gebraucht wird. Und weiter bei Errichtung eines selbständigen Organs der Bürgergemeinde, welches dänisch wie deutsch der Rat heifst und dadurch seinen deutschen Ursprung zu erkennen gibt.

Doch sowohl nach seiten der inneren Entwickelung, wie der äufseren Stellung und politischen Bedeutung blieben die dänischen Städte weit hinter den deutschen zurück. Durch die Landesverfassung war ihnen im Reichsganzen eine untergeordnete Stellung angewiesen, und durch straffe Königsherrschaft wurden sie beständig in Schranken gehalten: zu einer politischen Selbständigkeit und Selbstherrlichkeit, wie sie die deutschen Reichsstädte errangen, ist keine dänische Stadt gelangt. Verfassungsform und Einrichtungen wurden ihnen durch Landesgesetz vorgeschrieben und kamen schon im 14. Jahrhundert zum gleichförmigen Stillstand. Die dänischen Städte blieben im wesentlichen, was sie von Anfang waren, Kaufstädte, kjøbstæder, Plätze für den Handels- und Gewerbebetrieb. Ein bescheidenes Bürgertum lebte unter dem herkömmlichen Regiment des Rats. Weder ein Patriziat der Geschlechter hat sich hervorgebildet und befestigt, noch errangen die Handwerkerinnungen einen Anteil am Stadtregiment; innere Parteienkämpfe blieben den Stadtgemeinden erspart.

21. Erst in den Anfang der Neuzeit fällt die Reform der dänischen Stadtverfassung durch Christian II, welche jedoch nicht die Vermehrung der bürgerlichen Freiheit nach deutschem Vorbilde, sondern allein die strengere Führung der Stadtregierung durch einen königlichen Präfecten, sowie die Errichtung einer aristokratisch abgeschlossenen Stadtcorporation nach dem Muster der holländischen Vroedschap bezweckte.

Hypothesen über den Ursprung der dänischen Gilden.

Das Dasein von Gilden in Dänemark ist erst spät historisch bezeugt. Woher sind sie entstanden? Sind sie einheimischen Ursprungs? aber wie erklärt sich ihre so späte Erscheinung, viel später als bei den Franken und Angelsachsen? Die durch fast zwei Jahrhunderte, vom 9. bis ins 11., fortgesetzten Kriegszüge und Ansiedlungen der Dänen und Normänner in England machen die Übertragung des Gildewesens in den eigentümlichen Formen, wie wir sie in England kennen gelernt und dann auch in Dänemark wiedergefunden haben, in hohem Grade wahrscheinlich. Dies ist die Hypothese des dänischen Geschichtschreibers Suhm, der in der Gilde zu Abbotsbury, welche der Däne Orky, ein Waffengefährte Knuts des Mächtigen, stiftete, überhaupt das Vorbild der dänischen Gilden erkannte[1]. Dieselbe Hypothese hat Wilda weiter ausgeführt und dabei besonders auf den Anteil des Königs Knut selbst hingewiesen, der sich mit seinem Bruder Harald in die Brüderschaft der Christkirche zu Canterbury aufnehmen liefs und zahlreiche englische Geistliche nach Dänemark versetzte[2].

Dieser Hypothese stehen andere gegenüber, welche den einheimischen Ursprung der dänischen Gilden, sowie der scandinavischen insgemein, behaupten. Auf die Analogie des dänischen Gilderechts, sei es mit dem Witherlagsrecht des Königs Knut des Mächtigen, sei es mit der norwegischen Hirdskra, ist eine derselben begründet[3]. Man übersieht hierbei den mehr als alles andere bedeutenden Unterschied des Wesens zwischen einer freien Genossen- und Brüderschaft, wie die Gilden waren, und dem Dienstverhältnisse einer besoldeten Kriegsmannschaft im Witherlagsrecht, oder einer Gefolgschaft und Leibwache des Königs in der Hirdskra[4]. Mehr Beachtung

---

[1] Historie af Danmark III 591.
[2] Gildenwesen S. 63 ff.
[3] Von den dänischen Gelehrten Schlegel und neuerdings Kinch. Auch Hasse, Das Schleswiger Stadtrecht S. 93, ist darauf zurückgekommen.
[4] Ich unterlasse es, auf diese Hypothesen näher einzugehen, indem

verdient M. Pappenheims neue Begründung einer andern älteren Hypothese, deren bereits in der Einleitung dieser Schrift gedacht wurde[1]. Hiernach soll die in den nordischen Liedern und Sagen vorkommende Bluts- und Schwurbrüderschaft als der einheimische Ursprung des Gildewesens in Dänemark und Norwegen anzusehen sein[2]. Fostbrødralag ist die übliche Benennung für dieses Freundschaftsbündnis, das heißt eigentlich Pflegbrüderschaft, das Verhältnis von mit einander auferzogenen, nicht geborenen, Brüdern, dann übertragen auf die durch Eidschwur und Ceremonie der Blutvermischung geschlossene Brüderschaft zweier oder auch mehrerer Personen, die sich dadurch gegenseitig verpflichteten einer den andern zu rächen[3]. Schwurbrüderschaft ist besser zu sagen als Blutsbrüderschaft, welchem Ausdrucke kein norwegisches Wort entspricht. Eiðbrøðr und Svarabrøðr wie fostbrøðr heißen die in solchem Verhältnis zu zu einander Stehenden. Es ist eine willkürlich geschlossene, so zu sagen künstliche Brüderschaft, welche gleichgestellt wird dem Verhältnisse von Pflegbrüdern in der Familie. Nun heißen auch die Gildebrüder in den Gildeordnungen und im Schleswiger Stadtrechte fratres jurati, und Pappenheim behauptet, gleichwie der Name und die eidliche Verpflichtung seien auch das Wesen und die leitenden Principien in beiden Verhältnissen die gleichen: so die Rachepflicht des Schwurbruders und die Sorge für ein ehrenvolles Begräbnis des Erschlagenen, brüderlicher Beistand überhaupt. Die Einwendungen Wildas[4] gegen Münters ersten Versuch, die Entstehung der dänischen Gilden durch Umbildung jener älteren Freundschaftsbündnisse zu erklären, seien von keiner erheblichen Bedeutung. Denn nicht bloß zwischen zwei, sondern auch mehreren Personen seien

---

ich auf Pappenheims treffende Widerlegung derselben verweise: Altdänische Schutzgilden S. 73—82.

[1] Diese ist nicht zuerst von Münter in seiner Kirchengeschichte von Dänemark I 182 aufgebracht worden; schon viel früher hat sie der Schwede Hjelms in einer Diss. De amicitia devota Fostbrøðra Lag veterum Hyperboreorum, Upsala 1721, citiert von Fant de conviviis S. 5, aufgestellt.

[2] A. a. O. S. 18 ff. und in der neueren Schrift desselben Verfassers: Ein altnorwegisches Schutzgildestatut (1888) S. 30 ff.

[3] Pappenheim gibt a. a. O. die Quellenstellen; vgl. Fritzners Ordbog (2. Aufl.).

[4] Gildenwesen S. 29.

letztere in alter Zeit geschlossen worden, und die Teilnahme
der Frauen an den Gilden als Schwestern lasse sich wohl aus
der Einwirkung der Geistlichen erklären, welche die „Vereinigung
der geschworenen Brüder in das Fahrwasser einer kirchlichen
Brüderschaft einzulenken bestrebt waren". Wichtiger als dies
sei der von Wilda nicht bemerkte Unterschied, daſs die alte
Schwurbrüderschaft nicht durch Lebensgemeinschaft bedingt
war, die Gilde hingegen eine locale, an die Stadt gebundene,
auf Interessengemeinschaft der Einwohner beruhende und in
ihren Mitgliedern wechselnde Corporation bildete. Hierin sei
allerdings eine Modification der Principien der alten Schwurbrüderschaft zu erkennen, indem die Gilde sich in der That als
„eine der Wahrung städtischer Interessen dienende Schwurbrüderschaft" erweise. (S. 62.)

Mich dünkt, daſs hiermit schon selbst so starke Differenz-
punkte angezeigt sind, daſs über der Unähnlichkeit zwischen beiden
Arten der Brüderschaft die Ähnlichkeit ganz zurücktritt. Aber
auch die Gleichheit der Principien ist nicht von der Art, daſs
sie die Ableitung der Gilden aus den alten Schwurbrüder-
schaften wahrscheinlich machen könnte. Von vornherein sind
beide darin verschieden, daſs dort der Eid von Person zu Person,
hier aber der Corporation geschworen wurde, wodurch das neue
Mitglied sich zur Beobachtung ihrer Statuten verpflichtete. Zu
den in diesen vorgeschriebenen Pflichten gehört allerdings auch
die, den Totschläger eines Gildebruders zu rächen, das heiſst
hier aber nichts anderes als dem Erben des Erschlagenen zur
gerichtlichen Sühne zu verhelfen, oder, wenn der Totschläger
sie verweigert und dadurch rechtlos geworden, ihn am Leben
zu strafen, wie es jedermann gegen den Rechtlosen zusteht.
Ferner ist es Pflicht, demjenigen Bruder, der einen Ungenossen
erschlagen hat, zur Flucht zu verhelfen, sowie den Brüdern in
allen rechten Sachen beizustehen. Das sind Pflichten, die sich
aus dem Begriffe einer zum Zweck gegenseitigen Beistandes
geschlossenen Genossenschaft von selbst ergeben, ohne welche
sie überhaupt nicht zu denken ist.

Dagegen ist eine andere wesentliche Seite der Gilden gar
nicht in der alten Schwurbrüderschaft begriffen, nämlich das
Trinkgelag, von dem selbst der Gildename convivium hergenommen ist, welches den Mittelpunkt der genossenschaftlichen
Vereinigung ausmachte. Dies ist in der That sowohl in Scandinavien wie in England als der einheimische Ursprung und

Anknüpfungspunkt der Gilden anzusehen, was sich besonders
deutlich in Norwegen darthun läfst[1], und hierin besteht auch
allein ein continuirlicher Zusammenhang; denn die Trinkgelage
des heidnischen Cultus und die dabei herkömmlichen Gebräuche
haben sich in den nachmaligen Gilden forterhalten, während die
alte Schwurbrüderschaft wenigstens in Norwegen noch länger
neben den Gilden unverändert fortbestand und eine Umbildung
von jener zu diesen nirgends zu erweisen ist[2]. Continuirlich
war ebenso die Einwirkung des Christentums und der Geistlichkeit bei der Gildenbildung gleichwie bei andern germanischen
Instituten. Die Idee der Brüderlichkeit war eine christliche
Idee, wie sie schon anfangs bei den ältesten bekannten Gilden,
den fränkischen Gildonien, zur Erscheinung kam. Sie war
nicht die ursprüngliche Idee der germanischen Genossenschaft,
wurde aber übertragen auf sie, gleichwie die Heiligenver-
ehrung auf die Trinkgelage. Freilich wurde dieselbe nicht
im Sinne allgemeiner Brüderlichkeit aufgefafst, sondern nur in
dem der besonderen Verbrüderung unter den Genossen. Die
christliche Bruderliebe hat in den Gilden eine nur auf sie beschränkte Anwendung gefunden, doch nicht anders als wie das
Christentum überhaupt in den nordischen Volksrechten und
Gesetzbüchern, in denen wohl das Christenrecht einen besondern
Abschnitt bildet, im übrigen aber wenig vom Christentum zu
spüren ist. Die germanische Genossenschaft hat in den Gilden,
die wir kennen, christliche Form und Bedeutung angenommen.
Auch Frauen nahmen teil an den Christenpflichten und frommen
Werken, gleichwie an den Gelagen. Ihre Mitgliedschaft in den
Gilden ist schlechterdings nicht zu erklären, weder aus der
alten Schwurbrüderschaft, noch aus einer Schutzverbindung über-
haupt. Aber von jeher waren sie bei den Gelagen zugegen, und
ein norwegisches Gesetz gebot ihnen ebenso gut wie den
Männern die Bierbereitung an den hohen Christenfesten[3].

---

[1] Vgl. über die norwegischen Gilden im vierten Buch.

[2] Ich beziehe mich hier auf die treffenden Bemerkungen, welche
der beste Kenner des nordischen Rechts, K. Maurer, aus dem reichen
Schatze seines Wissens in zwei Recensionen von Pappenheims Schriften
über die dänischen und norwegischen Gilden bezüglich der darin ver-
tretenen Hypothese niedergelegt hat. Krit. Vierteljahrsschrift f. Gesetzg. u. Rechtswiss. N. F. IX und XII. An letzterem Ort S. 219 ist
die Stelle aus Gulathingslög c. 239 angeführt, aus welcher das Fort-
bestehen der Schwurbrüderschaft in Norwegen hervorgeht.

[3] Gulathings L. c. 6.

Wenn ich somit gleich Wilda und in voller Übereinstimmung mit K. Maurer den einheimischen Ursprung des germanischen Gildewesens überhaupt aus den heidnischen Gilden, d. i. Opfergemeinschaften mit Trinkgelagen, behaupte und andrerseits das christliche Element, mit welchem dasselbe überall bei den Franken, Angelsachsen und Scandinaviern auftritt, anerkenne, so folge ich Wilda auch darin, daſs ich die Übertraguug des Gildewesens von England her nach Dänemark und, wie ich hinzufüge, nach Norwegen, wovon später die Rede sein wird, für sehr wahrscheinlich halte. Dafür spricht nicht nur der von ihm angeführte Grund des späteren Auftretens desselben in Dänemark, sondern noch mehr die Wesensgleichheit der dänischen Gilden mit den englischen, die als Typen ihrer verschiedenen Arten gelten können. Vergleicht man die Statuten der Gilden zu Abbotsbury und Woodbury mit denen der vielen geistlichen und religiösen in Dänemark, ferner die Statuten der Gilden zu Exeter und Cambridge mit den ältesten dänischen Gildeordnungen, so wird man überrascht durch die Gleichartigkeit der Zwecke wie der Vorschriften. Schon deshalb ist nicht zu glauben, daſs die dänischen Gilden für sich als ein ganz autochthones Gewächs entstanden seien.

Zu welcher Zeit und auf welche Weise aber die Einführung dieser Institution in Dänemark stattgefunden hat, läſst sich historisch nicht bestimmen. Nur auf eine Möglichkeit muſs sich die Vermutung beschränken. Und da scheint mir diejenige, auf welche Suhm und Wilda hingewiesen, daſs die Aufnahme und Verbreitung des Gildewesens in Dänemark auf Knut den Mächtigen, der beide Reiche, England und Dänemark, unter seinem Scepter vereinigte und selbst ein Gildegenosse war, zurückzuführen sei, aus dem Grunde kaum annehmbar, weil doch die ältesten bekannten dänischen Gilden, die den Namen des Königs Knut des Heiligen von Dänemark führten, erst um ein Jahrhundert später, nicht vor Anfang des 12. Jahrhunderts, entstanden sein können und die früheste zu Schleswig erst 1134 bezeugt ist. Vielleicht möchte sich eine andere Vermutung mehr empfehlen, wenn doch eine solche aufgestellt werden soll, nämlich daſs der Anfangspunkt der dänischen Gilden gerade in Schleswig zu suchen sei. Schleswig war seit dem 9. Jahrhundert ein von fremden Kaufleuten viel besuchter Ort und eine sächsische Colonie, bis es unter Knut dem Mächtigen dänisch wurde, war dann der bedeutendste Handelsplatz

des dänischen Reichs, der allem Fremdenverkehr wie der Schifffahrt offen stand, in welchem auch zur Zeit des Schleswiger
Stadtrechts (um J. 1200) Fremde als Gäste der Bürger lebten [1].
Dort könnte die erste dänische Gilde nach englischem Muster
von Fremden und Bürgern gestiftet worden sein.

Auf eigentümliche Weise hat sich dann aber das dänische
Gildewesen gestaltet und in fest bestimmten Formen ausgeprägt. Die angelsächsischen Gilden waren, abgesehen von den
religiösen Brüderschaften, Genossenschaften verschiedener Stände
oder machten bei sich selbst einen Unterschied von höher oder
minder berechtigten Genossen: so die Londoner Gilden und die
von Exeter und Cambridge. Die dänischen Gildeordnungen
kennen nur gleichberechtigte Genossen ohne Unterschied des
Standes und Berufs. Beide, die dänischen wie die englischen
Gilden, vereinigten religiöse Pflichten mit den weltlichen gegen
die Genossen; aber eigentümlich ist den dänischen die Verehrung der Landesheiligen als Schutzpatrone, nach denen sie
sich benannten. Eine grofse Rolle spielten in den englischen
Städten die Kaufmannsgilden auch bei der Stadtregierung;
Kaufmannsgilden dieser Art gab es in Dänemark nicht, und
nur ausnahmsweise ist von einem politischen Rechte des Alder-
mannes der Flensburger Knutsgilde die Rede. Dagegen standen
hier den Genossen der höchsten Gilden gewisse persönliche
Rechtsvorzüge zu, insbesondere bei der gerichtlichen Eideshülfe,
von denen man in England nichts wufste. Gemeinsam sind den
englischen und dänischen Gilden die festlichen Gelage; aber
gröfsere Bedeutung als bei den ersteren wurde denselben bei
den letzteren beigelegt, deren Satzungen sich zum grofsen Teil
auf sie beziehen. Endlich ist dem dänischen Gildenwesen im
Unterschied von dem englischen eine gleichförmige Beamten-
ordnung eigentümlich, mit charakteristischen Benennungen, die
dasselbe überall, wo es sich verbreitete, kennzeichnen. Wir
können seine Ausbreitung, wie in den dänischen Nebenländern,
so auch in Schweden verfolgen.

---

[1] Nach Art. 31 war zur Aufnahme derselben die Genehmigung
des Königs erforderlich, der den Fremden seinen Frieden verlieh.

Drittes Buch.

SCHWEDEN.

———

I. Geschichtschreibung und Geschichtliches.

Swen Lagerbring, Swea Rikes Historia I—IV in 4. 1769—1783 (geht bis J. 1457). — Geijer, Svenska folkets historia. Deutsch übers. von Swen P. Leffler I—III. 1832—1836 (bis Ende der Regierung der Königin Christine). — Strinnholm, Svenska folkets historia I—V. 1834—1854 (nur bis J. 1319). — Reuterdahl, Svenska Kyrkans historia I—IV. 1838—1866 (IV Regierung K. Gustavs I).

Über die schwedischen Städte und ihre Geschichte im Mittelalter geben die vaterländischen Geschichtschreiber nur wenig Auskunft, aus dem einfachen Grunde, weil dieselben, abgesehen von Stockholm und Wisby, in politischer wie geschichtlicher Hinsicht zu keiner hervorragenden Bedeutung gelangten.

In dem umfänglichen Werke von Swen Lagerbring ist nur beiläufig des Handelsverkehrs der Städte gedacht[1]. Aufs kürzeste handelt von ihnen Geijer im ersten Bande seiner vortrefflichen Geschichte Schwedens; doch ist sehr bemerkenswert, wie er sich über sie äußert[2]. „Die Städte, sonst in Europa das Gegengewicht des Adels, waren in Schweden von geringer Bedeutung. Im inneren Lande, wo sie alten Marktplätzen und bischöflichen Sitzen ihre Entstehung verdankten, fehlten zu sehr die Bedingungen ihres

---

[1] I 414, II 407 und 712 f.

[2] Im Schlußkapitel Land und Volk S. 279. 289 der Übersetzung.

17 *

Wohlstandes. Wisby auf Gothland war lange Zeit reich und
mächtig, eher aber eine deutsche als schwedische Stadt zu
nennen." Und weiter: „In Schweden trieben beinahe nur
Deutsche allen sowohl inneren als äufseren Handel".

Reuterdahl gibt im zweiten Bande seiner Kirchengeschichte Schwedens eine Schilderung der Zustände des
Reichs zur Zeit der Folkunger, Mitte des 13. bis Mitte des
14. Jahrhunderts. Was er hier über die Städte sagt, ist im
wesentlichen folgendes[1]: Die schwedischen Städte waren von
geringer Bedeutung im Vergleich mit den deutschen und
südländischen. Der auswärtige Handel und die Niederlassung
der fremden, besonders deutschen Kaufleute und Handwerker
trugen am meisten zu ihrem Emporkommen bei; zumal in
Wisby ist das Übergewicht der Deutschen am frühesten und
stärksten bemerkbar. Auch die Verfassung der Städte war
der deutschen nachgebildet; die Benennungen Bürgermeister,
Ratmänner sind deutsch; unter den Ratmännern finden
sich häufig deutsche Personennamen. Seit Mitte des 13. Jahrhunderts hob sich Stockholm vor anderen Städten empor.
Birger Jarl hat wahrscheinlich Stockholm zuerst befestigen
lassen, das seitdem an Bedeutung für das Reich immer mehr
zunahm und bald die bevorzugte Residenz der Könige wurde.
Weiter heifst es wörtlich[2]: „Upsala und die übrigen Bischofs-
städte sind wichtig durch ihre Domkirchen und Domkapitel,
welche sie zu Mittelpunkten der Landschaften, denen sie angehörten, machen. Einige von diesen — Upsala, Westerås
Linköping — haben auch durch den Handel Bedeutung.
Doch wichtiger in dieser Hinsicht sind schon seit älterer Zeit
Calmar und Lödöse und später Söderköping. Die letztere
Stadt gehörte zur Folkungerzeit zu den ansehnlichsten in
Schweden. Auch Norrköping beginnt sich zu heben, be-
günstigt durch seine Lage an dem wasserreichen Strom
Motala. Bei einigen dieser Städte und aufserdem bei manchen

---

[1] II 2. 287—307.
[2] A. a. O. S. 303—305.

anderen, wie Nyköping, Jönköping, finden sich königliche
Schlösser, wo königliche Vögte und Lehnsmänner, bisweilen
auch die Könige selbst wohnten, was dazu beitrug, die Bedeutung der Städte zu heben. Der Handel der deutschen
Hansestädte war vornehmlich nach Stockholm, Söderköping,
Calmar und Lödöse gerichtet; diese Städte waren die wichtigsten Plätze für den Verkehr zwischen Schweden und
Ausländern." Wenig mehr hat Strinnholm in seinem
breit angelegten Geschichtswerk hinzugefügt[1].

Durch die Natur des Landes und die Stämme seiner
Bewohner in zwei grofse Hälften, Götaland im Süden und
Svealand im Norden, geschieden, erreichte Schweden erst
nach langem innerem Streite zwischen den beiden Haupt-
völkern die politische Einheit unter dem Königtum, während
die Culturentwickelung des Volks nach Einpflanzung des
Christentums einen ebenso langsamen Fortgang nahm. In
letzterer Beziehung empfing dasselbe die fruchtbarsten Ein-
wirkungen und Antriebe von Deutschland und Dänemark
her. Zuerst das deutsche Erzstift von Bremen, dann das
dänische von Lund (seit Anfang des 11. Jahrhunderts) waren
die kirchlichen Metropolen der drei nordischen Reiche. Erst
nach Mitte des 12. Jahrh. unter Erich dem Heiligen (1155
bis 1160) aus dem Geschlechte Sverkers war das einheitliche
Königtum befestigt, das Christentum auch in Oberschweden
eingeführt[2]. Karl Sverkersson, sein Nachfolger, heifst zuerst
König der Schweden und Goten (1161). Gleichzeitig (1164)
wurde die Kirche von Upsala zum Erzstift von Schweden
erhoben und diesem die Bistümer in Svealand zu Westerås
und Strengnäs, in Götaland zu Linköping und Skara untergeben[3]. Birger Jarl, der erste Regent aus dem Geschlecht
der Folkunger, noch ohne den Königstitel (1248—1266), ist

---

[1] IV 481—497 und 671—673.
[2] Die meisten Glaubensboten in Oberschweden waren Engländer.
Geijer I 140, Reuterdahl I 400 ff.
[3] Bulle des P. Alexander III, 1164 Aug. 5, Diplom. Suec. I Nr. 49.

als Gesetzgeber des Reichs und Erbauer von Stockholm berühmt. In die Regierungen seiner Nachfolger zu Ende des
13. und Anfang des 14. Jahrhunderts fallen die wichtigsten
Gesetzbücher der verschiedenen Landschaften, welche von
trefflichen Rechtskundigen, Lagmännern und Landschafts-
richtern ausgearbeitet, von den Landsgemeinden angenommen
und von den Königen bestätigt wurden[1]. Aus derselben
Zeit stammt auch das älteste Stadtrecht, genannt Bjärköa-
Recht, von welchem zunächst die Rede sein wird. Auf dem
Grunde der Provinzialrechte beruht das allgemeine Landrecht
von 1347, welches den Namen des Königs Magnus Erichsson
trägt, und an dieses schliefst sich unmittelbar das allgemeine
Stadtrecht desselben Königs an.

Nach der Entthronung des ebengenannten letzten Fol-
kungers (1363) folgten gewählte Könige vom Auslande,
Albrecht von Meklenburg, dann Margarethe von Dänemark
mit ihrem Grofsneffen Erich von Pommern, unter welchen
Schweden der inneren Parteiung und Zerrüttung anheimfiel,
so dafs zuletzt der erzwungene Anschlufs Schwedens an die
skandinavische Union 1397 wie eine Rettung erschien. 'Eine
mifslungene Ehe' nennt Dahlmann diese Union, 'einen
grofsen Namen, der ohne Sinn vorübergegangen', Geijer.
Das Gute aber hatte doch die Herrschaft der Fremden, dafs
im schwedischen Volke ein bis dahin unbekanntes National-
bewufstsein erweckt wurde, welches in wiederholten Auf-
ständen und langwierigen Kriegen der Reichsverweser gegen
die dänischen Herrscher immer mehr erstarkte, bis endlich
Gustav Wasa für Schweden die Unabhängigkeit und das
nationale Königtum erkämpfte und zugleich das schwedische
Volk in die Culturperiode der Neuzeit hinüberführte.

---

[1] Konrad Maurer, Über die altschwedischen Gesetze und deren
Ausgaben in Krit. Vierteljahresschrift f. Gesetzg. u. Rechtswiss. XIII
51—89.

II. Stadtrechte.

Diplomatarium Suecanum, auch Svenskt Diplomatarium, begonnen
von J. G. Liljegren I (1829) II (1837) und fortgesetzt von B.
E. Hildebrand III—V (1842—1865), geht bis Ende des J. 1347;
von VI ist bis jetzt nur die erste Hälfte, meist Privaturkunden
bis 1350 enthaltend, (1878) erschienen. Unterdessen wurde die
Herausgabe eines neuen Urkundenwerks vom J. 1401 an begonnen: Svenskt Diplomatarium från och med år 1401. Stockholm 1875. Das allgemeine Quellenwerk für die Land- und
Stadtrechte Schwedens im Mittelalter in vortrefflicher Bearbeitung mit Einleitungen und speciellen Glossarien, welche zuletzt
in einem allgemeinen Glossar zusammengefaßt sind (XIII), ist
C. J. Schlyter, Corpus juris Sueo-Gotorum antiqui I—XIII.
Lund 1827—1877 (VI enthält Bjärköa-Rätten; VIII das Stadtrecht und das sog. Seerecht von Wisby; IX Codex juris Scanici,
worin das Jus urbicum Scaniae, gehört eigentlich zu Dänemark;
XI das allgemeine Stadtrecht von Magnus Eriksson).
Rechtsgeschichte im Mittelalter: J. J. Nordström, Bidrag till den
Svenska Samhälls-författningens Historia I. II. Helsingfors
1839 und 1840. I 257—369 handelt speciell von den Städten
und dem Bürgerstande. (Anderes ist in K. Lehmanns Lit-
teraturverzeichnis der Nordgermanischen Rechtsgeschichte in
Zeitschr. der Savigny-Stiftung für Rechtsgesch. VII und VIII.
German. Abt. 1887. 1888 aufgeführt.)

Wie spät in Schweden die Städte emporgekommen sind,
läßt sich schon an einem äußerlichen Kennzeichen wahr-
nehmen. Im schwedischen Urkundenbuche bilden bis zum
J. 1300 die Urkunden der Päpste und Bischöfe, der Kirchen
und Klöster die Hauptmasse; nicht viel über ein Dutzend
von 1334 Nummern kommen auf die Städte[1]. Doch finden
sich auch in den kirchlichen und Privaturkunden mancherlei
Beziehungen auf einzelne derselben, welche für ihre Zustände
von Bedeutung sind[2].

---

[1] Wisby Nr. 232. 233. 884. 970. 1718. Stockholm Nr. 989.
1179. 1191. Jönköping 789. 3018—3020. Söderköping 1092.
1179. 1191. Linköping 1322.
[2] Ein Stadtbürger ist zuerst 1253 zu Söderköping genannt: Do-

In der Reihenfolge dieser Urkunden tritt zuerst Wisby auf Gotland mit eigentümlicher Verfassung auf, 1280 mit Vogt, Ratmännern und Gemeinde der Deutschen[1], 1288 mit Vögten und Ratmännern sowohl der Gotländer als der Deutschen[2]. Dann Stockholm 1289 mit einem Castellan oder Burgvogt, 1297 mit einem Bürgermeister[3]. Söder- köping in Ostgötaland 1293 mit Vogt, Ratmännern und Stadtsiegel[4]. Jönköping am Wetternsee in Småland, mit Marktrecht und Stadtrecht 1284. Wir bleiben bei letzterem stehen; denn es ist das älteste Stadtrecht, das in Schweden vorhanden ist.

Zwei Privilegien wurden den Bürgern Jönköpings im genannten Jahre 1284 von König Magnus I, mit dem Beinamen Ladulås, erteilt und nachmals 1333 aufs neue von dessen Enkel Magnus II Erichsson bestätigt[5]. Im ersten und Hauptprivileg gestattet der König 12 Ratmänner zu wählen, welche der Stadt Bestes beraten, für ihre Sicherheit Sorge tragen und Schaden, wie durch Feuersgefahr, und feindlichen Angriff von ihr abwenden sollen, denen auch Vollmacht ge- geben ist, Totschläger und andere Übelthäter zu bestrafen. Die Ratmänner sollen nicht auf Lebenszeit bestellt sein, sondern jährlich von den Bürgern gewählt und nicht ohne den Willen des Königs abgesetzt werden. Ferner wird den Bürgern der Markt bewilligt, bei welchem ein von dem Könige bestellter Wechsler oder Beschauer (beskodaren) den

---

minus Gotulfus Rutenus (ein Russe) civis Suthercopensis. Dipl. Suec. I Nr. 404.

[1] Ebd. II Nr. 1718: Advocatus, Consules et Commune Theutoni- corum civitatis Wisbucensis.

[2] II Nr. 970: Advocati et consules tam Gotenensium quam Theutonicorum et communitas civium de Visby.

[3] S. weiter unten bei Stockholm.

[4] II Nr. 1092 ein Kaufbrief, beurkundet von Consules et cives, unter den Zeugen Gyrdo advocatus.

[5] Beide sind schwedisch abgefaßt nur in vidimierter Abschrift erhalten, Dipl. Suec. IV Nr. 3018—3020.

Geldwechsel beaufsichtigen und das Silber prüfen soll. Die
Bürger können im übrigen ihre alten Statuten und Privilegien
gebrauchen, namentlich vor Gericht Eid leisten mit 12 oder
6 Männern, auch wenn nötig mit 24. Andere Vergünstigungen
betreffen die Viehweide in den benachbarten Orten. Das
zweite Privileg enthält die Erlaubnis, zwei Jahrmärkte zu
halten, wobei Friede und Sicherheit für Käufer und Verkäufer verheißen wird[1].

Dieses früheste bekannte Stadtrecht bezeichnet nicht
bloß für Jönköping, sondern für die schwedischen Städte
überhaupt das Rechtsverhältnis, in welchem sie sich zu Ende
des 13. Jahrhunderts zum Reiche befanden, und das Maß
der bürgerlichen Freiheit, das ihnen von den Königen eingeräumt wurde. Den Bürgern steht die freie Wahl des
jährlich wechselnden Rates zu, welcher die Stadt regiert und
das Gericht hat. Der Rat ist eine neue Institution aus königlicher Gewährung und offenbar nicht einheimischen Ursprungs,
wie durch die deutsche Benennung und den Zusatz 12 Männer,
‚welche Ratmänner heißen‘ (XII mend hvilke kalles rådmen),
angezeigt ist. Selbstverständlich sind die Rechte des Königs
vorbehalten, welche dessen Vogt ausübt, von denen namentlich erwähnt ist, daß kein Ratmann ohne den Willen des
Königs abgesetzt werden darf, woraus von selbst folgt, daß
auch für die Einsetzung die königliche Genehmigung erforderlich war.

Vogt und Rat finden sich um diese Zeit, wie schon erwähnt, auch in anderen Städten Schwedens und dann allgemein im 14. Jahrhundert, mit oder ohne Bürgermeister[2].

Unsere Betrachtung wendet sich an erster Stelle
Stockholm zu, das seit Mitte des 13. Jahrhunderts sich

---

[1] Im J. 1349 erhielt Jönköping das Stockholmer Stadtrecht.
Vgl. unten bei Biärköa-Recht.

[2] Bürgermeister mit deutscher Benennung in einer Urkunde der
Stadt Skara, Bischofssitz von Westgötaland, vom J. 1301 (Nr. 1748):
Vi Borghamæstara ok Radhmæn; sonst lateinisch Proconsules et consules.

zur Hauptstadt des Reiches aufschwang[1]. Bis dahin zählte
es nicht zu den namhaften Städten. Der Bischofssitz war in
Upsala, und als Handelsplatz stand das an der nördlichen
Bucht des Mälarsees gelegene Sigtuna voran. Die schwedische
Reimchronik rühmt den Birger Jarl (1248—1266) als Er-
bauer von Burg und Stadt Stockholm[2]. Frühere Nachrichten
sind nicht vorhanden, und erst seit den 70er Jahren des 13.
Jahrhunderts beginnen die urkundlichen, wie folgt.

Im J. 1278 überträgt Magnus I Ladulås, Sohn des Begrün-
ders von Stockholm, das Patronat über die Hospitäler von
Stockholm und Sigtuna nebst Armenzehnten und andern
Einkünften an den Erzbischof von Upsala (I Nr. 634). Ein
Vermächtnis vom J. 1279 gedenkt der Minoritenbrüder und
der St. Nikolaikirche (I Nr. 695). Im J. 1282 schenkt
Magnus I dem Bürger von Stockholm Thidemann Friis die
Insel Herxö zur Belohnung für seinen treuen Dienst (I Nr. 757).
Durch denselben König werden 1286 den Minoriten und den
Nonnen von St. Clara bedeutende Schenkungen von Grund-
besitz gemacht, ersteren auf einer Insel bei Stockholm (Rid-
darholm nach dem Regest), letzteren auf Norrmalm zum
Zweck der Erbauung ihres Klosters, womit die nördliche
Vorstadt den Anfang nahm (II Nr. 921. 922). Andere
Schenkungen an beide Orden folgen auf diese[3]. Auch für
den Anbau ihres Grundbesitzes sorgte der fromme und frei-
gebige König, indem er im J. 1288 verordnete: Alle, die auf
Norrmalm sich niederlassen, sollen das gleiche Recht genießen,
wie die Bürger innerhalb der Stadtmauern, aber den Grundzins an das Kloster entrichten; falls sie dann wieder fortziehen, können sie mit ihren Häusern machen, was sie wollen;
doch der Grundbesitz verbleibt dem Kloster[4]. Auch der

---

[1] Vgl. Strinnholm, Svenska folkets historia IV 485 ff.

[2] Er baute, ist von ihm gesagt, ein schönes Haus und eine gute
Stadt: .ett fagert huus ok en goden stadh. Scriptores rerum Succ. I 2. 10.

[3] II Nr. 971. 972. 975. 976. 1001.

[4] II Nr. 978: Damus licentiam volentibus habitare juxta Norræ-

Predigerorden suchte in Stockholm Fuſs zu fassen, fand aber
zur Zeit nur wenig Entgegenkommen seitens der Stadtregierung. Denn im J. 1289 beklagt sich der Prior des
Ordens zu Sigtuna bei dem Papste über den Castellan von
Stockholm, den Ritter Röth Keldorson, wegen Verhinderung
des Ankaufs eines Grundstücks nebst Häusern, den der
Prior zu dem Zweck beabsichtigte, um den Mönchen ein
Unterkommen in der Stadt zu verschaffen (pro habendo
fratribus hospicii refugio), wenn sie bei ihren Besuchen von
Haus zu Haus und Beschaffung ihres notwendigen Bedarfs,
oder auf Schiffsgelegenheit wartend, sich oft länger dort aufhalten müssen; denn „die Brüder unseres Ordens", fügt derselbe hinzu, „haben noch keinen Convent in dieser Markt-
stadt, welche binnen wenigen Jahren mehr als die meisten
anderen an Bevölkerung zugenommen hat" [1].

Mit dem äuſseren Wachstum der neuen Inselstadt auf
dem Mälarsee, welche nun, das alte Sigtuna zurückdrängend,
ein wichtiger Handelsplatz geworden war, nahm auch die
Ausbildung der Stadtverfassung entsprechenden Fortgang.
In dem vorerwähnten Castellan von Stockholm erkennen
wir den über die Burg, Stadt und zugehörige Vogtei gesetzten königlichen Beamten [2], der auch Präfect heiſst [3] und

---

malm dictae villae, ut ipsi cum suis succedentibus gaudeant eodem
jure, quo gaudent cives infra muros ibidem, quamdiu ipsis placuerit
illic commorari. Es ergibt sich hieraus, daſs Stockholm bereits 1288
mit Mauern versehen war, wenngleich Chronol. Anonymi erst zum J.
1317 berichtet: Eodem anno civitas Holmensis est ligneis moenibus
cincta et munita. Ss. rer. Suec. I 1. 56.

[1] II Nr. 989: quia in eadem forensi villa, que infra paucos annos
plerisque aliis civitatibus terre nostre populosior effecta est . . .

[2] Nach dem Teilungsvertrag der Herzöge Erich und Waldemar
von 1315 erhielt der letztere auſser anderen, als castra cum terris bezeichneten Herrschaften das castrum Stokholm cum tota advocacia
eidem castro adjacenti III Nr. 2032 S. 228.

[3] II Nr. 1465 J. 1305: Christianus prefectus Stokholmie; Nr.
1892 J. 1312: Ingivaldus prefectus nunc Stokholmie.

schwerlich verschieden war von dem Vogt der Stadt[1], wie
denn sein Stellvertreter und Unterbeamter den Titel bald
als Unterpräfect, bald als Vicevogt führt[2].

Es ist anzunehmen, daſs Stockholm mindestens ebenso
früh wie Jönköping (1284) einen Rat gehabt hat, wiewohl
dieser erst später urkundlich vorkommt. Dagegen erscheint
hier zuerst ein Bürgermeister (magister burgensis) im Jahre
1297, der auf das Dasein des Rats mit Sicherheit schlieſsen
läſst[3]. Vogt und Rat bildeten das Stadtgericht (generale
consistorium, commune pretorium), bei welchem Grundbesitz-
veränderungen durch Kauf, Tausch, Vermächtnisse verlautbart wurden, worüber jene die Urkunden ausstellten. In
Urkunden dieser Art treten in Stockholm seit Anfang des
14. Jahrhunderts Vogt und Rat, oder Bürgermeister und
Rat bald mit, bald ohne den Vogt auf[4]. Eine derselben,
welche die Stiftung einer Seelmesse bei dem heiligen Geist-
Spital durch eine Bürgerfamilie in Stockholm im J. 1323

---

[1] II Nr. 1191 J. 1297: Saxo advocatus ac communitas civium
de Stokholm.

[2] II Nr. 1191. 2003. 2009. 2347. 2391. An letzterer Stelle (Jahr
1323) sind Vogt und Untervogt neben einander genannt: Secundum
consilium . . . virorum discretorum . . . videlicet Elavi advocati et
Erici subfecti Stokholmensis. Elav Hakonsson heiſst vorher Vicevogt
(Nr. 2009).

[3] Nr. 1191: Saxo advocatus ac communitas civium de Stokholm
beurkunden einen Gütertausch von St. Clara. Am Schluſs sind als
byfaster et gardfaster genannt zuerst Ulpho Speghel subfectus, dann
Hænzæ fan Hedhen, magister burgensis. Faster, fastær, fastae sind
Gewährsmänner, lateinisch firmarii; vgl. III Nr. 2683: cum testibus
vulgariter dictis fastae; IV Nr. 3432 und V Nr. 4600: firmarii vulgariter dicti fasta. Vgl. über das Institut der altschwedischen Festiger
die allseitig durchgeführte Untersuchung von K. Lehmann in dessen
Abhandlungen zur germanischen, insbesondre nordischen Rechtsgeschichte. 1888. Nr. II.

[4] Z. B. III Nr. 1911 J. 1313: Borgemester och Raad i Stokholm.
Nr. 2398 J. 1323: Elavus Haquonson advocatus, Proconsules ceterique
consules Stockholmenses . . . Actum et datum Stokholmis in generali
nostro consistorio presentibus pluribus nostris consulibus et civibus.
Nr. 2399 — in communi pretorio.

betrifft, verdient besondere Beachtung. Die Stiftung geschah
mit Zustimmung des Vogts Elavus, des Untervogts Erich,
sowie des Rats, welcher durch zwei Ratmänner der Schweden
und zwei der Deutschen vertreten war[1], woraus ersichtlich,
dafs der Rat von Stockholm damals aus beiden Nationen
zusammengesetzt war.

Stockholm hatte zur Zeit bereits ein geschriebenes
Stadtrecht.

Das Biärköa-Recht.

So nennt sich dieses Stadtrecht im Anfang: „Hier beginnt
das Biärköa-Recht (Hær byriæs Biärköa rættær)!"[2]

Dieselben Anfangsworte sind uns schon im dänischen
Stadtrecht von Schonen begegnet: „Dies ist das Recht,
welches man biærkeræt nennt"[3]. Das schwedische Wort
bjärkö ist zusammengesetzt aus bjärk und ö d. i. Insel. Als
Inselname kommt schwedisch Björkö und norwegisch Bjarkey
vor[4]; namentlich heifst so eine Insel im Mälarsee bei Stockholm,

---

[1] III Nr. Nr. 2413: secundum consilium et consensum virorum
discretorum et sapientum nostrorum amicorum, videlicet Elavi advocati et Erici subfecti Stokholmensis, de consilio civitatis ejusdem de
Succis Nicolaus Cazabuer et Thorirus longus, de Theotonicis
Frovinus et Gothskalkus niger, ceterorumque aliorum consulum. Von
dem Stifter, Alexander civis Stokholm. und den genannten Personen
wurde die Urkunde besiegelt.

[2] Schlyter, Corpus juris Suco-Goth. VI 111—134. Es ist voll-
ständig nur in einer einzigen Hs. der kön. Bibliothek zu Stockholm
vorhanden, welche, um J. 1345 geschrieben, das Recht der Westgoten,
Vestgötalagen, enthält, dem es am Schlufs angefügt ist. Nur der
Anhang findet sich auf einem einzelnen Blatt am Ende einer andern
Hs. derselben Bibliothek, worin das Recht von Södermannland ent-
halten ist. Im Druck herausgegeben wurde dasselbe zuerst von dem
Archivar J. Hadorph 1687. Vgl. Schlyter Praef. XXX f.

[3] Vgl. Zweites Buch S. 195.

[4] Fritzner, Ordbog over det gamle Norske Sprog (2. Ausg.)
S. 144, gibt die Inseln dieses Namens an. Vgl. Svenskt Diplom. IV
Nr. 4586 J. 1350: in insula Biaerkö dicta bez. der von Stockholm.

womit der Name der alten Königsstadt Birca verwandt ist,
wohin der Glaubensbote Ansgar zu König Björn kam[1].
Schlyter erklärt Bjærkö als Handelsplatz auf einer Insel,
wonach Bjærk Handel bedeuten soll[2].   Allein diese Deutung
von bjärk ist nur eine Vermutung, die sich sonst nicht beweisen läfst.   Besser möchte sich vielleicht eine andere Erklärung empfehlen.   Dasselbe Wort biærkeræt kommt wie
gesagt auch in Dänemark vor, und im Stadtprivileg von
Odense wird bierk bestimmt als Weichbild oder Stadtbezirk
erklärt[3].   Birk bedeutet dänisch überhaupt Gerichtsbezirk[4];
dänisch Biærkeræett ist also schlechthin Stadtrecht, Recht
eines städtischen Gerichtsbezirks.   Im schwedischen Bjärkö
jedoch ist zugleich die Beziehung auf eine Insel enthalten,
die einen besonderen Gerichtsbezirk für sich bildet, und so ist
das Wort Eigenname verschiedener Inseln geworden.

Dafs das Bjärköa-Recht zunächst für Stockholm bestimmt war, ergibt sich aus den darin vorkommenden örtlichen Bezeichnungen: Ase-Åsö, die Insel, auf der sich die
südliche Vorstadt von Stockholm, Söder-Malm, befindet;
Konungshampn d. i. Königshafen am Eingang des Mälarsees;
Norr- und Södermalm (Nyrri Malmi æller Sythræ), die beiden
Vorstädte im Norden und Süden[5].   Dasselbe Stadtrecht gelangte aber auch in anderen Städten zur Geltung.   Für die
alte Handelsstadt Lödöse in Westgötaland nimmt Schlyter
dies als wahrscheinlich an, weil in der Handschrift, worin
allein der Text vollständig erhalten ist, der Name Lödöse
im Artikel 13 § 2 an sehr unpassender Stelle neben dem
Königshafen von Stockholm steht, woraus zu schliefsen, dafs
diese Hs. eben zu Lödöse in Gebrauch war[6].   Und ebenso

---

[1] Vita Anskarii auct. Rimberto c. 11.
[2] Glossar zum Corpus juris Sueo-Gotorum antiqui XIII 72.
[3] Vgl. Zweites Buch S. 199 A. 1.
[4] Kalkar, Ordbog til det ældre Danske Sprog unter biærk.
[5] Art. 13 § 2 und Art. 39 pr.; vgl. Schlyter im speciellen
Glossar VI 250.
[6] Schlyter, Praef. VI S. XXXIV.

ist der Gebrauch dieses Stadtrechts in einer oder mehreren
Städten von Södermannland zu vermuten, weil dasselbe dem
dortigen Provinzialrechte angefügt war[1]. Urkundlich bezeugt
ist ferner die Einführung des Stockholmer Stadtrechts in
Jönköping durch K. Magnus Erichsson im J. 1349, die auf
Verlangen der Bürger selbst erfolgte, da ihnen das im J. 1284
verliehene stadtrechtliche Statut nicht mehr genügte[2].

Als Abfassungszeit des Bj.-R. nehmen S c h l y t e r und
andere nach ihm, mit Rücksicht auf die Erwähnung von
Ratmännern und Bürgermeistern, nicht die Regierung des
Birger Jarl (bis 1266), welchem man neben anderen Reformen des öffentlichen Rechts auch jenes zugeschrieben hat[3],
sondern Ende des 13. oder Anfang des 14. Jahrh. an. Es
ist die Zeit, da der Marschall Torkel Knutsson als Vormund
und Berater des jungen Königs Birger Magnusson die Regierung mit vieler Umsicht leitete, und in welcher auch das
Uplandgesetz zu stande kam, das dieser König im Januar
1296 bestätigte. Schlechten Dank aber fand der Marschall
für seine grofsen Verdienste um Land und Reich, da er am
6. Februar 1306 durch Henkersbeil in Stockholm hingerichtet
wurde, aus dem Grunde, weil er der Aussöhnung des Königs
mit seinen Brüdern im Wege stand[4].

Das Bj.-R. zeigt, abgesehen von den schon citierten Anfangsworten, in den 41 Kapiteln, worin der Herausgeber
S c h l y t e r dasselbe eingeteilt hat, keine Zuthat oder andere
Spur einer Redaction. Die verschiedensten Dinge des öffentlichen und Privatrechts sind in zufälliger Aufeinanderfolge

---

[1] Vgl. oben S. 269 Anm. 2.

[2] Svenskt Diplom. VI Nr. 4483, wo der König sagt: ad instancias
... villanorum Junaecopensium inclinati, concedimus per presentes,
quatenus statutis ac juribus dictis b y a e r k e r æ t t pari modo per omnia, prout per villanos nostros Stocholmenses observari noscuntur, de
cetero libere uti debeant. An das erst nach 1450 von demselben
Könige erlassene allgemeine Stadtrecht ist hier nicht zu denken.

[3] N o r d s t r ö m, Bidrag I 316.

[4] G e i j e r, Gesch. Schwedens I 176.

durcheinander gebracht und behandelt, dieselben Materien
an früheren und späteren Stellen wiederholt berührt. Kap. 1.
betrifft die Veräufserung von liegenden Gütern; 2. enthält
Bestimmungen über Hausbauten; 3. Strafsätze für Mifshandlung von Personen; 4. das Anklageverfahren bei Vogt und
Rat; 5. Geldschuld; 6. Kauf und Verkauf; 7. das Verfahren
in Streitsachen überhaupt; 8. die Einbringung von Waren
zu Schiff u. s. f. Überwiegend sind die strafrechtlichen Bestimmungen mit einem sehr ins einzelne gehenden Bufstarif
bei Körperverletzungen. Aber auch vom Eherecht, Erbrecht
und letztwilligen Verfügungen handeln mehrere Kapitel im
Zusammenhang (24—29). Dazwischen laufen allerhand Polizeiverordnungen, während andere sich am Schlufs des Ganzen
befinden. Dabei wird manches wesentliche vermifst. Die
Stadtregierung und das Stadtgericht sind nur beiläufig erwähnt; von der Erwerbung des Bürgerrechts ist nicht die
Rede; man erfährt nichts über die Einwohnerschaft und
ihren Gewerbebetrieb, wenig von Handel und Schifffahrt. Das
Ganze stellt sich als eine Sammlung von Satzungen, Verordnungen und Rechtssprüchen dar, die unter sich in keinem
andern Zusammenhange stehen, als dafs sie sich miteinander
auf das städtische Gemeinwesen beziehen.

Sehr auffallend unterscheidet sich dieses Stadtrecht durch
solche Beschaffenheit von den schwedischen Landschafts-
rechten und der Art, wie diese zumteil schon früher zu stande
gekommen waren[1]. So wurde beispielsweise das Gesetzbuch
des Uplands, wie die Bestätigungsurkunde des K. Birger 1296
ausführlich berichtet[2], durch eine Commission von 12 Männern aus den drei Folklanden ausgearbeitet, dann dem Land-
schaftsthing zur Annahme vorgelegt, hierauf vom Könige bestätigt und in den Gebrauch eingeführt. Solchergestalt entstand
ein Werk sorgfältigster Redaction. Der gesamte Rechtsstoff ist
systematisch geordnet und in einer Reihe von Abschnitten,

---

[1] Vgl. die citierte Abhandlung von K. Maurer S. 75 ff.
[2] Uplandslagen ed. Schlyter III 1.

Balker genannt, unter Überschriften, welche deren Gegenstand bezeichnen, sachgemäfs behandelt.

Anders das Bjärköa-Recht, über dessen Veranlassung, Abfassung, Einführung oder königliche Bestätigung von ihm selbst nichts ausgesagt wird. Doch die Hauptsache, die es durch sein blofses Dasein bezeugt, ist, dafs in Schweden seit Anfang des 14. Jahrhunderts ein besonderes Recht und eximiertes Gericht (byathing, byamot) für die Städte gegolten hat.

Bei der näheren Darlegung des sachlichen Inhalts des Bjärköa-Rechts beschränke ich mich auf Hervorhebung der wesentlichen Einrichtungen der Stadtverfassung und Rechtsverhältnisse der Bürger.

Vogt und Rat (foghati ok raþet) sind die Obrigkeit der Stadt für Gericht und Verwaltung. Bei diesen werden Klagen, sei es wegen Körperverletzungen oder in Sachstreitigkeiten, angebracht; vor ihnen findet die Verhandlung der Parteien statt, und durch sie wird das Urteil (dom) gesprochen (c. 3. 4. 7). Dieses Urteil ist an sich kein endgültiges; denn es wird der Fall angenommen, wenn der Kläger sich mit demselben nicht begnügen will und den Gegner in einer andern Stadt (i adrum köpstaþ) belangt; unterliegt er dort, so soll er mit 13 Mark büfsen (c. 4); und der andere Fall, wenn der Kläger sich gegen den Ausspruch des Vogts und der Ratmänner auf das Rechtsbuch des Bischofs oder ein anderes geschriebenes Recht beruft und dasselbe vor dem Rate verlesen läfst (c. 7)[1].

---

[1] Es ist an dieser Stelle gesagt, dafs der Urteilsspruch des Vogts und der Ratmänner in der allgemeinen Bürgerversammlung (a almænnigx byæ mot) stattgefunden hat, wozu Nordström II 529 die Bemerkung macht, es gehe daraus hervor, dafs in alter Zeit noch die ganze Bürgerschaft zu den Gerichtsverhandlungen zugezogen wurde. In dem allgemeinen Stadtrecht, von welchem noch die Rede sein wird, ist das byæmot nicht mehr erwähnt, und das dort vorkommende ‚Gericht auf dem Markt‘, welches ein Niedergericht des Vogts war, schwerlich für dasselbe zu halten.

Vogt und Ratmänner üben die Polizeigewalt (41) und
ordnen Brückenbau, Herstellung der Wasserläufe und Strafsen-
reinigung zu bestimmten Zeiten an. Selbstverständlich liegt
ihnen die Durchführung der Feuerordnung ob[1]; Polizeivergehen werden von ihnen mit den festgesetzten Bufsen, welche
halb dem Vogt und halb der Stadt zufallen, bestraft. Dieselben übertragen auch die Führung besonderer Geschäfte
an einzelne Bürger, sei es vorübergehend oder an Unter-
beamte, welche dann bei einer ihnen angethanen persönlichen
Verletzung, Totschlag oder Verwundung mit doppelter Bufse
taxiert werden; nicht so bei blofs wörtlicher Beleidigung.
Nur wer den Vogt und Rat lästert, oder von einem Bürgermeister übel redet, hat gleichfalls höhere Bufsen zu zahlen (c. 21)[2].

Vogt und Ratmänner finden sich in den erwähnten
Functionen der Stadtobrigkeit immer beisammen. Der Vogt
ist der über die Stadt gesetzte Beamte des Königs, die Ratmänner vertreten die Einwohnerschaft. Der Vogt allein erscheint, wo er die Rechte des Königs wahrnimmt und für
ihn ein Drittel der Strafgelder erhebt.

Aufser den Ratmännern sind auch Bürgermeister und
zwar in der Mehrheit (borghæmestærin) genannt (c. 21).
„Wer den Vogt und den ganzen Rat lästert“, heifst es, „soll
mit 13 M. Silber büfsen; davon nimmt zuerst der Vogt
1 Mark und jeder Bürgermeister 1 Mark, das übrige fällt

---

[1] c 41: Wenn auf einem Hofe Feuer ausbricht und der Besitzer
selbst es löschen kann, ist er ohne Klage, d. i. bufsfrei; wenn aber
Axt, Eimer und Glockenanschlagen hinzukommen, d. i. Feuerlösch-
anstalten gebraucht werden, soll er mit 3 Mark büfsen; wer Feuer
des Morgens anzündet, bevor noch das Ende der Nachtwache durch
die Glocke verkündigt ist, soll mit 3 Ören büfsen, was es auch für
ein Feuer sein mag. (So erklärt Schlyter den letzten Absatz im
Glossar unter varþer S. 693.)

[2] Das hier erwähnte Schimpfwort: forsleghin herriæns son d. i.
verworfener Hurensohn, ist das gleiche wie das, was in einer dänischen Skra (vgl. oben S. 147 A. 4) und häufig auch in Niederdeutschland vorkommt; vgl. Schiller und Lübben W. B. II 249.

halb an den Vogt und halb an die Stadt"; und weiter:
„Wer von einem Bürgermeister übel redet, soll mit 12 Mark
dreigeteilt büfsen" [1].

Die Zahl der Bürgermeister und Ratmänner ist nicht
angegeben; doch läfst sich nach Analogie der Ratsverfassung
von Jönköping annehmen, dafs ihrer zwölf waren, und ebenso,
dafs, gleichwie in Jönköping, auch in Stockholm der Rat
alljährlich von den Bürgern gewählt und von dem Vogte bestätigt wurde.

Dafs für die schwedischen Städte gleichwie für die
dänischen die deutsche Stadtverfassung als Vorbild gedient
hat, zeigt sich deutlich im Bjärköa-Recht, sowohl durch die
deutschen Benennungen Vogt, Rat, Bürgermeister, als auch
in den Institutionen selbst. Das Amt und der Name des
Vogts, schwedisch foghati, foghet, kommt in den älteren Land-
schaftsrechten Schwedens nicht vor und findet sich erst in
den jüngeren auf den Vorsteher des Landbezirks, den Härads-
häuptling (hærads höfding), übertragen [2]. Denn früher und
stärker als in diesen kam im Stadtrecht die Königsmacht
zur Geltung wie zum Ausdruck. Noch mehr wird uns das
allgemeine Stadtrecht des Magnus Eriksson verraten, welche
überwiegende Bedeutung das deutsche Element in der städtischen Einwohnerschaft Schwedens überhaupt erlangt hat.
Was namentlich Stockholm betrifft, sahen wir bereits in einer
Urkunde von 1323, dafs Schweden und Deutsche gleichmäfsig im Stadtregiment vertreten waren [3].

---

[1] til þræskiptis, d. i. zu drei Teilen für den Kläger oder Verletzten, den Vogt und die Stadt; vgl. unten. Von Beschimpfung eines
Ratmannes ist hier nicht noch besonders die Rede. In Magnus Erikss.
Stadslag, Konungxb. c. 12, ist dies ergänzt und der Artikel weiter
ausgeführt.

[2] S. die Stellen unter foghati in Schlyters Glossar. Im
jüngeren Westgötalag findet sich zweimal der Ausdruck: foghati æller
hæræz höfþingæ (Schlyter, Corpus juris I 209), wo der erklärende
Zusatz den noch ungewöhnlichen Gebrauch des Worts anzeigt.

[3] Vgl. S. 269.

In einigen das Stadtgericht des Vogts und Rats betreffenden Einzelbestimmungen des Bj.-R. ist sogar directe Benutzung des lübischen oder hamburgischen Rechts augenscheinlich. Der oben erwähnte Fall, daſs ein Kläger sich gegen
das Urteil von Vogt und Rat an eine andere Stadt wendet
und, wenn er dort unterliegt, in Geldstrafe verfällt, entspricht
einer Satzung des alten lübischen Stadtrechts[1]. Ebenso
kommt sowohl im hamburgischen wie im lübischen Rechte
der andere Fall vor, daſs einer dem Urteil des Rats widerspricht und sich auf das geschriebene Recht beruft, das in
der nächsten Gerichtssitzung vor dem Rate verlesen wird[2].

Beschimpfung oder Miſshandlung eines Ratmanns oder
Stadtdieners wurde auch nach lübischem Recht nicht bloſs
an den Kläger, auch an die Stadt und alle Ratmänner
gebüſst[3].

Aus vorwiegendem Einfluſs der deutschen Einwohnerschaft von Stockholm erklärt sich im Privat- und Familienrecht die nähere Verwandtschaft des Bj.-R. mit dem deutschen
und speciell lübischen Recht als mit dem national schwedischen. Zwar lassen sich einige Bestimmungen aus dem
einen wie aus dem andern ableiten; so die, daſs bei Veräuſserung von Erbgut dieses zuerst den nächsten Verwandten
angeboten werden soll[4], und die, daſs die erblose Hinterlassenschaft, wenn binnen Jahr und Tag sich kein Erbe

---

[1] Lübische Rechtsaufzeichnungen um 1226 im Lüb. UB. I Nr.
32 S. 41: Si quispiam redarguit super domum consulum sentenciam,
si prevalere non poterit, componet magistris consulum dimidiam
libram, et si ad exteram civitatem appellaverit et in causa sua
prevalere non poterit, componet magistris consulum. Unter magistri
consulum sind Ratsvorsteher, nicht Bürgermeister (magistri civium,
ein Amt mit besonderer Competenz) zu verstehen, womit die von
F r e n s d o r f f, Stadt- und Gerichtsverf. Lübecks S. 109 Anm. 32, er-
hobene Schwierigkeit sich erledigt.

[2] S. F r e n s d o r f f a. a. O. S. 181 und Anm. 58 über ‚wedder teen
an dat bock‘.

[3] Das alte lübische Recht (Hach) II c. 47 und 220.

[4] Bj.-R. c. 1 und N o r d s t r ö m, Bidrag II 144 ff. Vgl. Lübisches

meldet, dem Könige zufallen soll[1]. Doch abweichend von den schwedischen Landrechten und übereinstimmend mit dem deutschen, lübischen oder hamburgischen Recht, zeigen sich im Bj.-R. das Familienrecht, das Güterrecht der Ehegatten, das Erbrecht der Witwe und Töchter, welche letztere den Söhnen gleichgestellt sind[2].

Anders verhält es sich mit dem Criminalrecht und dem gerichtlichen Verfahren. Letzteres ist im schwedischen Stadtrecht das gleiche wie im schwedischen Landrecht[3]. Dem Ankläger steht der Zeugenbeweis (witnismål), dem Angeklagten die Abschwörung mit Eideshelfern (dulsmål) zu. Der Zeugenbeweis des Anklägers schliefst die Abschwörung des Angeklagten aus: nur wenn keine oder nicht die erforderliche Zahl der Zeugen da sind, ist letztere statthaft. Die Anzahl der Zeugen wie der Eideshelfer richtet sich nach der Bedeutung oder dem Wert der Sache. Bei Heimsuchung, Totschlag, Mord und Notzucht sind sechs Zeugen zur Verurteilung erforderlich; bei geringer Verwundung, Faustschlag und Haarraufen genügen zwei oder drei[4]. Der Angeklagte mufs je nach der Schwere des Vergehens sechs bis zwölf Männer zum Eide aufbringen. Diese aber sind nicht blofs Eideshelfer, sondern Geschworene im heutigen Sinne; denn die Nämd oder Nämnd, welche von jeder der beiden Parteien zur Hälfte gewählt wird, schwört den Angeklagten entweder schuldig oder unschuldig[5].

Recht II c. 29 und die andern von Hach im Register angeführten Stellen.

[1] Bj.-R. c. 26 und Nordström II 223. Vgl. Lüb. Recht II c. 40. Der technische Ausdruck dannær arf = Toderbe wird gleichmäfsig in den schwedischen wie in den dänischen Rechtsbüchern gebraucht.

[2] c. 26: ærvir slit dottor sum son. Nach schwedischem Landrechte erhielten die Töchter gemäfs der Verordnung von Birger Jarl 1262 nur ein halbes Erbteil gegenüber dem ganzen der Söhne. Nordström, Bidrag II 53. 57. 190, hebt die angedeuteten Abweichungen des Bj.-R. von den schwedischen Landrechten hervor.

[3] Vgl. Nordström II 750 ff.

[4] c. 12. 15. 36.

[5] c. 12 pr.: þa skulu tolf mæn wæriæ han æller fellæ, þe sum

Zu den schwersten Vergehen gehören die sog. Königseidbrüche (konungs edsöre brott) auf Grund der Gesetzgebung von Birger Jarl und K. Magnus Ladulås (1285)[1].
Als solche gelten verschiedene Arten von Friedensbrüchen,
namentlich Verletzung des Haus-, Frauen-, Kirchen-, Thing-
Friedens, auf welche die Strafe der Friedlosigkeit gesetzt ist,
und bei denen aufser der gewöhnlichen dreigeteilten Bufse
noch die 40 Mark-Bufse bezahlt werden mufs, wenn einer
den Frieden wiedererlangen will. Die Königseidbrüche
und das durch sie bedingte eigentümliche gerichtliche Verfahren sind erst nach und nach in die verschiedenen Land-
schaftsrechte aufgenommen worden[2]; im Bj.-R. finden sich
als solche nur Verletzung des Haus- und des Kirchenfriedens
genannt[3].

Das Bj.-R. bestimmt die Höhe der Geldbufsen bei Körperverletzungen, nicht blofs nach dem Schaden an Leib und
Leben oder einem einzelnen Leibesglied; auch der Ort, wo
solche begangen worden — in der Kirche, auf der Strafse,
auf dem Markt, in der Badstube —, und die Tageszeit kommen
in Betracht[4]. Immer gilt als Regel, dafs die Bufsen als
dreigeteilte gleichmäfsig an den Verletzten oder Kläger, den
Vogt und die Stadt fallen[5].

---

ware byæmæn æru; ok raþi halwi næmd bwar þeræ, d. i. da sollen
12 Männer ihn wehren oder fällen, die unsere Mitbürger sind, und
jede Partei bestimme die halbe Nämd. Ähnlich c. 14 pr.: væri sik
meþ XII raþmannum oc raþi halwi næmd. Vgl. über die næmd
Nordström II 775 ff. und K. Maurer, Über das Geschworeninstitut
in Island, Schweden und Dänemark. (Krit. Überschau V.)

[1] Siehe über diese K. Lehmann, Der Königsfriede der Nordgermanen S. 35 ff.

[2] K. Lehmann a. a. O. S. 51 ff.

[3] c. 12 pr.: böte fult kononx ezsöre, und § 1: han havær brutit
kononx eþsöre.

[4] c. 12 und 14: Totschlag auf dem Markt vormittags begangen
kostet 80 Mark, nachmittags nur 40; schwere Verwundung 24 und
12 Mark.

[5] Vgl. c. 14 §§ 8. 20. 21 und c. 21 entsprechend den dreigeteilten
Bufsen in den Landgerichten, für den Verletzten, das Härad und den

Doch nicht blofs Geldbufsen, auch körperliche Züchtigung
und Todesstrafe, verschärfte und schimpfliche, kommen im
schwedischen Stadtrechte vor, wie denn das schwedische
Strafsystem überhaupt durch gröfsere Härte gegen das mil-
dere in Dänemark absticht, ausgenommen bei Diebstahl, der
auch nach dänischen Stadtrechten aufs schärfste geahndet
wurde[1]. Als nicht so schlimm oder wenigstens nicht so
schimpflich wird Strafsenraub angesehen; denn wer solchen
in einer der Vorstädte Stockholms oder in der Stadt selbst
begeht, soll zwar auch mit dem Hals büfsen, kann aber mit
40 Mark den Hals lösen (c. 39). So wird auch ein grofser
Unterschied gemacht zwischen Totschlag, der zwar friedlos
macht, aber mit Geld gesühnt werden kann, und Mord mit
Verbergung des Leichnams[2], sowie Mordbrennerei, für
welche der Mann gerädert, die Frau lebendig begraben
werden soll. Dagegen steht die Strafe des Verbrennens auf
Vergiftung, von Mann oder Frau verübt (c. 36). Mit der
40 Mark-Bufse, dreigeteilt, kann sich lösen, wer bei Ehebruch mit einer Hausfrau ergriffen wird, sonst steht sein
Leben in der Gewalt des Ehemannes; und mit der gleichen
Bufse kann sich lösen die Frau, die Hurerei begeht, sonst
mufs sie der Stadt Mantel tragen[3]. Den Ehemann, der Ehebruch begangen, soll seine Frau schimpflich durch die Stadt
führen[4].

In diesem Strafsystem bekundet sich ein lebendiges Ge-

König. So auch nach lübischem Recht: Frensdorff, Stadt- und
Gerichtsverf. Lübecks S. 82.

[1] Vgl. das 2. Buch S. 181 und neues Schleswiger St.-R. c. 25
mit dem schwedischen B.-R. c. 11, wonach für Diebstahl vom
Wert einer Mark ein Mann gehängt, eine Frau lebendig begraben
werden soll.

[2] Vgl. über myrþa Wilda, Strafrecht der Germanen S. 708.

[3] c. 15. S. hierüber Schlyter im Glossar unter ‚mantol‘, wo
verschiedene Erklärungen gegeben werden; die wahrscheinlichste ist,
dafs der Frau das Kleid bis an die Scham hinauf abgeschnitten wurde.

[4] Vgl. das Ripener und das lübische Recht S. 181 A. 1.

fühl für die persönliche und die Familien-Ehre; aber ungleich
ist die Bestrafung für Reiche und Arme: denn der vermögende Mann kann sich für seine Vergehen mit Geldbuſsen
lösen, während der Ärmere, der sie nicht aufbringen kann,
schimpfliche Körperstrafe, Verbannung und Friedlosigkeit
leiden muſs. Nur bei den schwersten Verbrechen, zu denen
der Diebstahl gezählt wird, hört die Ungleichheit der Bestrafung für Reiche und Arme auf.

Wie schon bemerkt, enthält das in Rede stehende Stadtrecht keine Bestimmungen über den Gewerbebetrieb und nur
wenige über den Handel. Auf letzten bezieht sich c. 8:
Wer zu Schiff mit Waren im Hafen ankommt, soll sie zuerst
ans Land und in sicheren Gewahrsam bringen, sodann dem
Stadtvogte zum Kauf anbieten; binnen drei Tagen darf er
davon nichts anderweitig verkaufen, auſser Korn und Seehund[1]. Privilegiert sind allein die Lödösefahrer (aus der
Westsee) insoweit, daſs sie auch Häring und Flachs auf ihren
Schiffen verkaufen dürfen.

Auf ähnliche Weise, wie hier, war auch in Dänemark
das Vorkaufsrecht, nach dem Kopenhagener Stadtrecht, dem
Bischof von Roskilde als dem Stadtherrn und, nach dem
sog. allgemeinen Stadtrecht Margarethens, dem Vogt für den
König und dem Bürgermeister für die Stadt vorbehalten[2].

Der auswärtige Handel war bloſs auf die Sommerzeit,
von Pfingsten bis zur Martini-Messe, beschränkt, wo für die
Gäste der Markt in der Stadt, soweit sie vom Norden bis
Süden angebaut war[3], offen stand; denn das platte Land
war vom Handel der Fremden gänzlich ausgeschlossen.

---

[1] Seehund (siæl), d. i. Speck und Fleisch desselben, als gewöhnliche Nahrung der armen Leute (K. Maurer).

[2] Vgl. Zweites Buch S. 192 und 203.

[3] c. 8 § 3: mællin þe ytærstu sum byrin hawær byght fra sun-
næn oc til norþen.

Stadtrecht von Söderköping.

G. E. Klemming, Upplysningar och Anmärkningar om .. den för-
lorade Söderköpings-Rätten in Kongl. Vitterhets Akademiens
Handlingar XXV (1867) 261—286.

Nur aus Bruchstücken einzelner Worte und Sätze ist
das Stadtrecht von Söderköping in Ostgötaland bekannt,
welches später als das Bjärköa-Recht von Stockholm, aber
noch vor dem J. 1350 abgefaſst worden ist[1]. Dasselbe zeigt
sich unabhängig von dem letzteren und in den strafrechtlichen Bestimmungen dem Landrechte von Ostgötaland am
nächsten verwandt[2].

An Bj.-R. erinnert nur der Anfang, der gleichfalls von
Veräuſserung von Grundstücken handelt; doch liegt Benutzung desselben auch hier nicht vor, und während dort
das Strafrecht den meisten Raum einnimmt, ist dasselbe im
St.-R. von Söderköping, nach den Fragmenten (9. 40—46
und 52—58) zu urteilen, viel kürzer zusammengefaſst. Auf
der andern Seite trägt letzteres durch zahlreiche Verordnungen über Handel, Gewerbebetrieb, Schifffahrt, Straſsen-
polizei weit mehr als jenes den Charakter eines eigentlichen
Stadtrechts an sich, wenngleich aus der bloſsen Anführung
dieser Dinge mit einem Wort oder Satz nur wenig bestimmtes zu entnehmen ist. Es ist die Rede von Straſsen-
oder Marktverkauf mit Häuten, besonders Bockshäuten, gro-

---

[1] Von diesem verloren gegangenen St.-R. gaben Hadorph und
Joh. Bure (Reichsarchivar, gest. 1652), die es noch kannten, Nachricht.
Nur Auszüge daraus fanden sich in zwei von Bure geschriebenen
Wörterbüchern (Hss. zu Stockholm) und sind zuerst teilweise von Joh.
Schlyter im Vorwort zu XI des Corpus juris S. LXVI, dann voll-
ständig von G. E. Klemming veröffentlicht worden. Ich citiere nach
den Seitenzahlen der Hs. im letzteren Abdruck.

[2] Der Herausgeber hat aus diesem die fehlenden Sätze in Klam-
mern hinzugesetzt.

bem Wollentuch (wan mal = vaþmal), Käse und Butter (7),
Salz, das von der Trave, vom Wendenland, von Ripen eingeführt wird (29). Es finden sich das Brauhaus und das
Backhaus der Stadt erwähnt (34) und Polizeiverordnungen
angedeutet über Strafsenpflasterung und Aufhauen des Eises
vor den Häusern (15), über Mafs und Gewicht (39), über
Befrachtung von Schiffen (47). Ein paar vollständige Sätze
handeln von Erwerbung und Verlust des Bürgerrechts: wer
von auswärts in die Stadt kommt und Bürger (bure) werden
will, mufs ½ Mark Bürgergeld zahlen, welches halb an den
Vogt und halb an die Stadt fällt, und weiter von jeder
Mark Silber an Vermögen einen Örtug (¹/₂₄ Mark) geben.
Durch zweijährige Abwesenheit und Nichtleistung der Abgaben und Dienste geht das Bürgerrecht verloren, falls einer
nicht durch Krankheit oder Gefangenschaft entschuldigt ist
(11). Vom Bürgergeld befreit ist, wer ein Mädchen oder
eine Witwe heiratet, die Grundbesitz in Söderköping hat (27).

Über die Stadtverfassung ist aus der Erwähnung des
Vogts (11) und noch öfter der Ratmänner und der Ratsstube
(raþstovo, raþstuvu) (36) wenigstens so viel zu entnehmen,
dafs sie im wesentlichen die gleiche war wie in Stockholm
und anderen Städten, die nach Bjärköa-Recht lebten.

Und gleichwie in der Stadtgemeinde von Stockholm
Schweden und Deutsche vereinigt und gleichmäfsig im Rate
der Stadt vertreten waren, finden sich auch im Stadtrecht
von Söderköping mehrfach Goten und Deutsche neben-
einander genannt (göskan ok annan tyskan, þyþiskan) (37.
38); so ist namentlich die Vorsteherschaft des Spitals zwischen beiden geteilt (34).

Allgemeines Stadtrecht von Magnus Eriksson.

Schlyter, Corpus juris XI.

Viel früher als in Dänemark wurde in Schweden seit
Mitte des 13. Jahrhunderts zur einheitlichen Reichsgesetz-

gebung fortgeschritten. Diese gereichte zur Stärkung des
Königtums und war eines von den Zielen, welche die neue
Dynastie aus dem Hause der Folkunger erstrebte und folge-
richtig durchführte. Wir sahen bereits, wie die ersten kraft-
vollen Regenten dieses Geschlechts, Birger Jarl und Magnus
Ladulås, den Anfang dazu mit Einführung der Königseid-
brüche machten[1]. Ihre Nachfolger gingen auf demselben
Wege fort. Auch kam noch ein anderer Umstand hinzu.

Während in Dänemark gesonderte Rechtsgebiete größe-
ren Umfangs in Jütland, Seeland, Schonen bis über das
Mittelalter hinaus fortbestanden, drängte in Schweden die
viel weiter gehende Vielheit landschaftlicher Rechte, welche
gegen Ende des 13. bis Mitte des 14. Jahrhunderts auch gesetzlich festgestellt wurden, zur Herstellung eines umfassen-
den, für das gesamte Reich gültigen Rechts[2]. Es geschah
daher, daß König Magnus Eriksson ein allgemeines Landrecht, Landslag, durch drei Gesetzsprecher (Lagmänner)
aus Upland, Westergötland und Wermland ausarbeiten ließ,
welches auf einem Herrentage zu Örebro 1347 die Sanction
erhielt[3]. Und bald darauf erließ derselbe König auch ein
allgemeines Stadtrecht, Stadslag, zur Ergänzung des
Landslag. Die Zeit seiner Abfassung fällt zwischen 1350
bis 1357. Auch in Finnland wurde dasselbe an einzelne
Städte besonders verliehen: so schon im J. 1365 durch ein
Privileg K. Albrechts für Ulfsby oder Björneborg, worin
dasselbe, gleichwie das frühere von Stockholm, als byarko
lagh bezeichnet ist[4]. Als allgemein gültiges Gesetz verkündigte noch K. Gustav Adolf im J. 1618 das Stadtrecht des
Magnus Eriksson mit den im Laufe der Zeit gemachten Ab-

---

[1] Vgl. oben S. 278.

[2] Vgl. K. Maurer, Über die altschwedischen Gesetze und deren
Ausgaben in d. kritischen Vierteljahrsschrift XIII 51—89.

[3] Schlyter, Corpus juris X im Vorwort S. LXI.

[4] Schlyter a. a. O. S. LXXI: ut jure civili dicto Byarko Lagh
seu libro legum . . . uti libere valeatis.

änderungen[1]. Die wichtigste von diesen wird nachher erwähnt werden.

Das Stadtrecht des K. Magnus Eriksson steht mit dessen
Landrecht in einem derartigen Zusammenhang, dafs ein
grofser Teil des letzteren wörtlich in jenes aufgenommen ist.
Schon bei dem ersten Blick zeigt sich die Übereinstimmung
beider in den Überschriften, worunter die verschiedenen
Rechtsmaterien in 14, beziehungsweise 15 Abschnitten, balker, abgehandelt sind. In der systematischen Einteilung des
Ganzen und trefflichen Ausführung der einzelnen Abschnitte
erkennt man das Werk erfahrener Rechtsprecher und ein-
sichtsvoller Gesetzgeber[2].

Der erste Abschnitt, konungx balker, handelt im Landslag vom Königsrecht im Lande überhaupt, im Stadslag von
demselben in den Städten. Der zweite, Gifftomala b., enthält das Eherecht; der dritte, Aerfda b., das Erbrecht; der
vierte, Jordha oder Eghno balker, ist das Recht des Grundbesitzes. Der fünfte, Bygninga b., das ist Bauordnung, handelt im Landslag von Wege-, Haus- und Dorfbau, Wasser-
und Brückenbau, Acker- und Waldbau, Fisch-, Vieh- und
Bienenzucht, im Stadslag von Haus- und Hofbau und Nach-
barrechten, Strafsen- und Brückenbau, mit Hinzufügung der
Gesindeordnung. Der sechste, Köpmala b., d. i. von Kauf
und Verkauf, ist im Landrecht sehr kurz gefafst, weil kauf-
männischer Handel auf dem platten Lande verboten war,
während das Stadtrecht sich über das Handels- und Marktrecht und die Verhältnisse der Handwerker und Gäste verbreitet. Als 7. Abschnitt ist im Stadtrecht Skipmala b., das
Schiffsrecht, eingeschaltet, da dieses allein die Städte anging:
es betrifft den Schiffsfrieden und dessen Verletzungen, sowie
das Verhältnis der Schiffer oder Frachtfahrer zu den Rhe-

---

[1] Siehe des Königs offenen Brief bei Schlyter a. a. O. S. 1.
[2] Siehe über das Amt der Gesetzsprecher und dessen Bedeutung
in Schweden K. Maurer, Das Alter des Gesetzsprecher-Amtes in
Norwegen S. 8 ff. (Festgabe zum Doktorjubiläum von L. Arndts. 1875.)

dern oder Schiffsherren. 8. Radzstuffu balker entspricht
dem Abschnitt 7 des Landrechts, þingmala balker; letzteres
handelt von dem gerichtlichen Verfahren im Landgericht,
ersteres von demselben in der Ratsstube oder im Stadtgericht. Die folgenden sieben Abschnitte enthalten das Criminalrecht unter den Titeln: Edzöris balker, von Königseid-
brüchen; Höghmala b., von schweren Vergehen; Drapamal b.
mædh vilia und mædh wadha, d. i. vom Totschlag mit oder
ohne Vorsatz; Saramal b., von Verwundung, gleichfalls mit
oder ohne Absicht; endlich Thiuffwa b., vom Diebstahl, alle
den gleichen Titeln im Landrecht entsprechend.

Benutzung des älteren Bj.-R. ist in einer Reihe von
Kapiteln und Paragraphen ersichtlich, besonders in den Abschnitten, welche das Königsrecht, das Privat- und Familienrecht, die Bauordnung, das Ratsgericht betreffen[1]. Für die
Ratsverfassung hat die deutsche Stadtverfassung im allgemeinen als Vorbild gedient[2]. Das Eidesformular, wonach
Bürgermeister und Ratmänner schwören sollen, stimmt fast
wörtlich mit demjenigen überein, welches Heinrich der
Löwe dem Rate von Lübeck vorschrieb[3].

Wie zu erwarten, ist vorzugsweise die Hauptstadt Stockholm berücksichtigt; so bei Festsetzung der Ratsordnung und
der Zahl der Ratmänner und in der Bauordnung, wo als besonders bemerkenswert die Bestimmung hervorzuheben ist, wonach zur baulichen Herstellung und Unterhaltung der nördlichen Brücke von Stockholm nicht diese Stadt allein, sondern noch 6 andere benachbarte, am und in der Nähe des
Mälarsees gelegene Städte, Westerås, Arboga, Upsala, Enköping, Sigtuna und Stregnäs, verpflichtet waren, die auf das

---

[1] Die Nachweisungen sind in Schlyters Ausgabe zu den einzelnen Kapiteln gegeben.
[2] Dies hat auch Schlyter im Vorwort S. LXXVI anerkannt,
ohne sich jedoch auf nähere Quellenuntersuchung einzulassen.
[3] Konungxb. c. 1 § 1; vgl. Hach, Lübisches Recht, Einl. S. 171.

Gebot des Vogts von Stockholm ihre Leistung zu erfüllen hatten[1].

Die ersten Kapitel des konungx balker handeln von der Ratswahl und Zusammensetzung des Rats. Gleichwie in Lübeck findet jährliche Erneuerung des Rats statt und geschieht die Wahl durch diesen selbst, nach einem dreijährigen Turnus, mit dem Unterschied jedoch, daſs, während in Lübeck zwei Drittel der Ratmänner zum sitzenden Rat gehörten[2], hier nur ein Drittel derselben ihn bilden[3]. Wichtiger als dies ist die Bestimmung über die Zusammensetzung des Rats. Die Vorschrift lautet (c. 2): „Es sollen in der Gesamtzahl 6 Bürgermeister und 30 Ratmänner und zwar diese wie jene zur Hälfte Schweden und zur Hälfte Deutsche sein, wobei es allein auf die nationale Herkunft von seiten des Vaters, nicht der Mutter, ankommt, und das gleiche Verhältnis soll stattfinden im sitzenden Rat von 2 Bürgermeistern und 10 Ratmännern. Die groſse Mitgliederzahl des Gesamtrates setzt eine zahlreiche Einwohnerschaft und der gleiche Anteil beider Nationen ein ungefähr gleiches Verhältnis derselben als Einwohner voraus. Weil aber beides nicht überall der Fall sein konnte, fügt die Verordnung noch hinzu, daſs eine Stadt von geringerer Volkszahl den Rat, so wie sie vermag, besetzen soll und daſs, wo mehr Deutsche als Schweden oder umgekehrt vorhanden sind, der Rat von der einen oder andern Seite her ergänzt werden kann. Als Regel jedoch gilt die Gleichzahl der Schweden und Deutschen bei den Stadtämtern und deren Functionen[4]. Nur be-

---

[1] Bygn. b. c. 23. Vgl. hiermit die ähnliche Einrichtung bei dem Mauerbau deutscher Städte in meiner Verf.-Gesch. von Mainz S. 42. Noch andere Stellen, die sich im Stadslag auf Localitäten von Stockholm beziehen, führt Schlyter in seinem Vorwort S. LXIX an.

[2] Frensdorff a. a. O. S. 101.

[3] Vgl. unten das Stadtrecht von Wisby, welches für die Ratsordnung das Muster abgegeben hat.

[4] So ist in c. 3 bestimmt, daſs die Kammer oder Kiste, worin Stadtsiegel und Stadtbücher verwahrt werden, mit zwei Schlüsseln

züglich des Stadtschreibers wird die Ausnahme gemacht, daſs er ein Schwede und kein Ausländer sein soll[1],

Gleichwie im lübischen Recht (Hach II c. 52) und anderen deutschen Stadtrechten findet sich auch hier die Vorschrift, daſs nahe Blutsverwandte nicht zusammen im Rate sitzen sollen, auſser wenn keine andere Wahl möglich ist (c. 4).

Welch' einen merkwürdigen, ja überraschenden Einblick in den Zustand der schwedischen Städte im 14. Jahrhundert gewähren uns doch diese Satzungen des von einem schwedischen Könige aus dem einheimischen Geschlecht der Folkunger erlassenen, von schwedischen Rechtsprechern ausgearbeiteten Gesetzbuchs! In den Städten, den Sitzen des Handels und des Gewerbfleiſses, den Stätten aller höheren Cultur, ist das deutsche Element der Bevölkerung dem einheimischen rechtlich gleichgestellt, und es zeigt sich in der gesetzgeberischen Absicht nicht die mindeste Spur von nationaler Eifersucht, eher das Gegenteil. Es ist aber hierbei nicht an bloſs vorübergehend als Kaufleute oder Handwerker in Schweden verweilende Deutsche zu denken; denn neben jener Vorschrift über die Zusammensetzung des Rats zur Hälfte aus Deutschen findet sich auch die, daſs der Ratmann Erbe in der Stadt besitzen müsse (c. 2), und in einer andern, die vom Bürgerrecht handelt (c. 15), wird gefordert, daſs alle Einwohner ohne Unterschied, Inländer oder Ausländer, dasselbe gewinnen müssen, womit die

---

verschlossen sein soll, von denen den einen der schwedische, den andern der deutsche Bürgermeister hat.

[1] Offenbar fehlerhaft lautet der Text c. 6 bei Schlyter: han skal wara swensker ok aldre utlændsker, d. i. ein Schwede und andrer Ausländer. Die meisten Hss. haben ey vor aldre, d. i. kein andrer Ausländer; aber auch so ist aldre sinnlos; der Sinn erfordert die in der älteren Ausgabe angemerkte Variante: ey tysker eller aldre utlændsker, d. i. kein Deutscher oder andrer Ausländer. Der Stadtschreiber muſste der schwedischen Sprache vollkommen mächtig und darum ein Schwede sein.

Bedingung von mindestens 6jährigem Aufenthalt und Ab-
legung des Bürgereids verknüpft ist; und erst dann, wenn
sein Name in das Stadtbuch eingetragen worden, kann einer
kaufen und verkaufen wie andere Bürger. Also zur fest
ansässigen Bürgerschaft gehörten die Deutschen in den
schwedischen Städten, in denen sie gleichen Anteil mit den
Schweden am Stadtregiment und Stadtgericht nahmen und
mit dem vorwaltenden Einfluss ihrer überlegenen Bildung
die organischen Einrichtungen der Stadtverfassung nach
deutschem Vorbilde gestalteten. Und nicht blofs in Stockholm und den Seestädten, die natürlich dem Zuflusse der
Fremden zuerst und am meisten Raum gaben, war dies der
Fall, sondern gleichmäfsig auch in den Landstädten, wie wir
beispielsweise in Söderköping gesehen haben. Es mufs eine
massenhafte Einwanderung der Deutschen in dem volks-
armen Schweden, ähnlich wie in den slavischen Küstenlän-
dern der Ostsee, stattgefunden haben!

Über diese aufserordentlich wichtige Thatsache des Eindringens der deutschen Nation in den skandinavischen Norden mit tiefgreifender Einwirkung ihrer Cultur auf das ma-
terielle und geistige Leben des schwedischen Volkes, wie sie
uns hier mit überraschender Wirklichkeit vor die Augen
tritt, schweigen die schwedischen Annalen, und auch bei
den neueren schwedischen Geschichtschreibern findet man
sie keineswegs in ihrer vollen Bedeutung so, wie sie es ver-
diente, weder gewürdigt, noch historisch erklärt. Denn es
genügt nicht, blofs darauf hinzuweisen, dafs der Handel in
Schweden sich gröfstenteils in den Händen der Kaufleute
der deutschen Seestädte befand, wie dies Sartorius in
seiner vortrefflichen urkundlichen Geschichte des Ursprungs
der deutschen Hanse in einem besonderen Abschnitt[1] dargethan und im 2. Bande mit Urkunden (seitdem wieder abgedruckt im Lübecker und hanseatischen UB.) belegt hat.

---

[1] Herausg. von Lappenberg I 157 ff.

Denn ein anderes ist der blofse Handelsbetrieb der Deutschen überall in Scandinavien und ein anderes ihre weit
verbreitete Niederlassung in den schwedischen Städten, welche
bei der einheimischen Bevölkerung auf keinen Widerstand
stiefs und von seiten der schwedischen Herrscher nicht blofs
geduldet, sondern sogar befördert wurde. Deutlich bekundet
sich die Absicht, deutsche Handelsleute und Gewerbtreibende
nach Schweden hereinzuziehen, schon in dem Privileg, welches Birger Jarl, einer der einsichtsvollsten schwedischen
Regenten, im J. 1251 an Lübeck erteilte und seine Nachfolger noch öfter erneuerten [1], worin den Lübeckern aufser
anderen weitgehenden Freiheiten, wie Befreiung von Zoll
und Steuern, auch die Erlaubnis zur Niederlassung im Reiche
gewährt wurde, doch mit der Bedingung, dafs die, welche
Gebrauch davon machen wollen, den vaterländischen schwedischen Gesetzen gehorchen und Schweden heifsen sollen [2].
Nichtsdestoweniger sehen wir, dafs die Deutschen in den
schwedischen Städten immer noch ihre Nationalität bewahrten und selbst in der schwedischen Gesetzgebung ihren eigentümlichen Einrichtungen und Gewohnheitsrechten Eingang
verschafften. Und wie liefse es sich sonst verstehen, dafs
das schwedische Volk nach dem Untergange des einheimischen Herrschergeschlechts der Folkunger, 1365, längere Zeit
hindurch Könige aus deutschen Fürstenhäusern, Albrecht
von Meklenburg, Erich von Pommern, Christoph von Baiern,

---

[1] Lübecker UB. I Nr. 170, wieder bestätigt von König Birger,
Magnus' Sohn, 1292, Nr. 593, und von Magnus Eriksson 1336, Diplom.
Suec. IV Nr. 3242.

[2] Si qui vero de vestra civitate moram nobiscum facere voluerint
et in regno nostro habitare, tunc volumus, ut patrie nostre legibus
utantur et regantur et Suevi appellentur. So, nicht Sueni, ist
die richtige Lesung des Lübecker Originals. Sartorius und Geijer,
die nur die andere Lesart kannten, erklärten Sveni als gleichbedeutend mit dem schwedischen Worte Svenar, d. i. Gesellen, Knappen
oder Handlungscommis (Sartorius, Urkundl. Geschichte I 161;
Geijer, Gesch. von Schweden (Übers.) I 289 Anm. 1), was doch weder
der Wortform noch dem Sinne nach passend erscheint.

Christian von Oldenburg, ertrug, wenn nicht bei ihm selbst
das deutsche Element in den Städten wie in der Reichsregierung vorherrschend gewesen wäre? Nur vereinzelt
regte sich dagegen die Eifersucht der schwedischen Grofsen,
und erst spät erhob sich das unter der Fremdherrschaft
erstarkte Nationalgefühl. Die Volksempörung begann zuerst
in den von der deutschen Cultur am wenigsten berührten
Thallanden von Dalekarlien 1434 und setzte sich gegen die
dänischen Unionskönige fort unter der Führung einheimi-
scher Reichsverweser, bis Sten Sture am 10. October 1471
den Sieg bei Brunkaberg nahe bei Stockholm über Christian I gewann. Als wenige Tage darauf, am 13. October,
die Grofsen des Reichs, der Erzbischof von Upsala und der
Reichsvorsteher an ihrer Spitze, mit den Abgeordneten der
Landschaften und Städte in Stockholm versammelt waren,
erhoben letztere ihre Beschwerde über die „verderbliche und
schmähliche Verpflichtung," die Stadträte zur Hälfte mit
deutschen Bürgermeistern und Ratmännern zu besetzen, und
es wurde hierauf eine Reichsverordnung erlassen, welche die
betreffenden Artikel des allgemeinen Stadtrechts für ungültig
erklärte und ein strenges Verbot enthielt, fortan keine Ausländer mehr, weder als Bürgermeister oder Ratmänner, noch
in anderen wichtigen Stadtämtern als Zollschreiber, Stadtschreiber, Wachtschreiber (wardscrifvare, der Buch führt
über die Tag- und Nachtwachen), anzustellen[1].

---

[1] Die Verordnung bei S c h l y t e r, Magnus' Stadslag, Additam. B
S. 401, ist vom Calixti-Tag, 14. October, 1471 datiert, woraus sich auch
die andern Daten mit Sicherheit ergeben: für die Schlacht bei Brunkaberg ‚am vergangenen Donnerstag', d. i. 10. October, und für die
Reichsversammlung am ‚Sonntag nach St. Brigitten', d. i. 13. October.
Denn der Tag der h. Brigida wurde in Schweden nicht wie anderwärts am 1. Februar, sondern am 8. October gefeiert. Vgl. das Ca-
lendarium von Upsala im Diplom. Suec. II 2 S. XII. Dieser neuen
Verordnung gemäfs haben die späteren Hss. das Stadtrecht in Konunxbalker c. 2 verändert, wie die neben einander gestellten Texte im
Abdruck bei Schlyter S. 7 f. zeigen.

Ich komme auf das allgemeine Stadtrecht des Königs Magnus zurück. Andere Artikel des ersten Abschnitts, Konunxbalker, betreffen die Stadtverwaltung und das Finanzwesen. Zur Zeit der jährlichen Ratserneuerung, acht Tage vor St. Walpurga, werden auch alle andern Stadtbeamten gewählt, zwei für jedes Amt, dessen die Stadt bedarf, zur Aufsicht über Maß und Gewicht, über Bauten, Stadtwachen, Brotbacken u. s. w. (c. 16). Das Einkommen, welches aus Strafgeldern und mancherlei Gefällen, vom Tuch- und Warenhaus (klædeshus), von der Stadtwage u. s. f. fließt, wird zwischen König und Stadt halb geteilt, wogegen der König auch die Hälfte der Ausgaben trägt[1]. Außerdem ist an den König das Ingeld der Stadt (stadzens ingeld) halb zu Ostern und halb zu Michaelis zu entrichten, nämlich die Grundsteuer, die ihm als dem Stadtherrn gebührt, gleichwie in den dänischen Städten das Mittsommergeld[2]. Verschieden davon ist der städtische Schoß (skut), welcher als außerordentliche Steuer in Fällen des Bedarfs auf das bewegliche Vermögen aller Einwohner, Hauswirte wie Diener, und auch der Fremden, die sich in der Stadt aufhalten oder zu Schiff ankommen, gelegt wird; ausgenommen davon sind allein des Königs Diener, Münzer, Koch und Arzt und andere, die der König auf seine Rechnung übernimmt; auch kann den Armen und Witwen ein Nachlaß gewährt werden. Diese Steuer wird durch besondere Schoßeinnehmer (skutmen) erhoben (c. 19. 20).

Wie hoch überhaupt Ansehen und Gewalt des Königs stand, zeigen andere Artikel des Königsrechts. Wer etwas sagt, heißt es in c. 8, das gegen des Königs oder seiner Räte Ehre geht, und dessen mit 6 guten Männern überführt wird, der soll ins Gefängnis der Stadt gesetzt und ihm der

---

[1] Bezüglich der Dienstbesoldung der Bürgermeister, 6 Mark, und der Ratmänner, 4 Mark, für jeden behufs Beschaffung der Amtstracht, ist dies ausdrücklich gesagt c. 22 § 1.

[2] Vgl. Zweites Buch S. 246.

Hals abgeschlagen werden; wenn aber einer auf andere
Weise sich mit einem Wort gegen sie vergeht, der soll in
der Stadt Eisen gelegt werden, falls er keine Bürgen für
sich stellen kann, bis der König selbst oder auf sein Geheiß
Vogt und Rat über ihn richten; und wer, fügt c. 9 hinzu,
sich gegen jemand vergeht, den der König durch offenen
Brief in seinen Frieden genommen hat, der hat Leben und
Gut verwirkt; nur sein Grundbesitz verbleibt dem Erben
(c. 9)[1].

Auch die städtische Obrigkeit, Vogt und Rat, steht unter
dem Frieden des Königs, da Rechtsprechung und Verwaltung königlich sind[2]. Wer eine Vereinigung zu ihrem Schaden oder ihrer Verunglimpfung anstiftet, hat mit allen Beteiligten das Leben verwirkt, sowie auch das Gut, wenn
Schaden daraus entstanden ist (c. 26)[3].

Im Abschnitt vom Erbrecht (ærffda b.) bestimmt das
Stadslag c. 1 und 2, übereinstimmend mit Bjärköa-Recht
(c. 25), das gleiche Erbrecht der Söhne und Töchter, während das Landslag an entsprechender Stelle ersteren zwei
Lose (Erbteile), letzteren nur eines (ein Drittel) zuspricht.
Aber gleichmäßig sowohl im Landrecht wie im Stadtrecht
ist ebendaselbst das Repräsentationsrecht der Kindeskinder,
sowohl vom Sohne wie von der Tochter, anerkannt, welches
Magnus Eriksson bereits durch Reichsverordnung 1335 eingeführt hatte[4].

---

[1] Dieser Artikel ist gleichlautend mit Magnus Erikssons Landrecht Kon. b. c. 27.

[2] Vgl. Lehmann, Der Königsfriede S. 84.

[3] Hierauf bezieht sich auch mit näheren Bestimmungen eine von
K. Erich Magnusson (er wurde im J. 1350 durch Aufruhr einer unzu-
friedenen Partei gegen seinen Vater Magnus Eriksson vorübergehend
auf den Thron erhoben), 1350, 25. Nov. zu Stockholm erlassene Reichsverordnung, welche im Abschnitt Edzöris balker c. 27 am Schluß
hinzugefügt ist.

[4] Svenskt Diplom. IV Nr. 3106, Skara Jan. 28: Annar, at bar-
nabarn skulu ærwa sum eghin barn fadhurs lott or modhor, sidhæn

Aus dem Abschnitt: Kaufrecht (köpmala balker), ist hervorzuheben, was die Kaufmannschaft und den Gewerbebetrieb betrifft. Kaufmannschaft zu betreiben, ist nur den Stadtbürgern unbeschränkt erlaubt; selbst die Diener der Hofleute und Priester, welche solche auf dem Lande oder in der Stadt betreiben wollen, werden mit Verlust des gekauften oder verkauften Guts und 40 Mark Bufse bestraft (c. 23). Der Handel der auswärtigen Kaufleute oder Gäste — namhaft gemacht sind solche aus Flandern, Deutschland und Gotland (c. 34 pr.) — unterliegt mannigfachen Beschränkungen in bezug auf Mafs, Umfang oder Stückzahl der Waren. Korn z. B. dürfen sie nur in ganzen Lasten kaufen oder verkaufen, ausgenommen die von Gotland, welchen mit 3 Pfund zu handeln gestattet ist (c. 34 § 4)[1]. Als Waren des Einkaufs sind aufserdem Butter, Kupfer, Eisen, Hopfen, Talg, Seehundsthran, Häute genannt, und als solche, die dagegen eingeführt werden, Tuch, Linnenzeug, Gewürz, Spezereien, Seife, Kupfervitriol (c. 33 pr., c. 34 § 1). Von dem Vorkaufsrecht des königlichen Vogts (Skipmala b. c. 1) war bereits bei dem Bjärköa-Recht die Rede. Zum Gastrecht gehört, dafs Bürgermeister und Ratmänner mit hohen Bufsen dafür verantwortlich gemacht werden, dafs mindestens zwei Gastwirte sich in jeder Stadt befinden, welche ‚wegfahrenden Männern‘ zur Marktzeit Speise und Bier, Pferdefutter und andern Bedarf verabreichen (Konungxb. c. 13).

Das Kaufrecht handelt ferner vom Gewerbebetrieb. Der Preis der Arbeit sowie der gefertigten Waren wird von Vogt und Rat monatlich festgesetzt, der Verkauf schlechter oder gefälschter Waren mit Bufsen nach Ermessen derselben bestraft; kann einer die Bufse nicht bezahlen, so mufs er

---

oskaddo alls þe arwe ok skipte af alder hawer warit. Vgl. Nordström II 212.

[1] Vgl. das Privileg der Kaufleute von Wisby vom J. 1352, Diplom. Suec. V Nr. 3647. Die unrichtige Jahreszahl 1342 ist im Hansischen UB. III Nr. 243 berichtigt.

Arbeit dafür leisten (c. 19). An anderer Stelle (Kon. b. c. 21) wird verboten, daſs einer mehr als ein Handwerk (æmbete) oder Handel gemeinschaftlich mit einem andern betreibt.

In betreff der städtischen Gerichtsordnung (Radzstuffu balker) ist zu erwähnen, daſs zweierlei Stadtgerichte bestehen, das Ratsstubengericht des Vogts und Rats, das regelmäſsig an drei Wochentagen stattfindet (c. 2), und das Marktgericht (a torgeno) oder Niedergericht, welches gleichfalls an drei Wochentagen von dem Vogt mit zwei Ratmännern abgehalten wird, wobei wieder ausdrücklich vorgeschrieben ist, daſs der eine dieser Ratmänner ein Schwede, der andere ein Deutscher sein soll (c. 5 pr.). Gegen das Urteil des Ratsstubengerichts steht sowohl der klagenden wie der beklagten Partei Berufung an den König (c. 3), wie gegen das des Marktgerichts Berufung an das Ratsstubengericht offen (c. 5 § 1), in beiden Fällen unter Hinterlegung einer Geldsumme, welche an die obsiegende Partei verfällt; wird aber das zuerst gesprochene Urteil in der höheren Instanz umgestoſsen, so müssen die Richter der ersten Instanz die festgesetzten Buſsen tragen.

Wie die Ratsordnung, so folgt auch die Gerichtsordnung dem Vorbilde der Stadtverfassung von Lübeck, und zwar in der besonderen Form, welche sie in Wisby angenommen hatte[1].

Auſserdem ist im Stadslag für Streitsachen zwischen Bürgern und Gästen sowohl als zwischen Bürgern und Hofleuten, Klerikern und Landleuten in Fällen, welche nicht in den Stadtgerichten oder Bischofsgerichten entschieden werden können, ein Obergericht vorgesehen, welches zweimal im Jahr von einem der königlichen Räte und einem Abgeordneten des erzbischöflichen Kapitels abgehalten wird[2].

In der ausführlichen Criminalordnung der letzten 7

---

[1] Vgl. Wisbys Stadtrecht.
[2] Köpmala b. c. 30 § 2.

Hauptabschnitte, entsprechend den gleichbetitelten im Landrecht, begegnet gegenüber dem älteren Stadtrecht eine weit
mehr ins einzelne gehende Berücksichtigung der verschiedenen Vergehen und Strafen. Das gerichtliche Verfahren
ist das gleiche wie dort. In Fällen schwerer Vergehen, wenn
sie nicht durch handhafte That oder 6 Zeugen bewiesen sind,
spricht die Nämd der 12 Geschworenen, denen Vogt und
Rat zuvor den Eid abgenommen haben, den Angeklagten
entweder schuldig oder nichtschuldig[1]. Nur in einigen
Fällen wird es anders gehalten: bei Mord, auf den für den
Mann die Strafe des Räderns, für die Frau die des Verbrennens steht, haben Vogt und Rat die 12 Geschworenen zu
ernennen[2]. Und bei Verschwörung gegen den König oder
einen der Vornehmsten des Reichs, sowie bei Hereinführung
von Ausländern in das Vaterland (fadhurland) und Ver-
heerung desselben durch Krieg, wodurch Thäter und Helfer
Leben und Gut an die Krone verwirkt haben, es sei denn,
daſs sie dem rechtmäſsigen Könige gefolgt sind[3], urteilt des
Königs Nämd, d. i. das vom Könige ernannte Geschworenengericht[4].

In nahem Zusammenhang mit den schwedischen Stadtrechten steht das von Wisby, welches wegen der hervorragenden Bedeutung dieser Handelsstadt inmitten der Ostsee
und ihrer Angehörigkeit zur deutschen Hanse vorzugsweise

---

[1] Högllm. b. c. 2 pr.: tha wæri sik mædh tolff manna edhe, ok
swæri bwar um sik, foghaten ok radhmæn hoffden edhen, d. i. da
wehre (der Beschuldigte) sich mit zwölf Männer Eid, und es schwöre
jeder (von diesen) für sich, und Vogt und Ratmänner staben den Eid.

[2] Ebend. c. 1: ok foghaten ok radhmen skulu the tolff næmpna.

[3] Das Stadslag deutet hier offenbar auf den inneren Krieg zwischen dem rechtmäſsigen König Magnus und seinem von den Gegnern
erhobenen Sohn Erich (1250—1259), bei welchem der Dänenkönig
Waldemar dem Magnus zu Hülfe kam.

[4] Höghm. b. c. 6 und 7.

unsere Beachtung verdient.   Es ist aber zum historischen
Verständnis desselben nötig, zuvor das Gotlandsrecht
zu betrachten.   Denn auf dem Boden von Gotland ist die
Stadt erwachsen, und sie war nicht minder dem eingeborenen
Volk der Gotländer als den deutschen Ansiedlern verwandt,
da beide zusammen die Stadtgemeinde von Wisby bildeten,
gleichwie die Gemeinden der schwedischen Städte aus eingewanderten Deutschen und eingeborenen Schweden bestanden.   Wenn ich mich dabei über das Gotlandsrecht weiter
verbreite, als es für die vorliegende Aufgabe nötig erscheinen
mag, so ist doch der Gegenstand für sich anziehend genug
und bisher so wenig behandelt worden, dafs ich Entschul-
digung zu finden hoffe.

III.   Gotland und Wisby.

1.   Die Gotländer und das Gotlandsrecht.

Gotlands-Lagen und Historia Gotlandiae, beide mit neu-
    schwedischer und altniederdeutscher Übersetzung, sowie das
    Gotlandsrecht in dänischer Übertragung nebst Verordnungen der
    dänischen Könige Hans und Christian III finden sich zusammen
    abgedruckt in der Ausgabe von Schlyter, Corpus juris Sueo-
    Gotorum VII. 1852. (Schildeners ,Guta-Lagh, das ist: der
    Insel Gothland altes Rechtsbuch', mit deutscher Übersetzung
    und Anmerkungen, Greifswald 1818, ist unbrauchbar.)

Schon der Name Gotland deutet auf die Volksverwandt-
schaft mit der gotischen Nation im südlichen Teile von
Schweden.   Die Insel, nach ihrer Westseite dem schwedischen
Ostgötaland zugekehrt, wurde vermutlich von dort her durch
Einwanderung colonisiert, gleichwie dies in Island von Nor-
wegen aus geschah.   Und so wie hier auf norwegischer
Grundlage, bildete sich in Gotland auf schwedischer ein

eigentümliches Volks- und Staatswesen aus, in welchem das hergebrachte Recht, die alte Sitte und Sprache mehr als im Stammlande bewahrt blieben. Die in der Landessprache geschriebene Historia Gotlandiae berichtet teils sagenhaft, teils nach glaubwürdiger Tradition über die Geschichte des gotländischen Volkes. Ich hebe daraus das Wichtigste hervor.

Die Erzählung beginnt mit einer alten Sage, welche die Einteilung des Landes und Volks . in Drittel auf die drei Söhne des ersten Bewohners der Insel zurückführt. Jedes Drittel bildete für sich eine Opfergemeinschaft und einen Gerichtsbezirk, in welchem Vieh und Getränk geopfert, während Menschenopfer allein von dem ganzen Lande dargebracht wurden (c. 1). Mit dem Christentum wurden die Gotländer zuerst durch Olaf den Heiligen von Norwegen bekannt, der auf der Flucht nach Holmgard (Rufsland) dorthin kam [1]; wenn auch nicht ohne Widerstand im Anfang, nahmen sie doch die neue Religion zuletzt freiwillig an. Die erste Kirche im Lande war die Peterskirche in Wi (Wisby); dann wurde in jedem Drittel des Landes eine Kirche gebaut, und später kamen noch viele andere hinzu [2]. Bevor die Gotländer einen beständigen Bischof hatten, kamen zu ihnen Bischöfe auf der Pilgerfahrt nach dem heiligen Lande und weihten ihre Kirchen und Kirchhöfe; denn damals führte der Weg nach Jerusalem durch Rufsland und Griechenland (Ryzaland oc Gricland). Hierauf sandten die Gotländer zum Bischof von Linköping, der ihnen am nächsten war, und kamen mit ihm überein, dafs er in jedem dritten Jahre nach Gotland kommen sollte, um Kirchen und Altäre zu weihen, wofür die Landespriester ihm und seinem Gefolge — es durften

---

[1] Letzteres wenigstens ist nicht zu bezweifeln; vgl. K. Maurer, Bekehrung des norweg. Stammes zum Christ. I 622 Anm. 19 und 624 Anm. 27.

[2] Die Gründung des Cistercienserklosters Gutwalla (später Ruma) wird in das J. 1163 oder 1164 gesetzt. Reuterdahl I 495.

nicht mehr als 12 Leute sein — die festgesetzten Mahlzeiten
und Geldgeschenke darreichen würden. Zugleich wurden
Bestimmungen über die Gerichtsbarkeit des Bischofs in geistlichen Sachen getroffen: er soll in Streitigkeiten, die an ihn
gehören, mit Männern des Drittels richten, welche die Wahr-
heit wissen; kann aber eine Sache nicht von ihnen beendigt
werden, so steht die Entscheidung der Gesamtgemeinde des
Drittels (til aldra manra samtalen) zu. Während seiner Abwesenheit sollen nur die wichtigsten Sachen, über die der
Propst nicht richten kann, ihm vorbehalten oder in dringenden
Fällen durch Abgesandte an ihn gebracht werden. Die
Buße für den Bischof soll nicht mehr als drei Mark betragen
(c. 5). — Die Gotländer stritten mit manchen Königen und
behielten in der Regel den Sieg; doch bequemten sie sich
zuletzt zu einem Vertrage mit dem Könige von Schweden,
wonach sie sich zu einem jährlichen Tribut von 60 Mark
Silber verpflichteten, 40 Mark für den König und 20 für
den Jarl[1]. Dafür erhielten sie Befreiung von Zoll und Abgaben für ihren Handel in Schweden, sowie umgekehrt die
Schweden in Gotland. Auch versprechen sie dem Könige
ihre Hülfe, falls er deren bedürfe und sie dazu aufbiete (c. 2).
Nachdem, fährt die Erzählung fort, die Gotländer einen
Bischof und Priester und das vollkommene Christentum angenommen hatten, übernahmen sie auch die Heeresfolge für
den König von Schweden, doch nur in heidnisches Land mit
7 Kriegsschiffen und mit Proviant für nicht mehr als 8 Wochen,
oder Ablösung der Kriegsleistung mit 40 Mark Pfennige für
jedes Schiff. Am Schluß ist hinzugefügt, wenn der Fall
eintreten sollte, daß der König aus seinem Reiche vertrieben
würde, dann werden die Gotländer den jährlichen Tribut
in der Zeit von drei Jahren aufbewahren und erst nach

---

[1] Hiermit ist die Zeit der ersten Hälfte des 13. Jahrhunderts angedeutet, in welchem der Jarl von Schweden als oberster Reichs-
beamter unter den Königen regierte und das Geschlecht der Folkunger
dieses Amt inne hatte, bis es selbst auf den Thron gelangte.

dieser Frist an den regierenden König entrichten (c. 6).
Schlyter bezieht diesen angenommenen Fall auf den wirklichen der Vertreibung des Königs Birger Magnusson 1318
und schließt daraus auf die Abfassungszeit der Historia Gotlandiae um eben diese Zeit[1].

Als ein freies Gemeinwesen stellt sich hiernach das der
Gotländer dar. Wenn diese dann doch in ein kirchliches
sowohl als politisches Abhängigkeitsverhältnis zu Schweden
traten, so wird auf die Freiwilligkeit, womit dies geschah,
und die in den Verträgen festgestellten Bedingungen das
Hauptgewicht gelegt.

Die auf die Verträge bezüglichen Angaben der Erzählung
finden sich durch die Urkunden bestätigt. Von dem Visi-
tationsrecht des Bischofs von Linköping in Gotland handelt
eine Urkunde des Erzbischofs Andreas von Lund um 1220,
worin gesagt ist, daß die Einwohner der weit abgelegenen
Insel nach einem eigentümlichen positiven und Gewohnheits-
recht sowohl in kirchlichen wie weltlichen Beziehungen lebten
und freiwillig das Joch des Glaubens angenommen und sich
dem Bischofe von Linköping untergeben hätten[2]. Auch die
Päpste anerkannten die kirchliche Sonderstellung Gotlands
durch ihre Privilegien. So in bezug auf die Verteilung der
Kirchenzehnten[3], auf die Vermächtnisse von liegenden Gütern

---

[1] Im Vorwort seiner Ausgabe S. IX. Gewiß ist die Historia
später geschrieben als das Gotslandslag, weil im ersten Kapitel derselben, wo die alten heidnischen Gebräuche erwähnt sind, jenes wörtlich benutzt ist; vgl. Gotlandslag c. 4.

[2] Diplom. Suec. I Nr. 832: Hinc est quod insula Gothlandiae,
sicut longo maris tractu ab aliis terris separatur, sic illius incolae in
jure positivo et consuetudinario tam seculari quam ecclesiastico ex
magna parte variantur ab aliis populis ... Quamobrem tempore, quo
primum haec terra sponte jugum fidei suscepit, ecclesiae Lingacopensi
se nullo cogente subjicit, tali conditione etc. Die Urkunde wurde
mit gleichem Wortlaut bestätigt durch Papst Bonifaz VIII 1296, Dipl.
Suec. II Nr. 1174.

[3] Brief Gregors IX J. 1230, Dipl. Suec. I Nr. 256, bestätigt
durch Innocenz IV J. 1253 Nr. 411.

an die Kirche mit Beschränkung auf den zehnten Teil derselben[1], auf die freien Wahlen der Pröpste und Pfarrer[2].
Jedes Drittel nach der Territorialeinteilung des Landes bildete eine Kirchenprovinz für sich, der ein Propst vorgesetzt war[3].

Die Verpflichtungen und Leistungen der Gotländer an die
Krone von Schweden bestanden nach dem Vertrage mit K. Magnus I Ladulås vom J. 1285 in einer jährlichen Tributzahlung von
60 Mark Silber und einer Kriegssteuer (ledongslame) als
Ablösung von der Heerespflicht[4].

Über das Recht, die Zustände, Sitte und Sprache der
Gotländer schöpfen wir Kenntnis aus dem einheimischen
Gesetzbuch, dem Gotlandslag, dessen Abfassungszeit
nicht später als vor Mitte des 13. Jahrhunderts zu setzen ist[5].

Die Republik der Gotländer erscheint darin als ein Volks-
staat, dessen Souveränetät in der Landesversammlung, dem
Landding, ruht, ähnlich wie in Island und den friesischen
Gauen. Das Landding, auf welchem die Ältesten und Vorsteher des Volks das Wort führen, interpretiert das Recht,
beschließt neue Gesetze und ist die höchste richterliche

---

[1] Brief Gregors IX an den Klerus von Gotland, J. 1230 Nr.
257: ne cuiquam propter angustiam terre liceret de praediis capitalis
portionis sue ecclesiis ultra decimam partem in extremis relinquere.
Hiermit übereinstimmend Gotlandslag c. 7 § 2.

[2] Zwei Briefe von Innocenz IV J. 1253; der erste Nr. 412: circa
eligendos et proficiendos prepositos in ecclesiis vel preposituris insule
Guthlandie, ist an den Klerus gerichtet; der andre Nr. 413: circa pre-
sentandos plebanos et rectores in plebibus et ecclesiis non collegiatis
insule Guthlandiae, an die Kirchenpatrone. Vgl. den Brief des Bonifaz VIII vom J. 1296 Nr. 1173.

[3] Dipl. Suec. III Nr. 2161: prepositi trium provinciarum terre
Gotlandiae. Nr. 2047. 2048: Jacobus meridionalis terciane in Guthlandia prepositus.

[4] Diplom. Suec. I Nr. 815.

[5] Schlyter, im Vorwort S. V—IX, verwirft die Ansicht der
früheren Rechtshistoriker, der noch Schildener, Gutalagh Vorw.
S. XXVI, gefolgt ist, daß das Gesetzbuch bald nach Einführung des
Christentums in Gotland entstanden sei, und kommt mit seiner Unter-

Instanz. Das Rechtsbuch der Gotländer enthält die Willküren, welche die Landesgemeinde beschlossen hat. „Das
ist der Anfang in unserem Recht", heifst es zuerst, „dafs
wir sollen entsagen dem Heidentum und bekennen das
Christentum". Und bei den einzelnen Satzungen kehrt öfter
der Ausdruck wieder: „So sind alle Männer übereingekommen"
(c. 3 § 1), oder: „Dies ist durch Übereinkommen (semp) festgesetzt worden" (c. 52. 53), und am Schlufs (c. 61 § 1):
„Dies ist durch Übereinkommen festgesetzt, dafs so das Recht
sei, wie hier geschrieben steht; das sollen alle Männer halten;
wenn aber eine Sache vorkommt, die sich nicht hierin findet,
soll sie durch die Mehrheit der Richter entschieden werden,
und die sollen schwören, dafs dies das Recht der Gotländer
sei, und soll dasselbe gleichfalls hier eingeschrieben werden".
In der That folgen noch einige späteren Zusätze (c. 62—65).

Das Rechtsbuch der Gotländer ging also aus der auto-
nomen Landesgesetzgebung hervor, wobei der König von
Schweden nichts einzureden hatte; und seine Geltung beruhte
allein auf dem Volkswillen, d. h. derjenigen, die ihn aus-
legten und als Gesetz verkündigten. Dasselbe kennt auch
keine Bufsen an den König, sondern nur an das Volk (moga)
oder die Gerichte höherer und niederer Ordnung, neben
solchen für den Verletzten oder Kläger (c. 32).

Die Landes- und Gerichtsverfassung gründet sich auf

---

suchung zu dem Ergebnis, dafs die Abfassung desselben erst gegen
Ende des 13. Jahrhunderts und ungefähr gleichzeitig mit dem neueren
Westgötalag, Ostgöta- und Uplandslag stattgefunden habe. Gegen
diese Ansicht spricht jedoch c. 4, wonach von dem Rechte der Priesterfrauen und Priesterkinder die Rede ist, was im offenbaren Widerspruch
steht mit den Beschlüssen der Reichssynode zu Skenninge, 1. März
1248, durch welche die Priesterehe verpönt und Priesterkinder für
unfähig zu erben erklärt wurden (Diplom. Suecanum I Nr. 359). Und
wenn Schlyter dagegen bemerkt, dafs das neue Kirchengesetz wohl
nicht sofort durchgeführt worden sei, so ist doch nicht zu glauben,
dafs der Bischof von Linköping dasselbe nicht in seiner Diöcese auf
Gotland verkündigt und die dortige Landesgesetzgebung noch 50 Jahre
später keine Rücksicht darauf genommen haben sollte.

die Einteilung in Drittel (þriþiungr) und Sechstel (siettungr),
von welchen letzteren jedes mehrere Hunderte (hunderi,
schwedisch härad) in sich begriff[1], endlich in Ortsgemeinden
oder Kirchspiele (sokn).

Die Gerichte sind als Thinge höherer und niederer
Ordnung unterschieden, aufsteigend von dem Thing des
Hunderts zu dem des Sechstels, des Drittels, endlich des
ganzen Landes. Dem entsprechend sind auch die Gerichtsbufsen abgestuft: mit 3 Oeren wird dem Hundert, mit 3 Mark
dem Sechstel, mit 6 Mark dem Drittel, mit 12 Mark dem
Lande gebüfst (c. 31).

Es gibt selbstverständlich keinen Vogt oder andere
königliche Beamte im Lande. Wer aber waren die Vorsteher, die Richter und Executivbeamten in den Gemeinden,
Hunderten, Dritteln, wer die obersten Regenten der Republik?
Die Verordnungen des Rechtsbuchs setzen nicht blofs das
Dasein von Gerichten, sondern auch einer regelmäfsigen Verwaltung voraus.

In den einzelnen Gemeinden (socninna) sind es die
Kirchspielsmänner (kirkiu men) oder Ortseingesessenen, welche
insgesamt ihre Angelegenheiten besorgen, und denen die Brüche
bei polizeilichen Übertretungen zufallen. Z. B. c. 55: Wer
sich ohne Erlaubnis der Gemeinde (sokn) anbaut, ist ihr
3 Mark als Bufse schuldig und mufs das Haus wieder ent-
fernen; wer Hausvolk (hus þiauþ), d. i. Gesinde, ohne Erlaubnis der Gemeinde bei sich aufnimmt, ist ihr 3 Oere schuldig.
Über den Gemeinden steht das Thing des Hunderts auch
als Verwaltungsbehörde. So verordnet c. 52: In allen Gemeinden sollen jedes Jahr die Wege hergestellt werden;
welche Gemeinde das unterläfst, büfse mit 3 Mark an das
Thing. Die Republik konnte nicht ohne öffentliche Leistungen
für die allgemeinen Bedürfnisse, die Sicherheit und Verteidigung des Landes bestehen. Daher verordnet c. 53:

---

[1] Vgl. Schlyter im Glossar unter Siettungr.

Jedermann soll den Schofs (schut), wenn man dessen für das Land bedarf, nach dem Geldwert (marca tali) sowohl vom Grundbesitz wie vom beweglichen Gute entrichten[1], und c. 54: Jedermann, der über 20 Jahre alt ist, soll Wache halten und sich mit Waffen ausrüsten, alle Abgaben entrichten und Wachtgeld in der Osterwoche bezahlen.

Die Ausführung dieser und anderer Verordnungen, die sich auf den Betrieb und die Nutzung von Feldbau, Viehzucht, Baumzucht, Feuerschaden, Strandgut u. s. f. beziehen, ist nicht ohne Vorsteher und Beamte der Gemeinden, Sechstel, Drittel, des Staats zu denken; doch ist über sie nur wenig aus dem Rechtsbuche zu entnehmen. Es sind wohl öfter Ratmänner (raþmenn) genannt, aber nur in gerichtlichen Functionen. Ratmänner sollen richten im Hundertding (c. 31); bei Verwundung bis zu eines Nagels Tiefe hat der Verletzte das Zeugnis von zwei Ratmännern desselben Hunderts und von einem Landrichter (lanz domera) desselben Sechstels beizubringen (c. 19 § 1); bei Streit über ein Grundstück sollen die Ratmänner des Hunderts (hunderis raþmen) den Wert desselben schätzen (c. 32). Wird einer wegen Diebstahls verhaftet, so sollen drei Ratmänner die Sache untersuchen; diese müssen von demselben Hundert oder Sechstel sein (Addit. c. 5 § 3). Wie Ratmänner in den Hunderten, kommen Richter (domera) in den Sechsteln als Landrichter vor. Wie in der schon angeführten Stelle bei Verwundung neben dem Zeugnis von 3 Ratmännern auch das eines Landrichters des Sechstels nötig ist, so bei Körperbeschädigung ohne Blutwunde das von 3 Richtern desselben Sechstels (c. 19 § 35: þriggia domera af sama siettunge). Durch die Richter (domera) des Landes wurde, wie erwähnt, das Recht festgesetzt, wo das Gesetzbuch schwieg. Demnach

---

[1] Die Worte: oc ai af garsum gersemum, ‚und nicht von gemachten Kostbarkeiten‘, wie Schlyter erklärt, sind unverständlich; es kommt dabei auf das Wörtlein ai = nicht an, das blofs von dem Schreiber am Rande der Hs. hinzugesetzt ist.

haben wir, wie in den Ratmännern die Vorsteher der
Hunderte, so in den Landrichtern die Vorsteher der Sechstel
und Drittel sowie die Regenten der Republik zu erkennen.

Die freie Republik der Gotländer bewegte sich, wie man
sieht, in sehr gebundenen Zuständen, gebunden durch Sitte
und Herkommen, wie durch Gesetz und Regel. Ihre Angehörigen, die Landesbewohner, hatten nach Geburt und Herkunft verschiedenes persönliches Recht. Die Höhe der
Mannbufse gibt den Wertmesser für die Geltung der Person
ab. Das Wergeld (vereldi manna) beträgt für den gotländischen Mann 3 Mark Gold, das ist soviel wie 24 Mark
Silber[1], für einen anderen Mann 12 Mark Silber und für
einen Unfreien (þrel) $4^{1}/_{2}$ Mark Pfennige, d. i. gemünztes
Geld (c. 15)[2]. Unter demjenigen, der hier ein anderer Mann
heifst, für den nur halb so viel wie für den Gotländer gebüfst werden soll, ist ein Nichtgotländer zu verstehen; Nichtgotländer (ogutniskr) gelten als Minderfreie oder Halbfreie,
wie die Liten bei den Sachsen, Friesen und Franken. Ge-
mischte Ehen von Gotländern und Nichtgotländern werden
als ungleiche, die Kinder von solchen als unechte angesehen.
Familienerbgüter von Gotländern können nur auf Kinder
gotländischer Eltern übergehen. Doch erbt auch der unechte
Sohn ein Drittel neben den Geschlechtsverwandten, wenn er
aus den geschriebenen Geschlechtstafeln beweisen kann, dafs
seine Vorfahren bis zum dritten Gliede Gotländer waren
(c. 20 § 14). Gotländer und Nichtgotländer haben verschiedenes Erbrecht; bei den ersteren erben die Söhne ohne
die Töchter (c. 20 § 3), bei den Nichtgotländern die Töchter
mit den Söhnen, aber die Tochter nur halb so viel wie der

---

[1] S. Schlyters Glossar unter Mark.

[2] Das Wertverhältnis zwischen einer Mark Silber und einer Mark
Pfennige (marca monetalis) läfst sich hier nicht ersehen. Aus den Strafsätzen, z. B. c. 19 § 7, ergibt sich nur, dafs 1 Mark Silber mehr war
als 2 Mark Pfenn.

Sohn [1]. Beschimpfung, unanständige Berührung einer Frau
wird bei einer Nichtgotländerin nur halb so viel gebüſst als
bei einer Gotländerin, weil diese ein freies Weib (cuna frels
oc friþwet) ist (c. 23 § 5).

Die Nichtgotländer waren vermutlich eingewanderte
Schweden, Russen, Finnländer, die sich in der gotländischen
Republik das ungleiche Recht als Minderfreie gefallen lieſsen,
sicher aber nicht Deutsche von Wisby, von denen weiterhin
zu reden ist.

Über das persönliche Recht der Geistlichen ist im Got-
landsgesetz wenig zu finden. Bezüglich der Priesterfrauen
und Priesterkinder ist im c. 5 verordnet, daſs letztere, und
zwar die gelehrten (lerþ), d. h. die gleichfalls für den geistlichen Stand bestimmten, in Ansehung der Buſsen bei Totschlag und anderen Vergehen mit den Bauernkindern (hondo
barn) gleich sein, die ungelehrten (olerþ) aber dem Geschlechte der Mutter folgen sollen. Die Geistlichen hatten
demnach kein besseres persönliches Recht als die Laien und
waren dem weltlichen Gerichte gleichwie diese untergeben [2].
Doch ist Rache gegen den gelehrten Mann, der sich zur
Buſse erbietet, nicht erlaubt, und muſs ein an ihm verübter
Totschlag nicht bloſs mit dem Wergelde, sondern auſserdem
mit 40 Mark an das Land gebüſst werden [3].

Das gotländische Gesetzbuch ist reich an Verordnungen,

---

[1] c. 24 § 5: „Bei nichtgotländischem Volk erben zwei Schwestern
mit (gleichviel) einem Bruder." Schlyter, Vorwort S. IX, will hieraus
auf die Abfassungszeit des Gotlandslag erst nach 1262 schlieſsen, weil
in diesem Jahre Birger Jarl dasselbe Frauenerbrecht in Schweden
einführte (Nordström, Bidrag II 190). Allein der Schluſs beruht
auf der unsicheren Voraussetzung, daſs die Nichtgotländer allgemein
eingewanderte Schweden gewesen seien und jenes Gesetz entweder
schon mitgebracht oder in Gotland angenommen hätten.

[2] Dies ist in einzelnen Fällen ausdrücklich bemerkt, z. B. bei
Hurerei, die ein Gelehrter oder Ungelehrter begeht, c. 21 pr.

[3] Additam. 2.

die sich auf Ackerbau, Viehzucht, Baumzucht, gemeinschaftliche Feld- und Waldnutzung (c. 25. 47), Viehkauf, Einbringung von entlaufenem Grofs- und Kleinvieh, Viehschaden und Jagd — nur Eichhörnchen und Hasen sind als Jagdtiere genannt (c. 57. 58) — beziehen. Doch weder von Gewerbebetrieb noch Handel der Kaufleute ist die Rede, aufser dafs gelegentlich (c. 6 § 2) der Markt in der Stadt (caupungr) — Wisby ist nicht genannt — erwähnt ist, wo an Sonn- und Festtagen nur Lebensmittel, wie Käse, Butter, Milch, Vögel, Fische, auch Brot, nicht aber Mehl oder Korn verkauft werden dürfen. Auf Schiffahrt bezieht sich c. 36, wo bestimmt ist, auf welche Art Kaufmannsschiffe (caupschip), welche 13 Schiffsrippen und 3 Querbalken haben, sowie kleinere Fahrzeuge am Strande aufbewahrt werden sollen.

Ganz und gar nicht entspricht alles dies der Vorstellung, die man sich von den Gotländern als dem bedeutendsten Handelsvolk der Ostsee macht. Offenbar bestand zur Zeit der Abfassung des Gotlandsrechts um Mitte des 13. Jahrhunderts bereits ein scharfer Gegensatz zwischen der gotländischen Republik auf dem platten Lande, wo allein Ackerbau und Viehzucht und wenig Schiffahrt betrieben wurde, und der Stadt Wisby, welche der Sitz der Handelsmacht von Gotländern und Deutschen war[1].

2. Deutsche und Gotländer in Wisby.

Diplomatarium Suecanum I (vgl. S. 263). — Urkundenbuch der Stadt Lübeck I. — Hansisches Urkundenbuch, herausg. von Röhlbaum I.

Von den ältesten Privilegien, welche Heinrich der Löwe 1163 und Bischof Albert 1211 den Gotländern verliehen

---

[1] Im Gotlandslag ist Wisby nur an einer einzigen Stelle genannt, c. 45 § 1: Zugelaufene Pferde und Rinder soll man nicht nach Wisby (um sie zu verkaufen), sondern zum Thing bringen (um den Eigentümer zu ermitteln).

hatten, ist bereits im Zusammenhang mit dem jus Gotorum der Stadt Riga die Rede gewesen[1]. Ersteres wurde den in Sachsen reisenden Gotländern (Gutenses) verliehen, sollte aber auch auf die Deutschen in Wisby Anwendung finden[2]; letzteres bewilligte Bischof Albert den Kaufleuten, insbesondere den gotländischen, die ihm bei der Heidenbekehrung in Livland geholfen hatten, und von ihm erhielt auch die Stadt Riga das Recht der Gotländer, das ist das Recht der Gotländer und Deutschen in Wisby[3]. Denn es war bereits eine deutsche Gemeinde daselbst vorhanden, von welcher wir urkundliche Nachrichten haben.

Der Bischof von Linköping, zu dessen Diöcese Wisby gehörte, gestattete im J. 1225 den Deutschen, für die von ihnen erbaute und von ihm selbst geweihte Kirche der h. Jungfrau den Priester zu wählen, wie dies überhaupt den Kirchenpatronen und Pfarrgemeinden in Gotland zustehe[4], und auch ihren Begräbnisplatz in dieser Kirche zu haben. Der päpstliche Legat, Bischof Wilhelm von Modena, bestätigte diese Urkunde und stellte zugleich eine andere für St. Jakob in Wisby aus, worin er dieser Kirche erlaubte, Schulen zu halten, darin Schüler aller Nationen zu unterrichten und den Fremden die Communion und das Begräbnis zu gewähren[5]. Papst Honorius III nahm 1227 die Deutschen in Wisby, Gotlands Bewohner, ihre Stadt und Hafen in seinen Schutz, da sie die Christen in Livland und Estland gegen die Heiden verteidigten[6].

---

[1] Zweites Buch, Anhang S. 233 f.

[2] Super Teuthonicos, quos tibi regendos commisi, schreibt der Herzog an seinen Vogt Odalrich in Gotland. Hans. UB. I Nr. 16.

[3] Vgl. oben S. 235.

[4] Diplom. Suec. I Nr. 231; vgl. oben S. 236 A. 1.

[5] Diplom. Suec. Nr. 233: ecclesia libertatem babeat in scolis suis erudiendi cujuscumque nationis scolares, hospites quoque recipiendi. Die Urkunde ist lückenhaft.

[6] Die Adresse des päpstlichen Schreibens ist: Teutonicis civibus de Vishu inhabitatoribus Gotlandiae. Hans. UB. Regest I Nr. 213. Livländ. UB. I Nr. 94.

Die Deutschen machten, wie man sieht, in der gotländischen Handelsstadt einen Teil der Einwohnerschaft aus. Ihre Kaufleute hiefsen im Ausland Gotländer oder waren mit unter diesem Namen begriffen. Bereits im J. 1199 hatte Fürst Jaroslav von Nowgorod einen Friedensvertrag mit den Deutschen und Goten und der ganzen lateinischen Zunge geschlossen[1]. Wieder schlofs der russische Fürst von Smolensk im J. 1229 einen Handelsvertrag mit den deutschen Kaufleuten in Riga und auf dem gotischen Ufer[2]. Im J. 1259 erneuerte Fürst Alexander Newski von Nowgorod die alten Friedensverträge ,mit den Deutschen und Goten und der ganzen lateinischen Zunge': es wurden ihnen drei Höfe zu Nowgorod zugestanden[3]. Unter den Deutschen sind Kaufleute aus Lübeck und anderen deutschen Handelsplätzen, unter den Goten Kaufleute von Gotland, deutsche wie gotländische, zu verstehen. Eben diese kommen als mercatores de Guthlandia in den Privilegien und Urkunden Heinrichs III von England vor[4].

Wohl zu unterscheiden von den in Wisby ansässigen Kaufleuten, den gotländischen, sind aber diejenigen, welche nur als Gäste nach Wisby kamen und dort den Zwischenhandel betrieben. In Beziehung auf diese ist von erheblichem Interesse eine Lübecker Urkunde vom J. 1263, worin Vogt und Rat von Lübeck ihrem Aldermann und Mitbürgern auf Gotland die Anzeige machten, dafs sie die von Salzwedel, ihre Freunde, mit in ihre Bank und Genossenschaft zu Wisby

---

[1] Hansisches UB. Nr. 50. Der deutsche Hof zu Nowgorod wird hier zuerst erwähnt.

[2] Ebend. Nr. 232.

[3] Hans. UB. Nr. 532. Vgl. über diese Höfe Koppmann, Hanserecesse I Einl. S. XXIX.

[4] Ebend. Nr. 281 vom J. 1237, worin der König den Kaufleuten von Gotland und ihren Erben (ipsi et heredes eorum) Zollfreiheit in England für ihre Waren gewährt: rebus et mercandisis suis, quas ducent de partibus suis Guthland. Nr. 283. 322 sind Zahlungsanweisungen des Königs für von ihnen gekauftes Pelzwerk (pro griseo opere).

(in sedilia et consortia nostra in civitate Wisbuy) aufgenommen hätten[1]; denn man ersieht hieraus, daſs es in Wisby mehrere Handelsgenossenschaften der Deutschen gab, welche in den gemeinsamen Zusammenkünften derselben besondere Bänke hatten und durch solche vertreten waren. Vereinigt heiſsen sie ‚die Gesamtheit (universitas) aller Kaufleute der verschiedenen Städte und Orte, welche Gotland besuchen,‘ welche über gemeinsame Angelegenheiten Beschlüsse faſsten, mit einzelnen Städten verhandelten und Gesandtschaften abordneten[2]. Und auf eben diese Gesellschaft, nicht auf die Stadt Wisby, ist der auf einem Städtetag zu Lübeck 1299 gefaſste Beschluſs zu beziehen, daſs man in Gotland nicht ein Siegel der gemeinen Kaufleute, sondern jede Stadt ihr eigenes Siegel gebrauchen solle, um in Angelegenheiten ihrer Bürger zu siegeln[3], wobei das angegebene Motiv, es könne sonst mit jenem Siegel etwas besiegelt werden, was anderen Städten nicht gefalle, die Eifersucht gegen die angemaſste Autorität der Gesellschaft erkennen läſst.

---

[1] Lübecker UB. Nr. 273 (Hans. UB. I Nr. 593).

[2] Hans. UB. I Nr. 1024 vom J. 1287 enthält Beschlüsse omnium mercatorum diversarum civitatum et locorum terram Gotlandiam frequentancium in betreff des Strandguts und Aufforderung an die Stadt Reval, sich ihren Verordnungen zu fügen, unter Androhung des Ausschlusses a consorcio mercatorum ... datum et actum Wisbu. Ebend. Nr. 1088, Wisby 1291, über Abordnung einer Gesandtschaft nach Nowgorod durch die universitas mercatorum terram Gotlandie gracia mercandi applicancium. In dem Bericht eines Abgesandten von Lübeck aus Gotland vom J. 1287 ist auch von Niedersetzung oder Abhaltung eines gemeinsamen Gerichts (de judicio sedendo) die Rede. Lüb. UB. I Nr. 511.

[3] Hanserecesse I Nr. 80 S. 42: Placet etiam civitatibus, quod in Gotlandia non habeatur sigillum, quod sit communium mercatorum, cum illo namque sigillari posset, quod civitatibus aliis non placeret; quevis enim civitas habet per se sigillum, cum quo suorum civium negotia, prout expedit, poterit sigillare. Die Abbildung des Siegels der deutschen Kaufleute in Gotland gibt H. Hildebrand, Medeltidsgillena i Sverige S. 93: es stellt eine Lilie mit zwei Blätterzweigen dar und führt die Umschrift: Sigillum Theothonicorum Gutlandiam frequentantium.

Näher geht uns die Stadt Wisby und ihr Verhältnis
zur Republik der Gotländer an. Beide miteinander machten
die Gesamtheit der Einwohner von Gotland aus, welcher
Magnus I von Schweden 1276 ein Handelsprivileg verlieh[1].
Und auf beide, Stadt und Land, bezog sich die Verordnung
desselben Königs 1285 über die aus Gotland zu entrichtende
jährliche Steuer, wo majores et praecipui primi terrae et civitatis zusammen genannt sind[2]. Durch besondere Bezeichnung unterschieden finden sich die Vorsteher der gotländischen Republik als seniores terre Gotlandie cum tota com-
munitate und die der Stadt als consules ceterique cives tam
Gotensium quam Theutonicorum in Wisbu in einem gemeinsamen Ausschreiben vom J. 1286, betreffend das ungesetz-
liche Verhalten eines in Gotland angekommenen Schiffes,
welches deshalb von dem Vogt und ihn begleitenden Ratmännern (advocatus cum consulibus) verfolgt wurde[3]. Hier
erscheint der Rat der Gotländer und Deutschen als Obrigkeit der Stadt Wisby, der Vogt als ausführender Beamter.
Noch nicht lange bestand diese Stadtverfassung. Sie war
hervorgegangen aus der Vereinigung der beiden Stadtgemeinden der Deutschen und Gotländer, deren jede ihren eigenen
Vogt und Ratmänner hatte. Vorherrschend war die deutsche
Gemeinde, die auch bisweilen für sich allein im Namen der
Stadt auftritt. So in Urkunde vom J. 1280 Sept. 7, wodurch advocatus consules et commune Theutonicorum civitatis Wisbucensis das Bündnis bekannt machten, das sie zur
Sicherheit des Handels und der Schiffahrt auf der Ostsee
mit ihren Freunden, den Lübeckern, geschlossen hatten[4],
und in einem Anschreiben an den König Erich von Nor-

---

[1] Dipl. Suec. I Nr. 611: precibus fidelium nostrorum consulum,
seniorum et universitatis tam Theutonicae quam Guthenensis Gutland
inhabitantium.
[2] Vgl. oben S. 300.
[3] Lübecker UB. I Nr. 497.
[4] Lübecker UB. Nr. 402.

wegen vom J. 1288, wodurch advocatus consules ac universitas Theutonicorum in Wisby den Lübeckern, ihren Freunden, eine Vollmacht zum Empfang von Geld für ihre Stadt ausstellten [1]. Aber gleichzeitig in Urkunde vom J. 1280, Oct. 26, stellen sich auch die vereinigten Deutschen und Gotländer als e i n e Stadtgemeinde mit gemeinschaftlichem Rate dar: consules et commune civitatis Wysbicensis tam Theothonicorum quam Guttensium, welche sich einverstanden erklären mit der Verlegung des Stapels in Flandern von Brügge nach Ardenburg; doch hatten sie kein gemeinsames Siegel: denn es finden sich bei der Urkunde zwei Siegel angehängt, das der Gotenses und das der Theotonici in Gotlandia manentes [2].

Auf das Verhältnis der in solcher Weise constituirten Stadtgemeinde in Wisby gegenüber der gotländischen Landesgemeinde und beider gegenüber dem Könige von Schweden wirft eine Urkunde, datiert Nyköping 1288 Aug. 9, helles Licht [3]. Die von Wisby hatten ihre Stadt mit Mauern umgeben, und die benachbarten Gotländer, die sich dem mit Gewalt widersetzten, waren zurückgeworfen worden. Der König von Schweden (Magnus I) ergriff diese Gelegenheit, um der Stadt eine Buße von 2500 Mark nebst anderen Friedensbedingungen aufzulegen. Bei Bekanntmachung dieses Vertrages versprachen die von Wisby (advocati et consules tam Gotenensium quam Thewtonicorum et communitas civium de Wisby), die Feindseligkeiten gegen die Gotländer nicht vor Anrufung des Königs wiederaufzunehmen und, im Falle sich jene einen anderen Fürsten als den König von Schweden zum Herrn erwählen würden, diesem ihre Thore zu verschließen.

---

[1] Ebend. Nr. 524. In Urk. vom J. 1285 chend. Nr. 479 ist Wisby unter den anderen Städten als Theotonici Wisbycenses aufgeführt.

[2] Lübecker UB. Nr. 406, wo auch die Beschreibung der Siegel. Vgl. die Verhandlungen zu Brügge Hansisches UB. I S. 10.

[3] Diplom. Suec. II Nr. 970 (im Lübecker UB. II Nr. 68 nachgebracht).

So standen sich Wisby und Gotland feindlich gegenüber. Das Volk der Gotländer bildete eine ländliche Republik unter ihren Landesältesten und lebte nach alter ein-
facher Sitte mit eigentümlichem Recht, während in der Handelsstadt Wisby, nach erfolgter Vereinigung der Deutschen
und Gotländer zu einer einzigen Stadtgemeinde, ein besonderes Stadtrecht entstand.

3. Das Stadtrecht von Wisby.

Visby Stadslag, niederdeutsch mit neuschwedischer Übersetzung
herausg. von S c h l y t e r, Corpus juris VIII. 1853.

Das Stadtrecht von Wisby wurde vermutlich nicht früher
als 1332 abgefaſst, weil in der Bekanntmachung, die ihm
vorausgeht, Magnus (II) Eriksson König von Schweden, Norwegen und Schonen heiſst, Schonen aber nebst Halland und
Blekingen erst im genannten Jahre von Dänemark an Schwe-
·den abgetreten· wurde[1]. Andererseits ist seine Abfassung
nicht viel später anzusetzen, da dasselbe noch keine Bürgermeister kennt, wenigstens nicht nennt, aber im J. 1342 zwei
Bürgermeister von Wisby hingerichtet wurden[2].
Die Bekanntmachung beginnt mit einem historischen
Rückblick auf den Anfang der Stadt, da sich in Gotland
Leute von mancherlei Sprachen zusammenfanden und man
den Frieden beschwor, daſs ein Jeder den Vorstrand freihaben
solle acht Faden weit in das Land hinein, um sein Gut
besser zu bergen. „Als aber die Stadt zunahm, erhob sich
unter den mancherlei Sprachen groſser Zwist, Mord und Ver-

---

[1] S c h l y t e r im Vorwort S. VI; vgl. D a h l m a n n I 477. Im
J. 1360 kamen diese Länder schon wieder an Dänemark zurück,
G e i j e r I 187. Zweifelnd bemerkt K. M a u r e r in der krit. Vierteljahrsschrift N. F. XII 31, es könne der Titel von Schonen nur von
einem späteren Abschreiber hinzugefügt sein.

[2] Annales Wisbycenses, Langebek I 258: Decollati fuerunt duo
proconsules, dominus Hermanus Swertingh et dominus Johannes Moop
et multi alii.

rat, und sandte man an Herzog Heinrich von Baiern und
Sachsen, der uns den Frieden und das Recht, das sein Vor-
fahr Kaiser Lothar gegeben hatte, bestätigte." Und „da
sich grofser Zwist zwischen Stadt und Land ·erhob, sandte
man an den König Magnus (I) von Schweden, der uns (aufs
neue) unser Recht und Freiheit bestätigte, gleichwie nach
ihm auch die folgenden schwedischen Könige."

Man sieht hier, wie die den Gotländern von den auswärtigen Herrschern bewilligten Privilegien für die Stadt
Wisby in Anspruch genommen wurden, und als wichtigste
Momente von dessen Geschichte sind zuerst das Zusammen-
wachsen der Einwohnerschaft aus verschiedenen Nationen,
dann der feindliche Gegensatz zwischen Stadt und Land hervorgehoben.

Weiter ist in der Bekanntmachung gesagt: „König
Magnus (II) von Schweden, Norwegen und Schonen bestätigte unser Recht und Freiheit und verordnete (gaf uns dat),
dafs wir zwei Bücher haben sollten, eines in gotischer, das
andere in deutscher Sprache, beide von gleichem Sinn und
Recht, und wenn ein neues Recht vorkäme, das in dem
Buche nicht steht, sollte man es richten, wie es recht wäre,
und einschreiben in beide Bücher; aufserdem verordnete er,
dafs wir ein Siegel haben sollten von beiden Sprachen."

Die, welche hier als ‚Wir‘ reden, sind die Stadtobrigkeit von Wisby, welche die Verordnung des Königs aus-
führte, nach welcher das Stadtrecht in beiden Sprachen abgefafst werden sollte. Doch ist dasselbe nur im niederdeutschen Texte überliefert[1]; von einem gotländischen ist nichts
bekannt, und es scheint, dafs man sich die Mühe der doppelten Abfassung ersparte, da die Deutschen den vorherr-
schenden Bestandteil der Einwohnerschaft von Wisby ausmachten.

---

[1] Vgl. die Beschreibung der Hs., welche Schlyter für die
Originalhs. hält, in dessen Vorwort S. VII ff.

Es ist zu fragen, wie kam der König von Schweden dazu, der freien Handelsstadt Wisby aufzugeben, dafs sie ihr Recht in zwei Büchern und zwei Sprachen aufschreiben solle? Der zweimal wiederholte Ausdruck: „unde gaf uns, dat we hebben scolden," ist mit Vorsicht gebraucht; es heifst nicht, der König befahl uns, sondern er gab uns dies, gleichwie eine Verleihung bei Gelegenheit seiner Bestätigung des Rechts und der Freiheit der Stadt. Immerhin liegt darin ein gewisses Abhängigkeitsverhältnis; denn solche Verleihung unterschied sich nur in der Form von einem Befehl. Welcher Art nun dieses Verhältnis war, erfährt man aus einer Urkunde vom J. 1344, worin die Ältesten und die Landesgemeinde von Gotland (seniores totaque communitas terre Gotlandie) sich zur Zahlung von 1000 Mark cölnisch an den König von Schweden und an die Stadt Wisby binnen kurzer Frist verpflichteten, gemäfs dem Versprechen, welches ihre Abgeordneten im Namen des Landes beiden geleistet hatten[1]. Also im Bündnis mit dem Könige stand die Stadt gegen die gotländische Republik und leistete darin seinem mächtigen Verbündeten und Oberherrn Folge.

Das Stadtrecht ist in vier Bücher eingeteilt, worin die verschiedenen Rechtsmaterien nach einer gewissen Ordnung, wenn auch nicht ohne Abweichungen im einzelnen, behandelt sind. Das erste Buch betrifft den Rat und das Gericht und hauptsächlich das Strafrecht; das zweite enthält Civilrechtliches und Polizeiverordnungen; das dritte das Recht des Grundbesitzes, dann auch Schiffs- und Handelsrecht; das vierte das Familien- und Erbrecht.

Die rechtshistorische Betrachtung ist auf die Quellen gerichtet, welche diesem auf gotländischem Boden erwachsenen Stadtrecht zu Grunde liegen und bei Abfassung desselben mittelbar oder unmittelbar benutzt worden sind.

Bei den nahen Beziehungen von Wisby einerseits zu

---

[1] Diplom. Suec. V Nr. 3805.

Lübeck und Niedersachsen, von woher die deutsche Stadtgemeinde den Ursprung nahm, und andererseits zu Gotland,
dem die einheimische Einwohnerschaft angehörte, und drittens zu Schweden, mit dem Stadt und Land von altersher
verbunden waren, läfst sich von vornherein Verwandtschaft
des Stadtrechts nach diesen drei Seiten hin annehmen.

Sehen wir zuvörderst die Rats- und Gerichtsverfassung.
Über diese bestimmt Buch 1 c. 1: „Den neuen Rat soll man
ernennen am Montag zu Mittfasten (Lätare), und er soll eintreten 14 Nächte nach Ostern am Montag. Und im Rate
sollen 36 Männer von beiden Zungen sein, und 12 von ihnen
sollen in dem Jahre das Gericht auf dem Hause (dat richte
uppe deme hus) halten. Und der Vögte sollen zwei sein,
ein gotländischer und ein deutscher (en gotensch unde en
dydesch): die sollen in dem Jahre das Gericht auf dem
Markte (up deme markede) halten. Und im Rate sollen
nicht beisammen sein Vater und Sohn, noch zwei Brüder.
Niemand soll im Rate sitzen, er sei denn frei und echt und
unbesprochen von Missethat, und soll Jahr und Tag unser
Bürger gewesen sein und nirgend anderswo Bürgerschaft
oder Burschaft haben aufser hier, noch anderswo im Rat
oder Gericht Eide geschworen haben, in welchem Lande es
auch sei, sondern er sage die Eide zuvor auf, ehe er unserer Stadt den Eid schwört" (c. 1 § 1—4).

Es fällt sogleich die Übereinstimmung in die Augen,
welche sowohl in der Ratsverfassung bezüglich der Zusammensetzung des Rats, als auch in der Gerichtsverfassung bezüglich der beiden Gerichte des Rats (in der Ratsstube) und
des Vogts (auf dem Markte) zwischen dem Stadtrecht von
Wisby und dem schwedischen Stadtrecht des K. Magnus
Eriksson besteht, so dafs notwendig das eine als Vorbild des
andern anzunehmen ist[1]. Welches von beiden aber das Vorbild war, kann schon der Zeitfolge nach nicht zweifelhaft

---

[1] Vgl. oben S. 294.

sein: die schriftliche Abfassung des Stadtrechts von Wisby
fand bald nach J. 1332 statt; das schwedische Stadtrecht
wurde erst zwischen 1350 bis 1357 erlassen. K. Magnus
war, wie erwähnt, der Urheber oder Veranlasser des ersteren
und auch der Gesetzgeber des letzteren. Die Organisation
des Rats und der Gerichte von Wisby konnte umsomehr als
Muster für die schwedischen Städte überhaupt dienen, als
auch diese nach ihrer Doppelnatur als deutsche und schwedische schon zuvor ihre Verfassung auf ähnliche Weise gestaltet hatten[1].

Das Stadtrecht von Wisby selbst aber ist in den erwähnten Bestimmungen über die erforderlichen Eigenschaften
der Ratmänner und die Ausschliefsung naher Verwandten im
Rat aus dem lübischen Recht geschöpft, mit dessen Sätzen
es fast wörtlich übereinstimmt[2]. Ebenso findet die erwähnte
Unterscheidung von dem Ratsgericht ,auf dem Haus' und
dem Vogtgericht ,auf dem Markt' eine Analogie in Lübeck,
wo auf gleiche Weise das Ratsgericht ,auf dem Haus' als
Obergericht und das Gericht, welches der Vogt mit zwei
Ratmännern abhielt, als Untergericht bestanden[3].

---

[1] Als neu erscheint im Stadtrecht des Magnus Eriksson die Unterscheidung von 6 Bürgermeistern im Gesamtrat der 36 Mitglieder und
von 2 im sitzenden Rat der 12, während das Stadtrecht von Wisby
Bürgermeister im Rat nicht nennt. Dafs diese aber auch in Wisby
bereits vorhanden waren, beweist, aufser der schon oben erwähnten
chronikalischen Nachricht vom J. 1342 (S. 312), auch ein Schreiben der
Proconsules et consules civitatis Wisbicensis um 1350 (Lübecker
UB. III Nr. 110 B), worin sie dem Rate von Rostock Mitteilung machten
über die Bekenntnisse von 9 Giftmischern, welche zu Wisby verbrannt
worden.

[2] Heinrichs des Löwen Verordnung in späterer Fassung bei
Hach, Lüb. Recht S. 171: wi settet ok dhat men nemene tê in den
rat, hene si echt van vrier bort und nemans egbon, unde ok nin
ammet hebbe van heren und ok si van godeme ruchte. Vgl. Cod. II
c. 52.

[3] Vgl. Frensdorff, Stadt- und Gerichtsverfassung Lübecks S.
173 ff.

Bei näherem Eingehen auf die Quellenbenutzung im
Wisby-St.-R. ist es nicht meine Absicht, die Untersuchung
auf alle Einzelheiten auszudehnen, sondern nur hauptsächlich
bei einer Reihe von Rechtssätzen darzulegen, dafs einerseits
das Strafrecht wesentlich schwedisch ist und zum teil auf
dem gotländischen sowie auf dem älteren schwedischen
Stadtrecht beruht, andererseits das Privat-, Obligationen-, Fa-
milien- und Erbrecht wesentlich deutsch sind und zum teil
aus dem lübischen und hamburgischen Recht herstammen.

Im gerichtlichen Verfahren und Bufsensystem bei Straf-
sachen folgt Wisby im allgemeinen den in Schweden üblichen Regeln. Doch fehlt, gleichwie im Gotlandsrecht, die
schwedische Nämd oder das Institut der geschworenen Urteiler, und es fehlen hier wie dort die königlichen Bufsen,
sowie die Königseidbrüche, weil der König (von Schweden)
keine eigenen Rechte weder in der gotländischen Republik,
noch in der freien Stadt Wisby besafs.

Die Bufsen für Vergehen an der Person durch Totschlag
oder Verwundung sind dreigeteilt, wie im schwedischen Stadtrecht, aber nicht gleichgeteilt: den Hauptteil empfängt der
Verletzte oder der Erbe, den geringeren die Stadt, den kleinsten der Vogt, der hier nicht des Königs Vogt ist. So beträgt die Mannbufse des freien Mannes 40 Mark und 6 für
die Stadt und eine für den Vogt, und die des leibeigenen
Mannes (eghenen drelles) 20 Mark und 3 für die Stadt, ½
für den Vogt (I c. 9).

Die Bufse für den leibeigenen Mann ist demnach halb
so hoch, wie für den freien, bei dem kein Unterschied nach
der Nation gemacht wird. Anders, als im Gotlandsrecht,
wo der gotländische Mann doppelt so hoch als der nichtgot-
ländische und der leibeigene Mann noch geringer als der
letztere gewertet war[1]. Als verwandt mit dem älteren
schwedischen Stadtrecht (Bjärköa-R.) und Benutzung des-

---

[1] Vgl. oben S. 304.

selben verratend zeigt sich Wisby-St.-R. in der Qualification
der Vergehen nach Ort und Zeit: doppelte Bufse steht auf
Totschlag und Mifshandlung, wenn sie in der Kirche, im
Hause, auf dem Markt des Vormittags, in der Badstube (an
dem nackten Mann), im heimlichen Gemach, auf der langen
Brücke, im Schiff oder im Hafen begangen worden[1]. Wesentlich übereinstimmend sind auch in beiden Stadtrechten
die Bestimmungen über das Sühneverfahren bei Totschlag,
wo die Stadtobrigkeit vermittelnd zwischen dem Totschläger
und den Verwandten des Getöteten eintritt und letztere zwar
nicht zwingt, die angebotene Bufse anzunehmen, jenem aber
gestattet, falls die Annahme verweigert wird, Waffen in der
Stadt zu tragen[2].

Ähnlich wie Bjärköa-R. (c. 15) hat Wisby (I c. 13. 15.
17—29) einen umständlichen Bufsentarif für schwere und
leichte Verwundungen und andere Verletzungen einer Person und noch einen besonderen für derartige Vergehen an
Frauen[3]. Noch ausführlicher verbreitet sich hierüber das
Gotlandsrecht (c. 19 und 23)[4]. Die Benutzung des letzteren durch Wisby beweisen gleichlautende bezeichnende
Ausdrücke, wie Verwundung so tief wie eines Nagels Breite

---

[1] Wisby I c. 10, vgl. oben S. 278 und das Stadtrecht von Riga
S. 238.

[2] Vgl. über das Sühneverfahren Wisby-St.-R. I c. 36 § 2 und
Bjärköa-R. c. 14 § 8 und 9, nebst andern gleichlautenden Bestimmungen, welche die Benutzung des letzteren durch ersteres beweisen.

[3] c. 43—47. Originell ist c. 46, ‚Vom Küssen‘: „Wer eine ehrbare Frau oder Jungfrau gegen ihren Willen (ane cren danc) küfst
oder sie auf unanständige Weise berührt, soll sich, wenn nicht überführt, selbdritt nach Stadtrecht frei schwören; wenn aber überführt,
soll er ihr mit 3 Mark und der Stadt mit 3 Mark, den Vögten mit
¹/₂ Mark bessern; hat er das Geld nicht, so soll er auf 14 Nächte in das
Stadtgefängnis gehen.“

[4] Beispielsweise sind hier bei Vergehen an Frauen unterschiedliche Bufsen festgesetzt für unanständige Berührung jedes einzelnen
Körperteiles, dann für Aufheben des Rockes je nach der Höhe der
Entblöfsung, für Abreifsen der Heftnadeln und Schnürbänder, Beschä-
digung des Kleides.

(Gotland I c. 19 pr., Wisby I c. 13 § 1); Kopfwunde, die Hut oder Haube nicht bedecken kann, deren Narbe bis über die Strafse hinüber zu sehen ist (Gotland c. 19 § 6, Wisby c. 15 § 5 und 6); Haarraufen, so dafs man die Blöfse nicht mit 1, 2, 3 Fingern oder der ganzen Hand bedecken kann (Gotland c. 19 § 32; kürzer Wisby c. 16: so dafs man die Stelle nicht mit zwei Fingern bedecken kann).

Auch das lübische oder hamburgische Recht ist im Strafrecht von Wisby nicht unbenutzt geblieben. So ist das Wort und der Begriff der ,Vorsate,' d. i. Gewalt mit Überlegung bei Ausbruch eines Streits verübt, von dorther entnommen [1].

Nahe Verwandtschaft oder Übereinstimmung teils mit lübischem, teils mit hamburgischem Recht zeigt ferner eine Reihe von Bestimmungen des Obligationenrechts, über Schuldhaft (I c. 16), Verpfändung von Liegenschaften (III 1 c. 26 pr.) und Pfandverfolgung (ehend. und II c. 31), Verpfändung von Sachen für den verdienten Handwerkerlohn (H c. 7 pr.), Rentenkauf (III c. 1 und 2), gemeinsames Handelsgeschäft (wedderleghinge II c. 28) [2].

Auf hamburgisches Recht sind zurückzuführen die Sätze über das gegenseitige Erbrecht der Ehegatten, wenn keine Kinder, wenn ein Kind oder mehrere da sind [3]; auf lübisches die beschränkte Befugnis der Frau, nicht ohne den Rat ihrer Vormünder oder Verwandten über Gut zu verfügen (nicht über ½ Vierding), es sei denn, dafs sie eine Kauffrau ist, die sich von Kaufmannschaft ernährt [4]. Verwandt mit bei-

---

[1] Wisby I c. 51, vgl. mit lüb. R. I c. 121 und II c. 88 und hamb. R. (Lappenberg, Hamb. Rechtsalterthümer) von 1270 XI ,Von vorsaten', und 1292 L. Vgl. Frensdorff, Stadt- und Gerichtsverfassung Lübecks S. 161 f.

[2] Die Nachweisungen gibt v. Amira, Nordgerman. Obligationenrecht I S. 159. 209. 222. 250. 669. 679.

[3] Wisby IV 3 c. 1—6, vgl. mit Hamburg von 1270 VI c. 7 und von 1292 E XVI.

[4] Wisby I c. 42: dat ne si en copwif dat se sic van copelscap ghenere, vgl. mit lüb. R. II c. 96: sunder deghene de kopschat hebben.

den Rechten ist, was Wisby über die Vormundschaft für
Weiber und Kinder und die Obervormundschaft des Rats,
sowie über das Alter der Mündigkeit mit 18 Jahren festsetzt[1]. Übereinstimmend mit denselben ist die Vorschrift,
daſs, wer ein Testament macht, dabei zwei Ratmänner zu-
ziehen soll[2]. Weiter aber als jene geht Wisby in der Freiheit, zu testieren, wenn es dem freien Mann, dem ehelosen
wie dem verehelichten, er sei gesund oder krank, nur daſs
er sprechen kann und seiner Sinne mächtig ist, das Recht
zuspricht, über sein eigenes Gut, sowohl fahrende Habe wie
liegendes Erbe, zu Gunsten von Weib, Kindern, Verwandten
und für seine Seele zu verfügen, wie er will, nur daſs es
seinen echten Kindern billig (matlik d. i. mäſsig) geschehen
soll, wogegen das lübische und das hamburgische Recht das
Verfügungsrecht des Mannes allein auf das ‚gewonnene Gut‘
beschränken[3].

Sowohl mit schwedischem und gotländischem, als auch
mit lübischem Recht ist das Schiffs- oder Seerecht verwandt[4].
Selbstverständlich ist hier nicht von dem sog. Wisby-See-
recht (Water-Recht) die Rede, welches nur mit Unrecht diesen Namen führt, da es sich in Wirklichkeit als bloſse Compilation aus älterem Oleron'schem und jüngerem niederländi-
schem Seerecht ausweist, das im 15. Jahrhundert als ‚Wasser-
recht der Ost- und Westsee‘ gegolten hat[5].

---

[1] Wisby IV 1 c. 23—25, vgl. mit lüb. R. II c. 97 und 102 und
hamb. Recht von 1270 V, von 1292 O.

[2] Wisby II 1 c. 1. Vgl. lüb. R. II c. 103 und hamb. R. von
1270 VI c. 2 und von 1292 G. c. 2.

[3] Vgl. Wisby IV 2 c. 2 mit lüb. R. II c. 103 und hamb. R. 1270
VI c. 7 und 1292 E XVI.

[4] Vgl. Wisby III 3 c. 8 pr. Rhedereigesellschaft mit Bjärk.-R.
c. 20 pr. und Wisby c. 8 § 1 Schifferlohn mit Bj.-R. ebd.; Wisby c. 10
pr. Schiffwurf in der Not mit Bj.-R. c. 20 § 3 und lüb. Recht II c.
134; Wisby c. 11 Verlust des Schiffstaues mit Bj.-R. 20 § 2; Wisby
c. 13 Seefund mit Gotlandslag c. 49.

[5] Vgl. Schlyters Vorwort im Corpus juris VIII, wo die verschiedenen Redactionen und Versionen des sog. Wisby-Seerechts ab-

Endlich zeigt sich auch in den Polizeiordnungen Wisbys einzelne Benutzung und allgemeine Verwandtschaft, teils mit dem schwedischen Björköa-, teils mit den genannten deutschen Stadtrechten[1]*.

Der Übereinstimmung, welche zwischen Wisby und Magnus Erikssons Stadtrecht in der Rats- und Gerichtsverfassung besteht, wurde bereits oben gedacht, dabei aber auch der Unterschied hervorgehoben, daß in der freien Handelsstadt Gotlands so wenig wie im Gotlandsrecht von irgendwelchen königlichen Rechten die Rede ist. Darum ist auch die Stellung des Vogts, das will sagen, der beiden Vögte des deutschen und gotländischen, eine andere in Wisby, als in den schwedischen Städten. In letzteren ist der Vogt der Stellvertreter und Beamte des Königs und als solcher der Stadtrichter; in Wisby sind die Vögte Beamte der

gedruckt sind, und R. Wagner, Beiträge zur Gesch. des Seerechts (in Zeitschr. für Handelsrecht XXVII 409 f.) und desselben Handbuch des Seerechts I 68.

[1] Vgl. z. B. bezüglich der Brandordnung Wisby II c. 24 mit Bjärk.-R. c. 41, wo der gleichlautende Satz vorkommt: „wenn aber (beim Löschen des Feuers) Axt, Wasserfaß und Anschlagen der Glocke hinzukommen, büße er (der Hausbesitzer) 3 Mark". Bezüglich der Ordnung bei Hochzeiten und Kindtaufen vgl. Wisby IV 1 c. 9—22 mit der hamburgischen Verordnung von 1306 (Lappenberg S. 160 ff.).

* Anmerkung. Frensdorff handelt in zwei lehrreichen Aufsätzen über ‚Das statutarische Recht der deutschen Kaufleute in Nowgorod' (Abhandl. der Gesellschaft d. Wiss. zu Göttingen XXXIII und XXXIV) von der älteren (I) und jüngeren (II) Skra von Nowgorod, dann auch von einer noch ungedruckten Skra III im Lübecker Staatsarchiv und weist in der letzteren wörtliche Übereinstimmung einiger Statuten mit dem Wisby-Stadtrecht nach (Abh. 2 S. 28. 29). Diese Statuten betreffen 1. den Seewurf Wisby III 3 c. 10; 2. die Twibote, d. i. in gewissen Fällen verdoppelte Buße, Wisby I c. 10; 3. den erschwerten Diebstahl Wisby I c. 57 § 4. Ich habe ad 1 und 2 als Quelle von Wisby das ältere schwedische Stadtrecht (Bj.-R.) aufgezeigt, oben S. 320 A. 4 und S. 318. Ebenso liegt ad 3 Bj.-R. c. 18 zu Grunde. Bei der wörtlichen Übereinstimmung zwischen Wisby-St.-R. und Skra III halte ich die Benutzung des ersteren durch letztere für unzweifelhaft, die auch durch die Zeitbestimmung der Skra III von 1346 (vgl. Frensdorff Abh. 2 S. 6) nicht ausgeschlossen ist.

Stadt und dem Rate untergeben. Das Ratsgericht ist das obere Stadtgericht, das Gericht der Vögte mit 2 Ratmännern als Beisitzern das Untergericht[1]. Alle Klagen sind zuerst bei den Vögten anzubringen: „helfen diese dem Kläger nicht, so wende er sich an den Rat, der wird ihm volles Recht erteilen" (I c. 4).

Der Rat ist die souveräne Behörde der Stadt; eine andere Vertretung der beiden Gemeinden oder der Gesamtgemeinde gibt es nicht.

Sein Ansehen ist das höchste. „Wer," heißt es II c. 13, „das Gericht der Stadt beschuldigt, büße dem Rate 36 M. und dem, der das Wort der Stadt führt (d. i. dem Vorsitzenden des Rats), 6 Mark, oder, wenn er das Geld nicht hat, mit 12 Wochen Gefängnis. Wer aber mit dreistem Mut und vorbedachten Worten vor den Rat tritt und spricht, er sei auf bübische (heriensliken) und unehrliche Weise gerichtet worden, der hat das Leben verwirkt." Nur vor dem Stadtgericht sollen die Bürger von Wisby zu Recht stehen. Wenn ein Bürger einen andern bei Herren innerhalb oder außerhalb des Landes verklagt, so daß dem Beklagten Schaden daraus entsteht, so muß er dem Rate mit 12 Mark büßen und den Schaden ersetzen. Nur wegen Schuld ist Klage gegen einen Bürger, der sich auswärts aufhält, bei dem fremden Gericht zulässig. Wenn aber Zwist unter den Bürgern entsteht und einer seine Sache an Herren und Fürsten bringt, so daß die Stadt dadurch beschwert wird, hat er Leben und Gut verwirkt (II c. 19). Bei gewissen Vergehen gilt das Zeugnis von zwei Ratmännern als voller Beweis, und zwar von gotländischen über Gotländer, Schweden, Normänner oder Dänen, von deutschen über alle anderen Zungen. Ein gotländischer und ein deutscher Ratmann zusammen können zeugen über sämtliche Zungen[2]. Man sieht, wie viele Nationen

---

[1] Oder mit zwei angesessenen Bürgern, wenn bei Nachtzeit Ratmänner nicht zu bekommen sind, II c. 12.

[2] I c. 12. Es ist von vorkommenden Fällen auf der langen

in Wisby zusammentrafen und die Scandinavier und Deutschen die zwei Hauptgruppen derselben bildeten.

· Der Handel der fremden Kaufleute war in Wisby ebenso wie in den schwedischen Städten vielen Beschränkungen unterworfen, so daſs sie ihre Waren nicht unter einem gewissen gröſseren Gewicht oder Maſs kaufen oder verkaufen durften[1], während der Kleinhandel und Verkauf allein den Bürgern vorbehalten blieb. Auch war den Fremden verboten, die in Wisby gekauften Waren dort wieder zu verkaufen[2].

Hauptgegenstände des Handels sind niederländische Tücher, welche im Abschnitt vom Seerecht (III 3 c. 15) als solche von Gent, Ypern, Dixmuiden, Brügge, Tournay, Poperingen, Utrecht unterschieden werden, unter Angabe, wieviel Stücke von jeder Art Tuch auf einen Ballen (tyre) zu rechnen sind, desgleichen Leinwand, die aus Deutschland kommt[3]. Ferner Salz von der Trave (aus Lübeck), für welches das Tonnengewicht und Waggeld bestimmt werden (ebd. c. 16)[4]. Der Weinhandel stand, wie in Lübeck, unter der besonderen Controle des Rats[5].

Brücke, auf dem Markte, im Hafen, zwischen Schiffern und Befrachtern die Rede; nur bei Totschlag soll wie gewöhnlich nach Stadtrecht verfahren werden. Auch was zwei Ratmänner von Bürgern auſser Landes sehen oder hören, soll als volles Zeugnis gelten.

[1] II c. 36. Gästerecht, wo die verschiedenen Waren aufgeführt sind: mit Gewürz dürfen sie nur nach Pfunden, mit Leinwand nur nach Reepen (10 Ellen) u. s. w. handeln.

[2] Bei wiederholten Fällen dieser Art wird die Geldbuſse erhöht, beim viertenmal die Ware verwirkt.

[3] Die Bezeichnung spinzalsch linwant, welche Schlyter wie Hadorph als nomen proprium auffaſst, heiſst wohl nichts anderes als gesponnenes Leinen; vgl. Schiller und Lübben unter spinsel.

[4] ‚bi deme nörnschen pyndere' übersetzt Schlyter: efter den Nürnbergska pyndaren. Es sind aber gewiſs nicht Nürnbergische Pfunde zu verstehen — wie sollten die nach Wisby kommen? —, sondern normannische. Vgl. Sartorius-Lappenberg II 69 Urk. von 1254: de quolibet Normannorum pondere, und die S. 757 citierte Zollrolle von 1278.

[5] Buch II c. 38—43; vgl. Lüb. R. II c. 207.

Ein fremder Kaufmann kann das Bürgerrecht in Wisby gewinnen. Es heifst B. II c. 33: „Wenn ein Kaufmann, der ein lediger Mann ist — ein anderer Fall kam wohl kaum in Wisby vor —, unsere Bürgerschaft begehrt, soll er Bürgen dafür bestellen, dafs er 3 Jahre hindurch die städtischen Lasten wie andere Bürger tragen (vul don wille) und Bürger bleiben will." Die kurze Dauer der Verpflichtung läfst auf häufigen Wechsel im Kaufmannsstande der Stadt schliefsen[1].

Die Handwerkerämter (ammechte) standen in Wisby, wie überall in Schweden, unter strenger Aufsicht des Rats. Das Stadtrecht (II c. 34) verlangt von jedem, der ein Handwerk selbständig ausüben will (up sik sylven varen wil), nichts weiter, als den Ausweis über ein gewisses Capitalvermögen, $1/2$ bis 6 Mark je nach Beschaffenheit des Gewerbes, für welches er Bürgen stellen mufs, und zählt 24 Handwerkerämter auf, von den Lohgerbern (berker, schwedisch barkare) an bis zu den Hökern und Hökerinnen. Auch verordnet dasselbe, dafs jedes Amt (ammet) zwei Vorsteher (vorman) und Aufseher (vindere) oder Werkmeister haben soll, welche ihr Amt, d. i. dessen Geschäfte und Arbeiten, prüfen, ob sie ordnungsmäfsig betrieben werden, und bei dem Rate rügen sollen, was sie anders finden.

Wisby hatte um die Mitte des 14. Jahrhunderts den Höhepunkt seiner Blüte und Handelsmacht als der bedeutendste Stapelplatz der Ostsee und Vorort des gotländischen Drittels der Hanse erreicht. Bald darauf erfolgte sein jäher Sturz. Das von altersher bestehende Schutz- und Abhängigkeitsverhältnis zu Schweden wurde ihm verderblich. Mit diesem benachbarten Reich stand Wisby im häufigsten Verkehr, und sein Handel war dort der meistbegünstigte[2].

---

[1] In Magnus Stadslag Konungx B. c. 15 ist die Verpflichtung des Neubürgers auf mindestens 6 Jahre bestimmt.

[2] Vgl. das Privilegium des K. Magnus Eriksson von 1352 S. 293 A. 1.

Dies gab den Anlaſs, daſs Waldemar IV von Dänemark im Kriege gegen Magnus von Schweden Gotland im Juli 1361 durch plötzlichen Überfall eroberte und die Warenlager in Wisby ausplünderte. Im folgenden Jahre wurde die Stadt auch durch Feuersbrunst zerstört[1]. Es bedeutete wenig, daſs Waldemar ihr, die er nun als die seinige betrachtete — er nannte sich seitdem auch König von Gotland —, die alten Freiheiten erneuerte[2]. Er hatte nur Schweden treffen, sein wiederhergestelltes dänisches Reich gegen dieses vergröfsern wollen, stiefs aber in Wisby zugleich der mächtigen Hanse ins Herz und zog sich dadurch den grofsen Krieg mit ihr zu, der mit seiner völligen Niederlage endigte, so dafs der Friedensschluſs zu Stralsund 1370 das dänische Reich von dem Hansebunde abhängig machte.

Doch mit Wisbys früherer Gröfse war es auf immer vorbei, wiewohl es auch nach dem Unglücksjahr 1361 noch seine Stellung als Vorort des gotländischen Drittels behaupten wollte und bis 1366 seine Ratmänner zu den Hansetagen schickte[3]. Als dann aber im Kriege der Hanse gegen Dänemark die Stadt stark ins Gedränge kam, rieten ihr die verbündeten Städte selbst, sich der Krone Schweden zu unterwerfen, und drohten ihr im andern Falle, sich von ihr loszusagen[4]. Im Stralsunder Friedensvertrag wird Wisby nicht einmal genannt[5]; denn die Stadt blieb dänisch, erlitt aber noch schwere Schicksale. Während des Kriegs der Königin Margarethe gegen K. Albrecht von Schweden machten die

---

[1] Annales Wisbyenses (Langebek SS. rerum Dan. I) S. 259. Vgl. Dahlmann II 8 und D. Schäfer, Die Hansestädte und König Waldemar S. 270 f.

[2] Die Urkunde bei Suhm, Historie af Danmark XIII Beil. S. 839, ist datiert vom Tage St. Olavs, 29. Juli, d. i. dem folgenden Tage nach Einnahme der Stadt.

[3] Siehe die Hanserecesse I 224. 233. 331. 332. 344.

[4] Ebd. Nr. 482, Schreiben der Städte vom 6. Oct. 1368.

[5] Aufgeführt sind in demselben die wendischen, preuſsischen, livländischen und niederländischen (an der Südersee) Städte. Hanserecesse I Nr. 513 und 523.

Vitalienbrüder 1392 sie zu ihrem Asyl und Raubnest. Diesen
entriſs sie der Hochmeister des deutschen Ordens in Preuſsen
1398. Doch machte ihm Margarethe den Besitz von Gotland streitig, und er verstand sich nach langen Verhandlungen endlich 1408 dazu, Gotland und Wisby an den
Unionskönig Erich gegen Ersatz der auf den Schloſsbau auf-
gewendeten Kosten (9000 Nobel) zurückzugeben[1]. Das Schloſs
wurde die Residenz des dänischen Statthalters. König Hans
bestätigte noch 1492 das alte Gotlandslag, doch mit Verbesserung verschiedener Artikel[2]. Ebenso bewahrte Wisby
sein altes Stadtrecht. Die als Privilegien der Könige noch
weiter hinzugefügten Verordnungen betreffen die Abgrenzung der Stadtmark, die Gerichtsbarkeit der Stadt und
ihr Verhältnis zu den Dienern des königlichen Schlosses
und hauptsächlich Handelsbeschränkungen der fremden Kaufleute[3].

IV. Schwedische Gilden.

Fant, Dissertatio historica de conviviis sacris, Suet. Gilden, in
    Suecia. 1782 und 1785. — Murberg, Historisk Afhandling
    om Helge Lekamens Gille i Stockholm (Kongl. Vitterhets Historie
    och Antiquitets Academiens Handlingar. Andra delen 1791. S.
    213—316. — Hildebrand, H., Medeltidsgillena i Sverige (Hist.
    Bibliotek ny följd. I) S. 1—96. — Handwerkerskraen (Zunftrollen)
    in Skrå-Ordningar saml. af G. E. Klemming. Stockh. 1856
    (Samlingar utg. af Svenska Fornskrift-Sällskapet). — Handwerker-
    skraen, königliche Hofrechte, Gildestatuten und anderes in
    Småstycken på forn Svenska saml. af G. E. Klemming 1868
    bis 1881.

Nirgends geschieht in den schwedischen Stadtrechten,
das von Wisby mit eingeschlossen, eine Erwähnung von Gil-

---

[1] Vgl. die Verträge von 1407, Juni 15., und 1408, Novbr. 1.,
Hanserecesse V Nr. 422 und 507.

[2] Vgl. die Verordnung bei Schlyter VII p. 219 ff.

[3] Bei Schlyter VIII. Visby Stadslag, Appendix S. 172—182.
Vgl. die königliche Verordnung von 1537 Art. 17: Om Wisbye VII 234.

den. Dennoch war das Gildenwesen, wie in Dänemark, auch
in Schweden weit verbreitet: es gab Gilden in Menge in
den Städten, manche auch an ländlichen Orten. Fant zählt
deren in Stockholm 9 namentlich auf — eigentlich sind
es nur 8, da die Priestergilde und die h. Leichnamsgilde für
identisch zu halten sind[1] —, denen Murberg noch 8 andere hinzufügt[2], in Upsala 8, eine oder mehrere in anderen Städten[3]. Auch in Wisby sollen deren mindestens
11 gewesen sein und dazu einige ländliche in Gotland[4].

Bei den Gildennamen kommen dieselben Kategorien vor,
die uns schon in Dänemark begegnet sind: Gilden, die den
Namen von Landesheiligen führen, wie die Erichsgilden zu
Stockholm und Upsala, so genannt nach dem schwedischen
König und Landesheiligen (gest. 1160), dessen Todestag, 18.
Mai, im ganzen Reiche gefeiert wurde, Knutsgilden zu Stockholm, Upsala, Sigtuna, Olafsgilden zu Stockholm, Thors-
hälla, Linköping, jene nach dem dänischen, diese nach dem
norwegischen Landesheiligen genannt. Andere, und zwar
die meisten, heifsen nach Ortsheiligen, denen sie mit ihrem
Gottesdienste zugethan waren, und in deren Kirchen sie
eigene Kapellen oder Altäre hatten, wie die Gilden U. l.
Frau, St. Peter, St. Nicolaus, St. Jakob u, a. m. Noch
andere bezeichnen durch ihre Benennung das Kirchenfest,
mit welchem ihre jährliche Hauptfeier verbunden war, wie
die Fronleichnamsgilden, oder den Stand, dem sie vorzugsweise angehörten, wie die Priestergilden.

---

[1] Hildebrand S. 81.
[2] In der citierten Abhandlung S. 216 Anm.
[3] Fant S. 10—17.
[4] Fant S. 25 und 29. Für Wisby finde ich nur die ‚Grofse Gilde
aller Heiligen‘ anderweitig bezeugt; als deren Mitglied nennt sich der
Autor der Annales Wisbyenses: qui tunc temporis (die Annalen reichen
bis 1525) eram curatus ad S. Joannem et confrater majoris convivii (Langebek SS. I 266); auch ist das Siegel dieser Gilde vorhanden mit der Umschrift: Sig. majoris gilde omnium Sanctorum in Wisby,
Abbildung bei Hildebrand S. 93.

Erst spät erscheinen die Gilden in Schweden, viel später
als in Dänemark. In dem grofsen schwedischen Urkundenbuch, dessen ältere Abteilung bis J. 1350 geht, finden sich
solche erst seit Anfang des 14. Jahrhunderts und auch dann
nur spärlich erwähnt. Ich führe sie in der chronologischen
Folge auf, so wie sie an verschiedenen Orten zum erstenmal vorkommen[1].

Skara. St. Katharinengilde, J. 1301 Mai 25 (Dipl. II Nr. 1748):
  Bürgermeister und Ratmänner bezeugen, dafs das Grundstück,
  auf welchem das St. Katharinengildehaus (gilles hus) steht, dem
  Priester der St. Nicolauskirche, welcher die Seelenmessen für
  Brüder und Schwestern der Gilde verrichtet, gehört; auch
  der Aldermann der Gilde ist genannt.
Linköping. St. Katharinen Gilde, J. 1301 Nov. 25 (Dipl. II
  Nr. 1352). Testament des Bischofs Benedict, am Schlufs: In-
  super convivio beate Katerine in Lincopia legamus unum
  baldekinum pro memoriali super feretrum sepeliendorum convi-
  varum.
Ebendaselbst. St. Olafsgilde, 1303 April 2 (II Nr. 1386):
  Frestanus, Vogt der Stadt, und Ratmänner bestätigen einen
  Kaufbrief des Canonicus Olaf sigillo civitatis nostre una cum
  sigillo convivarum beati Olavi ibidem. Ebenso wurde 1309
  März 6 ein Kaufbrief durch den Vogt Raguald und 9 Viertelsmänner (fiærdunghmen) mit beiden Siegeln bestätigt (II Nr. 1610).
  Vermutlich wurde das Siegel der Olafsgilde deshalb gebraucht,
  weil bei diesen Kaufverträgen Mitglieder der Gilde beteiligt
  waren.
Upsala. H. Geist Gilde, 1307 Aug. 25 (II Nr. 1557). Testament
  eines Canonicus von Upsala zu Orléans: Item do et lego
  domui Sancti Spiritus Upsalie 1 marcham denariorum, item con-
  vivio ejusdem domus 1 marcham den.
Enköping. Priestergilde, 1307 Aug. 25 (in derselben Urkunde):
  Item do et lego convivio presbiterorum apud Enicopiam
  unam marcham den.
Westerås. Gilden des H. Grabes, St. Johannis und St.
  Olafs, 1311 April 23 (III Nr. 1791). Testament des Haquin
  Knutson: Item conviviis (sic) in Arosia scilicet sancti sepulcri
  domini unam marcham den.
Nyköping. Die Marien Gilde, convivium S. Mariae, wird 1318
  Febr. 13 mit einem Legat bedacht. Ebenso in Testaments-

---

[1] Nicht hierher gehört die Sachsengilde zu Lund, Diplom. Suec.
I Nr. 499 von 1264. Vgl. Dänemark unter Lund S. 227.

urkunden 1329 Mai 13 und Sept. 9, 1346 März 28 (IV Nr. 2715, 2744. V Nr. 4055).

Sigtuna. St. Peters Gilde, 1325 April 17 (III Nr. 2511). Testsment der Helena aus Quidlösa, vermacht ¹/₂ Mark an gilda sive convivium sancti Petri in Sigtuna.

Upsala. Gilde des Erlösers, 1337 Nov. 29 (IV Nr. 3331). Testament des Pfarrers Sueno von Frøtunum: item gilde Salvatoris Upsalie X marchas den. Dieselbe ist bedacht in Testamenten von 1348 (VI Nr. 4374) und 1350 (VI Nr. 4635).

Allgemeine Erwähnung der Gilden geschieht in der Bußordnung des Erzb. von Upsala J. 1344 (V S. 341): et convivia et invitaciones et puplicas conventuum popularium commessaciones, in quibus in cibis potibus et jocis solent fieri excessus, karenarum tempore vitare curabit.

Bei einem so spärlichen Vorkommen von Gilden in den Urkunden bis 1350 ist nicht anzunehmen, daſs sie in Schweden bis Mitte des 14. Jahrhunderts sehr verbreitet waren. Zahlreicher treten sie erst nach dieser Zeit und besonders im 15. Jahrhundert auf[1].

Von den Gilden zu Stockholm findet sich keine früher erwähnt, als die Mariengilde schwedischer Nation, convivium b. Virginis de Sweva lingua, in Urkunde des K. Magnus Eriksson von 1352, welche die Erwerbung eines Grundstücks zum Zweck der Erbauung des Gildehauses betrifft. Aus ihrer Benennung ist zu schlieſsen, daſs nur Schweden ihr als Genossen angehörten, während die Stadtgemeinde von Stockholm aus Schweden und Deutschen gemischt war. Die noch vorhandenen, in schwedischer Sprache geschriebenen Statuten ohne Jahrzahl[2] führen den allge-

---

[1] Das schwedische UB. läſst uns von 1350 an im Stich, da es nicht weiter fortgesetzt ist. Das neue Urkundenbuch (Svenskt Diplomatarium) von Silfverstolpe beginnt erst mit 1401. Die Lücke von 1350—1400 wird einigermaſsen ausgefüllt durch die Publication: Svenska Riks Archivets Pergamentsbref. Sockholm 1860—1868. Über die Stockholmer Gilden finden sich Nachrichten im Grundbuch der Stadt: Hildebrand, II., Stockholms stads jordebok 1420—1474. Stockh. 1876. Nachweisungen aus diesen Quellen gab mir Prof. K. Lehmann in Rostock; ich muſs sie hier beiseite lassen.

[2] Gedruckt in Klemming, Småstycken S. 143—148.

meinen Titel: ‚Verordnungen und Rechte aller Gildebrüder
in der Jungfrau Marien-Gilde, in gewissen Unsrer-Frau Gemeinden (i wisza Wårfru sochnar)', beziehen sich also auch
auf Gilden dieser Kategorie an anderen Orten. Wer in die
Gilde eintreten will, soll untadelhaft (beskedelig) in Werken
sein und das Eintrittsgeld an Gilde und Aldermann bezahlen. Es sind die gewöhnlichen Gildepflichten vorgeschrieben: Wachen und Leichenbegleitung bei erkrankten und
verstorbenen Brüdern und Schwestern, Opfer für Seelmessen,
rechtzeitiges Kommen zum Gelag (gille), „bevor der Minnebecher vor den Aldermann hingestellt wird", anständiges Verhalten beim Gelag und in der Gildestube (gillestuffno). Geringe Geldbußen (1 Öre) sind festgesetzt für den, der den
Hut auf dem Kopfe behält, wenn der Becher der höchsten
Minne (U. l. Frau) getrunken wird, für den, der Bier verschüttet, einschläft oder andere Ungebühr begeht. Mit
höheren Bußen in Bier, Wachs, Geld sind Schimpfwörter,
Verwundung und Schläge, Totschlag eines Gildebruders belegt[1]. Gestraft wird, wer nicht zur angesagten Gildeversammlung (gillestämpno) kommt, wer den Aldermann in der
Rede unterbricht, wer seinen Gildebruder bei einem andern
Gericht als bei dem Aldermann verklagt (30—33). In jeder
Woche des Jahres sind zwei Messen für die Brüder und
Schwestern zu singen, wofür jeder, im Falle die Gilde die
Kosten nicht allein aufbringen kann, 4 Pfenn. beitragen
muß (34) u. s. w. Kurz, es sind die gewöhnlichen allbe-
kannten Gilderegeln, denen wir hier wie in Dänemark und
sonst begegnen.

Die Mariengilde vereinigte sich im J. 1454 mit der
Fronleichnamsgilde, convivium corporis Christi. Letztere

---

[1] Geringer ist die Buße für Totschlag (2 Pfund Wachs an die
Gilde und 2 Mark an den Aldermann (§ 29), als für Verwundung mit
Messer, Schwert oder Kanne (9 Mark an die Gilde und für den Ver-
letzten je nach Beschaffenheit der Verletzung § 28); aber hinzukommt
im ersteren Fall die Ausschließung aus der Gilde als die höchste
Strafe, welche die Gilde für sich verhängen kann.

war die angesehenste von allen zu Stockholm. Aus ihrem
Gedenkbuch mit gleichzeitigen Aufzeichnungen von 1393 —
1474 hat Murberg seine historische Beschreibung derselben
geschöpft. Es sind die lateinisch geschriebenen Statuten
vom J. 1405 erhalten[1]. Hier heifst sie Priestergilde, convivium presbiteriale[2], weil an erster Stelle Geistliche ihre
Mitglieder waren, zunächst die von Stockholm[3], dann aber
auch andere, wie denn im Vorwort der Statuten zuerst der
Pfarrherr zu St. Nicolaus in Stockholm als Senior der Gilde,
dann mehrere Geistliche von Upsala, ein Priester von Roskild, mehrere aus der Diöcese Cammin genannt sind. Doch
nicht blofs Geistliche, auch Laien ohne Unterschied des
Standes und Geschlechts wurden als Mitglieder aufgenommen, vorausgesetzt, dafs sie unbescholten waren und das
Eintrittsgeld zahlten. Das hohe Ansehen der Gilde geht aus
den Namen der vornehmen Personen hervor, die sich als
Mitglieder aufnehmen liefsen. In den Verzeichnissen der
Verstorbenen und Lebenden finden sich genannt: die Königin Margarethe (gest. 1412), Herzog Erich, K. Albrechts
Sohn (gest. 1397), Reichsdrost Bo Jönsson (gest. 1386), Ritter
und Ritterfrauen, ein Bürgermeister von Stockholm u. a.,
weiterhin König Christoph (1444) und seine Hofbeamten,
König Karl Knutson, der sich zum andernmal kurz vor seinem Lebensende (1470) einschreiben liefs, und der Reichsverweser Sten Sture, der sogar erst nach seinem Tode (1520)
als Gildebruder aufgenommen wurde[4]. Auf dem Siegel der

---

[1] Gedruckt bei Fant S. 11 Anm. und besser bei Klemming,
Småstycken S. 152—160.

[2] Irrtümlich bezeichnet sie Fant als Conv. b. Virginis in fundo
presbyteriali, weil am Schlufs der Statuten gesagt ist: Acta sunt hec
in estuario convivarum beate Virginis. Nur die Zusammenkunft fand
im Lokal der Mariengilde statt; vgl. Hildebrand S. 81.

[3] Nach einem Gildebeschlufs von 1394 sollten diejenigen Geistlichen, welche nach einjährigem Aufenthalt in Stockholm nicht eingetreten wären und erst bei ihrem Sterben aufgenommen zu werden
verlangten, nicht mehr zugelassen werden. Småstycken S. 155 Anm.

[4] Murberg S. 224. 277. 287. 295.

Gilde sind zwei Geistliche abgebildet, welche knieend den Kelch, über dem das Ciborium steht, umfassen[1].

Die Statuten dieser Gilde von 1405 stimmen im wesentlichen mit denen der Mariengilde überein. Nur durch ihre geistliche Vorsteherschaft — Aldermann und Beisitzer mußten Priester sein — unterschied sie sich von andern. Von dem Trinkgelag an ihrem Hauptfeste Corporis Christi handelt eine besondere ältere Ordnung[2].

Auch in Upsala finden sich neben anderen Gilden eine Priestergilde und eine St. Leichnamsgilde[3]. Für identisch mit der ersteren ist die Gilde des Erlösers (salvatoris) zu halten[4], da von ihr gesagt ist, daß alle Pfarrgeistlichen und Altaristen (curati et altaristae) ihre Brüder sein und ihre geschriebene Regel beobachten sollen.

Von der Erichsgilde zu Upsala sind Statuten vorhanden. Die Reliquien des Königs und Landesheiligen Erich waren im Dom zu Upsala aufbewahrt[5]. Die schwedisch abgefaßten Statuten ohne Zeitangabe zeichnen sich vor andern durch Ausführlichkeit und systematische Anordnung aus. Nach dem Vorbilde der schwedischen Landrechte sind sie in Abschnitte, balker, unter besonderen Überschriften eingeteilt[6]. Der erste Abschnitt, betitelt: Allermanz balker, betrifft den Aldermann und enthält die Trink- oder Gelagsordnung. Stempno heißt die Versammlung der Brüder und Schwestern in der Gildestube (gillestugu), ‚Gärdafolke‘ die Gerdemänner, welche das Gelag ausrichten. Der Aldermann bringt um 6 Uhr (Mittagszeit) die höchste Minne (des h. Erich), Aldermann und Gärdefolk um 9 Uhr die Minne aller Heiligen aus. Niemand darf Messer oder Schwert in die

---

[1] Abbildung bei Hildebrand S. 95.
[2] Klemming, Småstycken S. 157.
[3] Fant S. 17.
[4] Zuerst 1337 urkundlich erwähnt; vgl. oben S. 329.
[5] Geijer I 142 (Übers.).
[6] Abgedruckt bei Klemming, Småstycken S. 111—125 nach Hs. vom Anfang des 16. Jahrh.

Gildestube mitbringen. Zuspätkommen und andere Übertretungen der Ordnung werden mit Bier, Wachs und Geld,
teils an den Aldermann, teils an die Gilde gebüfst. Ein
anderes Gildenamt ist das der Gildehüter, nach welchen der
zweite Abschnitt: Gilliss väriende balker, benannt ist. Sie
führen die Aufsicht über die Beobachtung der Gilderegeln,
rügen Übertretungen und Vergehen. Von dem Amte des
Gärdafolks handelt der dritte Abschnitt. Sie bewahren die
Schlüssel zur Gildestube, bereiten das Bier für das Trinkgelag, 8 Tonnen von 2 Pfund Malz u. s. w. ‚Wer ein Bruder werden will' heifst der folgende Abschnitt. Er soll die
Eintrittsgebühr in Geld und Wachs entrichten und die Eidesformel beschwören, dafs er rechte Brüderschaft und Gilden-
recht halten will; dann soll er an des Aldermanns Tische
sitzen, wo ihm Bier aus dem Horn eingeschenkt wird. Die
Pflichten der Gildebrüder und Schwestern sind die allbe-
kannten: Wachen bei den kranken Brüdern und Schwestern,
Leichengefolge zur Kirche, dreimal im Jahre Vigilien und
Messen. Von den Vergehen handeln die beiden folgenden
Abschnitte, Hormala und Saramala balker. Hurerei, erschwert durch Ehebruch unter Brüdern und Schwestern, wird,
aufser mit Bufsen in Geld und Malz an Gilde und Aldermann, auch mit Ausstofsung aus der Gilde und Meineidsbufse geahndet[1]. Totschlag eines Bruders, ohne Willen oder
aus Not geschehen, ist mit 9 Mark an die Gilde und 9 Ören
an den Aldermann zu büfsen; auch soll der Thäter die Gilde
verlassen und Meineidsbufse leiden. „Wenn es aber geschieht", heifst es weiter, „dafs ein Bruder Totschlag in Not
und Gefahr an einem, der nicht Gildebruder ist, begeht, da
sollen die Brüder ihm helfen mit Pferd, Schiff, oder ihn eine
Meile Wegs begleiten und fortbringen, und der Bruder fliehe

---

[1] Der schuldige Bruder soll grundnigher, die Schwester grund-
puta (Erzhure) heifsen. Meineidsbufse ist Kirchenbufse und Bufse
für den Bischof (Nordström II 368), daher blofs als Androhung zu
verstehen, wenn die Gilde die Meineidsrüge anstellt.

in ein Kloster, Kirche oder Kirchhof, da sollen die Brüder
ihm helfen zum Leben und Gut, und wer das nicht thut,
soll der Gilde mit 3 Mark und dem Aldermann mit 3 Ören
büfsen" [1].

Das Gildegericht ist unabhängig von dem öffentlichen
Gericht. Als Regel gilt für die Gildebrüder, wie in den dä-
nischen Gildeordnungen, dafs keiner den andern auf der
Ratsstube oder dem Thing anklagen soll, sondern bei dem
Aldermann und in der Gildeversammlung (stempna).

Der letzte Abschnitt führt den anstöfsigen Titel ‚vom
Speien‘, spya balker, und handelt ausführlicher als andere
Trinkordnungen von Ungebühr und Unfläthigkeiten verschiedener Art beim Trinken, die, sei es in der Gildestube oder
draufsen im Flur oder Garten, begangen werden. Es ist
den Brüdern gestattet, Männer und Frauen als Gäste zum
Gelag einzuladen, nur keine übel berüchtigten Personen, und
wenn es vornehme Leute sind, der Dompropst, ein Canoniker oder anderer Kleriker oder sonst ein hoher Herr, dürfen sie nicht mehr als einen Diener mitbringen. Am Schlufs
ist gesagt: „Wenn hier etwas fehlt, findet es sich in anderen
St. Erichs-Gildeskraen" [2].

Auch von einigen ländlichen Gilden sind Statuten vorhanden. Beachtung verdient besonders eine St. Katha-
rinagilde in der Pfarrei Björke auf Gotland [3]. In den
lateinischen Versen am Schlufs der Statuten sind als Schreiber Johannes Schonese (von Schonen?), Prior des Klosters
Guthualia oder Ruma im J. 1443 [4], und als Stifter der Gilde
Botulph, Pfarrer zu Byrke, genannt. Die Brüderschaft wurde

---

[1] Vgl. die dänischen Gildeordnungen Buch II S. 136.

[2] Om sa är her ffatass, tha ffindz thz i androm sancte Erikx
gilless skraom. Pro nunc non habetur magis hic.

[3] Vgl. die Statuten im gotländischen Dialekt in Småstycken S.
149—151.

[4] Qui me scribebat Johannis nomen habebat / Cognomen Schonese,
cui laus sit in fine / Claustri Guthualiae vel Rumensis bone silve / In
quo est officio functus Prioris sub anno / etc.

für das Seelenheil (uppa siälarykt och häilso) gestiftet, und
ihre Statuten sind bezüglich der Pflichten der Brüder und
Schwestern, der Ämter des Aldermanns, der Beisitzer und
Gerdemänner, des Trinkens im Gildehause, wobei drei Minnen zu Ehren Unseres Herren, Unserer Frau und der h.
Katharina getrunken werden, endlich der religiösen Dienste
mit den sonst bekannten durchaus conform.

Das Gleiche gilt von zwei, nach dem Ritter St. Georg
benannten Gilden, aus deren Statuten als eigentümlich nur
das Schiefsen nach dem Papagei zu erwähnen ist, wodurch
sich beide Gilden als Schützengilden kennzeichnen[1].

Verschieden von den Gilden sind die Handwerker-
Innungen, welche nicht Gilden, sondern Compagnien,
Gesellschaften oder, wie in Niederdeutschland, gewöhnlich
Ämter heifsen — kompani, sellscap, embete. Das Wort
Gilde wird hier allein für das Gelag oder Trinken (gilles
drykker oder drych), sowie in der Zusammensetzung Gilde-
stube, Gildehof (gilstuga, gildis gardhe) gebraucht.

In den oben citierten Statutensammlungen von Klemming findet sich eine Reihe von Skraen oder Zunftrollen
und Privilegien der Handwerker aus dem 15. und 16. Jahrhundert abgedruckt, von denen die meisten nach Stockholm gehören. Bei einzelnen derselben finden sich spätere
Zusätze, königliche Bestätigungen und Privilegien, Reichs-
verordnungen bis in 17. Jahrhundert.

Es kann genügen, aus diesen Ordnungen das Allgemeine zusammenzufassen, was die Ämter der Handwerker
von den Gilden charakteristisch unterscheidet und was sie
mit diesen gemeinsam haben.

Zweck der Ämter oder Compagnien der Handwerker ist

---

[1] Klemming, Småstycken S. 103—109: Sancte Örgiens gille pa
Koperberghit (zu Kopparberg), und S. 127—134: Brödreskap pa riddher
sancte Örians gille, wo c. 22 die Brüche von 2 Mark Wachs oder eine
Tonne Bier festgesetzt ist für den, der nach dem Papagei schiefst,
bevor der Schützenmeister dreimal geschossen hat.

der rechte Gewerbebetrieb und die Ehre des Amtes. Die
religiöse Seite tritt dagegen völlig zurück. Nur ausnahmsweise ist aufser Gott, der heiligen Jungfrau und allen Heiligen, denen zu Lob und Ehre die Statuten aufgerichtet sind,
noch eines besondern Heiligen gedacht, wie bei den Zimmerleuten des Andreas, bei den Schmieden und Goldschmieden
des Eligius (S. Loyo), bei den Schustern des Marcus mit
Crispin und Crispinian[1]. Auch finden sich nur selten kirchliche Dienste vorgeschrieben, wie bei den Schustern das Abhalten von Messen an den Quatembertagen, bei den Goldschmieden das Fahnentragen und Anzünden der Lichter am
Altar der Hauptkirche zu Stockholm[2]. Nach Einführung
der Kirchenreformation fiel alles dies mit dem katholischen
Gottesdienst fort[3].

Der hauptsächliche Inhalt der Statuten betrifft die Ausübung des Handwerks und die Aufsicht über dasselbe durch
die Werkmeister, die Bedingungen für Aufnahme in das Amt
und Gewinnung der Meisterschaft, das Verhältnis der Lehrjungen und Gesellen zu den Meistern, die Brüche für Vergehen, endlich Lohntaxen. Das meiste blieb der eigenen
Beliebung des Amtes je nach Art und Beschaffenheit des
Handwerks überlassen; doch immer war die Bestätigung der
Statuten durch Bürgermeister und Rat erforderlich.

Schon im 14. Jahrhundert nahm der Zunftzwang den
Anfang, welcher dann im 15. Jahrh. und noch mehr im 16.
den Grundcharakter der Handwerkerstatuten ausmacht. In
einer das Schneideramt zu Stockholm betreffenden Verordnung vom J. 1356, der frühesten dieser Art, schaffte K.
Magnus den freien Gewerbebetrieb ab: „Fremde Schneider",

---

[1] Småstycken S. 19. Skråordningar S. 33. 61. 144.
[2] Skråordn. S. 33. 158 (c. 56) und 163.
[3] K. Karl IX bestätigte 1602 die Skra der Maurer mit der Abänderung, alle Wachsbufsen in Geldbufsen umzuwandeln, „sintemal
dasselbe Wachs in den papistischen Zeiten zu deren Abgötterei gebraucht worden". Skråordn. S. 90.

heiſst es hier, üben das Handwerk ungeschickt aus, wodurch
der Gesamtheit der Schneider üble Nachrede und Schaden
entsteht. Deshalb wird bestimmt, daſs die von auswärts
kommenden Schneider einige Zeit als Lehrlinge im Amte
dienen sollen, bis sie genügend unterrichtet und bewährt befunden und durch Bürgermeister und Vorsteher des Amts
zum Meisteramt befördert werden[1]; auch sollen sie ein Vermögen zum Werte von 20 Mark nach Abzug aller Schulden
besitzen. Gleichmäſsig lauten in den Handwerkerordnungen
des 15. Jahrh. die Bedingungen für die Aufnahme in das
Amt und die Gewinnung des Meisteramts[2]: der Nachweis
echter Geburt, Erwerbung des Bürgerrechts bei dem Rate,
Anfertigung eines Meisterstücks von vorgeschriebener Beschaffenheit, Leistung einer Mahlzeit (kost) mit vorgeschriebenen Speisen und Bier[3] u. s. w. Vollends zum Abschluſs
gekommen zeigt sich dann das Zunftwesen in den Statuten
der Handwerker, sowie in den königlichen Verordnungen
des 16. und 17. Jahrh., wo eine bestimmte nicht zu über-
schreitende Anzahl der Meister für die einzelnen Ämter festgesetzt wird[4].

Die Handwerkercompagnien sind in ihren genossenschaft-

---

[1] Skråordn. S. 120: donec in arte sua sufficienter instructi et conservatione probati ad gradum magisterii per proconsules ac superiores
de sartoribus mereantur provehi et assumi.

[2] Hvilken man sin egin man vil warda i samma companj, d. i.
wer sein eigner Mann werden will in derselben Compagnie, ist der die
Selbständigkeit des Meisters bezeichnende Ausdruck in der Skra der
Schneider, Skråordn. S. 95, und anderen.

[3] Z. B. Maurer-Skra S. 80.

[4] Von der fortdauernden Bedeutung des deutschen Volkselements
in Stockholm gibt den Beweis eine Bestimmung in der von Karl IX
1602 bestätigten Skra der Maurer, wonach in diesem Gewerbe nicht
mehr als 12 Meister, nämlich 8 schwedische und 4 deutsche, zulässig
sind, von denen in zwei Jahren ein schwedischer und im dritten ein
deutscher der Aldermann des Amtes sein soll. Skråordn. S. 88 c. 1
und S. 89 c. 5 und die kön. Bestätigung S. 91.

lichen Einrichtungen und Bräuchen den Gilden nachgebildet.
Aldermann heißt in der Regel der jährlich gewählte Vorsteher der Handwerkercompagnie, gleichwie der Vorsteher
der Gilde[1]. In der Zimmermanns-Skra von 1454 ist am Anfang gesagt: „Um Walburgamesse soll die ganze Compagnie zusammenkommen, Bier zu kosten, Trinken (drycken)
zu halten, Aldermann und Gerdemänner zu wählen, und,
wenn es nötig ist, Zusammenkunft (stämpna) halten über
Sachen und Geschäfte, welche der Stadt und der Compagnie
nützlich sind[2]. Einrichtungen wie Benennungen sind von
den Gilden entlehnt. Besonders bei der Trinkordnung ist
dies der Fall. Gilde heißt das Trinken oder Gelag der Compagnie[3]. Der Hergang des Trinkens · ist im wesentlichen
der gleiche, nur weniger feierlich, wie bei den Gilden; doch
wird gleichfalls ein Minnebecher getrunken[4]. Es kehren
dieselben Regeln und Bußen für die verschiedenen Arten
von Ungebühr wieder, nur sind sie weniger umständlich,
und in mehreren Skraen ist überhaupt nichts über das
Trinken gesagt. Zum offenen Gelag kommen auch Frauen
und geladene Gäste. Von Schwestern wie von Brüdern der
Compagnie ist im allgemeinen die Rede[5]. Doch erscheinen
sie nur beim Trinken, wo höfliches Betragen gegen sie gefordert, unhöfliches bestraft wird[6]. Der Witwe eines Meisters ist in der Regel gestattet, das Geschäft des Mannes

---

[1] Werkmeister heißen die Vorsteher der Fleischer, Schmiede,
Maurer.

[2] Småstycken S. 19.

[3] A. a. O. S. 20 c. 6: gylle eller uppenbara dryckie, d. i. das
öffentliche, angesagte Trinken. Skråordn. S. 186 im Titelverzeichnis:
Om ämbetens gillis dryckia, und S. 193 c. 12: retta gilles drych holla,
rechtes Gildetrinken halten.

[4] Skra der Schuhmacher c. 59, der Zimmerleute c. 10.

[5] Maurer-Skra im Vorwort: allom brödhrom oc söstrom i alla
embetez kompani ok sellscap.

[6] Zimmerleute-Skra c. 22 Småst. S. 22.

noch ein Jahr lang fortzuführen[1]. Und wer die Witwe oder die Tochter eines Meisters heiratet, findet, gleichwie der Sohn eines solchen, leichter und billiger als andere Aufnahme in das Amt[2].

Gleichwie in den Gildeordnungen wird endlich auch den Brüdern der Compagnie zur Pflicht gemacht, den kranken Brüdern mit Hülfe und Wachen beizustehen, die verstorbenen Brüder und Schwestern zum Grabe zu begleiten und Seelmesse für sie zu halten[3].

So sind Gilden und Handwerkerämter mit einander verwandt in Einrichtungen und Bräuchen, worin jene das Vorbild für diese abgaben. Aber verschieden ist ihr Zweck: bei den ersteren ist es das Seelenheil und die brüderliche Vereinigung ohne Unterschied des Standes, des Alters, des Geschlechts; bei letzteren ist es der Handwerksbetrieb einer bestimmten Art, welcher den Unterschied von Meistern, Gesellen und Lehrlingen bedingt. Die Gilden sind Privatvereine und mit der Kirche verbunden, einem Heiligen als Patron mit besonderer Verehrung zugethan, aber auch Rechtsgenossenschaften, insofern sie beflissen sind, ihren Angehörigen Recht zu erweisen, Unrecht unter ihnen abzuthun und das öffentliche Gericht zu vermeiden. Sie geben sich selbst ihre Regel und Statuten, hüten sich jedoch, in die öffentliche Rechtsordnung ein- und überzugreifen. Die Ämter oder Compagnien der Handwerker dagegen sind öffentliche Corporationen, denen ihre Ordnung von der Obrigkeit der Stadt oder von dem Landesherrn bestätigt oder vorgeschrieben ist. Denn es liegt im öffentlichen Interesse, daß das Handwerk auf die rechte Weise und nach bestimmter Regel betrieben werde. Darum stehen

---

[1] Schuhmacher c. 11; Maurer, Zusatz S. 87.
[2] Goldschmiede c. 3 S. 145.
[3] Schuhmacher c. 56. 57; Schmiede c. 28. 47; Maurer c. 31—34 u. s. w.

sie auch unter beständiger Aufsicht von Bürgermeistern und
Rat.   Sie selbst halten auf gute Zucht und Ehrbarkeit,
legen Bußen für Übertretungen ihrer Ordnung auf und
strafen schwere Vergehen mit Ausschliefsung aus der Compagnie, doch immer vorbehalten das Strafverfahren nach
Stadtrecht[1].

V.   Rückblicke und Ergebnisse.

1. Später als Dänemark trat Schweden in die allge-
meine Culturentwickelung ein.   Städte entstanden an den
Handelsplätzen Sigtuna am Mälarsee, Lödöse am Göta-Elf
im Westen, Wisby auf Gotland, an den Bischofssitzen Upsala,
Linköping, Skara.   Kaufstädte, d. i. Handelsplätze, heifsen
Linköping, Enköping, Söderköping, Nyköping u. a.   Stock-
holm kam erst seit Mitte des 13. Jahrhunderts durch Birger·
Jarl als königliche Residenz und Handelsplatz empor.   Vor
Ende dieses Jahrhunderts erscheinen daselbst Vogt und Rat
als Stadtobrigkeit, ebenso in Wisby 1280, Jönköping 1284,
Söderköping 1293.

2. Jönköping erhielt durch königliche Verleihung seinen
von den Bürgern gewählten Rat von 12 Mitgliedern, der
unter dem Vorsitze des königlichen Vogts zugleich das Stadtgericht bildete.   Dies war die allgemeine Form der schwedischen Stadtverfassung.   In Stockholm war ein Castellan
oder Präfect über Burg und Stadt gesetzt, mit einem Unter-

---

[1] Stadzens rätt oförsumat, wie die öfter wiederkehrende Formel
in der Zimmerleute-Skra lautet.   Ausschliefsung aus der Compagnie
erfolgt nach dieser Skra bei Hausfriedensbruch gegen einen Bruder,
Schändung einer Frau, Tochter, Verwandten oder Magd eines solchen
c. 39. 40 und in anderen Fällen.

vogt als Stellvertreter; im J. 1297 wird dort zuerst der Bürgermeister als Vorsteher des Rats genannt.

3. Aus dem Ende des 13. Jahrhunderts stammt auch schon das älteste schwedische Stadtrecht, welches Bjärköa-Recht heifst. Wenn Bjärkö so viel wie Inselbezirk bedeutet, so ist schon in der Benennung dieses Rechts die Beziehung auf die Inselstadt Stockholm im Mälarsee ausgedrückt, für welche es zunächst bestimmt war. Dasselbe wurde dann auch in anderen Städten eingeführt, wie es auch seinem Inhalte nach allgemeiner Natur ist. Die Stadtverfassung ist augenscheinlich der deutschen, speciell der von Lübeck nachgebildet. Die Benennungen der Stadtämter, Vogt, Rat, Bürgermeister, sind deutsch. Auch das Familienrecht ist mehr dem von Lübeck und Hamburg, als dem nationalen schwedischen verwandt. Nur das Criminalrecht und gerichtliche Verfahren mit dem Geschworenengericht, der schwedischen Næmd oder Næfnd, sind vorwiegend schwedisch.

4. Dafs das deutsche Stadtrecht einen so grofsen Einfluſs in Schweden gewann, kann nicht verwundern, wenn man erfährt, dafs in Stockholm der Rat aus Deutschen und Schweden zusammengesetzt war (Urkunde von 1323). Und nicht blofs in Stockholm. In dem nur fragmentarisch vorhandenen Stadtrecht von Söderköping in Ostgötaland (vor 1350) erscheint die Stadtgemeinde auf gleiche Weise aus beiden Nationen, Goten und Deutschen, gemischt, und beide sind in den Stadtämtern vertreten.

5. Die einheitliche Reichsgesetzgebung gegenüber den Sonderrechten der Provinzen wurde seit Mitte des 14. Jahrhunderts durch die Herrscher aus dem Hause der Folkunger durchgeführt. Im Jahre 1347 erliefs Magnus Eriksson das Landslag und bald darauf auch das Stadslag, das allgemeine Stadtrecht von Schweden. Letzteres beruht im. allgemeinen auf der Grundlage des älteren Bjärköa-Rechts und berücksichtigt gleichfalls besonders die Hauptstadt Stockholm. Die

Stadtverfassung ist in der Rats- und Gerichtsordnung wesentlich mit der von Lübeck conform, unmittelbar aber wohl
von Wisby hergenommen, dessen Stadtrecht dem allgemeinen
des Königs Magnus vorausgegangen war. Die gesetzliche
Anerkennung und Feststellung der Gleichberechtigung der
Deutschen mit den Schweden bei der Stadtregierung steht
im Einklang mit dem thatsächlichen Zustand, der sich infolge des widerstandslosen Eindringens der Deutschen und
ihrer überlegenen Cultur schon überall in den schwedischen
Städten ergeben hatte. Und über ein Jahrhundert lang
dauerte gemäfs dem Gesetze des Königs Magnus die Gleichberechtigung der Deutschen mit den Schweden in den Städten
fort, bis erst nach Erwachen des schwedischen National-
gefühls und Abschüttelung der dänischen Unionsherrschaft
im J. 1471 das schwedische Stadtrecht in diesem Punkte
eine Abänderung erfuhr.

6. Die Städte und ihre bürgerliche Obrigkeit stehen
unter dem Frieden des Königs, der ihnen seinen Vogt vor-
setzt, eine regelmäfsige Jahressteuer von ihnen erhebt, seinen
Anteil an Gerichtsbufsen und anderen Gefällen bezieht, bei
der Wareneinfuhr das Vorkaufsrecht besitzt, und dessen Ansehen durch strenge Strafgesetze gewahrt wird. Handel und
Gewerbe sind vom platten Lande ausgeschlossen und gehören
allein den Städten an, welche darum Kaufstädte heifsen.
Der Handel der Gäste, der Fremden, war allein auf den
Grofshandel beschränkt.

7. Wisby, die berühmte Handelsstadt der Ostsee und
der Vorort des gotländischen Drittels der Hanse, nahm den
Anfang von einer deutschen Ansiedelung auf der Insel Gotland, welche durch Tributspflicht in einem losen Abhängigkeitsverhältnis zur Krone.Schweden stand und kirchlich zur
Diöcese des Bischofs von Linköping gehörte. Allmählich
schieden sich Gotland und Wisby von einander, als letzteres
durch den Zufluß der Deutschen und die Verbindung mit

der Hanse zur ostseemächtigen Handelsstadt emporwuchs.
Die Gotländer bildeten für sich eine ländliche Republik und
bewahrten in dieser ihr nationales Recht.

8. Das ‚Gotlandsrecht‘ wurde vor Mitte des 13. Jahrhunderts durch die Ältesten und Vorsteher der Republik
erlassen. Die Landesverfassung zeigt manche Ähnlichkeit mit den Institutionen der unabhängigen friesischen
Gaue. Das Recht ist wesentlich altschwedisch, doch mit
eigentümlicher ständischer Gliederung, bei welcher die
Nichtgotländer den Stand der Halbfreien, ähnlich wie die
sächsischen und friesischen Liten, zwischen den vollfreien
Gotländern und den unfreien Hörigen ausmachten. Das
Volk der Gotländer war in dieser ländlichen Republik dem
Landbau und der Viehzucht ergeben.

9. Im vollkommenen Gegensatz hierzu entwickelte sich
in der Richtung auf den Handel das städtische Wesen in
Wisby. Hier fanden sich Deutsche und Gotländer zusammen als zwei Sondergemeinden, jede mit Ratmännern und
Vogt. Vor Ende des 13. Jahrhunderts (um 1280) einigten
sich beide zu einer Gesamtgemeinde von Wisby, in welcher
Deutsche und Gotländer auf gleiche Weise wie Schweden
und Deutsche in den schwedischen Städten die Stadtämter
und die Regierung mit einander teilten.

10. Das Stadtrecht von Wisby ist zwischen 1332 und
1340 auf Veranlassung des Königs von Schweden, der zur
Zeit mit der Stadt gegen die Gotländer verbündet war, abgefaßt worden. Als Quellen und Vorbild dienten ihm für
die Rats- und Gerichtsverfassung, sowie für das Privat- und
Familienrecht das lübische und hamburgische Recht, für das
Strafrecht und das gerichtliche Verfahren teils das ältere
schwedische Stadtrecht, teils das Gotlandsrecht. Es bestand
in demselben nach beiden Seiten hin im wesentlichen die
gleiche Verwandtschaft wie in dem allgemeinen schwedischen Stadtrecht.

11. Erst spät, im 14. und 15. Jahrhundert, erscheinen Gilden in Schweden. In den Stadtrechten geschieht ihrer keine Erwähnung. Die überlieferten Statuten der Marien- und Fronleichnamsgilden in Stockholm, der Erichsgilde in Upsala enthalten die gewöhnlichen Regeln aller Gilden in Bezug auf das Verhalten der Genossen unter einander, die Pflichten der Krankenwache und Leichenbegleitung, der Seelmessen, des Trinkens an den Hauptfesten, und es macht gleichwie bei den dänischen Gilden keinen wesentlichen Unterschied aus, welchen Namen eine Gilde führt; denn selbst wenn sie Priestergilde heißt, war sie doch nicht bloß auf Geistliche beschränkt, sondern ließ auch Laien und selbst Frauen als Mitglieder zu. Und wie die Gildregeln, zeigt sich auch die Organisation der Gilden in den Ämtern und deren Benennungen als die gleiche wie bei den dänischen Gilden. Nach allem dem kann kein Zweifel darüber bestehen, daß die Gilden in Schweden nicht urwüchsig, sondern von Dänemark her übertragen und den dänischen nachgebildet waren, und dies zwar in der abgeschwächten Gestalt, welche sie dort im 14. Jahrhundert angenommen hatten. Denn nicht mehr als selbständige Corporationen mit eigenem Recht treten sie den Ungenossen gegenüber auf, und nicht mehr bieten sie den Genossen eine für sich selbst genügende Lebensgemeinschaft dar, wie die alten Gilden des 12. Jahrhunderts in Dänemark, und keine Rede ist von irgendwelchen öffentlichen Vorrechten der Gildebrüder. Die schwedischen Gilden haben nichts von der Art an sich, daß man sie als Schutzgilden bezeichnen könnte; das öffentliche Recht und seine Gerichte bestehen in voller Kraft; die eigene Gerichtsbarkeit der Gilden, die Strafen, die sie über ihre Mitglieder verhängen, haben nur disciplinäre Bedeutung.

12. Die Handwerkergenossenschaften heißen nicht Gilden, sondern Compagnien oder Ämter. Ihre Ordnungen oder Rollen beziehen sich hauptsächlich auf das besondere

Handwerk und dessen Betrieb in einer jeden; doch haben sie in Einrichtungen und Bräuchen manches von den Gilden entlehnt, besonders das Trinken oder festliche Gelag, das auch für sich als Gilde benannt wird. Der Gewerbebetrieb stand unter strenger Aufsicht und Regelung von seiten der Stadtregierung, von welcher der Handwerkerstand, gleichwie in Dänemark, überall ausgeschlossen war. Der Zunftzwang wuchs im 15. und 16. Jahrhundert zur vollkommenen Mifsgestalt aus.

Viertes Buch.

NORWEGEN.

I. Städte und Stadtrechte.

Quellen: Norges gamle Love indtil 1387, udg. ved R. Keyser og
P. A. Munch I—III (Christiania 1846—1849). IV Supplementer
udg. ved G. Storm (1885). Darin ældre Bjarkö-Ret I 300—336,
nyere Bylov II 179—290. — Diplomatarium Norvegicum. Samling I—XI (Christ. 1847—1884). — Monumenta historica Nor-
vegiae ed. G. Storm (1880).

Bearbeitungen: Dahlmann, Geschichte von Dänemark II Norwegen (1841). — Munch, Det norske Folks Historie I—IV
und zweite Hauptabt. I und II (Christ. 1852—1862), ein vorzüg-
liches Werk in gröfster Ausführung: darin über Städte und
Gilden II 433—446, Stadtrechte IV 1, 569—574 und Städte
2. Abt. I 893—900. — R. Keyser, Norges Stats- og Rets-
forfatning i Middelalderen, Efterladte Skrifter II 1 Christ.
1867: darin über Städte und Gilden S. 174—183. — Fr. Brandt,
Forelæsninger over den norske Retshistorie I II (Krist. 1880. 83):
darin über die Städte II 175—180.

Die norwegische Geschichte beginnt mit der Kunde von
einer Anzahl einzelner Völkerschaften und Königsgeschlech-
ter in den verschiedenen durch hoch aufragende Gebirgs-
rücken und tief einschneidende Meeresbuchten zerklüfteten
Landschaften. Epoche macht sodann die Errichtung des
Einkönigtums durch Harald Haarfagr, welche in der zweiten
Hälfte des 9. Jahrhunderts der Reichsgründung in Dänemark
durch Gorm den Alten vorausging[1]. Viel schwerer als die
Errichtung des Königtums fiel in Norwegen den Nachfolgern
Harald Haarfagr's die Ausrottung des nationalen Heidentums

---

[1] Die Todesjahre der beiden Reichsstifter liegen nahe bei einander,
das von Harald 933 und das von Gorm um 936.

und die Bekehrung des Volks zum Glauben an Christus den Gottessohn. Hakon der Gute (935—961), der dies zuerst unternahm, scheiterte an dem Widerstande des Volks, das von den Götteropfern und dem Genusse des Pferdefleisches nicht lassen wollte. Auf die gewaltsamste Weise wurde hierauf die Annahme der neuen Religion durch Olaf Tryggvason (gest. 1000) und Olaf Haraldsson (gest. 1030) durchgesetzt. Den Glaubenseifer dieser Könige verstärkte das politische Ziel, ihre Herrschaft durch Bändigung des trotzigen Freiheitssinnes des Volkes zu befestigen. Nachdem Olaf Haraldsson im Kriege gegen Knut den Mächtigen, den König von Dänemark und Eroberer von England, durch Verrat der Seinigen den Tod gefunden hatte, war das norwegische Volk schon, gleichviel durch welche Mittel, so weit christlich geworden, dafs es den gefallenen König im Glauben an die Wunderzeichen, die seine Leiche verrichtete, ein Jahr nach seinem Tode durch einstimmigen Beschlufs heiligsprach und zum Landesheiligen erkor, 1031[1].

Von England aus wurde das Christentum nach Norwegen übertragen. Die Heerfahrten der Norweger nach dem Westen und ihre Ansiedelungen auf den britischen Inseln brachten sie in Berührung mit der fortgeschrittenen Cultur der Angelsachsen und Kelten. Hakon der Gute war am Hofe des Königs Aedhelstan von England christlich erzogen worden und heifst als dessen Pflegling Adelsteensfostre. Olaf Tryggvason führte vereint mit Svein von Dänemark in England Krieg gegen König Aedhelred und empfing, als er Frieden mit ihm schlofs, die Firmelung von den Händen

---

[1] Sein Fest wurde am 29. Juli gefeiert. Vgl. K. Maurer, Bekehrung des norwegischen Stammes zum Christentum I 645. Derselbe bemerkt über die Passio et miracula beati Olavi (in Zeitschr. für Geschichtswiss. von Quidde, 1889 Heft 4 S. 444): „Die Handschrift zeigt, dafs schon in der allernächsten Zeit nach der in Norwegen erfolgten Heiligsprechung Olafs der Cultus des neuen Heiligen sich auch nach England verbreitete, wofür freilich auch die angelsächsische Chronik und andre englische Quellen bereits Belege boten."

des englischen Bischofs, wobei der König die Pathen-
stelle übernahm[1]. Als er hierauf nach Norwegen zurück-
kehrte, um sich des Throns zu bemächtigen, begleitete ihn
Bischof Sigurd, mit dem kirchlichen Namen Johannes, den
er als Bischof in Norwegen einsetzte. Olaf Haraldsson be-
teiligte sich gleichfalls an den dänischen Kriegszügen in England (1010. 1012), trat dann in den Dienst des Königs
Aedhelred, den er auf der Flucht nach der Normandie begleitete, und soll in Rouen die Taufe empfangen haben[2].
Es ist wohl zu glauben, daſs diese norwegischen Heerführer
und späteren Könige nicht bloſs den christlichen Glauben in
England angenommen haben, sondern noch anderes an Sitten
und Einrichtungen der Angelsachsen kennen lernten, dessen
Einführung in der norwegischen Heimat ihrem Volke frommte
und ihrer Herrschaft zum Vorteil gereichte.

Die Norweger waren ein Volk von Bauern, hart von
Sinnesart, fest angesessen auf ererbtem Grundbesitz, der den
Fortbestand des Geschlechts und die persönliche Freiheit des
Mannes verbürgte. Nach Erwerb von Gold und Gut zogen
die Vikinger auf kühnen Seefahrten aus; nicht als schimpflich galt der Raub; höher aber als Gut und Leben stand der
im Kampf um beides erlangte Nachruhm[3]. Unbekannt war
diesem Volke das enge Zusammenwohnen in Städten, der
friedliche Handelsverkehr und Gewerbebetrieb, der das bürgerliche Leben ernährt und emporbringt. Die wenigen Städte,
welche Norwegen im Mittelalter zählte, waren ursprünglich
künstliche Schöpfungen der Könige aus politischer Absicht.
Ihre Anfänge sind daher nicht wie anderwärts in das Dun-
kel allmählicher Culturentwickelung eingehüllt, sondern liegen im hellen Tageslicht der Geschichte.

---

[1] K. Maurer chend. I 277 und Anm. 31.
[2] Ebend. S. 513 und Anm. 17.
[3] K. Maurer, Bekehrung II 149. Edda, Havamal, Strophe 76
(Lüning): „Es stirbt das Vieh, es sterben die Freunde, man stirbt
selbst ebenso; aber Glanz des Ruhmes stirbt niemals, wenn einer sich
guten gewinnt.“

Olaf Tryggvason, der Bezwinger seines Volks, dem er
das Christentum als ein hartes Joch auferlegte, gründete als
erste Stadt N i d a r o s, wo er seinen Königssitz aufrichtete
996 [1]. Die politische Absicht dieser Gründung bekundete
sich schon durch die Lage des Orts in der nördlichen Landschaft Throndhjem, welche mit ihren acht Fylken, vier inneren und vier äufseren, einen alten Rechtsverband für sich
bildete und als der wichtigste Teil Norwegens angesehen
wurde, sodafs nur diejenigen als rechte Könige des Landes
galten, welche auf dem Örething am Nidflusse die Huldigung
empfangen hatten [2]. Ebendort, wo die Nid in den lang aus-
gestreckten Fjord einfliefst, entstand auf der Halbinsel Ni-
darnes die neue Stadt, welche Nidaros, d. i. Nidmünde, heifst,
später aber als einzige Stadt des Throndhjemer Landes
gleichfalls Throndhjem (Drontheim in deutscher Schreibung)
genannt wurde. Über ihre Gründung berichtet der Geschichtschreiber Snorre Sturluson folgendes [3]: „König Olaf
(Tryggvason) zog mit seinem Kriegsvolk nach Nidaros und
liefs daselbst Häuser bauen am Ufer des Nidflusses (á Niðar-
bakka) und verordnete, dafs da eine Kaufstadt (kaupstaðr)
sein solle, gab den Leuten Hausplätze, um sich darauf anzu-
bauen, und liefs für sich selbst den Königshof bauen, auch
im Herbst allen Bedarf für die Winterszeit hereinbringen,
und er hatte eine grofse Menge Volks bei sich." Die erste
Kirche, welche dieser christliche König daselbst erbaute,
wurde dem Schutzpatron der Seefahrer, dem heiligen Clemens geweiht, vielleicht im Hinblick auf die Clemenskirche
der Nordländer in London [4].

Nach Olafs Tode fand sich Nidaros von den Jarlen,
denen die Reichsregierung anheimfiel, vernachlässigt, wurde
aber nachher 1016 durch Olaf Haraldsson wiederhergestellt

---

[1] Munch I 2 S. 301 ff.
[2] Munch I 1 S. 471.
[3] Heimskringla, Tryggvasons Saga c. 77 (Ausg. von Unger).
[4] K. Maurer, Bekehrung I 289.

und auf gleiche Weise, wie bei der ersten Anlage, mit Einwohnern durch Austeilung von Hausplätzen besetzt[1].

Gleichwie Nidaros im Norden des Reichs Stützpunkt· der Königsherrschaft war, gedachte der heilige Olaf (Haraldsson) noch einen andern in' der südlichen Landschaft Viken gegenüber dem angrenzenden und oft feindlichen Schweden zu gewinnen, wo er bei der königlichen Burg Sarpsborg im J. 1016 eine Stadt zu erbauen begann[2]. Doch nur als Dingstätte wurde Sarpsborg später namhaft. Dagegen kamen nachmals am Meerbusen von Viken die beiden vornehmsten Handelsplätze des Südens empor, Oslo oder Opslo, im innersten Winkel der Bucht von Harald Sigurdsson 1048 erbaut[3], aus welchem nachmals die Hauptstadt des Reichs Christiania hervorgegangen ist, und Tunsberg in derselben Bucht näher an der See[4]. Wichtiger aber als diese beiden wurde die Stadt Bergen an der Westküste in Hördafylke als Handelsplatz sowohl wie als Residenz der Könige, welche Olaf Kyrre (der Friedliche) bei dem Königshofe Aalreksstad um 1070—1075 erbaute[5].

Hiermit ist nun die Zahl der norwegischen Städte erschöpft. Nur diese vier, Bergen, Nidaros, Oslo und Tunsberg, finden sich in den Handschriften des Stadtrechts von Magnus Lagaböter, von dem später die Rede sein wird, als Kaufstädte genannt[6].

Dieselben wurden nicht von vornherein mit einem be-

---

[1] Heimskringla, Saga Olafs hins helga, wo ihm c. 51 auch die Erbauung der Clemenskirche zugeschrieben wird.

[2] Fagrskinna (udg. af Munch og Unger) S. 77 gebraucht den Ausdruck: ok efnadi þar til kaupstadar, d. h. er (der König) bereitete vor oder bestimmte den Ort Jardborg, der nun Sarpsborg heißt, zur Kaufstadt. Noch im 14. Jahrh. war Sarpsborg ein unansehnlicher Ort. Munch, 2. Abt. 1 S. 899.

[3] Munch II 200. Heimskringla, Saga Haralds Hardrada c. 60

[4] Es ist zu früh schon als Stadt genannt in der Sage von Harald Harfagr (Heimskringla) c. 14: þar var þá kaupstadr.

[5] Munch II 438.

[6] Ebend. IV 1 S. 571.

sonderen Stadtrecht begabt, sondern gehörten den verschiedenen von altersher bestehenden Rechtsverbänden an, deren
jeder eine Anzahl Fylken umfaſste.

Nidaros lag im Gebiet des Frostathing, dessen Gerichtsstätte sich unweit davon auf der Halbinsel Frosta am Drontheimer Fjord befand. Bergen gehörte zum Rechtsbezirk des
Gulathing, der seinen Zusammenkunftsort zu Gula an der
Mündung des Sogne-Fjord hatte. Einen dritten Rechtsverband, Eidsivathing, bildeten die Fylken der an Schweden
grenzenden Hochlande (Oplande) mit der Thingstätte zu
Eidsvold oder Eidsvellir in Raumafylke. Von diesem wurde
im 12. Jahrhundert als vierter Bezirk Borgarthing zu Sarpsborg abgesondert, welcher die Fylken zu beiden Seiten der
Bucht von Viken umfaſste, worin die Städte Oslo und Tunsberg mit eingeschlossen waren[1].

Innerhalb der genannten Rechtsverbände und Landgerichte (lögthing) bildeten die Städte kleine Gerichtsbezirke
für sich neben den ländlichen Thingen, sei es des Herad,
oder des Fylke, oder des halben, drittel, viertel Fylke, je
nachdem die eine oder andere Einteilung in den verschiedenen Landesteilen hergebracht war[2].

Es ist hier sogleich auch der kirchlichen Einrichtung
des Königreichs in Bezug auf die Städte zu gedenken[3]. Die
Abgrenzung in bischöfliche Diöcesen erfolgte nicht sofort
nach Einführung des Christentums. Die ersten Bischöfe
waren Missions- oder Landesbischöfe von Norwegen. Erst
gegen Ende des 11. Jahrhunderts unter Olaf Kyrre (1066
bis 1093) wurden drei Bistümer mit bestimmten Bischofs

---

[1] Über die Entstehung der vier Dingverbände handelt K.
Maurer, Gulathing in Ersch und Grubers Encykl. LXXXXVI und
LXXXXVII, womit zu vgl. Ebbe Hertzberg, Grundtrækkene i den
ældste norske Proces S. 139 ff., und Fr. Brandt, Forelæsninger II 166.

[2] Vgl. Brandt a. a. O. II 162 f.

[3] Vgl. K. Maurer, Bekehrung II, Dritter Anhang über die
Bischofsreihen.

sitzen und besonderen Sprengeln eingerichtet. Und zwar schlossen sich diese an die drei grofsen Thingverbände an: an Frostathing das Bistum zu Drontheim, an Gulathing das zu Selja (Sælö) oder Bergen, an Eidsivathing das von Viken, nachher Oslo. Als viertes Bistum kam bald darauf das von Stavanger und als fünftes erst 1152 das von Hamar in den Oplanden hinzu, ersteres im Bereich des Gulathing, letzteres in dem des Eidsivathing[1]. Mit Errichtung des Erzstifts zu Nidaros im J. 1152 kam endlich die kirchliche Organisation Norwegens, welche zugleich die Bistümer der Nebenländer Island, Grönland, sowie der Inseln Farö, Orkney, Man umfafste, zum Abschlufs. Dies war das Werk des päpstlichen Legaten Nikolaus Brekspear, der nachher als Hadrian IV den päpstlichen Stuhl bestieg (1154)[2].

Die Städte Nidaros, Bergen, Oslo waren zu Bischofssitzen erkoren. Ihre Kathedralkirchen bewahrten die Reliquien der Landes- und Ortsheiligen: die Gebeine des heiligen Olaf ruhten in der Christkirche zu Nidaros; in die Christkirche zu Bergen wurden die der heiligen Sunniva aus der benachbarten Insel Sælö gebracht; die Hallwardkirche zu Oslo nahm den Heiligen dieses Namens auf[3]. Doch keine dieser Städte wurde eine bischöfliche in dem Sinne, dafs der Bischof in ihr die Stadtherrschaft besessen hätte; sie blieben, was sie von Anfang an waren, königliche Städte und wurden fortdauernd von königlichen Beamten regiert.

Auf Grund der allgemeinen Landesrechte und der besonderen, durch das bürgerliche Zusammenleben und den städtischen Verkehr bedingten Einrichtungen und Gewohnheiten bildete sich das Stadtrecht aus. Dieses führt in

---

[1] K. Maurer a. a. O. S. 571 ff.

[2] Munch II 865. Hadrians Vorgänger Anastasius IV bestätigte im Nov. 1154 die Metropolitanrechte der Kirche von Throndhjem; vgl. Jaffé, Reg. Pont. S. 657.

[3] Vgl. über diesen neuen Heiligen K. Maurer II 575 Anm. 42.

Norwegen die gleiche Benennung biarkeyjarrettr wie in
Schweden biærköarætter, worin gleichmäfsig das einsylbige
Wort, norwegisch ey, schwedisch ö, Insel bedeutet. Als
Recht eines Inselbezirks, einer Inselstadt, dann als Stadt-
recht überhaupt, wie dänisch biærkerætt, wurden jene Be-
nennungen am andern Orte erklärt[1].

In den norwegischen Geschichtsquellen wird sowohl der
Unterschied dieses Rechts als eines besonderen von dem allgemeinen Landrecht hervorgehoben[2], als auch dasselbe als
Recht der Kaufleute, d. i. Stadtbewohner, bezeichnet[3]. Ist
hiernach das Bjarkeyjarrecht als ein besonderes und zwar
der Kaufleute anzusehen, so belehrt uns die diesen Namen
führende Rechtsaufzeichnung selbst, dafs das Recht der Kaufleute nicht blofs in der Stadt, sondern auch an andern Orten,
wo Kaufleute ihre Handlung betrieben, zur Anwendung kam,
nämlich an Fischereiplätzen, auf Schiffen, auf der Kauffahrt[4].

Es gibt in Norwegen wie in Schweden ein älteres und
ein jüngeres Stadtrecht, und hier wie dort zeigen sich beide
formell gleichartig darin, dafs das ältere Stadtrecht ursprünglich nur für eine einzelne Stadt, in Norwegen für Nidaros,
in Schweden für Stockholm, bestimmt war und in der Form
eines Weistums sowohl das herkömmliche wie das verordnete
Recht verkündigte, während das neuere Stadtrecht sich als
das allgemeine Gesetz darstellt, welches vom Könige für die
Städte erlassen wurde. Beide, sowohl das ältere wie das

---

[1] Vgl. Zweites Buch S. 195; Drittes Buch S. 269.

[2] Heimskringla, Saga Siguldar c. 22 S. 667 (Ausg. von Unger):
þvi at sökin veit til landslaga, en eigi til bjarkeyjarrettar. Vgl. die
Citate von K. Maurer, Gulathingslög, Ersch und Gruber XCVII
34 Anm.

[3] Speculum regale c. 3 S. 7 (Ausg. von Brenner): en mædan þu
will kaupmadr wæra, þa ger þer kunnigan biarceyiar rett.

[4] Norgeº gamle Love I 312 c. 42: Biarkeyjarrettr er á fisknesi
hveriu ok i sildveri ok i kaupförum. Wenn Streit auf der Kauffahrt
entsteht und verglichen wird, heifst es dort, nimmt der Steuermann
das Recht (d. i. die öffentliche Bufse) gleichwie der König in der
Stadt und der Bootsmann gleichwie die Einwohner.

neuere Stadtrecht, sind in Norwegen denjenigen von Schweden in der Zeit vorausgegangen.

Das ältere norwegische Stadtrecht, Bjarkeyjarrettr (ich citiere es als Bj.-R.), ist nur in Auszügen und Bruchstücken vorhanden, welche in der Gesamtausgabe der älteren norwegischen Rechte, Norges Gamle Love, abgedruckt sind, und zwar in Bd. I S. 301—336 als Bruchstücke I—IV, doch in fortlaufender Zählung von 177 Kapiteln, und im Supplement-Bd. IV S. 71—97, wo das dritte und gröfste Fragment nach zwei verschiedenen Auszügen X und Y in besseren Texten gegeben ist.

Dem Inhalte nach schliefst sich Bj.-R. an das Rechtsbuch des Frostathing an, aus welchem eine Reihe von Bestimmungen herübergenommen ist, und das sich auch an zwei Stellen ausdrücklich citiert findet[1]. Hierdurch ist sowohl der Ort, dem dieses Stadtrecht angehört, als auch ungefähr die Zeit seiner Abfassung bestimmt. Der Ort kann kein anderer als Nidaros sein, da dieses die einzige Stadt im Gebiet des Frostathing war[2], und die Abfassungszeit mufs später als die der Frostathingslög fallen. Was nun die Entstehung und schliefsliche Redaction der Frostathingslög (N. G. L. I 119—300) angeht, so hat K. Maurer in seiner gründlichen und für uns mafsgebenden Untersuchung dargethan[3], dafs dieselben an erster Stelle auf Rechtsaufzeichnungen, vielleicht nach Vorträgen der Lögmänner auf den Landtagen, etwa aus dem Anfang des 12. Jahrh., beruhen, dann aber durch verschiedene officielle Revisionen der Könige, von denen die beiden des Hakon Hakonsson 1244 und 1260 die letzten waren, hindurchgegangen sind; doch waren diese späteren Bearbeitungen keineswegs durchgreifender Art,

---

[1] c. 1 und 9; vgl. Maurer, Gulathingslög a. a. O. S. 35 Anm. 32.

[2] Es fehlt auch nicht an speciellen örtlichen Beziehungen auf Nidaros; vgl. Maurer a. a. O. Anm. 30 und 33.

[3] Die Entstehungszeit der älteren Frostathingslög in Ahhh. der kgl. bayr. Ak. der Wiss. 1. Kl. XIII Abt. 3.

sondern beschränkten sich teils auf Hinzufügung einzelner
neuer Rechtssätze, teils auf Änderungen blofs formeller Natur, sodafs das vorliegende Rechtsbuch zumteil veraltetes
Recht enthält und aus ihm kein überall zutreffendes Gesamt-
bild für die wirklich bestehenden Rechtsverhältnisse um die
Mitte des 13. Jahrhunderts zu gewinnen ist. Ebenso verhält
es sich auch mit dem nur auszugsweise überlieferten Stadtrecht von Nidaros (Drontheim). Denn die vorhandenen
Fragmente weisen, wie gleichfalls K. Maurer gezeigt hat,
auf verschiedene Stufen der Rechtsentwicklung hin, indem
sie sich, abgesehen von dem allein dem Stadtrecht eigentümlichen Seerecht (farmannalög), an verschiedene Recensionen
der Frostathingslög anschliefsen[1]. Falls aber das Bj.-R., wie
doch wohl anzunehmen ist, schliefslich eine einheitliche Redaction erfahren hat, ist seine Abfassungszeit zwischen 1244
und 1247 zu setzen[2].

Nach dem Gesagten kann der Versuch, die ältere Stadtverfassung Norwegens aus einer blofs fragmentarischen und
in sich selbst ungleichen Rechtsaufzeichnung darzustellen,
nur unvollständig gelingen. Es kommt vorerst darauf an,
den Unterschied zwischen Stadt und Land festzustellen.

Dafs überhaupt kein wesentlicher Unterschied zwischen
Stadt- und Landrecht bestand, zeigt sich schon darin, dafs
ein grofser Teil des in Rede stehenden Stadtrechts wörtlich
aus dem Drönter Landrecht (Frostathingslög) herübergenommen ist[3]. Es scheint demnach keine eigentliche Stadtge-

---

[1] Vgl. die Abhandlung Gulathingslög S. 34—38 über das ältere
Stadtrecht.

[2] Das Jahr 1244 ist das der vorletzten Revision des Drönter
Landrechts durch K. Hakon, welche dem dritten Fragmente zu Grunde
liegt, und im Jahr 1247 wurden die Gottesurteile (Eisenprobe und
Kesselfang) abgeschafft, deren im B.-R. c. 69 noch als Beweismittel
gedacht ist.

[3] Die Parallelstellen sind in der Ausgabe der N. Gamle Love
unter dem Text, wenn auch keineswegs vollständig, nachgewiesen.

meinde und kein besonderes Bürgerrecht zu geben. Die für die Einwohner gebrauchte Bezeichnung als bœarmenn oder bœndr paſst gleichmäſsig auf die Land- wie die Stadtbewohner. Das Stadtrecht hat keinen Ausdruck für die Gemeinde als Corporation; es nennt statt der Gesamtheit die bœarmenn in unbestimmter Vielheit, z. B. wo ein Teil der öffentlichen Buſsen an sie fällt (c. 13. 14 u. s. w.). Wohl werden Stadt und Land unterschieden, jene als kaupangr, d. i. Ort, wo Kauf und Verkauf stattfindet, also Handelsplatz, dieses als herad, wie der ländliche Gerichtsbezirk heiſst, und werden demgemäſs die Einwohner von beiden als Kaupangs- und als Heradsmänner genannt; doch wird, wo dies geschieht, auch die Rechtsgleichheit beider hervorgehoben: „Das gleiche Christenrecht sollen wir haben in der Stadt wie im Herad," heiſst es an der einen Stelle (Art. 2); „kein Städter soll dem Heradsmann Unrecht zufügen und umgekehrt," an der andern (Art. 43).

Nichtsdestoweniger eignet den Städtern ein besonderes persönliches Recht und bewirkt das Wohnen in der Stadt für dieselben, auch wenn sie verschiedenen Standesklassen angehören, ein und dasselbe Recht. Unzweideutig bestimmt das Stadtrecht 47: „Alle sollen in der Stadt (i kaupangi) gleiches Recht haben, nämlich Hauldr-Recht, das ist drei Mark. Gleiches Recht hat der Landherr (lendrmaðr) wie der Freigelassene (leysingi mann), der sein Freibier gethan hat. Und dem entsprechend 13: Alle Männer haben gleiche Wundbuſsen in der Stadt, die freien Männer und die vollmündigen (fultida). Hiermit ist nicht gesagt, was als Rege in den Städten Deutschlands galt, daſs alle Bürger persönlich frei sein und gleiches Recht haben sollen, sondern daſs allen freien und mündigen Stadtbewohnern ein und dasselbe Recht bezüglich der Buſsen zustehen soll, und zwar das Recht eines Höldr (hauldr), d. i. erbgesessenen Bauern, welches, zu 3 Mark gewertet, das beste Recht der freien Leute war[1]. Dem gegenüber steht der Werttarif für die verschiedenen Standesklassen in den norwegischen Landrechten, welche, wiewohl sie weder in der Bezeichnung dieser Klassen, noch in der Wertbestimmung der einzelnen unter sich völlig übereinstimmen, doch gleichmäfsig für den Höldr den Satz von 3 Mark feststellen. In den Frostathingslög oder dem Drönter Landrecht, das sich mit dem in Rede stehenden Stadtrecht am nächsten berührt, ist der Werttarif in der Abstufung von unten nach oben der folgende: für den Freigelassenen, der sein Freibier nicht ausgerichtet hat, ½ Mark; für den, der es ausgerichtet hat, 6 Öre (aurar) oder Unzen, d. i. ³/₄ Mark; für den Sohn des Freigelassenen 1 Mark; für den Reksthegen 12 Öre oder 1½ Mark; für den erbberechtigten Mann (árborn) 2 Mark, für den Höldr (hauldmann) 3 Mark[2]. Über dem Höldr stehen der Lendermann, d. i. der Landherr im königlichen Dienst, und in höherer Würde der Jarl, zwei Klassen, die man zum Adel rechnen kann, von denen in den Gulathingslög der erstere zu 6, der letztere, gleichwie der Bischof, zu 12 Mark gewertet ist[3].

Vergleicht man die vorhin erwähnte Bestimmung des Stadtrechts mit diesem Standestarif, so zeigt sich bezüglich der Stadtbewohner, dafs durch die Gleichstellung des Freigelassenen, der sein Freibier ausgerichtet hat, d. i. des Freigelassenen mit vollem Recht, einerseits und des Lendermanns andrerseits mit dem Höldr der Wert des ersteren erhöht, der des letzteren herabgesetzt ist.

Die Dreimarkbufse des Höldr ist jedoch wohlverstanden nicht die Mannbufse oder das Wergeld, das sonst gewöhn-

---

[1] Vgl. K. M a u r e r, Die norwegischen Höldar in Sitzungsberichten der bayr. Ak. der Wiss. 1889 II.

[2] Fr. L. X 35. Vgl. über die Standesverhältnisse K. M a u r e r, Die Freigelassenen nach altnorweg. Recht in Sitzungsberichten der k. bayr. Ak. 1878.

[3] G. L. c. 200. Im Fr. L. fehlt für beide Klassen die Wertangabe. Vgl. B r a n d t, Forelæsninger I 78.

lich in den germanischen Rechten den Wertmesser für die
Bufsen bei Vergehen gegen Personen abgibt, sondern das
sogenannte volle Recht (fullretti), gleichsam die Durchschnitts-
bufse oder das Einheitsmafs, nach welchem die höheren
Bufsen durch Vervielfachung, die geringeren durch Teilung
bestimmt wurden[1].

Das Stadtrecht gibt den Betrag der Wundbufsen für die
verschiedenen Arten der Körperverletzung an[2], nirgends aber
den der Mannbufse, wiewohl gelegentlich die halbe Mannbufse (mannsgiöld) als Strafsatz vorkommt (14). Auch in
den Landrechten ist die Mannbufse nicht ein für allemal festgesetzt; denn da sich diese aus der Hauptbufse für die Erben des Getödteten und der Geschlechtsbufse für die Verwandten zusammensetzte, war sie Gegenstand der Sühne und
Vereinbarung zwischen den beteiligten Parteien, wobei es
sowohl auf den Stand des Getöteten, als auf die Zahl der
Verwandten und den Verwandtschaftsgrad ankam[3]. Und
dazu kam noch das Friedenskaufgeld, welches der friedlos
gewordene Missethäter für die Wiederaufnahme in den öffentlichen Frieden entrichten mufste — skógarkaup, landkaup,
thegngilldi —, das nach den Landrechten entweder 40 Mark
oder 15 Mark betrug[4].

Nach den Landrechten ist es in der Regel der König
allein, der die öffentlichen Bufsen empfängt; nur ausnahmsweise werden sie zwischen dem König und der Bauerschaft
geteilt oder fallen (bei Vergehen der königlichen Beamten

---

[1] Vgl. Wilda, Strafrecht der Germanen S. 346, Brandt II 20.

[2] c. 16. 17. 19. 38—41. X 74 ff. Y 77 ff.; vgl. mit Frost.-L. IV
c. 42—45.

[3] Als Hauptbufse für den erschlagenen Höldr ist nach den Landrechten des Frostathing und Gulathing 9 Mark Silber, d. i. das Dreifache des Hauldrechts, anzunehmen. Vgl. Keyser S. 302, Brandt
I 85.

[4] Vgl. Brandt II 22 f. und über das wenig klare Verhältnis
beider Bufssätze K. Lehmann, Der Königsfriede der Nordgermanen
S. 195 ff.

selbst) letzterer allein zu[1]. Nach dem Stadtrecht hingegen
gilt als Regel, daſs die öffentlichen Buſsen dem Könige und
den Einwohnern gemeinsam gehören oder beide gleiche
Buſsen erhalten[2]. Der König begünstigte auf solche Weise,
wie es scheint, die Einwohner der auf seinem Grund und
Boden erbauten Städte um ihrer gröſseren und mannigfal-
tigeren öffentlichen Bedürfnisse willen. Wo es sich um eine
bloſse Privatverletzung oder Beschimpfung handelt, fällt die
öffentliche Buſse überhaupt fort. „Davon hat der König
nichts,“ sagt das Stadtrecht, „denn es liegt nichts daran“[3].

Der Empfang der Buſsen seitens der Land- und Stadtbewohner setzt einen, wenn auch noch so losen Gemeindeverband, eine Gemeindekasse und Gemeindeverwaltung
voraus[4]. Stadt- und Landgemeinde waren rechtlich wie
thatsächlich vorhanden, wenn auch beide in den geschriebenen Rechten nicht bestimmt unterschieden werden.

Die Gesamtheit der Einwohner stellt sich in ihrer Zusammenkunft als Stadtgemeinde dar. Das ‚Mot‘ oder die
Bürgerversammlung fand regelmäſsig zu bestimmten Zeiten
statt, wie im Art. 135 verordnet ist: „Mot sollen wir halten
an der Thomasmesse vor Jol (Weihnachten) und ·Jolfrieden
setzen, der drei Wochen dauert; wenn einer im Jolfrieden
mit Worten oder Werken Feindschaft begeht, da sollen alle
(persönlichen) Rechte um die Hälfte erhöht werden.“ Auſser-

---

[1] Vgl. **Brandt** II 26. Die beim Lögthing verwirkten Buſsen
wurden zwischen König und Dinggenossen geteilt; vgl. K. **Maurer**,
Das Alter des Gesetzsprecheramts in Norwegen, Festgabe für Arndts
S. 56.

[2] Der gewöhnliche Satz ist für beide 3 Mark. Besitzt der Missethäter weniger, so teilen sich beide zur Hälfte in das vorhandene Gut;
ist mehr vorhanden, so erhält der König allein das Mehr, c. 13. 14. 16.
17. Doch kommen auch höhere Buſsen zu 15 und 40 Mark vor, c. 13. 20.

[3] Z. B. wenn einer die Waffen oder Kleider eines andern zu
Boden wirft, c. 30, wenn einer einen Mann oder Frau schimpflicher
Weise mit einem trächtigen Vieh vergleicht, c. 31 u. s. w.

[4] Vgl. über die bauerschaftlichen Kassen und deren Verwaltung
durch den Lögmann und zwei Beigeordnete K. **Maurer** a. a. O. S. 57.

dem konnte das Mot jederzeit auf gegebene Veranlassung durch Blasen des Horns einberufen werden; so z. B. wenn jemand Feindschaft angesagt wird, da soll er an demselben Tage zum Mot blasen lassen, sonst hat er das Recht des Königs und der Einwohner verwirkt (c. 25). In Fällen besonderer Gefahr, wenn ein Totschlag geschieht, wenn Feuer auskommt oder ein Heer in das Land eindringt, soll das Mot auch zur Nachtzeit zusammenkommen. Nur ehehafte Not, worüber man sich auszuweisen hat, entschuldigt das Ausbleiben der Einzelnen (134). Ein gesetzliches Mot ist auch das Waffenthing (vápna þing), das drei Wochen vor Ostern gehalten wird, wo sich alle freien und mündigen Männer zur Waffenschau mit Schild, Speer und Breitaxt einstellen müssen (137).

Vorsitzender und Leiter des Mot ist der Gjaldker (gjaldkeri, gjaldkyri, im neueren Stadtrecht gjalkyri), der vom Könige über die Stadt gesetzte Beamte, gleichwie der Vogt in den schwedischen und dänischen Städten. Gjaldkeri ist, wie K. Maurer bemerkt hat, wörtliche Übersetzung von Schultheifs, den wir als herrschaftlichen Beamten in deutschen Städten kennen[1]. Derselbe erscheint im Bj.-R. als Stadtrichter, der das Gericht (þingstefna) ankündigt (137) und es, sei es mit Stadtbewohnern oder mit Heradsmännern, abhält (102), welcher ergriffene Missethäter in Haft setzt (13), bei Totschlag die gerichtliche Untersuchung führt (14), Eidesleistungen vornimmt (23), bei Anklage auf Mord mit dem Kläger die Zeugen ernennt (37).

Urteiler im Gericht sind überhaupt angesessene (husfastir) Männer, mehr oder weniger an der Zahl, so viel ihrer anwesend sind oder als der Gjaldker auffordert (14. 102)[2].

---

[1] Von gjald Schuld und kæra fordern. In Fritzners Ordbog, 2. Ausg., wird diese Erklärung vermifst.

[2] In 14 ist gesagt, angesessene Männer sollen nach dem Recht urteilen, und in 102, es soll die Mehrheit entscheiden, und wenn 12 Männer zu Gericht sitzen, die verschiedener Meinung sind, sollen die-

Das anderwärts in Scandinavien vorkommende Institut des Geschworenengerichts war in Norwegen unbekannt[1].

Neben dem Gjaldker wird noch ein anderer städtischer Beamter genannt, der Rufer, kallari, der dem deutschen Fronboten zu vergleichen ist und seinen Titel von daher hat, dafs er die Einwohner durch Blasen des Horns zum Mot berief. Er kommt im folgenden bemerkenswerten Falle vor: „Wenn ein Mann," heifst es im Artikel 13, „einen andern verwundet und ergriffen wird, sollen die Verwandten des Verletzten ihn in Fesseln legen und im Gewahrsam halten in des Königs oder des Gjaldkers Hause, bis Schorf auf der Wunde ist. Dann soll der Übelthäter die Wundbufse dem Verletzten bezahlen und 3 Mark an König und Einwohner. Wenn aber der Verwundete stirbt, da sollen seine Verwandten den Mann töten zu den Füfsen des Toten, und wenn keine Verwandten da sind, soll der Rufer ihn töten." Hier scheint die Blutrache gesetzlich bestätigt zu sein. In Wirklichkeit verhält es sich jedoch damit anders. Es ist das norwegische Vollstreckungsverfahren, welches K. von Amira nach allen Seiten hin vortrefflich erläutert hat[2]. Für den vorliegenden Fall kommt ein anderer Rechtssatz des Bj.-R. 42 in Betracht, wo es heifst: „Wenn jemand einen andern schlägt oder verwundet und er danach das Recht bietet für sich und sein Gut, dann friedheiligt er sich; wenn sie ihn aber nachher töten, dann töten sie einen von rechtswegen geschützten (löghelgum) Mann." Hiernach hatten die Verwandten, sowie der Verletzte selbst, nur das Recht auf die Bufse; wenn aber der Übelthäter die Bufse für den an der Wunde Gestorbenen nicht leistete oder verweigerte, wurde er friedlos, und dann erst konnte oder sollte er getötet werden.

---

jenigen 6 Recht behalten, welche ihre Meinung beschwören, wenn auf Entscheidung gedrängt wird.

[1] K. Maurer, Das Beweisverfahren nach deutschen Rechten, Krit. Überschau V 385.

[2] Das altnorwegische Vollstreckungsverfahren (1874) S. 50.

Als allgemeine Leistungen der Einwohner sind außer der Pflicht, im Mot zu erscheinen, wenn das Horn geblasen wird, erwähnt das Stadtgeld (bœargeld), welches gleichwie das dänische Arnegeld von jeder Feuerstelle bezahlt wurde[1], dann der Schiffszug (skipdratt), d. i. ankommende Schiffe ans Land zu bringen und abfahrende ins Wasser zu setzen, und Kirchenbau (kirkiu atgerd) (134).

Das Strafrecht im Stadtrecht enthält nur wenig Besonderes gegenüber dem Drönter Landrecht. Aus letzterem sind die allgemeinen Bestimmungen über Mannheiligkeit und Friedlosigkeit entnommen, wobei unterschieden wird zwischen der strengen Friedlosigkeit, die bei unsühnbaren Vergehen (ubotamal) eintritt, und der milderen Friedlosigkeit (utlegd) bei anderen Vergehen[2]. Zur ersteren Art gehört der als schändlich (skemdarvig) qualificierte Totschlag, sowie derjenige, welcher ungeachtet gelobter Treue oder im Frieden begangen wird, und hinterlistiger Mord, ferner was als Nidingswerk gilt, Verrat gegen König und Land, Brandstiftung und anderes. Die strenge Friedlosigkeit hat Einziehung alles Guts, auch des Grundbesitzes und Hauses des Übelthäters für den König zur Folge.

Diebstahl ist dasjenige Vergehen, welches die nordischen wie die deutschen Rechte besonders schwer bestrafen, wobei die Grenze zwischen großem und kleinem Diebstahl verschieden festgesetzt wird[3]. In den norwegischen Landrechten gilt für großen Diebstahl schon der, welcher mehr als ein Örtug ($\frac{1}{24}$ Mark) beträgt; im Stadtrecht hingegen sind Geldstrafen von 1 bis 8 Mark noch für Diebstahl bis zum Betrage einer Unze (Oere = $\frac{1}{8}$ Mark) und darüber zuge-

---

[1] Art. 136 bestimmt, daß, wenn zwei Männer (zusammen) einen Herd besitzen, sie die Steuer nur einfach zahlen sollen. Vgl. über das Arnegeld Buch II 161. 172. 176.

[2] Vgl. c. 10—12 mit Frost.-L. IV c. 1—4. Über die Bedeutung von utlegd handelt erschöpfend v. Amira im ersten Hauptstück § 3 der citierten Schrift.

[3] Vgl. Buch II 173. 181, Buch III 279.

lassen[1]. Der kleine Dieb heifst ein ‚Torf- und Theermensch‘, weil er mit Theer und Federn bestrichen und so durch die Gassen laufend mit Steinen und Stöcken beworfen wurde[2]. Im Stadtrecht wird dasselbe Strafverfahren bei dem Fall beschrieben, wenn einer auf der Kauffahrt stiehlt[3].

Der Privatrache ist im norwegischen Stadt- und Landrecht in einem besonderen Falle mehr Raum gegeben, als in andern nordischen Rechten. Wenn einer, heifst es in c. 18, bei seiner eigenen oder andern ihm nahe verwandten Frau (es sind 7 Kategorien von solchen aufgezählt) einen Mann in der Unzucht antrifft, kann er ihn töten; doch mufs er nachher eine förmliche Klage gegen den Toten anstellen und ihn gerichtlich als friedlos erklären lassen[4].

Über einen andern Fall gesetzlicher Selbsthülfe handelt eine auffallende Bestimmung des Stadtrechts c. 50, wo gesagt ist: „Wenn einer sich selbst in Bürgschaft (Haft) stellt um unserer Mannheiligkeit willen (d. i. bei derartigen Vergehen) oder bei Diebstahl in der Zeit der Langenfasten (d. i. der heiligen Zeit im Frühjahr, wo gewöhnlich die Gerichtsversammlungen gehalten wurden)[5], da soll man ihn über Nacht in Eisen legen — — und soll man ihn anbieten den Verwandten und Freunden, um ihn zu lösen; wenn sie aber nicht Recht für ihn bieten, da soll der Sacheigner (Kläger) von ihm (an seinem Leibe) herunterhauen, so viel er will, von oben und unten.“ Eine barbarische Satzung, die an das altrömische Verfahren gegen Schuldner, sowie an Shyloks Anspruch gegen den Kaufmann von Venedig erinnert, bei der jedoch nicht die Absicht bestand, sie buchstäblich zur Ausführung zu bringen, sondern den also bedrohten in-

---

[1] c. 115 vgl. Hs. Y in N. G. L. IV 93.
[2] Wilda, Strafrecht S. 505.
[3] c. 168 vgl. v. Amira S. 165.
[4] v. Amira S. 156 ff. fafst dies mit Wilda als Vollstreckung vor dem Urteil auf.
[5] Wilda, Strafrecht S. 246.

solventen Schuldner zu zwingen, sich in Schuldknechtschaft zu begeben, um seine Schuld durch Arbeit abzuverdienen[1].

Die Bestimmungen des Christen- oder Kirchenrechts sind gleichfalls aus dem Landrecht in das Stadtrecht herüber-genommen, wobei letzteres sich auch ausdrücklich auf ersteres bezieht[2]. Von dem Bischof ist gesagt, dafs „er die Kirche regiert und die Christen richtet": er kann Priester einsetzen, wie er will, doch „solche, die uns gefallen und ihren Dienst recht kennen, das ist altes Recht", c. 55. Übertretungen des Christenrechts werden mit Rechtlosigkeit oder Geldbufsen, die an den Bischof fallen, bestraft. Rechtlos (utlægr) wird, wer den heidnischen Göttern opfert oder sich mit Wahrsagen oder Zauberei abgibt, sowie der, welcher einen solchen be-herbergt; und wer dies leugnet, soll, wenn ein Mann, das (glühende) Eisen tragen, wenn eine Frau, die Hand in den (siedenden) Kessel thun (69)[3]. Übertretung der Feiertags-ordnung ist mit Geld an den Bischof zu büfsen (4). Auf-fallend gering erscheint die Strafe für Bigamie mit drei Mark (8 und 67). Almosen zu geben zu Pfingsten und Michaelis ist jedermanns Pflicht (63). Bezüglich der Vermächtnisse an die Kirche ist die Verordnung des Kardinals Nikolaus (nachher Hadrian IV) vom J. 1152 aufgenommen, wonach Jedermann für sein Seelenheil ohne Zustimmung der Erben ein Viertel seines erworbenen Guts und ein Zehntel seines Erbguts vergeben darf (70).

Die Stadt bietet den Markt für Kauf und Verkauf dar. Hierüber findet sich die Bestimmung (111), dafs alle neuen

---

[1] Vgl. J. Grimm, Rechtsalterthümer S. 616, und K. Maurer über Schuldknechtschaft in Sitzungsber. der k. bayr. Akad 1874, S. 19.

[2] c. 1 citiert das 5. Kapitel des ersten Abschnitts (lutr) des Buchs, worunter Frost.-L. II c. 5 zu verstehen ist, da Abschnitt I nur die Einleitung zum ganzen bildet und vor II die Eingangsformel des Gesetzes steht; vgl. Maurer, Die Eintheilung der älteren Frostathings-lög S. 13.

[3] Vgl. oben S. 358 Anm. 2.

ungebrauchten Waren, es seien Waffen oder anderes, zum
Strafsenkauf, d. i. öffentlichen Verkauf, sollen gebracht werden, und sind als Gegenstände des Verkaufs gebranntes Silber, Honig, Mehl, Butter, Wachs, ferner Kleiderschmuck
(skrud), Leinwand und Tuch genannt (107): wenn man letztere Waren mit der Elle gemessen und auf der Strafse getragen hat, sodafs „Tag und Auge mitkauft", da soll der
Kauf gehalten werden; wenn sie aber ungemessen oder un-
getragen sind und sich als unecht erweisen, da geht der
Kauf zurück.

Von der Schifffahrt handelt das 4. Bruchstück, wo vornehmlich das Verhältnis zwischen Schiffseigner und Mieter,
sowie das zwischen den Schiffsleuten und dem Steuermann
in Betracht kommt.

Das neuere Stadtrecht ist ein Teil der allgemeinen
Gesetzgebung des Königs Magnus Hakonsson, welcher Lagaböter, d. i. Gesetzverbesserer, heifst[1]. Es wurde nach dem
Epilog zuerst zu Bergen am Vincentiustag (22. Januar) 1276
als Gesetz verkündigt (logtækin), nachdem bereits zwei Jahre
zuvor das allgemeine Landrecht, mit welchem es inhaltlich
und formell zum grofsen Teil übereinstimmt, von demselben
König war gegeben worden[2].

Das allgemeine Stadtrecht wird auch das Stadtrecht von
Bergen genannt[3], weil es dort als in der Hauptstadt des
Reichs zuerst eingeführt wurde. Dasselbe hatte aber auch
in den andern Städten Geltung, für die es gleichfalls mit be-

---

[1] Det nyere By-Lov, Ausg. in Norges gamle Love II 179—288.
[2] Det nyere Lands-Lov ebend. S. 178. K. Maurer, Gulathingslög
(Ersch und Grubers Encycl. XCVII) S. 65, stellt fest, dafs das
Datum des Epilogs 24. Juni 1274 sich auf die Annahme des Gesetzes
im Frostathing bezieht.
[3] Bei H. Paus, Samling af gamle norske Love I 249, wo blofs
ein dürftiger Auszug in dänischer Übersetzung mitgeteilt ist, und
nach diesem Dahlmann II 351.

stimmt war, weshalb in den Handschriften gleichwie Bergen, auch Nidaros, Oslo und Tunsberg, jede als die Stadt, wo es gebraucht wurde, genannt sind. Und nur diese vier sind genannt, weil sie allein eigene Stadtgerichte hatten, alle anderen Städte aber, wie Stavanger, Kongehelle, Marstrand, Skidan, nur als Handelsplätze angesehen wurden, in denen zwar auch das Stadtrecht galt, die aber unter den Bezirksgerichten des Landes standen [1].

Das neuere Stadtrecht und das ältere liegen nur ungefähr drei Decennien auseinander, wenn man bloſs auf die schlieſsliche Revision des letzteren sieht. Allein ein weit gröſserer Abstand ist zwischen ihnen dadurch bedingt, daſs bei dem älteren Stadtrecht nicht, wie bei dem jüngeren, Entstehung und Abfassung zusammenfallen. Denn die Fragmente, in denen ersteres vorliegt, gehen, wie bemerkt, zum Teil bis in das 12. Jahrhundert und weiter zurück. Nun hatten aber seit Ende des 12. und Anfang des 13. Jahrh. in Norwegen groſse Veränderungen, sowohl in der Regierungsform und Landesverfassung, als auch in der allgemeinen Rechtsentwickelung stattgefunden. Eine neue Wendung der Dinge im öffentlichen Recht bewirkte die thatkräftige und einsichtsvolle, doch nicht minder auch gewaltthätige Regierung des Königs Sverrir, der sich als Parteihaupt der Birkenbeine auf den Thron geschwungen hatte (1177—1202). Besser als nachmals in England Oliver Cromwell, mit dessen Charakter und Glück er viel ähnliches hat, verstand es dieser militärische Emporkömmling, der sich königlicher Abkunft rühmte, eine starke Monarchie auf demokratischer Grundlage zu errichten und eine neue königliche Dynastie seines Geschlechts zu begründen [2].

---

[1] Munch, Norske Folks Historie IV 1 S. 570.

[2] Sverrir hat gleichwie Cromwell eine sehr verschiedene Beurteilung von den Historikern erfahren. Die kurz gedrängte Erzählung seiner Regierung bei Dahlmann II 153 f. gibt, wie mir scheint, immer noch die treffendste Charakteristik. Was von bösen Thaten

Mit diesem Umschwung war eine vielbedeutende Ver-
änderung der inneren Landesverfassung verbunden. Die
vorhergehenden Könige aus dem Geschlechte Sigurds des
Jerusalemfahrers stützten sich auf die weltliche Aristokratie
der mit königlichen Lehen ausgestatteten Landherren (lendir-
menn), sowie auf die geistliche der Bischöfe. Die alten Geschlechter, denen die Landherren angehörten, fanden zum
grofsen Teil den Untergang in den langen Thronstreitig-
keiten, inneren Parteiungen und Bürgerkriegen, welche Norwegen seit dem Tode jenes Sigurd (1130) zerrütteten und
erst unter Hakon Hakonsson, dem Enkel Sverrirs, 1240 zum
Stillstand kamen. Den hierarchischen Ansprüchen der Bischöfe unter der Führung des Erzbischofs Eystein von Nidaros war Sverrir scharf entgegengetreten und hatte die Unabhängigkeit der Krone und die Rechte des Staats mit Nachdruck behauptet, wodurch er sich die Excommunication seitens des Papstes Innocenz III zuzog. Das neue Königtum
stützte sich auf eine straff angezogene Beamtenregierung, als
deren Schöpfer Sverrir zu betrachten ist. Denn seit seiner
Zeit, Ende des 12. Jahrhunderts, erscheinen zwar nicht als
neue Ämter, aber doch in neuer Bedeutung die königlichen
Lögmänner und Sysselmänner[1].

in der Sverrirs Saga zugestanden ist, macht den Verdacht der schlim-
meren glaubwürdig. Munch III erschöpft das gesamte Quellen-
material; der treffliche norwegische Historiker zeigt sich im Laufe
der Darstellung bemüht, seinen Helden von der ärgsten Beschuldigung
wiederholter Morde freizusprechen (S. 221. 286), und erklärt ihn in
seiner abschliefsenden Beurteilung (S. 390) für den gröfsten Regenten,
den Norwegen in Jahrhunderten hervorgebracht, der seiner Zeit weit
vorangeschritten und dessen Regierung als durchaus preiswürdig er-
scheine. Als ein psychologisches Problem zeigt sich Sverrir nach den
verschiedenen Seiten seines Charakters bei Sars, der ihn von be-
wufster Heuchelei freispricht. Die für das norwegische Königtum
epochemachende Bedeutung seiner Regierung wird hier besonders gut
dargelegt: Udsigt over den norske Historie II 125.

    [1] Über das Amt des Lögmann (Lögmaðr) handelt K. Maurer,
Das Alter des Gesetzsprecheramts in Norwegen (in Festgabe f. Arndts
1875); über den Ursprung des Sysselamts (syslumaðr) K. Lehmann,

Lagmänner kommen seit alter Zeit in Norwegen wie in Island und Schweden als Gesetzsprecher und Rechtskundige vor. Als vom Könige ernannte und besoldete Richter finden sie sich erst seit Sverrirs Zeit. Ihre richterlichen Urteile galten so viel wie die der Bezirkslandgerichte (Heradsthinge), und es fand Berufung gegen sie nur an das Lögthing statt, welches, im Falle der Nichtbestätigung des ersten Urteils, die Entscheidung dem Könige und dessen Räten anheimstellte[1]. Eine hohe und einflußreiche Stellung nahmen sie auf dem Lögthing ein, bei welchem, wie auch bei der Lögretta, dem engeren Ausschusse, dessen Beschlüsse und Erkenntnisse maßgebend für das Lögthing waren, sie den Vorsitz und die Leitung führten. Es gab in jedem Dingverbande eine Mehrheit von Lögmännern und kam daher schließlich dahin, daß die vier großen Dingverbände in verschiedene Lögmannsbezirke zerfielen, deren jeder seine eigene Dingstätte hatte[2].

Was die Lögmänner für die königliche Rechtspflege, waren die Sysselmänner für die königliche Verwaltung: hochgestellte Beamte, welche der König in den verschiedenen Landesteilen einsetzte, wo sie die obrigkeitlichen Befugnisse mit Ausnahme der Rechtsprechung ausübten[3]. Aus der Verordnung des K. Magnus Erichsson von 1280 ergibt sich, daß in jedem Fylke mindestens ein Sysselmann war, in der Regel aber ein halbes Fylke einen Amtsbezirk ausmachte, sowie daß jeder von ihnen einen Lehnsmann (lenzmaðr) als Unterbeamten hatte[4].

Abhandlungen zur germanischen, insbesondre nordischen Rechtsgeschichte 1888 Nr. 3. Vgl. Sars, Udsigt II 135 ff.

[1] Vgl. Magnus Stadtrecht VII c. 15.

[2] K. Maurer a. a. O. S. 62 und nähere Nachweisungen über diese Bezirke bei demselben unter Gulathing in Ersch und Grubers Encycl. LXXXXVI 413 ff.

[3] Lehmann a. a. O. S. 178.

[4] Vgl. Retterböder og Forordninger in N. Gamle Love III 4 c. 4 und 24.

Noch andere, tief in das Rechts- und Gerichtswesen ein-
greifende Veränderungen gingen ebenfalls der Gesetzgebung
des Königs Magnus voraus.

Die Gottesurteile, von denen besonders die Eisenprobe
noch zu König Sverrirs Zeit eine große und oft betrügerisch
mißbrauchte Rolle bei dem Beweise der Geburtsechtheit der
Thronprätendenten spielte, wurden bei Gelegenheit der Krö-
nung des Königs Hakon Hakonsson durch den Cardinal-
legaten Wilhelm 1247 abgeschafft, weil es sich für Christen-
leute nicht gezieme, Gott zu versuchen, damit er Zeugnis
gebe in menschlichen Angelegenheiten [1].

Derselbe König Hakon, den man den Alten (gamli)
nennt, gab eine Verordnung, wodurch er die dem Könige
zukommende Gesetzesbuße bei Totschlags- und andern un-
büßbaren Vergehen auf ⅓ des Betrags, von 40 Mark auf
13 Mark und 8 Örtug, herabsetzte und die Rache an den
Verwandten eines Totschlägers verbot [2]. Hiermit steht im
Zusammenhang als weitere Folge die Abschaffung der Ge-
schlechtsbußen überhaupt durch K. Magnus auf der Reichsversammlung zu Bergen 1271 [3], womit auf einmal endlose
Prozesse und Feindschaften aus der Welt geschafft würden
und der allgemeine Rechtszustand eine wesentliche Verbesserung erfuhr.

Die vorstehenden Neuerungen kamen im allgemeinen
Landrecht des Magnus Lagaböter von 1274 und ebenso in
dem zwei Jahre später gegebenen Stadtrecht zum Ausdruck.
Das Stadtrecht fügt sich naturgemäß dem Landrechte an,
mit welchem es im Civilrecht und Strafrecht größtenteils
übereinstimmt. Beide sind gleichmäßig, wie die isländischen
und schwedischen Gesetzbücher, in Abschnitte, Balker, unter

---

[1] Munch IV 1 S. 34.

[2] Munch a. a. O. S. 199; vgl. N. gamle Love II Rettarbœtr
S. 175.

[3] Munch a. a. O. S. 521 und Landslöv, Mandhelgebolk c. 12
in N. gamle L. II 58.

besonderen Titeln eingeteilt. Das Stadtrecht folgt den Titeln des Landrechts und nimmt dessen Bestimmungen wörtlich insoweit auf, als ein und dasselbe Recht in Stadt und Land gleichmäfsig zur Anwendung kam. Wesentlich abweichend aber ist der in beiden Gesetzbüchern an die Spitze gestellte Titel über die Thingordnung, þingfarabolkr oder þingski-panarbolkr, worin der Unterschied der Gerichtsverfassung in Stadt und Land zur Erscheinung kommt. Und an Stelle der beiden Titel des Landrechts, welche sich auf das Grund-güterrecht beziehen (VI Landabrigdi und VII Landzleigu-bolkr), ist im Stadtrecht der Titel VI Stadtordnung (Bœar-skipan) gesetzt. Endlich findet sich im Stadtrecht der Titel IX über das Seerecht (Farmanna logh) hinzugefügt[1].

... Für unseren Zweck sind vornehmlich die beiden Ab-schnitte des Stadtrechts zu berücksichtigen, welche von der Thingordnung und von der Stadtordnung handeln.

. Die Stadt bildet mit ihrem zugehörigen Gebiet einen besonderen Jurisdictionsbezirk für sich. Ihre Thingordnung ist ein Abbild im kleinen von derjenigen, die in den vier grofsen Rechtsverbänden des Landes bestand. Gleichwie das Lögthing in jedem Rechtsverbande einmal im Jahr am 17. Juni[2] zusammentrat, so das Lögthing der Stadt im Januar am Sonntag nach Epiphania[3]. Das allgemeine Lögthing wurde durch ernannte Abgeordnete (Nefndarmenn) in be-stimmter Anzahl aus jedem Fylke beschickt; zum Lögthing der Stadt werden je 12 Ernannte aus jedem Viertel, also 48 Vertreter berufen, zu welchen noch die 12 Ratmänner der Stadt hinzukommen[4]. Die Vertreter des Landes wurden in

---

[1] Vgl. K. Maurer, Gulathingslög S. 66.

[2] Am h. Botolfsabend, Landslov I c. 1; vgl. Keyser S. 165.

[3] Bylov I c. 1: am Sonntag nach dem 13. Jultag. Der 13. ist die richtigere Benennung für Epiphania als die sonst übliche des Zwölften.

[4] Auch der Gjalker und Sysselmann und der Amtmann (umbods-madr) des Königs, sowie der des Bischofs waren auf dem Lögthing der Stadt zu erscheinen verpflichtet, Bylov l c. 2. Unter dem Amt-

den verschiedenen Fylken durch die Landherren und königlichen Beamten, später durch letztere allein ernannt; die der
Stadt haben der Gjalker und der Sysselmann am Thomastage (21. Dec.) zu wählen. Den engeren Ausschufs, Lögretta,
bildete im Landthing eine Auswahl von Vertretern aus
jedem Fylke; im Stadtthing werden dazu 3 Ernannte aus
jedem Viertel gewählt, mit denen wiederum die 12 Ratmänner der Stadt zusammensitzen[1]. Der Lögmann der Stadt
hegt das Gericht der Lögretta, dessen Thingstätte zu Bergen
die Mariengilde-Halle war[2].

Als geschäftsführende Beamte in der Stadt sind genannt
der Gjalker (gjalkyri), der Sysselmann und der Lögmann.
Der Sysselmann ist so zu sagen der Regierungspräsident im
Verwaltungsbezirk oder Reichskreise, zu dem die Stadt gehörte, der Lögmann der Stadt- und Landrichter in seinem
Gerichtssprengel. Gegenüber diesen beiden höher gestellten
königlichen Beamten, deren Wirkungskreis sich weiter über
die Stadt hinaus erstreckte, ist der Gjalker oder Schultheifs
der eigentliche Stadtvorsteher, der die Verwaltung und Polizei für die Einwohner besorgt, einem Bürgermeister zu vergleichen. Wir sehen ihn in diesen Functionen bald allein,
bald im Verein mit dem Sysselmann oder Lögmann, bald
mit den Ratmännern oder in der Bürgerversammlung thätig[3]. Ein Unterbeamter, der auch seine Stelle vertreten
kann (umbodsmaðr), steht ihm zur Seite, und als Fronbote
dient ihm der Rufer, kallari (VI c. 18), der auch die Aufsicht über das Gefängnis der Stadt, ranzsakshus, führt (VI
c. 7).

---

mann des Königs, verschieden von dem Sysselmann, ist wohl der Vogt
des königlichen Hofs oder der Burg zu verstehen; vgl. VI c. 18: þan
er firir konungs garde er.

[1] Landslov I (þingskipanar bolkr) c. 1—3. Bylov I c. 1—3.
Vgl. Keyser S. 165 ff. 179.

[2] Bylov I c. 3: i Marin gilldi skala i Biorgwin a þingstad rettum.

[3] Der Gjalker wird neben dem Sysselmann und andern höher gestellten Beamten in der Regel an erster Stelle genannt, nicht umge-

Gjalker und Kallari, Schultheifs und Fronbote, fanden
wir bereits im älteren Stadtrecht. Als neu erscheint dagegen
der städtische Rat (rað) oder die Ratmänner (raðsmenn), die
Vertretung und das Organ der Bürgerschaft, der in Norwegen nicht früher als hier, im allgemeinen Stadtrecht von
1276, vorkommt. Die Benennung weist, wie die des Schult-
heifsen, auf deutschen Ursprung hin. Wie bereits erwähnt,
zählte der Rat 12 Mitglieder, die aus eigenem Recht sowohl
am städtischen Lögthing, wie an der Lögretta teilnahmen.
Er unterstützt den Gjalker bei der Verwaltung und Polizei
und den Lögmann im Stadtgericht. Denn Rat heifst nach
der ausdrücklichen Erklärung an einer Stelle des Stadtrechts
(VI c. 6) auch das Gericht, in welchem Lögmann und Ratmänner über Rechtssachen der Leute urteilen[1]: es handelt
sich an dieser Stelle um den Fall eines Civilstreits[2]. Dagegen wird das Verfahren „in Sachen der Friedlosigkeit
(utlægdar mal) und allen andern Sachen, grofs oder klein,
woran der König und die Bürger ein Recht haben,“ d. i. bei
öffentlichen Vergehen, an anderer Stelle so beschrieben (VII
c. 15): „Alle derartigen Sachen sollen an das Mot gehen,
wenn sie nicht beendigt sind durch den gesetzlichen Spruch
(laga orskurði) vor dem Lögmann; dann „soll man das Urteil der Motmänner begehren, wie das Gesetzbuch bestimmt
und der Lögmann mit Zustimmung des Sysselmanns und des
Gjalker und aller Motmänner spricht; sind sie aber unter
sich uneinig, da soll man sich an die Lögretta berufen und

---

kehrt, wie man erwarten sollte, z. B. Bylov I c. 2: giallkyri oc syslumaðr oc umbodsmaðr konungs oc biskups. Es geschieht dies nach
demselben norwegischen Sprachgebrauch, wonach bei Anführung verschiedener Gröfsen immer die kleinere der gröfseren vorangestellt
wird: so bei Geldsummen, z. B. 8 Örtug und 13 Mark als königliche
Bufse.

[1] En þat kallum ver rað er logmaðr oc radzmen sitia a malum
manna oc skipa.

[2] Wenn einer, weil ein anderer auf seinem Grundstück ein Haus
baut, bei dem Rate klagt.

von dieser nötigenfalls an den König zur schließlichen Entscheidung; denn da kommen die meisten verständigen Männer
zusammen."

Das Strafrecht, welches der IV. Abschnitt, betitelt Mannheiligkeit (mannhælgarbolkr), enthält, entsprechend dem gleichen Abschnitt des Landrechts, ist, gegen die älteren Landrechte gehalten, milder geworden und die höchste öffentliche
Buße, wie erwähnt, auf das Drittel des früheren Betrags
herabgesetzt. Übereinstimmend mit dem älteren Recht sind
die Strafbestimmungen für schwere und unsühnbare Vergehen, welche Friedlosigkeit und Vermögenseinziehung, bei
schändlichen Vergehen auch Einziehung des Grundbesitzes
zur Folge haben (IV c. 1—3). Die Strafbestimmungen bei
Körperverletzung, Beschimpfung und andern Vergehen gegen
Personen setzen nur die öffentlichen Bußen für den König
in Mark Silber fest, während die Höhe der Privatbußen
durch ernannte verständige Männer, 12 oder 6 je nach Bedeutung des Falls, abgeschätzt wird. Diebstahl, kleiner und
großer, wird nur im wiederholten Falle mit Tod bestraft;
wenn aber einer sich selbst nicht ernähren kann und nur aus
Hunger Nahrung stiehlt, bleibt er straflos (VIII c. 1). Es
ist nicht mehr die Rede von erlaubter Privatrache des an
seiner Ehefrau oder andern verwandten Frau verunehrten
Mannes [1], sondern ein solcher hat in dem einen und andern
Falle nur das ganze oder halbe Manngeld nach Schätzung
von 12 verständigen Männern zu fordern (IV ·c. 4 und 26).
Ebenso ist im VII. Abschnitt über das Kaufrecht (kaupa-
bolkr) c. 13 das ältere Verfahren gegen zahlungsunfähige
Schuldner, wodurch diese zur Ergebung in Schuldknechtschaft durch Androhung der Körperverstümmelung gezwungen
wurden [2], in der Weise gemildert, daß sie, wenn sie arbeits-
fähig sind, ihre Schuld durch Arbeit abverdienen sollen und

---

[1] Vgl. oben S. 366.
[2] Vgl. oben ebd.

erst rechtlos werden, wenn sie davonlaufen, übrigens aber,
wenn sie schuldlos ins Unglück geraten sind, ein mensch-
liches Erbarmen finden sollen.

Im Abschnitt VI, betitelt Stadtordnung (bœarskipan),
finden sich beisammen sehr ins einzelne gehende Vorschriften der Reinlichkeits-, Sicherheits-, Bau-, Feuer- und Schiff-
fahrtspolizei. Alljährlich in der Julzeit sollen Strafsen und
Plätze gereinigt werden (c. 1). Der Julfriede beginnt am
Thomastage (21. Dec.) und dauert drei Wochen. Wer in
dieser Zeit Feindschaft in Worten und Werken begeht, verfällt in doppelte Bufsen. Alle Geldforderungen sollen so
lange stillstehen. Auch darf in den fünf ersten Tagen, sodann am 8. (1. Jan.) und 13. (h. 3 Könige) nicht gearbeitet
werden. Für die nächtliche Bewachung während des Jul-
friedens bestellt der Gjalker mit den Hauswirten 6 besoldete
Wächter, denen die Begehung der verschiedenen Stadtteile
in Bergen genau vorgeschrieben wird (VI c. 3)[1].

Die Baupolizei erstreckt sich über Höfe und Häuser,
Strafsen und Gassen, deren Breite genau vorgeschrieben
wird[2], und Strandbrücken. Vorbauten der Häuser sollen
abgebrochen werden (wie in deutschen Städten die sog. vur-
gezimbre); und wenn der Hausbesitzer nicht selbst binnen
fünf Tagen dazuthut, lassen Gjalker und Ratmänner zum Mot
blasen und durch dieses Leute nach dem betreffenden Hause
absenden, um so viel davon abzubrechen, als über die Strafse
oder Brücke hinaus gebaut ist (VI c. 4).

Besonders ausführlich und streng ist die Feuer- und
Brandordnung. Gjalker und Ratmänner führen die Aufsicht
über Öfen und Feuerstellen, lassen die untauglichen nieder-

---

[1] Die betrunkenen Männer oder Weiher, denen die Wächter
auf der Strafse begegnen, werden ihrer besondern freundlichen Berücksichtigung empfohlen c. 2.
[2] Im Unterschied von stræte, die 12 Ellen breit sind, haben almen-
ningar 8 Ellen und veitr, Durchgänge zwischen den einzelnen Höfen,
drei Ellen in der Breite.

reifsen, weisen den Badstuben, Bäckeröfen und Eisenschmie-
den Plätze aufserhalb der Stadt an, mit des Königs Willen,
dem der Boden gehört. Wenn abends die Feuerglocke läutet,
müssen alle Feuer ausgelöscht werden. Feuereimer, Leitern
und Haken sollen für Brandfälle bereit sein und alle Einwohner bei auskommendem Feuer auf das Zeichen des Horns
oder der Glocke mit Zuber, Axt und Waffen, die Frauen
mit Butten herbeieilen. Wer einen Hausbrand durch Fahr-
losigkeit verschuldet hat, wird mit schwerer Geldbufse und
Friedlosigkeit bestraft (VI c. 9—12).

Der Gjalker überwacht die Hafenordnung bei Ankunft
der Schiffe mit Ladung (VI c. 15). Allgemeine Pflicht nicht
blofs der Einwohner, auch der Heradsmänner und der Kaufleute, die sich nur drei Nächte in der Stadt aufhalten, ist
der Schiffszug (skipdrat), d. i. gröfsere zur See ankommende
Schiffe ans Land zu ziehen, wobei der Gjalker auf Verlangen
des Steuermanns das Horn blasen läfst. Die Bufsen für die
Versäumnis sind verschieden je nach der Gröfse des Schiffs,
1 Öre bei einem grofsen Seeschiff (hafskip), 1 Örtug für
einen Ostfahrer u. s. w. Doch gibt es Entschuldigungs-
gründe genug, wie wenn einer bei der Frühmesse (Otte-
sang) ist, Geld auszahlt oder empfängt, sich brennen oder
in der Badstube zu Ader läfst, bei seiner erkrankten Frau
sitzt, sich im Gericht oder bei der Mahlzeit befindet (VI
c. 17).

Die Fremdenpolizei betrifft das Gebot, welches Gjalker
und Sysselmann alljährlich auf dem ersten Lögthing im
Januar verkündigen lassen, dafs die Hausbesitzer nur recht-
schaffene Leute bei sich aufnehmen sollen, keine Vagabun-
den, die von Osten oder Westen, Norden oder Süden her
kommen und, wenn sie sich einen oder zwei Winter hier
aufgehalten und angefreundet haben, nichts besseres zu thun
wissen, als Gut zu stehlen und mit der Hausfrau oder einem
andern Weibe davonzugehen (I c. 5). Jedem Hausbesitzer
ist gestattet, bis 5 Arbeiter, 2 Männer und 3 Frauen, auf

seinem Hofe wohnen zu lassen; doch muſs er für sie einstehen, namentlich daſs sie nicht betteln gehen (at bitlingum, zu kleinen Bissen, d. i. Almosen) (c. 5). Das Betteln war auch strafrechtlich verboten (IV c. 28)[1].

Bezüglich des Handels und der fremden Kaufleute sind ähnliche Vorschriften wie in Dänemark und Schweden gegeben. Gleichwie dort, besteht auch hier das Vorkaufsrecht des Königs an den eingebrachten fremden Waren. Ausländische Kaufleute, heiſst es (VI c. 18), dürfen ihre Waren nicht ausladen, bevor sie es dem Beamten, der über den Königshof gesetzt ist, angezeigt und dieser drei Tage lang den Vorkauf gehabt hat. Sie dürfen nichts verkaufen oder kaufen auf den Schiffen, sondern müssen ihre Waren zuvor ausladen und ins Haus bringen lassen, um sie dort oder auf dem Markt zu verkaufen. Nur die Inländer geht die Verordnung an, die aus dem allgemeinen Landrecht auch in das Stadtrecht herübergenommen ist, wonach, wer auf dem Lande während der Sommerzeit auf Kaufmannschaft ausgehen will, mindestens 3 Mark besitzen und sich darüber bei dem Gjalker ausweisen muſs, wobei als Grund angegeben wird, daſs es schwer halte, für die Bestellung der Landwirtschaft im Herad die nötigen Arbeiter zu bekommen, weil die jungen Leute sich lieber auf Kaufmannschaft legen und fortgehen wollen[2].

Maſse und Gewichte sind für das ganze Reich gleichmäſsig festgesetzt. Der Lögmann soll die Normalmaſse im Stadtthing vorlegen und in der Stadtkasse aufbewahren; der Gjalker soll alljährlich die im Gebrauch befindlichen prüfen (VII c. 28).

---

[1] han a engan ret a ser medan han gengr med vanar vol: der hat kein Recht für sich, solange er mit dem Bettelstabe geht.

[2] Lands-Lov Kjöbebolk VIII c. 23, Bylov VII c. 22. Verschärft durch spätere Verordnungen von 1364 und 1383, wo der Vermögensnachweis auf 15 Mark alten Geldes erhöht ist. N. Gamle Love III 184 und 216.

Bezüglich der Handwerker zu Bergen sind die Verordnungen des Königs Magnus und seines Vorgängers Hakon angeführt, wodurch den verschiedenen Klassen derselben bestimmte Gassen und Plätze der Stadt für ihre Buden zum Gewerbebetrieb und Verkauf angewiesen waren. Die lange Reihe, in der sie aufgezählt und ihre Standorte von einer Kirche zur andern und von einer Gasse zur andern beschrieben sind, beginnt mit den Schustern und schliefst mit den Hökern oder Kleinhändlern (mangari) (VI c. 8). Man lernt daraus die Topographie der Stadt kennen[1].

Da es kein eigentlich privilegiertes Bürgerrecht gab, werden unter den Einwohnern der Stadt (bœar) nicht Bürger und Nichtbürger unterschieden. Es finden sich aber als eine besondere Klasse die angesessenen Männer, husfastir menn, ausgezeichnet; das sind diejenigen, welche einen Hof (garðr) zu eigen hatten oder einen solchen, sei es ganz oder einen Teil davon, in der Miete besafsen und andere Leute bei sich wohnen liefsen. Diese waren vorzugsweise verpflichtet, im Mot zu erscheinen, wenn das Horn geblasen wurde, während alle andern nur bei Feuersgefahr oder einer Heerfahrt zu kommen brauchten. Zur Kategorie der angesessenen Einwohner gehörten sowohl Ausländer wie Einheimische, und es ist im Hinblick auf das, was weiterhin über das Verhältnis der Ausländer und insbesondere der deutschen Kaufleute in Norwegen zu sagen ist, von Wichtigkeit, zu sehen, was das Stadtrecht über sie bestimmt und zu welchen Leistungen es sie gleichwie andere Einwohner verpflichtet.

Von dem blofs zufälligen, aber bei häufiger Wiederkehr doch sehr lästigen persönlichen Dienst des Schiffzugs, der auch von den fremden Kaufleuten bei nur dreitägigem Aufenthalt gefordert wurde, war bereits die Rede. Weit mehr

---

[1] Der Stadtplan bei Nielsen, Bergen, dient zur allgemeinen Orientierung über die Lage am Hafen des Vaag im Halbkreise, die Hauptkirchen und Gebäude, das Quartier der Hanse.

kommen in Betracht der Kriegsdienst und die Kriegssteuer, die auch in Friedenszeiten erhoben wurde[1].

Die Stadt ist im Kriegsfalle verpflichtet, für den König zwei Schiffe mit je 20 Ruderbänken und der nötigen Mannschaft zu stellen, es sei denn, daſs der König mit dem Rate der besten Männer noch mehr fordert (Landvarnarbolkr III c. 11). Den Steuermann des Schiffs ernennt der König, und dieser bestimmt die Mannschaft, die mit ihm fahren soll, sorgt für Bewaffnung und Proviant, unter Aufsicht und Controle des Gjalker (9. 10). Auf jedem Grundstück der Stadt sollen Bogen und Pfeile bereit gehalten werden. Die Waffenausrüstung der Männer ist nach Verhältnis des Vermögens eines jeden durch das Gesetz bestimmt (12). Auf dem Waffenthing, vapna thing, welches alljährlich zu Mittfasten der Gjalker einberuft und bei welchem sich jeder freie und volljährige Mann einzufinden hat, wird von Sysselmann, Gjalker und Ratmännern die Waffenschau abgehalten (c. 13). Das Verhältnis der Ausländer wird in diesen, aus dem allgemeinen Landrecht des K. Magnus herübergenommenen Vorschriften nicht besonders berührt, wohl aber in einigen anderen, die analoger Natur sind. Bei feindlichem Angriff soll jedermann Wachdienst leisten; wer ihn nicht thun will, wird ausgepeitscht und rechtlos erklärt (utlegr). Alle sind dazu tauglich, die gesunde Augen, Ohren und Füſse haben und erwachsene freie Männer und gute Kriegsleute sind, und es sollen die Wachdienste der Reihe nach unter Inländern und Ausländern umgehen, sodaſs von drei Wächtern immer zwei Inländer und der dritte „ein ausländischer Mann aus anderen Königreichen“ ist (III c. 4).

In der Friedenszeit kann der König nur das halbe Aufgebot (half almenning) verlangen (III c. 1), wobei die Kriegssteuer (leiðangr) nach Verhältnis des Hofbesitzes und des Vermögens eines jeden mit 5 Pfenn. auf die Mark festgesetzt

---

[1] Vgl. Dahlmann II 312 ff., Keyser S. 222 ff.

ist. Ausdrücklich ist hier gesagt, daſs auch die ausländischen Männer, welche einen Hof in der Stadt besitzen oder auf 12 Monate in Miete haben, bei allen Ausgeboten das gleiche wie die Einheimischen leisten sollen (c. 6)[1].

Eine andere Steuer ist das Stadtgeld (bœargjald), von dem bereits im älteren Stadtrecht als einer Herdsteuer die Rede war. Hier aber (III c. 8) erscheint sie mehr wie eine Kopfsteuer, die aber zugleich auf der Wohnung haftete. Das Stadtgeld, heiſst es, soll man mit 1 Örtug jährlich entrichten; Schmiede, Krämer, Müller, Schuster, Gerber u. s. w., überhaupt Männer und Frauen, die in Buden oder auf der Straſse feil haben, sollen es zahlen, und Lehrjungen ein halbes, und Kleinvieh ein halbes oder viertel nach Schätzung. Aus der Bestimmung, daſs einer, der mit dem Stadtgeld fortgeht, d. i. die Stadt verläſst, ohne es bezahlt zu haben, dem Könige 1 Mark Silber schuldig ist, geht hervor, daſs dasselbe nicht der Stadt, sondern dem Könige gehörte[2].

In einem besondern Verhältnis zur Stadtpolizei, welche Gjalker und Ratmänner ausübten, standen das königliche Hofgesinde und die Geistlichen. Während an einer Stelle gesagt ist, daſs, wer gegen die Feuerordnung verstöſst, dem Könige 1 Mark Silber schuldig ist, so der Hauswirt, wie der Kaufmann und des Königs Mann (konongs maðr) (VI c. 10), heiſst es an einer andern, die sich auf die Unterhaltung von Brücken und Straſsen durch die Hofbesitzer bezieht, daſs, wenn Priester oder Dienstleute (handgengir men) ihre Schuldigkeit nicht thun wollen, der Gjalker jedermann verbieten soll, sich in ihren Höfen einzumieten (VI c. 13). Also direct zur Verantwortung oder Strafe ziehen konnte der Schultheiſs diese Leute nicht.

---

[1] En utlendzskir men . . . þa skulu vera i ollum utbodum með bœar monnum.

[2] Nur Vermutung ist, was Keyser S. 216 ausspricht, daſs der Stadt ein gewisser Anteil an dieser und andern Steuern sei eingeräumt worden.

Von der gesteigerten Königsmacht gibt das Stadtrecht wie das Landrecht des Magnus Lagaböter überhaupt einen weitgehenden Begriff.

Der König, der als Obereigentümer in der Stadt, die er auf seinem Grund und Boden erbaut hat, angesehen wird[1], hat das Vorkaufsrecht an Höfen und Häusern, die zur Veräufserung kommen, und das Heimfallsrecht an solchen, deren Besitzer ein Jahr lang die städtischen Leistungen nicht gethan haben[2]. Er hat gleichfalls das Vorkaufsrecht an allen zu Schiff eingebrachten Waren, was auch später durch wiederholte Verordnungen eingeschärft wurde[3]. An ihn fallen die meisten gerichtlichen Strafgelder und Bufsen, namentlich das Thegngeld oder die öffentliche Bufse für Totschlag und was von unsühnbaren Sachen (ubotamal) aufkommt (I c. 4)[4]; ebenso die oft wiederkehrenden Bufsen von 1 Mark Silber bei polizeilichen Übertretungen (z. B. VI c. 13. 14. 18), sowie die für Pflichtversäumnis der Beamten und Ratmänner, deren Schätzung ihm selbst freisteht (I c. 2)[5].

Die Beamten der Stadtregierung sind von dem Könige eingesetzt, der Gjalker und die Ratmänner für die Stadtverwaltung, der Lögmann für das Gericht in Stadt und Land, der Sysselmann für die Verwaltung im ganzen Bezirk, der die Stadt in sich begreift[6].

---

[1] Keyser S. 176.

[2] Bylov VI c. 5. Als Leistungen sind hier genannt: motganga, vardhaldi, strætis giærd d. i. Besuch des Mot, Wachdienst, Unterhaltung der Strafsen und Brücken. Vgl. die Verordnung Hakons von 1373 in Norg. G. Love III 193.

[3] Vgl. die königlichen Verordnungen von 1355 und 1360 N. G. L. S. 174. 179. Auf Übertretung wird die Strafe des brefabrok, des Privilegienbruchs, gesetzt. Vgl. über diese K. Lehmann, Königsfriede S. 216 ff.

[4] Die auf ein Drittel herabgesetzte Busse von 13⅓ Mark.

[5] 3 morkum sylvrs við konong oc þat frammar sem kononge virðazt saker þæirra til: 3 Mark Silber an den König und soviel mehr, als den König die Sache wert dünkt.

[6] Über die Ratswahlen sagt das Stadtrecht nichts. Die hierauf bezüglichen späteren Verordnungen führe ich nachher an.

So war der Autonomie der Stadtgemeinde nur sehr wenig Raum gelassen. Auch ist im Stadtrecht (VI c. 2) ausdrücklich vorbehalten das Recht des Königs, die im Mot der Stadt gefaßten Beschlüsse oder getroffenen Vereinbarungen über Kauf und Verkauf und andere Sachen abzuändern, wie es ihn gut dünkt[1].

Die spätere Reichsgesetzgebung vollzog sich lediglich auf dem Wege königlicher Verordnungen, Retterböder, d. i. Rechtsgebote, bei denen die Zustimmung des Volks im Landthing, wo sie überhaupt erwähnt wird, nur formelle Bedeutung hatte[2]. Die von den Nachfolgern des K. Magnus Lagaböter erlassenen Verordnungen bis zum Regierungsantritt der Unionskönigin Margarethe 1387 finden sich im 3. Bande der Norges Gamle Love abgedruckt. Was darin auf das Stadtrecht Bezug hat, soll hier noch kurz erwähnt werden.

Form und Wesen der norwegischen Stadtverfassung blieben sich wesentlich gleich, wie man aus den für die einzelnen Städte, Bergen, Nidaros, Oslo, gegebenen Verordnungen ersieht. Die völlig abhängige Stellung des Rats unter den königlichen Beamten zeigt sich in der Verordnung des K. Erich Magnusson für Bergen 1295, bestätigt durch dessen Bruder und Nachfolger Hakon 1299[3]. Die Ratmänner, heißt es da, sollen zur Versammlung kommen, welche Gjalker und Lögmann berufen, und in allen rechten Dingen unsern Amtleuten Folge leisten; ohne Erlaubnis des Gjalker sollen sie die Stadt nicht verlassen. Damit sie ihres Amtes um so besser warten können, wird ihnen Befreiung von anderen öffentlichen Aufträgen (nefninghom), insbesondere vom Kriegsdienst gewährt. Wenn einer oder mehrere von ihnen ihr Amt nicht recht versehen, sollen Gjalker und Lögmann mit guter Männer Rat andere an ihre Stelle setzen;

---

[1] Vgl. hierüber K. Lehmann, Königsfriede S. 228.

[2] Vgl. Keyser S. 241. Aschehoug, Statsforfatningen i Norge og Danmark indtil 1814. 1866. S. 158 ff.

[3] N. G. L. III 24 und 41.

ebenso wenn einer stirbt. Im ,Retterbod' des K. Magnus ·
Erichsson für Bergen 1320 finden sich die gleichen Bestimmungen über Pflichten und Befreiungen der Ratmänner
wiederholt, nur dafs hier der Gjalker nicht mehr erwähnt
ist. An dessen Stelle wurde durch Verordnung des Magnus
Erichsson für Bergen 1343 ein Stadtvogt (fogt) eingesetzt[1].
Nur der Titel ist neu und dem in Schweden und Dänemark
allgemein üblichen entsprechend, das Amt selbst aber in der
Doppelstellung als königliches und Gemeindeamt das gleiche
wie das frühere des Gjalker. Ausdrücklich bestimmt wird
hier, dafs der Vogt mit Grundstück und Hof in der Stadt
angesessen sein und im stande sein oder einen Bürgen dafür
stellen mufs, allen rechtlichen Anforderungen oder Brüchen,
die er schuldig wird, zu genügen. In der Stadt Oslo wird
noch in der königlichen Verordnung von 1346[2] der Gjalker
genannt und über dessen Wahl bestimmt, dafs die Ratmänner
mit dem Sysselmann denjenigen zum Gjalker bestellen sollen, der sie am meisten geeignet dünkt. Das gleiche
Wahlverfahren wurde durch Hakon Magnusson auch für den
Stadtvogt in Bergen angeordnet, nur dafs hier nicht Sysselmann und Ratmänner, sondern Lögmann und Ratmänner als
diejenigen genannt sind, denen die Wahl desselben zusteht[3].
Der Stadtvogt war in Norwegen nicht, wie in Dänemark und
Schweden, der Stadtrichter, sondern lediglich Executivbeam-
ter; als Richter erscheint nach wie vor allein der Lögmann.

Schliefslich ist in Bezug auf die Städte noch des Amts
des königlichen Schatzmeisters, fehirdir, zu gedenken, das

---

[1] Retterböder N. gamle Love III 162.
[2] A. a. O. S. 165.
[3] Die Verordnung ist undatiert, a. a. O. S. 212. Die Amtspflichten
des Stadtvogts sind so beschrieben: er soll dem Könige und der Stadt
schwören und beider Recht stärken, die Übertreter der Gebote vor
Gericht stellen, die Übelthäter verfolgen und ins Gefängnis setzen,
Rechenschaft ablegen über die an die Stadt gefallenen Brüche.

zu den hohen Hof- und Reichsämtern gehörte[1]. Nach Verordnung des Hakon Magnusson über die Reichsämter von 1308 war in jeder der vier Städte, Nidaros, Bergen, Oslo und Tunsberg, ein königlicher Schatzmeister angestellt, welcher in dem betreffenden Reichskreise die königlichen Einkünfte und finanziellen Rechte wahrzunehmen hatte. In dieser Stellung und Function kommen die Schatzmeister gewöhnlich in den auf Handel und Zölle bezüglichen königlichen Verordnungen teils allein, teils in Verbindung mit den städtischen Behörden vor[2].

Eine Fortbildung der Stadtverfassung ist in den königlichen Verordnungen des 14. Jahrh. auch darin ersichtlich, dafs Ratmänner und Bürger an dem städtischen Verordnungsrecht mit den königlichen Beamten teilnahmen. So heifst es in der schon erwähnten Verordnung des Magnus Erichsson für Bergen 1320: „Sysselmann, Lögmann, 12 Ratmänner und Stadtbewohner (staðarmenn) können verordnen und beschliefsen, was zum Besten der Stadt dient"[3], und im Privileg Hakons für Oslo 1358 bezüglich des Weinzapfs, der allein im Stadtkeller stattfinden darf, dafs „was darüber von Ratmännern und Gjalker bestimmt ist, Kraft haben soll gegen jedermann, wer es auch sei und was für einen Brief er von uns (dem Könige) habe"[4]; also auch für Königsleute und Geistliche und ohne Rücksicht auf königliche Verleihung soll das gelten[5]. Und weiterhin wird darin den Bürgern be-

---

[1] Vgl. Munch IV 1 S. 614 und Keyser S. 105. Die Verordnung von 1308 ist bei Munch nicht erwähnt.

[2] N. G. L III 122. 125. 158 und öfter. Desgleichen im Hansischen Urkundenbuch II 229 J. 1332; III 8 J. 1343: Thesaurarii et ballivi; S. 59 J. 1348: thesaurarius noster Bergensis; S. 83 J. 1350: Befehl des Königs thesaurario et ballivis nostris Berghensibus bezüglich der Hansekaufleute.

[3] Retterböder S. 150.

[4] Retterböder Nr. 89 S. 177.

[5] Vgl. die ältere Verordnung von 1302 über den Weinzapf, Retterb. S. 135, wo das Königsrecht, ihn durch Briefe zu verleihen, noch vorbehalten ist.

fohlen, dafs sie „alle Satzungen (setninga), welche Lögmann,
Ratmänner und Gjalker beschliefsen und im Mot verkündigen, halten sollen, wenn das Gesetz (log, d. i. Land- oder Stadtrecht) nicht gegen sie spricht." In demselben Privileg ist
auch zuerst vom Bürgerrecht die Rede, also von einem Bürgerstande, von dem das Stadtrecht des 13. Jahrhunderts
noch nichts wufste. Denn es ist gesagt: „Wir verbieten jedermann, Ausländern wie Inländern, sich für einen Bürger in
Oslo auszugeben (geriz burar i Oslo), aufser mit Zustimmung
der Ratmänner und des Gjalker, und wer solches thut, büfso
mit einer halben Mark an uns und an die Stadt"[1].

Die königlichen Verordnungen · erstrecken sich über
Handel und Gewerbe in den Städten und enthalten hierüber
sehr ins einzelne gehende Bestimmungen, namentlich Preistaxen für die kaufmännischen Waren und gewerblichen Fa-
brikate. Dabei kommt besonders das Verhältnis der fremden Kaufleute und Handwerker in Betracht. Das Bestreben
der Gesetzgebung ging dahin, wie wir schon im allgemeinen
Stadtrecht sahen, diejenigen, welche nicht blofs ·vorüber-
gehend während der Sommerfahrten in der Stadt verweilten,
sondern den Winteraufenthalt dort nahmen, die sog. Wintersitzer, gleichwie andere Einwohner dem Stadtrechte, sowie
den öffentlichen Leistungen zu unterwerfen. Es sollte keinerlei Exemtion stattfinden. In Bezug auf die ‚gelehrten
Männer‘ (lærder menn), d. i. Geistlichen, und die Dienstleute wird dies von Magnus Erichsson für Bergen 1320 besonders eingeschärft[2]. Die Ausländer nahmen aber doch
zumteil eine andere Stellung ein, da sie durch ihren für
Norwegen unentbehrlichen Handel und Gewerbebetrieb und
im Notfalle auch mit überlegener Macht sich besondere Privilegien zu verschaffen wufsten. Es ist hier zu sehen, welche

---

[1] Vgl. die weiter unten anzuführende Verordnung Hakons bezüglich der Aufnahme der Handwerker in das Bürgerrecht mit Ein-
schreibung ihrer Namen in das Stadtbuch. Retterb. Nr. 115.
[2] A. a. O. S. 149.

Bedeutung die Fremden, insbesondere die Deutschen, in den norwegischen Städten gewannen. Auf die Stadt Bergen, als den vornehmsten Handelsplatz Norwegens, ist dabei hauptsächlich unser Augenmerk gerichtet.

Die Stadt Bergen und die deutsche Hanse.

Yngvar Nielsen, Bergen fra de ældste Tider indtil Nutiden. (Christiania 1877). — Sartorius, Urkundliche Geschichte des Ursprungs der deutschen Hanse, herausg. von Lappenberg I 192—211, II Urkunden. — Urkundenbuch der Stadt Lübeck I—VII (geht bis 1440). — Hansisches UB., bearb. von Höhlbaum, I—III (geht bis 1360). — Hanserecesse, bearb. von Koppmann, I—V (bis 1410).

Um das Jahr 1190, da Stockholm noch nicht vorhanden war und Wisby erst aufkam, Kopenhagen als bischöfliche Stadt noch wenig bedeutete, nur Schleswig als dänische Handelsstadt an der Ostsee hervorragte, wird Bergen bereits als die ansehnlichste Stadt Norwegens geschildert. In der gleichzeitigen Beschreibung von dem Zuge dänischer Kreuzfahrer, denen sich auf dem Wege nach dem heiligen Lande auch norwegische in Tunsberg anschlossen, wird von der Stadt Bergen gerühmt, daſs sie geschmückt sei mit einer königlichen Burg und Reliquien der Heiligen, namentlich der h. Sunniva, die in der Kathedralkirche ruht, daſs sie volkreich sei und zahlreiche Mönchs- und Nonnenklöster besitze und Überfluſs habe an Schätzen und Waren aller Art, welche Isländer, Grönländer, Engländer, Deutsche, Dänen, Schweden, Gotländer und andere Nationen herbeiführen. Doch eine sehr schlimme Sache sei das Laster der Trunkenheit, das überall in den Städten des Landes herrsche, welches häufig den Frieden störe und grausame Vergehen verschulde, wie es sich auch bei dieser Gelegenheit durch einen blutigen Streit zwischen Dänen und Norwegern offenbarte[1].

---

[1] Anonymus de profectione Danorum in terram sanctam, Langebek SS. V 341—362. Vgl. Munch III 222 f.

Die Deutschen sind hier nur neben andern handeltreibenden Nationen genannt; doch waren sie es vornehmlich,
die dem gerügten Laster am meisten Vorschub thaten, wie
ihnen wenigstens König Sverrir in einer berühmten Rede
Schuld gab, die er kurz vorher bei ähnlicher Veranlassung
1186 zu Bergen gesprochen hatte, die uns in seiner Regie-
rungsgeschichte überliefert ist[1]. „Wir danken es gern",
sagte der König, „den englischen Männern, daſs sie hieher
kommen und uns Weizen und Honig, Mehl und Kleider
bringen, und ebenso danken wir denen, die uns Leinwand
und Flachs, Wachs und Kessel zuführen, sowie denen, die
von den Orkneys und Gjaltland (Shetland), von den Faröern
und Island kommen und Waren bringen, die nicht zu entbehren sind und dem Lande zum Besten dienen; aber den
deutschen Männern, die sich mit vielem Volk und groſsen
Schiffen einfinden und von hier Butter und gedörrte Fische
wegführen, was für das Land ein Verlust ist, und dafür
Wein bringen, welchen meine Leute, sowie die Stadtbewohner
und Kaufleute begierig kaufen[2], woraus nur Böses und
nichts Gutes erwächst... diesen Südmännern (suđrmönnum)
schenke ich groſsen Undank für ihre Fahrt, und sollen sie
sich je eher je lieber von hier fortmachen, wenn ihnen
Leben und Gut lieb sind."

Doch der Handel der Deutschen war den Norwegern
unentbehrlich. Fast nur auf Viehzucht und Fischfang durch
die Natur des Landes angewiesen, bedurften sie vor allem
Getreide zur Nahrung und Malz zum Getränke, welches beides die deutschen Kaufleute ihnen zuführten, wogegen sie
Butter und Fettwaren und gedörrte Fische (skreid) in Kauf
nahmen. Im J. 1247 lieſs König Hakon Hakonsson, genannt

---

[1] Saga Sverris konungs in Fornmanna sögur VIII c. 104. Vgl.
Munch III 202.

[2] Königliche Dienstleute, Hausbesitzer, Kaufleute sind hier als
drei Klassen der Einwohnerschaft genannt wie im Neueren Stadtrecht
VI c. 10; vgl. oben S. 382.

der Alte, gereizt durch die Kapereien der Dänen und Deutschen, ihre Schiffe in Bergen mit Beschlag belegen[1]. Es
fand hierauf eine diplomatische Verhandlung zwischen dem
Könige und dem Rat von Lübeck statt, wovon uns einige
Schreiben des ersteren erhalten sind[2]. Hakon beklagt sich,
daſs Lübeck den Seeräubern Vorschub leiste und Zuflucht
bei sich gewähre, wünscht aber dringend, daſs bei der in
seinem Lande herrschenden Teuerung der Lebensmittel die
Lübecker wie sonst Korn, Mehl und Malz dorthin bringen
und ebenso den norwegischen Kaufleuten gestatten möchten,
solche Waren bei ihnen abzuholen; dagegen verbittet er sich
ausdrücklich die Zufuhr des vielbegehrten Lübecker Biers,
weil, wie er schreibt, dieses unserem Lande nicht zum Besten
gereicht[3].

Es liegt der Aufgabe dieser Schrift fern, die Geschichte
des Handels zwischen Deutschen und Norwegern, sowie der
Streitigkeiten, Kriege und Verträge, welche damit zusammen-
hängen, zu verfolgen. Ich verweise deshalb auf Sartorius'
urkundliche Geschichte des Ursprungs der deutschen Hanse
und das wertvolle Material, welches seitdem in trefflich be-
arbeiteten Urkundenbüchern hinzugekommen ist. Hier kommt
hauptsächlich in Betracht, auf welche Weise das Verhältnis
der Ausländer, Kaufleute und Handwerker, insbesondere der
Deutschen — denn das waren bei weitem die meisten — sich
in Norwegen gestaltete[4].

Im allgemeinen hielten die norwegischen Könige seit
Magnus Lagaböter im 13. und 14. Jahrhundert beständig an
den Grundsätzen fest, die in Bezug auf den Handel der Aus-

---

[1] Munch IV 1 S. 71.

[2] UB. der Stadt Lübeck I Nr. 153. 154. 157. 252.

[3] Quia terra nostra in hac (cerevisia) minime emendatur. A. a. 0.
S. 143. Nur so viel Bier, als die Schiffer unterwegs brauchen, möchten
sie mitnehmen.

[4] J. Harttungs Schrift, Norwegen und die deutschen Seestädte
bis Schluſs des 13. Jahrh. (1877), betrifft allein die äuſsere Handelspolitik der Städte und nordischen Mächte.

länder und deren Niederlassungen in den Städten seit alters
hergebracht und in den Land- und Stadtrechten gesetzlich
festgestellt waren. Das Ziel der Gesetzgebung blieb nach
wie vor, die vordringende Macht der Fremden nach Möglichkeit abzuwehren und ihrem, wenn auch unentbehrlichen
Handel feste Grenzen zu stecken, um den einheimischen zu
schützen. Demgemäſs durften die auswärtigen Kaufleute
nicht im kleinen verkaufen, sondern nur Groſshandel treiben; auch war ihnen der Kauf und Verkauf auſserhalb der
städtischen Märkte, sowie der Binnenhandel in den Küsten-
plätzen verboten; denn nur behufs der Ausfuhr sollten sie
kaufen. Überdies war ihr Handelsbetrieb lediglich auf die
Sommerzeit während der offenen Schiffahrt zwischen den
zwei Kreuzmessen (3. Mai bis 14. September) eingeschränkt.
Diejenigen aber, welche ihren Aufenthalt in der Stadt über
die Winterzeit ausdehnten, die sog. Wintersitzer (vetr seter),
sollten den öffentlichen Leistungen, insbesondere Wachdiensten und Kriegssteuern, ebenso wie die Stadtbewohner
unterworfen sein und gleichwie sie vor dem Stadtgericht zu
Recht stehen, wo sie nach dem einheimischen Rechte gerichtet wurden[1].

Dagegen war nun das unablässige Bestreben der deutschen Seestädte darauf gerichtet, von den ihrem Handel auferlegten Beschränkungen loszukommen und sich mit ihren
Factoreien in den norwegischen Städten einzunisten. Hierauf
zielten ihre Handelskriege und Verträge mit den norwegischen Herrschern, die Privilegien, die sie von ihnen er-

---

[1] Schwierigkeit macht der Satz im Kalmarischen Schiedsspruch
des Königs von Schweden. 1285 (Hansisches UB. I Nr. 393 S. 342):
item quod fruantur legibus ut incole regis, quin citantur a balivis vel
ab aliis quibuscunque, wo quin unverständlich ist. Der Sinn kann
nicht sein, daſs sie nicht (quin = nur daſs nicht) sollten von den Beamten zu Gericht gefordert werden, da sie doch das gleiche Recht
wie die Inländer genieſsen sollten. Munch (IV 2 S. 114) interpretiert
quin mit hvad enten, was es auch sei. Vermutlich ist statt quin
quando zu lesen.

zwangen. Ihre Einigkeit machte sie stark: der geeinigten
Macht des Hansebundes war nicht zu widerstehen. Doch
blieb, was sie erreichten, immer noch hinter ihren Ansprüchen zurück, und von der andern Seite wurde selbst
das Zugestandene immer wieder bestritten.

Das wirksamste Mittel, sich in dem errungenen Handels-
besitz zu behaupten und ihn zu erweitern, waren ständige
Niederlassungen der Kaufleute und Handwerker in den
Handelsplätzen Norwegens, insbesondere zu Bergen als dem
bedeutendsten von allen. Man ersieht aus den Verordnungen
der Könige, wie sehr sie wünschten, sich dieser Eindring-
linge gänzlich zu entledigen. So erliefs Hakon, Magnus
Lagaböters Sohn, 1317 eine gleichmäfsig an die Städte Bergen, Tunsberg und Oslo gerichtete Verfügung, worin er den
Hofbesitzern bei höchster Geldbufse (13 Mark 8 Örtug) verbot, Wohnungen an Ausländer auf länger als 6 Wochen zu
vermieten, binnen welcher Zeit dieselben ihre Handels-
geschäfte am Orte beendigen müfsten[1]. Und in einer späteren Reichsverordnung von 1331 (im Namen des minder-
jährigen K. Magnus Erichsson) ist zwar den Ausländern der
Aufenthalt zwischen den beiden Kreuzmessen freigegeben,
dagegen für die übrige Zeit des Jahres ihnen mit Ausnahme
derjenigen, die eine Norwegerin zur Frau haben, gänzlich
untersagt[2]. Dafs es dennoch beständig ausländische Wintersitzer gegeben hat, aus dem einfachen Grunde, weil die einheimischen Hofbesitzer ihren Vorteil darin fanden oder
durch Schuldverpflichtungen dazu genötigt waren, Häuser
und Warenlager an sie zu vermieten, beweisen andere Verordnungen, in denen immer aufs neue eingeschärft wird, dafs
solche dem Stadtrecht unterworfen sein und gleichwie andere
Nordmänner Kriegssteuer und Kriegszug (bordleidanger och

---

[1] Retterböder (Norges g. Love III) Nr. 49a und b; vgl. die
deutsche Übers. im Hansischen UB. II Nr. 311 und 312 mit berich-
tigter Jahrzahl.
[2] Retterböder Nr. 70. Hans. UB. II Nr. 502.

uthfarner leidanger) und Strafgelder für Vergehen leisten
sollen [1].

Aus dem Umstande, daſs die Handelsniederlassungen der
Deutschen in Norwegen so sehr erschwert waren, erklärt es
sich, daſs das berühmte Contor der deutschen Hanse
in Bergen erst geraume Zeit später als die Höfe und Con-
tore der Deutschen an anderen Orten, Nowgorod, London,
Brügge, entstanden ist. Denn erst nach Mitte des 14. Jahrhunderts findet sich sein Dasein urkundlich bezeugt [2]. Über
seinen Anfang gibt es keine Nachricht; auch ist ihm niemals ein Privilegium erteilt worden. Nachdem König Magnus
Erichsson von Norwegen und Schweden den Frieden zu Helsingborg, 1343 Juli 17, mit den wendischen Seestädten geschlossen hatte [3], bestätigte er ihren Einwohnern und allen
Kaufleuten der deutschen Hanse (universis mercatoribus de
hansa Theutonicorum) die früheren Privilegien in Norwegen [4].
Zum erstenmal ist hier die deutsche Hanse in einer norwegischen Urkunde genannt; von dem Contor zu Bergen ist
nicht die Rede; ebenso wenig in dem Erlaſs desselben
Königs an die Stadt Bergen, 1350 Juni 7, wodurch er den
Beschwerden der daselbst befindlichen Hanse-Kaufleute Ab-
hülfe verschaffte [5]. Diese klagten nämlich darüber, daſs
ihnen der Kauf von Lebensmitteln und andern Dingen für
ihren Bedarf versagt und ihre Schuldforderungen nicht bezahlt würden. Man sieht, wie wenig willkommene Gäste sie
dort waren. Merkwürdig ist auch bezüglich ihres Verhaltens
zu den in Norwegen und Schweden schon fest angesiedelten
Deutschen die von dem genannten Könige bei den Seestädten

---

[1] J. 1302 Retterb. Nr. 15 (S. 55), vgl. Hans. UB. II Nr. 24; J. 1344
Retterböder Nr. 75 (S. 163), vgl. Hans. UB. III Nr. 23.

[2] Vgl. Sartorius, Ursprung etc. I S. 209, und Lappenbergs
Anm. dazu. Nielsen, Bergen S. 203 ff.

[3] Hanserecesse I Nr. 138.

[4] 1343 Sept. 9., Hans. UB. III Nr. 13.

[5] Hans. UB. III Nr. 169: Discreti viri mercatores de hansa
Theotunicorum in civitate nostra Bergensi existentes.

angebrachte Klage·, dafs die ‚Hansebrüder' diese andern
Deutschen, wenn sie auch früher zu ihrer Gesellschaft gehörten, verachteten und von ihren Gelagen (conviviis) und
freundschaftlichen Zusammenkünften ausschlössen[1]. Auf das
Dasein einer Corporation der Kaufleute aus den Hansestädten
zu Bergen läfst mit Sicherheit· erst schliefsen ein Rostocker
Gesandtschaftsbericht von 1360, worin Klage darüber geführt
wird, dafs die Kaufleute zu Bergen die neu ankommenden
mit ungewohnten Auflagen belasteten[2]. Weiter sind dann
auch die Aldermänner der Corporation erwähnt, an welche
der Städtetag zu Stralsund 1365 den Rostockern ein Schreiben
mitgab[3]. Der Städtetag zu Lübeck im folgenden Jahr fand
sich veranlafst, ausdrücklich zu beschliefsen und zu erklären,
dafs kein anderer als ein Bürger aus einer Stadt der deutschen Hanse die Privilegien und Freiheiten der Deutschen
geniefsen und nur ein solcher Aldermann in Flandern oder
zu Bergen sein solle[4]. Und derselbe richtete am gleichen
Tage (Juni 24) zwei Schreiben an die Aldermänner und den
gemeinen Kaufmann der deutschen Hanse zu Bergen, das
eine lateinisch, das andere deutsch, aus welchen das äufsere
Verhältnis wie die innere Einrichtung des Contors näher
hervorgeht[5]. In dem ersten werden sie von dem Inhalte
der an König Hakon und mehrere Grofse von Norwegen

---

[1] Hanserecesse I Nr. 177, S. 109, wo das betreffende Akten-
stück mit der Überschrift: De istis conqueritur rex Suecie contra
mercatores ... dictos henscbrodere, in das J. 1352 gesetzt ist.

[2] Hanserecesse I 164 Art. 6 ... de quadam nova et incon-
sueta exactione per mercatores in Berghen existentes novis mercatoribus
primo ibidem venientibus imposita. Es wurde beschlossen, dafs Lübeck
und die übrigen Städte deshalb gleichlautende Abmahnungsschreiben
an ihre Angehörigen erlassen sollten.

[3] Ebend. S. 807 Art 9: litterae dabantur ad dominum Zuffridum
Hafdorn et mercatorum aldermannos in Bergen.

[4] Ebend. S. 332 Art. 11 und 12.

[5] Ebend. Nr. 383 und 384. Die Zuschrift des deutschen Briefes
(S. 343) lautet: Den erbaren unde vorsichtigen mannen, olderluden
unde deme menen kopmanne der Dudeschen henze to Berghen wesende,

geschickten Briefe benachrichtigt und sodann ermahnt, in
Frieden und Eintracht mit den Norwegern zu bleiben, die
sie doch nicht für allzu einfältig und gering achten sollen
(non reputantes eos nimis simplices aut exiles). In dem
andern werden ihnen die sie betreffenden Beschlüsse und
Satzungen der Tagfahrt zu Lübeck mitgeteilt, welche sie
binnen den nächsten drei Jahren befolgen sollten. Es sind
folgende: Zuerst ergeht an jedermann, er sei Schiffer oder
Kaufmann, die Bitte und das Gebot, sich von aller ‚Unstür‘
zu enthalten. Falls einer sich hierin vergeht, der soll es
bessern nach Landes Recht, d. i. norwegischem Recht. Will
er aber nicht (sein Vergehen) bekennen, wie das Landesrecht
bestimmt, und entsteht dem Kaufmann daraus Ungemach, so
soll man über ihn richten in den vorgenannten Städten, wenn
er zurückkommt. Falls Schiffer oder Kaufleute oder die,
welche in der Hanse sind, mit einander in Streit geraten,
woraus Totschlag oder Ungemach entstehen möchte, sollen
die Aldermänner und der (gemeine) Kaufmann Vollmacht
haben, Frieden zu gebieten bei 100 Pfund englisch, und einen
Tag bestimmen zum Vergleich oder Rechtsurteil; die Brüche,
welche dabei vorkommen, sollen zu $^2/_3$ an die Stadt fallen,
welcher derjenige angehört, der sie schuldig ist, und zu $^1/_3$
an die Aldermänner zu des Kaufmanns Nutzen. Mit dem
heimatlichen Gericht der Städte wird auch derjenige bedroht,
der Einigungen (sammlinge) macht, woraus dem Kaufmann
Verdruſs erwachsen könnte. Schließlich werden die bereits
angeführten Beschlüsse mitgeteilt, daſs keiner Aldermann sein
und keiner die Freiheiten der Deutschen genieſsen soll, er
sei denn Bürger einer Stadt, die in der deutschen Hanse, begriffen ist.

Der gemeine Kaufmann zu Bergen, das ist die deutschen
Kaufleute aus den verschiedenen Städten der Hanse, hatte

---

cren leven vrunden, radmanne der menen stede bi der zee, in der ghift
(d. i. an dem Datum) 24. Juni desser jeghenwardighen breve. to Lubeke
vorgaddert.

sich, wie man sieht, zu einer Corporation unter Aldermännern — zwei, wie nach allgemeiner Analogie anzunehmen
ist — vereinigt, welche von dem gesamten Städtebund abhängig war, von diesem Weisungen und Satzungen empfing
und innerhalb ihres Kreises an Ort und Stelle die Jurisdiction
über ihre Angehörigen ausübte, doch so, dafs diese zugleich
ihren heimatlichen Stadtgerichten für ihre Vergehen verantwortlich blieben.

In dem grofsen Kriege, den der mächtige deutsche
Hansebund gegen Waldemar IV von Dänemark und dessen
Schwiegersohn und Verbündeten König Hakon von Norwegen 1367—1369 führte, waren die deutschen Kaufleute zu
Bergen in schwerer Bedrängnis. Die Seestädte sorgten dafür, ihre Angehörigen in Sicherheit zu bringen. Auf der
Tagfahrt zu Lübeck 1368, Febr. 2, erliefsen sie an die Aldermänner und den gemeinen Kaufmann zu Bergen strengen Befehl, den Ort mit ihren Gütern zu Ostern oder Walpurgis auf
Schiffen, die sie bekommen könnten, zu verlassen; auch die
zu Tunsberg und Oslo sollten von ihren Handelsfreunden
abgeholt werden[1]. Gleichzeitig erging ein Schreiben derselben an ‚die Aldermänner und den gemeinen Kaufmann
der deutschen Hanse zu Brügge‘ mit der Weisung, den dortigen Bergenfahrern zu gestatten, einige leere Schiffe mit
der Kriegsflotte abzuschicken, um die Kaufleute in Bergen
abzuholen, gleichwie auch die zu Tunsberg und Oslo von
ihren Handelsfreunden auf besonderen Schiffen, doch auf
eigene Gefahr, könnten fortgebracht werden[2].

---

[1] Hanserecesse III Nr. 302.

[2] Ebdend. I Nr. 428. In Tunsberg und Oslo betrieben von
altersher die Rostocker ihren Handel, und es bestand dort eine kauf-
männische Genossenschaft derselben, ähnlich wie das Contor der Hanse
zu Bergen, welche fortdaurnd dem Gesetz und Obergericht der heimatlichen Obrigkeit untergeben blieb. Vgl. die Verordnungen des
Rostocker Rats für den ‚copmann to Anslo unde Tunsberge‘ aus den
J. 1452 und 1472, mitgeteilt von Koppmann in Hans. Geschichtsbl.
Jhg. 1888 S. 163.

Im folgenden Jahr 1369, August 3, schlofs Hakon von Norwegen Waffenstillstand mit den Städten der Ost- und Westsee und bestätigte ihre Privilegien, indem er versprach, den Kaufleuten, welche sein Reich verlassen, ihre confiscierten Schuldforderungen zurückzuerstatten [1]. Infolge der Freigebung der Schiffahrt nach Norwegen wurde auch das Contor der Hanse zu Bergen wiederhergestellt. Wie aus einem Erlafs des Städtetags zu Stralsund 1369, Oct. 21, hervorgeht, mufsten die Kaufleute zu Bergen die auf der Tagfahrt zu Köln 1367 beschlossene Kriegssteuer des Pfundgelds entrichten [2]. In demselben Erlafs wird auch schon wieder, wie vor dem Kriege die viele ‚Unstür‘, die zu Bergen geschieht, gerügt, weshalb den einzelnen Städten aufgegeben wird, Mahnschreiben an ihre Angehörigen daselbst zu erlassen [3]. Alsbald erhebt auch König Hakon wieder Klage, dafs die deutschen Kaufleute in Bergen und Norwegen neue Statuten gegen Recht und Gewohnheit machen, für sich Gerichtsbarkeit üben und eigene Richter bestellen mit Umgehung und zum Nachteil der königlichen Gerichte und, was noch schlimmer ist, Übelthäter und Totschläger auf ihren Schiffen fortbringen, ohne Genugthuung zu leisten, überhaupt die Gesetze des Landes verachten und den Gerichten Trotz bieten [4]. Nach langen Unterhandlungen erfolgte der Friedensschlufs zwischen Hakon von Norwegen und Schweden mit den Hansestädten zu Kalingborg (Kalundborg am grofsen Belt auf Seeland) 1376, Aug. 14 [5]. Hakon erklärte in der

---

[1] Ebend. Nr. 503.

[2] Ebend. I Nr. 511: dat se tho dem schote, alze van jewelyken pund grote enen groten ut tho ghevende wyllych syn unde rede, alse me yd em af eysschet.

[3] Mit wörtlicher Wiederholung der früheren Mahnung vom 24. Juni 1366 (vgl. oben) und mehreren Anordnungen für die dortigen Kaufleute.

[4] Klagartikel Hakons in den J. 1370 und 1372 Hanserecesse II Nr. 4 und 89.

[5] Munch, Zweite Abt. II 69 ff. Hanserecesse II Nr. 124.

Bekanntmachung desselben alle Streitigkeiten für abgethan und bestätigte im allgemeinen alle früheren Privilegien
der Hansestädte.

Bei der allgemeinen Privilegienbestätigung, wie sie in
diesem Vertrag, gleichwie in früheren und späteren Fällen,
von den norwegischen Königen der deutschen Hanse erteilt
wurde, blieb doch immer unbestimmt, was eigentlich darin
enthalten sei, so dafs sich der Streit darüber immer wieder
erneuern konnte. Wir finden daher, dafs Hakon in einer
Reichsverordnung, die er bald darauf, 1377, Jan. 29, erliefs[1],
den deutschen Kaufleuten der Hanse vorwarf, dafs sie sich
mit Berufung auf ihre Privilegien vieler Dinge angemafst
hätten, die ihm und seinem Reiche zum grofsen Schaden
gereichten, wogegen er auf die herkömmlichen Einschränkungen ihres Handels zurückkam: aller Kauf und Verkauf
der inländischen Waren soll nur auf den öffentlichen städtischen Märkten stattfinden und schwere Waren (þungan
warningh) nur in Schiffspfunden und Tonnen, nicht im
kleinen von den Ausländern verkauft werden. Efswaren
dürfen sie nur für ihren Bedarf, nicht zur Ausfuhr kaufen;
Bier dürfen sie selbst nicht zu eigenem Bedarf brauen, sondern
müssen es von der Stadt nehmen. „Auch verbieten wir
ihnen“, heifst es weiter, „Waren in unser Reich einzuführen,
die anderen Leuten als ihnen selbst und den Kaufleuten, die
in der Hanse sind, gehören.“ Es ist dasselbe Princip wie
in der berühmten englischen Navigationsakte der Neuzeit.

Das Verhältnis der deutschen Kaufleute in Norwegen
war, wie man sieht, sehr verschieden von demjenigen, das
wir in Dänemark und Schweden gesehen haben. Sie nahmen
keinen Anteil an der norwegischen Stadt und betrachteten
sich selbst fortdauernd als Fremde im Lande, dessen Handel
sie für sich ausnutzten und in dem sie nur so lange verweilten, als es ihre Geschäfte oder ihr Dienst im hansischen
Contor mit sich brachten.

---

[1] N. g. L. III Retterböder Nr. 111.

Mit Geringschätzung sahen sie auf die armen und ungebildeten Norweger herab und vermieden Heiraten mit einheimischen Frauen, um sich nicht dadurch ihren Genossen zu entfremden und ihre Heimat zu verlieren; denn dies war die herrschende Ansicht über das Verhältnis der im Auslande verheirateten deutschen Kaufleute, wie sie die Sendboten der Städte bei einer Verhandlung in London 1379 kundgaben. Auf die Beschwerde der Engländer nämlich, daſs den deutschen Kaufleuten verboten sei, sich in England zu verehelichen, und, wer das thäte, verschmäht würde, gaben sie zur Antwort, daſs ihre Kaufleute freie Leute seien und heiraten könnten, wo sie wollten; doch wer in fremden Ländern, England, Frankreich, Norwegen, Dänemark, Flandern, Venetien oder anderswo, ein Weib nehme, der müsse die Rechte und Privilegien der Hanse entbehren, da man ihn nicht vertreten könne, wenn er nicht in Alemannien sei; bringe aber ein Kaufmann oder anderer Biedermann sein Weib mit in die Stadt, wo er Bürger ist oder wird, da könne er deren Privilegien gebrauchen[1].

‚Der gemeine Kaufmann der Hanse‘ zu Bergen befand sich zu Anfang des 15. Jahrhunderts im Besitz eines bedeutenden Stadtteils mit Höfen und Warenlagern an der sog. Brücke auf der Nordostseite des Vaag, d. i. des Meerbusens, um den die Stadt sich im Halbkreise herumzieht[2]. Die Corporation bildete eine politische Gemeinde für sich und eine eigene Pfarrgemeinde bei der Kirche St. Marien[3]. Die wiederholten Zerstörungen durch Brand und Plünderung, welche Bergen durch die Vitalienbrüder von Rostock und Wismar 1393 und 1395 und noch einmal 1429 durch die Flotte des Seeräubers Bartholomäus Voet erlitt, gereichten weit mehr

---

[1] Hanserecesse II Nr. 210 S. 245 Nr. 4.

[2] Zwei Stadtpläne bei Y. Nielsen, Bergen, veranschaulichen die Lage.

[3] Nicolaysen, Norske Magazin I (1858) S. 32, wo die Kirchen und Klöster zu Bergen verzeichnet sind.

zum Verderben der Stadt als des deutschen Contors, das
immer wieder den Handel an diesem wichtigsten Stapelplatz
Norwegens beherrschte[1].

Über Sitten und Gebräuche des Contors, insbesondere die
bei der Aufnahme neuer Genossen üblichen rohen Spiele,
sind wir durch spätere Beschreibungen und Statuten aus dem
16. und 17. Jahrhundert zur Genüge unterrichtet[2]. Die
frühesten vorhandenen Statuten, welche sich selbst als eine
Sammlung alter Willküren ausgeben und von den Hansestädten Lübeck, Hamburg, Bremen revidiert und verbessert
wurden, sind vom J. 1572[3]. Sie zeigen in der Verfassung
und gerichtlichen Organisation der Corporation, besonders in
dem Verhalten derselben gegenüber dem öffentlichen Stadt-
und Landesgericht, viel Ähnlichkeit mit den alten, auf eigenem
Recht bestehenden Gilden. ‚Ein Ehrsamer Kaufmann‘ heißt
die Gesamtheit der Kaufleute des Contors, deren Versammlung das Gericht bildet. Zwei Älterleute, ein Secretär und
18 Männer sind die Vorsteher der Corporation. Der Ältermann gebietet den Kaufleuten zum Gericht. Strafbestim-

---

[1] Y. Nielsen, Bergen S. 221—231. Im J. 1440 erhoben Rat und
Gemeinde von Bergen aufs neue die bittersten Klagen bei dem norwegischen Reichsrat über Übermut, Unsitten und Gewaltthätigkeiten
der deutschen Kaufleute, durch welche die Einwohner jämmerlich
unterdrückt würden. Vgl. Nicolaysen, Norske Magazin I 49—54,
wo die Klagschrift abgedruckt ist, und chend. S. 536 die im J. 1580
verfaßte Abhandlung über den Fortschritt (fremgang) der Deutschen
und die Unterdrückung der Bürger.

[2] Vgl. Nicolaysen Magazin, Holbergs Beschreibung der Stadt
Bergen, Y. Nielsen und für deutsche Leser J. Harttung in den
Hansischen Geschichtsbl. Jg. 1877.

[3] Sämtliche Statuten bis 1659 sind aus dem Archiv des Bergen-
fahrercollegs zu Lübeck mitgeteilt von Yngvar Nielsen, Vedtægter
for det hanseatiske Kontor i Bergen in Forhandlinger i Videnskabs-
Selskabet i Christiania. 1878. Die deutschen Texte sind im Abdruck
nicht selten fehlerhaft gegeben. Manche Ausdrücke sind dem Norwegischen nachgebildet und nur aus diesem zu verstehen; z. B. Garten, d. i. norw. gardr, heißt der Hof; Haushund, norw. husbondi, der
Hausherr; Kleff, norw. Kleve, die Kammer, Ellofen, norw. eldr, der
Feuerherd und dergl. mehr.

mungen und Bufsen für Vergehen sind festgesetzt. Wenn·
Brüche für auf der Brücke (d. i. im deutschen Quartier) be-
gangene Gewaltthätigkeiten durch das ‚Nordische Gericht‘
auferlegt werden, soll auch der Kaufmann seine Brüche
davon nehmen (Art. 8). Streitige Sachen sollen, ehe·man
sie an den ‚Ehrsamen Kaufmann‘ bringt, von den Nachbarn
und guten Freunden in Güte beizulegen versucht werden
(11). Was für eine Bewandtnis es mit den ‚Nachbarn‘ hat,
ersieht man aus den Statuten, betitelt ‚Gartens Recht (d. i.
Hofrecht) für die Nachbahren und Gesellen‘[1]. Nachbarn und
Gesellen bilden die besondere Genossenschaft eines jeden Hofs,
worin eine Anzahl Häuser und Familien vereinigt sind[2]. Der
in dieselbe Aufgenommene wurde in das Buch der Nachbarn
eingeschrieben und genofs ‚des Hofes Gerechtigkeit‘ (Art. 20).
Bei höchster Gelbufse (100 Rth.) wird verboten, einen Angehörigen des Contors bei ‚fremden aufserhänsischen Herren
oder Richtern‘ zu belangen aufser in Notsachen und mit Zustimmung des gemeinen Kaufmanns, in welchem Falle ein
Ältermann und zwei von den Achtzehn den Verklagten auf
dessen Verlangen zu dem fremden Gericht begleiten (Art. 13).

Die höhere Instanz über dem Gericht des Ehrsamen
Kaufmanns ist der Rat zu Lübeck, an den man jedoch nur
in Sachen über 25 Mark lübisch appellieren soll (Art. 14).
Keiner soll sich zu einer nordischen Gilde, Fraternität oder
Compagnie halten bei Verlust von des Kaufmanns Gerechtigkeit, keiner mit Holländern, Engländern, Schotten oder andern, die nicht der Hanse verwandt sind, in eine Gesellschaft
eintreten, keiner andre als hansische Schiffe befrachten, keiner
aufserhansische Diener halten (Art. 18—20. 60). Von allen,

---

[1] A. a. O. S. 32.
[2] Holberg, Beschreibung der Stadt Bergen II 43: „Ein jeder
von diesen Höfen ist in vorigen Zeiten zum wenigsten von 15 und
bisweilen von mehreren Familien bewohnt worden, je nachdem die
Höfe grofs oder klein waren, so dafs ein jeder Hof eine besondere·
Gesellschaft ausmachte."

welche die Niederlage im hansischen Contor gebrauchen, soll
Schoſs und Zulage für sog. schwere Güter nach der Zahl
der Lasten, für die übrigen nach dem Werte entrichtet werden (Art. 37).

Alles, was die Abgeschlossenheit des hansischen Contors
von jeder andern politischen oder Handelsgemeinschaft betrifft, beruht ohne Zweifel auf althergebrachter Ordnung,
gleichwie auch in so später Zeit immer noch an dem Verbot
der Heiraten mit norwegischen Frauen festgehalten wird[1].

Man fragt vergebens nach dem äuſseren Rechtsverhältnis
des deutschen Contors zu der Stadt, in welcher es eine abgesonderte Commune bildete, und zu dem Reiche, in dessen
Schutz es sich befand. Die königlichen Privilegien wurden
den Hansestädten und damit auch den Angehörigen des
Contors erteilt; aber nirgends ist letzteres besonders erwähnt
oder als eine zu Recht bestehende Corporation anerkannt.
Es hat demnach für den Ehrsamen Kaufmann des Hanse-
contors kein anderes Recht in Norwegen gegolten, als das,
welches den deutschen Kaufleuten der Hanse überhaupt
eingeräumt war, und dasjenige, welches von jeher für die
sog. Wintersitzer in den norwegischen Handelsplätzen galt,
daſs sie nämlich gleichwie die inländischen Einwohner Steuern,
Abgaben und persönliche Dienste leisten muſsten und dem
Stadtrecht wie dem öffentlichen Gericht unterworfen waren.
Das sich selbst verwaltende deutsche Contor blieb fortdauernd
abhängig von den Hansestädten als seinen Vorgesetzten und
Vollmachtgebern, von denen es Befehle und Statuten empfing
und welche das Obergericht für dasselbe bildeten; nur auf

---

[1] A. a. O. S. 54 unter dem Titel: ‚Warschauung (d. i. Warnung)
auf Michaely und Ostern vorgelesen' Art. 3: „Item so jemand unter
uns, der sich in diesem Lande mit Frauen oder Jungfrauen verlobt
hätte, der stehe auf und entweiche Einem Ehrsamen Kaufmann und
dieser löblichen Gemeine; so aber jemand binnen bliebe, soll derselbe
für einen Treulosen und Meineidigen gehalten werden."

Anrufen der Städte selbst mischte sich die norwegische Reichsregierung in dessen innere Angelegenheiten[1].

Eine andere durch eigentümliche Verhältnisse bedingte Stellung nahmen die zahlreichen, in die norwegischen Städte eingewanderten deutschen Handwerker ein. Unter diesen spielten die Schuster die bedeutendste Rolle.

Die Schuster zu Bergen gerieten im J. 1307 in Streit mit dem Bischof Arne über den Kirchenzehnten, den sie ihm verweigerten, wobei sich ihnen dann auch die Wintersitzer von den Kaufleuten anschlossen. Es wurde hierüber ein mehrjähriger Prozefs geführt[2]. Der Bischof fing damit an, allen Schustern im Hofe Vaagsbotten (in vico Vaagsbotn commorantes) den Zutritt zur Kirche zu verbieten[3], kam aber hiermit so wenig wie durch weitere Verhandlungen zum Ziele. Endlich nahm sich der König seiner an und befahl seinen Beamten, Fehird und Sysselmann, dem Bischofe Recht zu verschaffen. Die Deutschen, hierüber erbittert, beschlossen unter einander, nichts von dem Bischof und den Geistlichen zu kaufen oder an sie zu verkaufen, weshalb sie der erstere mit dem päpstlichen Bann bedrohte[4]. Die Entscheidung wurde schliefslich dem weltlichen Gericht des Lögmann übertragen, und dieser urteilte, weil der Bischof nach norwegischem Christenrecht den Wintergästen gleichwie den einheimischen Hausbesitzern die kirchlichen Dienste zu leisten

---

[1] Ein Beispiel gibt die Verordnung des Königs Friedrich von 1654 behufs Abstellung von Mifsbräuchen und Unordnungen im deutschen Contor, über welche die Hansestädte selbst sich bei ihm beklagt hatten. A. a. O. S. 39.

[2] Vgl. die ausführliche Darstellung des Hergangs bei Munch IV 2 S. 581—587.

[3] Dipl. Norveg. VIII Nr. 19, J. 1307 Sept. 10.

[4] Dipl. Norveg. III Nr. 96, J. 1311 März 6.

habé, seien sie auch schuldig, ihm gleichwie die Inländer
den Zehnten zu entrichten[1].

Die deutschen Schuster traten bei dieser Gelegenheit als
eine Genossenschaft auf, und als solche wurden sie auch anerkannt in einem Königsbriefe vom J. 1330, Nov. 23, den
ihnen die Reichsregierung im Namen des zur Zeit unmündigen Magnus Erichsson ausstellte. Das äußere Rechtsverhältnis, worin sie zur norwegischen Krone standen, findet sich in diesem Privilegium festgestellt[2]. Es beruhte
auf einem Mietsvertrage. Der König hat an die deutschen
Schuster seinen Hof, genannt Wagsbotten in der innersten
Bucht (in ende der wage), um 50 Mark jährlich vermietet,
unter folgenden Bedingungen und Vergünstigungen: sie sollen
frei sein von Wachdiensten, aber dafür, daß der König statt
ihrer Stadtleute (bylyde) für die Wache besoldet, noch 6 Mark
jährlich bezahlen; jeder Meister soll die vorgeschriebenen
Waffen haben, 44 Männer im ganzen[3], welche der königliche
Amtmann jährlich beschauen wird; dafür sind sie frei von
der Waffenschau der Stadt[4]; sie sollen frei sein vom
Schiffszug, außer in dem königlichen Schiffsbusen (synder
unser skepebuse)[5], wo bei dem durch das Horn gegebenen Signal jede Wohnung (bode) einen Mann zum Dienst
zu stellen hat; es wird ihnen der freie Kauf ihres Bedarfs
gestattet, gleichwie andern königlichen Dienern; kein
Schuhmacher soll in der Stadt wohnen außerhalb des Hofs
Wagsbotten, ausgenommen Schuhflicker; bei ihrem Gewerbe,
Kauf und Verkauf der Schuhe, sollen sie sich dem Rechte
gemäß (rechtverdig) halten, wie es den Lagmann, den könig-

---

[1] Vgl. das Urteil nach dem Wortlaut in deutscher Übersetzung
im Hans. UB. II Nr. 193.

[2] Das Hansische UB. II Nr. 495 bringt die Urkunde in der allein
vorhandenen niederdeutschen Übersetzung.

[3] So verstehe ich den Ausdruck ‚islich mesterman der skal wesen
44 manne wapne‘, nämlich als die im ganzen festgestellte Zahl der
Meister.

[4] Vgl. oben S. 363.

[5] Vgl. über den Schiffszug oben S. 378.

lichen Vogt und die Ratmänner gut dünkt, doch mit Zustimmung des über den Hof vom Könige gesetzten Haupt-
manns (es sind damit die Preistaxen gemeint ,alse mögelich
is na dem kope'); sie sollen jedermann zu Recht stehen und
mit zwei Meistermännern nebst dem Hauptmann des Hofs
zum Stadtgericht (to der steffen) gehen, und alle ihre Brüche
sollen dem Könige zufallen; schliefslich wird dem königlichen
Vogt (Stadtvogt) und dem Lagmann befohlen, sie gegen Unrecht zu schützen und ihnen zum Recht zu verhelfen.

Man sieht, anders als wie die deutschen Kaufleute, Wintersitzer und das Contor der Hanse, war diese Genossenschaft der Handwerker als fortdauernd in der Stadt angesessen
in ein besonderes Miets- und Schutzverhältnis von dem Könige
aufgenommen. Gleichwie andere einheimische Hofbesitzer
Häuser und Warenlager, auch ganze Höfe an die Wintersitzer
vermieteten, vermietet hier der König seinen Hof an die
Schustergenossenschaft; aber kraft seines königlichen Rechts
gewährt er ihnen, die er als seine Hofdiener betrachtet, eine
gewisse Ausnahmestellung sowohl in Bezug auf die öffentlichen Leistungen wie auf das Stadtrecht.

In einem wesentlich gleichen Verhältnis standen die
deutschen Schustergenossenschaften in andern Städten, Nidaros
und Oslo. Auch in Oslo safs eine solche auf dem Königshof,
gegen die Hakon durch einen Befehl an seine Beamten 1304
einschritt, weil sie Norweger und verheiratete Ausländer von
sich ausschlofs, was der König nicht dulden wollte[1]. Nur
auf dem Königshof, dem ,grofsen Hof', sonst nirgends in der
Stadt, durfte das Schusterhandwerk betrieben werden nach
einem Privileg desselben Königs, welches sein Nachfolger
Magnus 1354 bestätigte[2]. Die Schuhmacher zu Bergen
wurden in dem gleichen Recht durch eine Verordnung des
K. Hakon 1372 geschützt, nachdem sie sich bei ihm darüber

---

[1] Diplomatarium Norveg. II Nr. 74.
[2] Retterböder Nr. 86, Hans. UB. III Nr. 291.

beklagt hatten, daſs andere Schuster in der Stadt säſsen und
ihnen die Nahrung entzögen: sie allein, die zusammen auf
dem königlichen Hof sitzen, dürfen Schuhe machen und verkaufen, auſser einem Schuster, den der Bischof auf seinem
Hofe haben will, der jedoch nur für ihn und seine Leute,
nicht für andre arbeiten darf[1]. Nach einer anderen Verordnung desselben Königs von 1370 hatten die Schustergenossenschaften zu Bergen und Nidaros jede insgesamt ein jährliches
Steuerfixum nach Maſsgabe ihrer Anzahl an den königlichen
Amtmann zu bezahlen, wogegen sie von allen Schatzungen
und Zöllen befreit waren[2]. Und weitere Begünstigungen
wurden denen zu Nidaros von dem König gewährt durch
Befreiung vom Waffengang auf 20 Jahre und vorteilhafte
Taxen für ihr Schuhzeug[3].

Die privilegierte Stellung der Schuster in den genannten
Städten beruhte, wie man sieht, auf einem besonderen Ver-
tragsverhältnisse, in welchem sie zu dem Könige als Einwohner und Mieter in seinen Höfen standen. Sie waren in
den Schutz des Königs aufgenommen und erhielten durch
ihn die Freiheit ausschlieſslich das Schustergewerbe in der
Stadt zu betreiben, ohne doch der städtischen Obrigkeit
unterstellt zu sein.

Über das Verhältnis der deutschen Handwerkerämter
zu Bergen zu dem ‚gemeinen Kaufmann der Hanse' in Bergen
ergibt sich Näheres aus einer Urkunde von 1475, wonach
Bürgermeister und Rat von Lübeck, als Haupt der deutschen
Hanse (alse eyn hoved der gemenen stede van der dutschen
henze), einen Vergleich zwischen ihnen über vorgefallene

---

[1] Ebend. Nr. 102.
[2] Ebend. Nr. 99.
[3] Ebend. Nr. 112. Wegen eines von den Schustern zu Nidaros
in der Christkirche verübten Totschlags machte der Fehird mit ihnen
durch Vergleich die Buſse von 44 Mark Silber aus, was der König
bestätigte, indem er ihnen zugleich gestattete, soviel Schuhwerk aus-
zuführen, als erforderlich wäre, um die in Bergen geborgte Summe
zu decken. Ebend. Nr. 109 J. 1376 Mai 24.

Streitigkeiten vermittelten[1]. Die Verhandlung wurde geführt von den Älterleuten des Kaufmanns zu Bergen einer- und den Bevollmächtigten der Gesellschaft (selschop) der Schuhmacher und der Gesellschaft der Schneider daselbst andererseits. Nach Inhalt des Vergleichs wurde durch die Älterleute des gemeinen Kaufmanns eine Aufsichtsbehörde von 12 Personen bestellt, welche an der halbjährlichen Morgensprache der Schuster teilnehmen sollten; denn die Schuster erscheinen immer als das führende Amt für die andern. Das Hauptanliegen der Kaufleute, worüber die Uneinigkeit entstanden war, bestand darin, die Handwerkerämter von dem Kaufhandel auszuschliefsen. Hierbei berief sich der gemeine Kaufmann auf die Briefe von 1379 und 1408, welche Schuhmacher, Schneider und andere Ämter von ihm erhalten hatten. Diese dürfen wohl ihre eigenen Waren gegen andere vertauschen, dürfen sie aber nicht über See versenden, sondern müssen sie dem Kaufmann überlassen, und dagegen soll ihnen das von König Christian bewilligte Privilegium nichts helfen, bei Verlust der Hanse[2]. Ohne die Zustimmung der Zwölf dürfen die Ämter keine eigene Willkür, noch neues Recht aufsetzen und ohne des Kaufmanns Wissen keinen bei sich aufnehmen, der nicht zur Hanse gehört.

Es ergibt sich aus allem, dafs das Contor oder die Corporation des gemeinen Kaufmanns der Hanse in Bergen, sowie die von diesem abhängigen Handwerkerämter sich fortdauernd von der Gemeinschaft mit den Norwegern und der Stadtgemeinde abschlossen und nur als Angehörige der Hansestädte, unter deren Schutz sie standen und deren Privilegien sie genossen, angesehen sein wollten[3].

---

[1] Diplomatarium Norvegicum IV 2 Nr. 978, J. 1475 Jan. 24.

[2] Es ist das Privilegium des Unionskönigs Christian I von 1450 gemeint, allerlei Kaufhandel zu betreiben. Vgl. dieses in der Sammlung der kön. Verordnungen von Paus (1751) S. 267.

[3] Weitere Nachrichten über die deutschen Handwerkerämter in Bergen, namentlich über die Anzahl der Buden, welche die einzelnen in den nach ihnen benannten Strafsen besafsen, geben die Urkunden-

II.　Gilden.

Suhm, Historie af Danmark XIV 336 und 588. — Finn Magnusen, Om de oldnordiske Gilders. 1829 (Zeitschr. f. nordische Alterthumskunde). — Wilda, Das Gildenwesen im Mittelalter. 1831. S. 1—25. — Munch, Det norske Folks Historie II (1855) S. 441 bis 445. — Lange, De norske Klostres Historie i Middelalderen. 2. Udg. 1856 S. 197 ff. 262. 400. — Yngvar Nielsen, Bergen. 1877 S. 161. — Pappenheim, Ein altnorwegisches Schutzgildestatut, nach seiner Bedeutung für die Geschichte des nordgermanischen Gildewesens erläutert. 1888.

Es wurde bereits in der Einleitung dieser Schrift bemerkt, dafs das Wort gild ursprünglich nichts anderes bedeutet, als Vergeltung und Bufse und weiter Opfer und Trinkgelag, die zum heidnischen Cultus gehörten[1]. Dies läfst sich besonders gut in Norwegen nachweisen. In den Liedern der Edda kommt Gildi nur als Vergeltung oder Bufse vor[2]. Das Trinkgelag heifst drykkja Trinken oder öl drykkja Biertrinken. Aegis drykkja ist eines der Lieder benannt, nämlich das Trinken, zu welchem Aegir die Asen einlud; zu diesem Gastmahl (veizlu) kamen Odin und Frigg, seine Frau. Die Zusammenkunft zum Gelag ist sambl oder

---

auszüge in Nicolaysens Magazin I als Anhang zu der Schrift Bergens Fundats S. 573. 598 ff. Vgl. Nielsen, Bergen S. 240. Eine Vereinigung von ‚5 Ämtern‘, unter welchem Namen die Gesamtheit der deutschen Handwerker nach Nielsen begriffen gewesen wäre, finde ich in den Urkunden nicht, es sei denn in einer Urkunde von 1497, Diplom. Norveg. II Nr. 994, wonach Bischof Hans von Bergen den Handwerkern (embetzmen), nämlich den Schuhmachern, Schneidern, Goldschmieden, Bäckern und Bartscherern, einen Platz zum Papageyenschiefsen schenkte. Das beweist jedoch nicht viel.

　　[1] Vgl. Einl. S. 4.
　　[2] Edda (Ausg. von Lüning) Hávamál Str. 146: ey sér til gild in giöf, immer sieht die Gabe auf Vergeltung. Völuspa Str. 27: die Götter beraten, ob sie die Untreuen strafen oder Bufse von ihnen nehmen — gildi eiga — sollen.

samkunda[1]. Dieselben Ausdrücke werden in den historischen Sagen gebraucht, daneben aber auch gildi für Trinkgelag.

Die Sagen der ersten norwegischen Könige, welche das
Christentum einführten, erzählen von den heidnischen Opfermahlzeiten und Trinkgelagen, verbunden mit Gebräuchen,
welche nachmals eine christliche Anwendung fanden[2]. Die
Saga des Olaf Tryggvason berichtet von einem Traum,
worin ihm der heilige Martinus erschien: der sagte, es sei
bisher in diesem Lande der Brauch gewesen, dem Odin und
anderen Asen das Trinkgelag (samnaðr öl) darzubringen,
„und ich will, dafs du dagegen verordnest, dafs mir das Gedächtnis (minning) bei Gastmählern und Zusammenkünften
(at veizlom ok samkundum) gethan und mein Gedächtnis getrunken werde"[3]. In der jüngeren Sage desselben Königs
verlangt der h. Martin die Minne nicht blofs für sich, auch
für Gott und andere Heilige, bei Gastmählern oder Zusammenkünften, bei Trinken oder Gilden, d. i. Gelagen (sam-
drykkjar eðr gildi)[4].

Als Olaf der Heilige die Bauern im Drontheimer Land
wegen der zu Anfang der Winterzeit gehaltenen grofsen
Trinkgelage (drykkjur mikla), wobei nach heidnischer Sitte
dem Thor und Odin, der Freya und den Asen die Minne
ausgebracht worden, zur Verantwortung zog, sprach einer
von ihnen, Oelver mit Namen, sie hätten keine Gastmähler
(veizlur) gehalten aufser Gilden und Rundtrinken (nema gildi
sin eða hvirfingsdrykkjor) und einigen Freundschaftsschmäu-

---

[1] Aegisdrekka Nr. 3 und 4. Atlamál Str. 72, wo drykkja und
samkunda gleichbedeutend sind; samkunda heifst auch Beratung Str. 1.
[2] Vgl. Wilda, Gildenwesen S. 6 ff., und K. Maurer, Bekehrung
des norwegischen Stammes zum Christentum I 158. 285 f. 528, II
200. 425 f.
[3] Oddr Saga Olafs Tryggv., herausg. von Munch c. 17. Vgl. die
etwas anders lautende Version in Fornmanna Sögur X c. 24.
[4] Fornmanna Sögur I c. 141.

sen (vinabod)[1]. Hier wird ein Unterschied gemacht zwischen
den öffentlichen Opfermahlzeiten und anderen nicht verbo-
tenen Trinkgelagen, als welche auch die Gilden genannt sind.
In dem Auszug der norwegischen Königssagen, welcher Agrip
heifst, wird von Olaf dem Heiligen kurz berichtet: er erbaute Kirchen und unterdrückte die Opfergelage (blotdruck-
jor) und setzte an deren Stelle Trinkgelage (druckjor) an
den hohen Festen, Weihnachten und Ostern, Johannis und
Michaelis[2].

Hiermit verbinde ich die oft wiederholte Nachricht über
die Einführung der Gilden durch Olaf Kyrre (1066—1093),
welche wörtlich so lautet[3]: „König Olaf liefs die grofse Gilde
(mikla gildi) zu Nidaros errichten (lét setja) und manche
andere in den Städten, und vordem bestanden Rundtrink-
gelage (hvirfingsdrykkjur): da war Bœjarbót die grofse Hvir-
fingsglocke in Nidaros. Die Hvirfingsbrüder liefsen die Mar-
garethenkirche von Stein erbauen. In den Tagen Olafs begannen die Trinkgelage in den Höfen (skytningar)[4] und
Leichentrinken (leizludrykkjur) in den Städten, und da nahmen die Männer sonderbare Trachten an, geschnürte Hosen
an den Beinen“ u. s. w.

Dem Geschichtswerk des Snorre Sturluson, dem man
diese Nachricht verdankt, geht der Zeit nach das schon genannte Agrip voraus[5], welches die folgende anmutige Erzäh-

---

[1] Maurer, Bekehrung I 528 nach der jüngeren Saga Olafs des
Heiligen in Fornm. S. IV c. 102, in der akademischen Ausgabe,
Christiania 1853 c. 94. Ebenso in der Heimskringla, Saga Olafs h.
helga c. 113.

[2] Fornm. Sögur X 393.

[3] Heimskringla, (Unger) Saga Olafs Kyrra c. 2.

[4] Skytningar, wovon vermutlich das niederdeutsche Wort Schütting
herkommt, waren abgesonderte Häuser auf den Höfen, wo das Herd-
feuer brannte und die Bewohner des Hofs zusammenkamen; vgl.
Nielsen, Bergen S. 132.

[5] Es ist in der 2. Hälfte des 12. Jahrh. verfafst nach Keyser,
Efterladte Skrifter I 572. Snorre, der Verfasser der Heimskringla,
starb 1241.

lung von Olaf Kyrre bringt[1]: Als der König eines Tages
sich in der grofsen Gilde (i mikla gildi) vergnügt und bei
guter Stimmung zeigte, sprach ihm einer der Gäste seine
Freude darüber aus, worauf der König zur Antwort gab:
„Warum sollte ich nicht vergnügt sein, wenn ich mein Volk
in Lust und Freiheit sehe und bei einem Gelage (i sam-
kundo) sitze, dessen Heiliger meines Vaters Bruder ist."
Hiernach war die grofse Gilde zu Nidaros eine Olafsgilde;
denn Olaf Kyrre war der Sohn Haralds des Harten, Stief-
bruders von Olaf dem Heiligen.

Als etwas Neues wurden nach Snorres Bericht in der
Heimskringla diese und andere Gilden in den Städten errichtet; vorher und nachher gab es in denselben verschiedene Arten Trinkgelage. Als vorher übliche sind genannt
die Hvirfingstrinken. Was darunter zu verstehen, ist unge-
wifs. Hvirfing heifst Kreis; man kann an ein Gelag denken, bei welchem der Becher unter den Trinkern herum-
ging[2], oder, da dies doch nicht wohl als ein charakteristisches Merkmal angesehen werden kann, um solches Trinkgelag von andern zu unterscheiden, besser als umgehendes
Trinkgelag, welches unter den Genossen der Reihe nach um-
ging und abwechselnd von jedem gehalten wurde[3]. Denn
an eine Genossenschaft ist jedenfalls zu denken, wenn doch
die Teilnehmer Hvirfingsbrüder genannt werden und diese
eine Kirche erbauten und eine eigene Glocke besafsen, welche
bœjarbót, d. i. Nutzen der Stadt, hiefs. Man findet hier schon
einige Merkmale beisammen, insbesondere die Brüderschaft,
welche vorzugsweise als charakteristisch für die Gilden gilt,
so dafs nun schwer zu sagen ist, was es denn mit den neuen
Gilden auf sich hatte, welche zuerst Olaf Kyrre einführte.

Der treffliche norwegische Geschichtschreiber M u n c h

---

[1] Fornm. Sögur X 409 oder in Dahlerups Ausg. S. 71.
[2] Gleichbedeutend mit sveitardryckia: vgl. W e i n h o l d, Altnord.
Leben S. 460.
[3] So K. M a u r e r, Bekehrung I 528, und M u n c h II 441.

sieht die Neuerung darin, dafs Olaf Kyrre nach dem Vorbilde des Auslandes an Stelle der früher in Privathäusern
ohne öffentliche Controle gehaltenen Zusammenkünfte die
sogenannten Gilden einführte, deren Zusammenkünfte unter
Aufsicht der Geistlichkeit in eigens dafür eingerichteten
Häusern, genannt Gildescaler, stattfanden[1]. Ich schliefse
mich dieser Meinung zumeist an, sowohl in Bezug auf die
Errichtung eigener Gilde-, d. i. Gelagshäuser, wie bezüglich
der Nachahmung ausländischen Brauchs, da beides in gutem
Zusammenhang steht mit der Erzählung der Sage, wo vorher die Verdienste des Königs um die Städtegründung, Stadt-
und Kirchenbauten gerühmt sind und nachher das Aufkom-
men fremdländischer Trachten, ähnlich den englisch-nor-
mannischen, geschildert wird. Nur was Munch von der Aufsicht der Geistlichkeit sagt, findet hier keinen Anhaltspunkt
und wäre allein auf die gottesdienstlichen Handlungen oder
die religiösen Gilden zu beschränken.

Ich nehme also mit Munch an, dafs durch Olaf Kyrre
zuerst eigene Gelagshäuser, Gildiskaler[2], eingeführt wurden,
womit er in Nidaros für die sog. grofse Gilde, die eine Olafsgilde war, den Anfang machte, weil nur darin der hervorgehobene Unterschied gegenüber den bisherigen umgehenden
Gelagen gefunden werden kann, und komme an einer späteren Stelle auf das vom Auslande in dieser wie in anderen
Beziehungen gegebene Vorbild zurück. Hier soll nur noch
die auffallende Angabe des Snorre Sturluson, dafs erst seit
dieser Zeit die Trinkgelage in den Herbergen und andere
bei Leichengefolgen in den Städten den Anfang genommen
hätten, aus der wahrscheinlich von ihm benutzten Chronik
Morkinskinna berichtigt werden, wo die betreffende Stelle

---

[1] Munch II 442.
[2] Gildiskáli ist gleichbedeutend mit Gildehaus oder Gildehalle.
Das Wort skáli kommt für Haus oder Hütte in der Edda vor: Sigurdar
kvida I Str. 5. Vgl. über die verschiedenen Bedeutungen des Wortes
Weinhold, Altnordisches Leben S. 224.

so lautet: „Da begannen viele Trinkgelage und Herbergs-
gelage (drykkjur ok skytningar) in den Städten, mehr, als
zuvor gewesen waren"[1]. Also schon früher waren solche
vorhanden.

Es ist auffallend wenig, ja so gut wie nichts, was sich
noch weiter in den historischen Sagas über die Gilden finden
läfst. Hätten sie als geschlossene Vereine oder Brüderschaften eine über das blofs gesellige Leben in die Öffentlichkeit
hinausgreifende Bedeutung gewonnen, so würde sich das
sicherlich in den mehr als 100 jährigen, zwischen den Bag-
lern und Birkenbeinern um die Herrschaft im Reiche geführten Parteikämpfen gezeigt haben, da sie der einen oder
andern Partei als Stützen und Werkzeuge der Macht hätten
dienen können; doch nirgends lesen wir in den über diesen
Zeitraum geschriebenen ausführlichen Geschichten etwas von
den Gilden. Nur gerade im letzten Jahre 1240, da jener
Kampf zu Ende ging, wird einer harmlosen Kreuzgilde zu
Nidaros gedacht, in deren Hause Herzog Skule hülflos drei
Nächte zubrachte, bevor er seine Zuflucht in ein Kloster
nahm, wo ihn die Birkenbeiner erschlugen[2].

Sehen wir weiter die Rechtsbücher. In den Gulathings-
und Frostathingslög ist zwar häufig vom Biergelag oder der
Zusammenkunft bei solchem (samcunda) die Rede[3], nirgends
aber ausdrücklich von den Gilden.

„An drei Orten", heifst es in Frost.-L. IV c. 58, „findet
sich das Volk zusammen, in der Kirche, im Thing, im Trinkgelag (at samcunda); da sollen alle gleichheilig (jamhelger)
sein", das heifst: den genannten Orten kommt als öffentlichen der Charakter der Friedheiligkeit zu. Auch die un-

---

[1] Diese Stelle hat Munch II 441 Anm. nach der Handschrift
citiert.

[2] Hakon Hakonsson Saga c. 238: hann var 3 nætr i Krofsgildi
ok heldr fámalugr d. i. und blieb schweigsam. Vgl. Munch III 975.

[3] Beides als gleichbedeutend, Frost. IV c. 14: til öldrs eda til
samcunda.

freien Leute sind dort geheiligt, wie wir in Gulathingslög
c. 198 lesen: „Der Leibeigene (þræll), der seinen Herrn zum
Thing oder zur Kirche oder zum Bierhause begleitet, hat
für sich die Heiligkeit der Mannbufse (baugs helge), weil an
diesen drei Orten das Recht jedes Mannes verdoppelt wird."
Und ähnlich in Fr.-L. IV c. 61, wo auch das Schiff, das am
Strande liegt, als heiliger Ort bezeichnet ist.   Die Rechtsgeschäfte, welche an einem dieser Orte vorgenommen oder
verkündigt werden, sind rechtsgültig.   Gul.-L. 71: Ein frei-
geborener Mann (ættboren) kann sein Kind in Schuldhaft
geben, wenn er es thut im Thing oder im Bierhause oder
in der Kirchengemeinde.   Und ebend. 292: Wenn Übertragung eines Grundstücks (skeyting) stattgefunden hat in
der Kirchengemeinde oder im Bierhause oder auf einem
Schiffe von hinreichender Gröfse[1], so soll das gelten, wie
wenn es auf dem Thing geschehen wäre.   Und Fr.-L. IX
c. 4: Eine Frau kann ihr Erbe vergeben und (die Ver-
gabung) widerrufen an drei Orten, in der Kirche oder im
Thing oder im Trinkgelag.   Besonders in Erbschaftssachen
ist das Zeugnis der Trinkgenossen, welches Bierhauszeugnis
(öldrhusvitni) heifst, gültig; vgl. ebend. VIII c. 16, XI
c. 5. 8.

Das Bierhaus oder Trinkgelag bildet demnach eine Gesellschaft, welche unter Umständen für den Genossen eintritt, Zeugnis für ihn ablegt und, wenn Streit beim Gelag
entsteht, darüber entscheidet, falls nicht die Sache an das
Thing, d. i. das öffentliche Gericht, verwiesen wird[2].   So
bestimmen Gulathingslög c. 187: „Wenn Männer im Bierhause in der Trunkenheit mit einander streiten, da sollen
sie hinausgehen und am andern Morgen wiederkommen,
wenn die Leute nüchtern sind; dann mögen die Männer über

---

[1] Nach Zahl der Rudersitze, þvi er sessom ma telia, nämlich wie
Fr. L. IV c. 5 bestimmter angibt: á scipe XII æro eda lengra, mit 12
Rudern oder mehr.

[2] Vgl. Pappenheim, Ein altnorwegisches Schutzgildestatut S. 15.

die Sache urteilen, gleichwie im Thing, wenn sie das Recht kennen." Die Bankgenossen und Nachbaren (sessar, nasessar), Speise- und Trinkgenossen (matunautar, öldrykkiar) sollen mit ihnen zeugen, und es soll kein Gegenzeugnis (andvitni) zugelassen werden. „Eines jeden Mannes Recht ist da doppelt so teuer wie daheim. Nun mögen sie die Sache beilegen oder an das Thing verweisen." Ein anderer Fall ist der, wenn ein Totschlag im Bierhause begangen wird. Gul.-L. c. 157: „Wenn einer im Bierhause, sei es bei brennendem Feuer oder bei Tageslicht, erschlagen wird, da sollen die Bierhausmänner (ölhusmenn) den Totschläger greifen, und soll (der) bezahlen die volle Mannbufse an beide, die Verwandten und den König" u. s. w. Und Frost.-L. IV c. 14: „Wenn ein Mann im Bierhause erschlagen wird, nachdem alle Männer schlafen gegangen sind, da sollen alle aufstehen und Feuer anmachen, und jeder an seinen Platz gehen, und wenn einer auf seinem Sitze fehlt, so soll dieser der Totschläger sein, aufser er habe mit zwei anderen bewiesen, dafs alle mit einander einträchtig waren zur Zeit, als er sich entfernte. Sind aber alle Männer drinnen und vermifst keiner seinen Genossen (lags mann), und ist der Totschläger unbekannt, da soll der Erbe des Getöteten zwei Männer auf Zwölfeid anklagen" u. s. w. In solchen Fällen schwerer Vergehen steht den anwesenden Gelagsgenossen nur der Angriff gegen den Thäter zu; die Klage geht an das öffentliche Gericht, welches allein darüber zu urteilen competent ist.

Ebenso wie in den älteren Gesetzbüchern immer nur von öffentlichen Biergelagen, nicht von Gilden, sei es im allgemeinen oder einzelnen, die Rede ist, ist dies auch der Fall in dem neueren Landrecht des Magnus Lagaböter, worin die angeführten Artikel meist wörtlich wiederaufgenommen sind. Und nichts hat es zu bedeuten, wenn gelegentlich einmal das Wort Gildi statt samcunda gebraucht wird, wie Landslov IV c. 18, wo es heifst: Wenn Männer Schläge bekommen auf der königlichen Kriegsfahrt oder auf dem Thing, oder

in der Gerichtssitzung vor dem Lagmann, oder am 5. Tag
(Termin der gerichtlichen Vorladung), oder in einer Gilde,
bei einer Hochzeitsfeier u. s. w. — in welchen Fällen das
Recht des Verletzten doppelt gilt.

Vorzugsweise im neueren Stadtrecht von 1276 sollte man
gesetzliche Bestimmungen über die Gilden in den Städten erwarten; allein auch hier findet sich nur eben dasselbe über
die öffentlichen Gelage gesagt, was auch das Landrecht hat
und was aus diesem wiederholt ist[1], und keine andere Erwähnung der Gilden, als dafs in der Thingordnung (Kap. 1) eine
bestimmte Gildehalle als Zusammenkunftsort für das städtische Lagthing genannt ist, und zwar in Bergen die der
Mariengilde, in Nidaros die der Kreuzgilde und in Tunsberg
die der Olafsgilde[2]. Hierdurch ist nun zwar das Dasein
von Gilden und Gildehäusern bezeugt und aus der Benutzung
der letzteren zu schliefsen, dafs sie, so lange es noch keine
besonderen städtischen Rathäuser gab, als die passendsten
Locale für die Zusammenkunft des Lögthings erschienen,
nicht aber dafs die genannten Gilden selbst in irgend einem
näheren Zusammenhang mit den öffentlichen Zwecken standen, wozu man ihre Gelagshäuser sonst noch gebrauchte[3].
In der Zusammensetzung des städtischen Lögthings, das, wie

---

[1] Vgl. Bylov IV c. 11. 19 mit Landslov 10. 18, Bylov VII c. 3
mit Landslov VIII 2 u. a.

[2] Norges gamle Love II 187 mit den Varianten: i Mariu gildiskala
i Biorgwin, i Olafs gildiskala varum (Oslo), i Krossgildiskala i Nida-
rosæ.

[3] Vgl. über die Benutzung der Gildehallen für Rechtsgeschäfte
aller Art die Beweisstellen bei Pappenheim: Ein altnorwegisches
Schutzgildestatut S. 138 f. Wenn aber dort S. 141 gesagt ist: „Als
ein allgemeines Haus konnte die Gildehalle zur rechten Dingstätte ...
nur gemacht werden, wenn und so lange die Gilde als eine die Gesamtheit der städtischen Grundbesitzer umschliefsende Schwurbrüderschaft in der That den politisch und social mafsgebenden Teil der
städtischen Bevölkerung darstellte, so lange sie in erster Reihe die
Interessen der Stadt überhaupt vertrat und vor allem auf die Entfaltung
einer selbständigen Stadtverfassung hinarbeitete“, so ist dies alles
blofse Erfindung.

wir sahen, aufser dem den Vorsitz führenden Lögmann aus
je 12 ernannten Personen aus jedem Stadtviertel und den
12 Ratmännern der Stadt gebildet wurde, ist keine Spur
eines derartigen Zusammenhangs, sei es mit einer der genannten Gilden oder mit den Gilden überhaupt, deren es
sicher verschiedene in jeder Stadt gab, zu finden.

Gilde- oder Trinkhäuser müssen in Norwegen aller Orten
vorhanden gewesen sein. Das allgemeine Bedürfnis und die
Gesetzgebung selbst machten solche notwendig. Bierbereitung
(ölgerd) zum Trinkgelag war gesetzlich vorgeschrieben an
den christlichen Festzeiten, Jul (Weihnachten) und Ostern,
Johannis und Michaelis, und war nicht minder gebräuchlich
bei wichtigen Familienereignissen, Einführung eines Sohnes
in das Geschlecht (attleiding), Hochzeiten, Erben- oder Seelen-
biere (erviöl, salo öl) am 7. oder 30. nach dem Todestage
eines Verstorbenen, Freilassung von Sklaven[1]. Mochten
solche Gelage bei Familienereignissen wohl in der Regel in
den einzelnen Höfen abgehalten werden, so gab es doch auch
öffentliche Bierhäuser für die gemeinsamen Gelage (sambur-
dar öl), wie denn in den angeführten Gesetzesstellen das
Bierhaus gleichwie die Thingstätte und die Kirche als fried-
heiliger Ort genannt ist, wo man nicht blofs zum Trinken
zusammenkam, sondern auch Rechtsgeschäfte vornahm, und
ein solches Bierhaus war auch die Gildehalle, welche, zunächst für die einzelne Gilde bestimmt, zugleich als Versammlungsort der Gemeinde für öffentliche Zwecke diente.

Die Reichsgesetzgebung liefs die Gilden als blofse Privatgenossenschaften lange Zeit ganz aufser Acht. Aber ihr
Überhandnehmen erschien doch endlich für die öffentliche,
durch ein starkes Königtum in Verbindung mit Beamtenregierung befestigte Ordnung bedrohlich. Gegen dasselbe
richtete sich daher zum erstenmal 1295 ein königliches

---

[1] Vgl. K. Maurer, Bekehrung II 426 f., wo die Beweisstellen
gegeben sind.

Verbot[1]. In einer an die Stadt Bergen gerichteten Verordnung untersagte Erich Magnusson Inländern wie Ausländern,
Einigungen (samheldi) zu machen, oder Zusammenkünfte
(samlaup) zu halten, oder für sich Rechte und Satzungen
abzufassen, was niemand thun solle aufser der König mit
guter Männer Rat[2]: „wer aber solches thut, ist ein Landes-
verräter, hat alles verwirkt, was er hat, und ist rechtlos (utlegr)." Verboten werden dann ausdrücklich Trinkgelage
oder Gilden (samdrykkiur ædr gilldi) der Lootsen (leidsagu-
manna), Goldschmiede, Eisenschmiede, Englandfahrer, Lastträger, Brauer und sogar der Weiber[3], sowie alles andere
Zusammentrinken aufser in den Schüttingen (utan skytningar),
die nach alter Gewohnheit gestattet sind. Gilden, heifst es
zum Schlufs, wollen wir abgeschafft haben, ausgenommen die
Marien-, die Niklas- und die Jatmunds- (Edmunds-) Gilde.

Das königliche Verbot unterscheidet erstens Vereine der
Inländer wie der Ausländer und zwar, worauf das Hauptgewicht gelegt ist, Vereine, die sich selbst Regel und Statuten geben, zweitens Trinkgelage gesonderter Klassen der
Kaufleute und Gewerbtreibenden, abgesehen von den althergebrachten und erlaubten Schüttingen auf den Höfen, und
drittens Gilden, von denen nur jene drei mit Heiligennamen
genannten gestattet sein sollen. Letztere waren ohne Zweifel
religiöse Genossenschaften, die, mit einem bestimmten Kir-
chen- oder Altardienst verbunden, unter der Aufsicht und
Leitung der Kirche standen.

Die Verordnung des Königs Erich wurde einige Jahre
darauf, 1299, wiederum für die Stadt Bergen durch Hakon
Magnusson erneuert[4] und kehrt dann noch einmal in einer

---

[1] Retterböder in N. G. Love III Nr. 6 S. 24.

[2] ædr dickti ser nokor lagh ædr settningar, þvi at þetta synezst
ofs enghin mega gera, nema konuogr med godra manna raade.

[3] In Fritzners Ordbog (2. Ausg.) ist heimakona erklärt als gridkona,
d. i. eine Frau, die in eines andern Mannes Hause einwohnt.

[4] Retterböder Nr. 11.

Verordnung von Magnus Erichsson 1320 wieder, in dieser aber nur mit allgemeinem Bezug auf Einigungen der Inländer oder Ausländer, die sich selbst Regel und Statuten geben, was zum Unfrieden und Schaden der Stadt gereiche, da es nach dem. Gesetzbuch allein dem Sysselmann, dem Lögmann, den 12 Ratmännern und Bürgern (stadarmenn) zustehe, zu beschliefsen und zu verordnen, was für die Stadt nötig ist[1].

Die königliche Gesetzgebung trat hiermit wiederholt aufs entschiedenste der Autonomie der Gilden wie anderer Vereine innerhalb des städtischen Gemeinwesens entgegen.

Aus dem Bisherigen geht einerseits die allgemeine und grofse Bedeutung der Trinkgelage für das öffentliche Leben, andererseits die untergeordnete und gesetzlich beschränkte Stellung der genossenschaftlichen Vereine und Gilden in Norwegen hervor. Letztere fanden überhaupt erst die Beachtung der Gesetzgebung, als sie mehr als blofse Gelagsgenossenschaften, auch Rechtsgenossenschaften sein wollten, und wurden alsbald verpönt.

Es ist aber noch zu sehen, was uns die Urkunden über einzelne Gilden an verschiedenen Orten darbieten. Das Diplomatarium Norvegicum zählt in den bisher erschienenen eilf Doppelbänden (Christiania 1847 bis 1884) nahezu 10500 Nummern aus dem 13. bis 16. Jahrhundert[2]. Bei solcher Masse des urkundlichen Stoffs ist es nun erstaunlich wenig, was von Gilden oder über sie vorkommt. Was Christian Lange in seiner norwegischen Klostergeschichte daraus angeführt hat[3] und ich weiter (mit * bezeichnet) hinzufüge, beschränkt sich auf folgendes.

---

[1] Retterböder Nr. 64 S. 149.

[2] Die Benutzung des Werks ist dadurch sehr erschwert, dafs jeder Band eine abgeschlossene Sammlung von Urkunden verschiedener Zeiten für sich bildet. Ein chronologisches Generalverzeichnis in Regestenform wäre daher dringend zu wünschen.

[3] De norske Klostres Historie i Middelalderen (Christiania 1856) S. 197 f. 262. 400.

Nidaros.

* D. N. III Nr. 35 um J. 1293. Zu den Rechten des Domkapitels der Christkirche gehört, daſs die Stiftsherren (korsbrœðr) zusammen mit dem Erzbischof, wenn er anwesend ist, oder bei dessen Abwesenheit für sich allein die Priester bei der Olafsgilde und andern Gilden (um Olafsgildi ok annur gildi) ernennen[1]).

* II Nr. 89 J. 1307. Es kauft sich einer durch Schenkungen bei den Domherren in Kost und Wohnung ein; dafür bedingen letztere unter anderem: „will er in einer Gilde sitzen (vil han ok nockor gilldi sittia), da soll er selber die Kost für sich bestreiten".

Bergen.

* II Nr. 295 J. 1348. Der Sysselmann Jvar Andersson in Bergen berichtet an den König über den von Arne Alfinsson verübten Totschlag und erzählt im Anfang, wie dieser mit der Axt in der Hand auf dem Vorplatz der Gildehalle (in suolunom firir gilldaskalanom) seinen Hausherrn erwartete, um ihn zu überfallen[2].

I Nr. 1040 J. 1514. Um den Altar der h. Anna in der Halwardskirche zu Bergen in Ehren zu halten und damit die Gilde und Brüderschaft dieses Altars (convivium et fraternitas dicti altaris) kräftig fortbestehe, gewähren der Bischof von Oslo und andere Bischöfe denjenigen, welche diesen Altar besuchen und mit Lichtern, Schmuck und anderem, was für den Altar und die Gilde nötig ist (altaris seu convivii necessaria) versehen, 40tägigen Ablaſs.

Oslo.

* III Nr. 7 J. 1264. Bischof Hakon von Oslo schenkt seinen Brüdern (des Domkapitels) verschiedene Grundzinsen, u. a. eine Rente von 2 Mark, welche ein gewisser Sigmund Joars ihm zu dem Zweck vermacht hat: „dafs wir sein Leichenbegängnis mit Silber und Wachs ausrichten und sein Erbenmahl in allen Gilden zu Oslo halten lassen (oc ærðfdum han i ollum gildum in Oslo)"[3].

Verlautbarungen von Rechtsgeschäften in der Gildehalle zu Oslo (i gyldiskallænom i Oslo):

---

[1] Dafs die grofse Gilde des Olaf Kyrre eine Olafsgilde war, wurde schon oben bemerkt S. 411.

[2] Vgl. Munch 2. Abt. I 381.

[3] Vgl. Fritzner, Ordbog 2. Ausg. unter erfa (erfðum).

* IV Nr. 265 J. 1342. * IV Nr. 268 J. 1345. * III Nr. 247 J. 1347 — über Verkäufe. * IV Nr. 300 J. 1346 — über ein von dem Lagmann gesprochenes Urteil. * IV Nr. 738 J. 1404: zwei Ratmänner machen die Bezahlung einer Totschlagsbufse kund auf dem Hofe der Gildehalle im Schütting (i gilleskala gardenom i skøtningha).

* II Nr. 635 J. 1415. Bischof Jakob von Oslo macht kund, dafs er mit Zustimmung des Domkapitels und Hülfe andrer guten Männer den Altar des h. Leichnams in der Domkirche gestiftet habe und dafs für die Verwaltung des Altars neuerdings die Gilde des h. Leichnams errichtet worden sei; diese bestellt den Priester und bezahlt ihn aus den Einkünften des Altars. Dafür sollen die Gildebrüder (gilbrøder) durch Glockengeläut viermal im Jahr und auf andere Weise geehrt werden.

II Nr. 726 J. 1437. Erzbischof Aslak teilt den Gildebrüdern des h. Leichnams zu Oslo mit, dafs er die Stiftung des h. Sacraments- und Leichnams-Altars bestätigt und 40tägigen Ablafs gewährt habe.

III Nr. 893 J. 1474 handelt von einem Rechtsstreit, der an den Lagmann und die Gildebrüder zu Oslo gebracht wurde.

* V Nr. 898 J. 1477. Der Lagmann und 3 genannte Ratmänner von Oslo verlautbaren in der h. Leichnams-Gildestube (i Helgæ licams gilstovo), dafs der Aldermann der Gilde eine Grundrente für die Gilde gekauft hat.

* VII Nr. 539 J. 1520. Der Lagmann in Oslo, zwei genannte Bürgermeister (borgamestere), der Stadtvogt (byfouther) und ein Bürger zu Oslo verlautbaren einen Tausch von Nutzungen und Renten aus Grundstücken, welchen der Aldermann der h. Leichnamsgilde mit einem Bürger eingegangen ist.

III Nr. 854 J. 1461. Der Prior des Olafsklosters zu Oslo macht bekannt, dafs er mit Zustimmung der Klosterbrüder ein Grundstück behufs Errichtung der St. Anna-Gildestube (gillestowa) gegen Zahlung einer jährlichen Rente an die Gildebrüder, Bürger in Oslo, überlassen und ihnen den Altar der h. Anna auf ewige Zeit übertragen habe, auf dafs sie ihn mit Mefsgewändern und Lichtern versehen; dafür können sie sich in der Kirche oder auf dem Kirchhofe begraben lassen. Gildebrüder und Aldermann haben dem Prior Rechnung über ihre Verwaltung abzulegen.

Tunsberg.

Aufser der Olafsgilde, in deren Gildesaal das städtische Lagthing gehalten wurde[1], führt Lange noch eine St. Annagilde an, deren Vermögen im J. 1575 dem Könige zugesprochen wurde[2].

---

[1] Vgl. S. 416.
[2] Klostres Historie S. 400.

Von den ländlichen Gilden ist besonders beachtenswert die zu Onarheim in Südhordaland, deren Statuten vorhanden sind. Eine Urkunde, D. N. X Nr. 21 J. 1327, enthält Zeugenaussagen über den Eigentumsanteil der Kirche zu Onarheim an einem Walde, aus welchem der Amtmann der Kirche von altersher an die Gildebrüder zu Onarheim Holz zum Bierbrauen (til heitna) zu verkaufen pflegte.

IV Nr. 116 J. 1315/16. Gildehaus Asmanna in Jemteland.

III Nr. 225 J. 1344. Gildesaal in Refsund, ebenfalls in Jemteland, wo eine Untersuchung wegen Totschlags stattfand.

V Nr. 631 J. 1433. Gildestube zu Herö, Kundmachung i gilda stofwone i Herœgium.

VIII Nr. 410 J. 1482. Nicolaigilde zu Eystusin in Hardanger. Auf Bitte des Aldermanns der Gilde und zweier genannter Dänen (dandimenn) gewährt Bischof Olaf in Island den Brüdern und Schwestern der Gilde 40tägigen Ablaſs.

Lange citiert eine Verordnung Christians III von 1552[1], worin gesagt ist, daſs es im Drontheimer Stift noch manche Gilden gebe, zum üblen Beispiel für die Unterthanen und zur Unehre Gottes, welche deshalb nach dem Brauch des Bergener Stifts verändert werden sollen.

Die vorstehenden urkundlichen Nachrichten über die Gilden stammen zumeist aus dem 14. bis 16., nur wenige aus dem 13. Jahrhundert.

So weit sich bestimmte Angaben über Zweck und Bethätigung der Gilden finden, geben sie sich als religiöse, einem besondern Altardienste gewidmete Brüderschaften zu erkennen. So die St. Anna-Gilden in Bergen und Oslo und die erst 1415 gestiftete h. Leichnamsgilde in Oslo. Auf den religiösen Charakter der Gilden läſst auch die Aufsicht der Kirche über sie schlieſsen, welche daraus hervorgeht, daſs in Nidaros der Erzbischof oder das Domkapitel die Priester der Olafs- und anderer Gilden bestellte und in Oslo der Bischof für einen frommen Geber das Erbenmahl in allen Gilden abhalten lieſs[2]. Als Vorsteher der Gilden wird bisweilen der Aldermann, als Mitglieder Brüder und Schwestern

---

[1] A. a. O. S. 198.

[2] Insoweit rechtfertigt sich das, was Munch von der geistlichen Aufsicht über die Gilden an anderer Stelle gesagt hat; vgl. oben S. 412.

genannt. Mehr jedoch erfahren wir über die Einrichtung der norwegischen Gilden aus den Statuten zweier Gilden, die als einzig überlieferte vorhanden sind.

Es sind dies die Gildeordnungen, welche neuerdings M. Pappenheim in der Schrift: Ein norwegisches Schutz-gildestatut (1888), mit dankenswerter Erläuterung und Über-setzung herausgegeben hat[1]. Die eine der beiden Skraen, die ausführlichere in 46 Artikeln (zuerst in Thorkelin's Diplomatarium Arna-Magnæanum II gedruckt), führt hier die Überschrift ,Bartholinisches Schutzgildestatut', weil die Abschrift des Arni Magnusson, in der sie allein aufbewahrt ist, sich in den Bartholinischen Collectaneen zu Kopenhagen befindet. Die andere in 31 Artikeln, gleichfalls in Hs. zu Kopenhagen (zuerst von Suhm in Historie af Danmark XIV, 588 fehlerhaft abgedruckt), heißt ,Gildestatut von Onarheim.' Ich bezeichne erstere mit A, letztere mit B.

Nur von B ist in den Anfangsworten die Abfassungszeit angegeben: In nomine Domini 1394. Die Entstehung der anderen, unzweifelhaft älteren, wird von Pappenheim um 1250 gesetzt (S. 102), was ich dahingestellt sein lasse.

Der Ort von beiden Gilden ist in den Statuten nicht genannt. Gut begründet ist die Annahme, daß die Gilde B keine andere, als die sonst bekannte ländliche zu Onarheim

---

[1] Unter Einem norw. Schutzgildestatut im Titel versteht P. das sog. Bartholinische, in welchem er die Art einer Schutzgilde erblickt. Doch berücksichtigt er auch das andere (von Onarheim), welches gleichfalls im Anhang abgedruckt ist. In der deutschen Übersetzung des ersteren finde ich folgende Kleinigkeiten zu berichtigen: Art. 1: der auch unser Kirchenherr war — soll heißen: ist. 6: so zahle er zwei Mark — lies: zwei Monatskosten. 7: drei Thveiti Malz — lies: zwei. 11: daß Weiber bestimmen sollen — deutlicher: sich bestimmen sollen, d. h. es soll ihnen freistehen. 45: auch wenn nie-mand bei dem Gelage beerbt worden ist — soll heißen: in der Gilde. Über die Herleitung der Gilde aus der Blutsbrüderschaft, auf welche der Verfasser zurückkommt, habe ich mich bereits unter Dänemark, im zweiten Buch S. 250 ausgesprochen.

in Tysnessoka, Südhordaland, war[1]. Für die Gilde A wird
von norwegischen Schriftstellern die Landschaft Hardanger
und bestimmter der Ort Kinserwik am Sörfjord als Heimat
bezeichnet[2]. Es ergibt sich aus ihren Rechtsbestimmungen
wenigstens so viel, daſs sie wie die von Onarheim dem
Rechtsgebiete des Gulathing angehörte[3]. Daſs der Sitz
dieser Gilde in einer Stadt war, wird von Pappenheim, dem
K. M a u r e r beipflichtet, aus dem Grunde vermutet, weil
nach Art. 30 der Statuten auch Kaufleute unter ihren Gildebrüdern waren und nach Art. 8 der Besitz eines Hauses für
die Aufnahme als Mitglied verlangt wird[4]. Doch deutet
anderes auf ländliche Zustände.

Beide Gilden waren Olafsgilden. Die Gilde, heiſst es
A 1, soll in jedem Sommer gehalten werden zum Dank für
Christus und die heilige Frau Maria und König Olaf den
Heiligen, der unser Kirchenherr ist, und weiter wird dieser
(A 45) genannt als ‚König des Landes und unserer Genossenschaft (laga)‘, sowie als der Heilige, „der uns helfen soll zum
(guten) Jahr und Frieden und zu Gottes Gnade in dieser
und der andern Welt“ (A 1 und 46). In B heiſst die Gilde
gleich zu Anfang und öfter Olafsgilde, wie auch das Hauptfest am St. Olafstag (29. Juli) und ein zweites an dem andern Olafstag (3. August als Tag der Translation) gefeiert
wird (B 3. 9. 26)[5].

Beide Gildeordnungen sind unabhängig von einander,
aber nahe verwandt in den Bestimmungen sowohl über die
Gelage, wie über die Dienste und Pflichten der Gildegenossen.

---

[1] Vgl. oben S. 422. Auf einem Blatt der Hs. findet sich die Notiz
über eine an die Olafsgilde zu Tysnes gemachte Schenkung. L a n g e
S. 263 Anm. 2. P a p p e n h e i m S. 160 teilt den Wortlaut mit.

[2] M u n c h II 443 Anm. Lange a. a. O.

[3] Vgl. weiter unten.

[4] Vgl. K. M a u r e r s Recension in der Krit. Vierteljahrsschrift
N. F. XII 216.

[5] S. über diese Tage K. M a u r e r, Bekehrung I 647 Anm. und
II 533.

Gildi heifst die Gilde im Ganzen und ihr Gelag, aber auch der einzelne Genosse (in der Mehrheit gildar)[1]. Letztere sind die der Gilde verbundenen, verpflichteten Männer, gilfastra manna[2], sind Gildebrüder und Gildeschwestern, und die Gilde ist eine brüderschaftliche Genossenschaft, gilbrœþralag[3]. Lag heifst die Genossenschaft und das Recht oder die Regel, wonach sie lebt[4].

Andererseits finden sich wesentliche Abweichungen in beiden Ordnungen, weshalb es nötig ist, eine nach der andern für sich zu betrachten.

Die Ordnung A verlangt von jedem Mitgliede, Mann wie Frau, einen im Sommer zu leistenden Beitrag in Malz und Wachs nebst einem Trog (3). Für Kinder über drei Jahre ist ein geringerer Beitrag in Malz (zwei statt drei Mafs, Thveit) festgesetzt (7). Beides bezieht sich auf die Beteiligung am Hauptgelag im Sommer, bei welchem auch die Familienkinder mit erscheinen durften. Andere Bedingungen werden den Mitgliedern bei ihrem Eintritt in die Brüderschaft auferlegt, erstens die Bezahlung einer Gebühr, welche durch die Gilde nach dem Hauswerte festgesetzt wird, und zweitens ein eidliches Gelübde mit Handschlag (14). Zur Aufnahme berechtigt ist der Sohn eines Gildegenossen, der, sobald er das Alter von 12 Jahren erreicht hat, mit einem Hause, einer eigenen Wohnung, ausgestattet werden, aber erst, wenn er 15 Winter alt ist, den Eid leisten soll[5]. Die Aufnahme in die Gilde ist zu beantragen am Speisetisch oder in der Gildeversammlung (viþ mattborþ aeþa a gildastefnu); allgemeine Zustimmung ist erforderlich (13).

---

[1] A 5. 10, B 28.
[2] A 18. 19. 30, B 10.
[3] A 14. 34, B 15. 22. 23.
[4] A 46. Vgl. unter Dänemark, Zweites Buch S. 241.
[5] Vgl. über diese Altersbestimmungen im Vergleich mit denjenigen der Landrechte und des älteren Stadtrechts Pappenheim S. 50 f., wonach mit Wahrscheinlichkeit anzunehmen ist, dafs diese Gildeordnung in eine frühere Zeit als Magnus Lagaböters Gesetzgebung fällt.

Das Hauptgelag wird, wie bemerkt, im Sommer abgehalten; man soll schon eine Woche, 7 Nächte, vorher zusammenkommen (1. 2)[1]. Den Frauen steht es frei, zur
Gilde, d. i. dem Gelag, zu kommen; immerhin müssen sie,
auch wenn sie nicht kommen, ihren Beitrag leisten (11).
Die Plätze im Saal (i skala), wie jeder in seiner Abteilung
(sveit) sitzen soll, werden durch das Los bestimmt (37).
Dieser Abteilungen ist auch an anderer Stelle gedacht, wo
es heifst, dafs der Sohn in die Abteilung seines Vaters eintreten soll (12). Es sind Aufseher über den Tisch bestellt,
welche auch mittags durch die Glocke zum Essen rufen (23);
ein besonderer Titel ist ihnen nicht beigelegt: wir können
sie Speisemeister nennen. Der Priester segnet beim Gelag
die Christminne und die Marienminne, d. i. den Becher, womit sie getrunken werden (22), wobei auffällt, dafs der Olafsminne nicht gedacht ist. Die Tischgenossen sollen die Kirche
bei der Früh- und Abendmesse besuchen und zu Christus
um Gnade beten (23).

Es fehlen nicht die gewöhnlichen Vorschriften der Gelagsordnung über anständiges Betragen, Vermeidung von
Zank und Streit; man soll auch keine Wetten anbieten, kein
Bier hinaustragen, kein Bier verschütten, keine Waffen, auch
nicht Hunde und Habichte mitbringen (15 ff.). Das Brett-
spiel ist in der Halle verboten (38). Auf Übertretungen sind
gröfsere oder geringere Geldbufsen gesetzt.

Mannigfaltig sind die Pflichten der Gildegenossen unter
einander, teils religiöser Art, wie Verrichtung von Seelmessen
für die Verstorbenen (41. 45), Leichengefolge und Seelgaben
bei Begräbnissen der Brüder und Schwestern (34), teils Leistungen anderer Art. Man soll dem Gildebruder sein (schad-
haftes) Haus, worin er Hausleute und Gäste beherbergt, sowie den Viehstall, wenn nötig, wiederherstellen mit Holz und
Birkenrinde (letztere für das Dach) (25); man soll ihn auf

---

[1] Es fällt auf, dafs nicht der Olafstag (29. Juli) als Termin des
Hauptfestes ausdrücklich angegeben ist.

Reisen innerhalb des Fylke begleiten, so viel Männer er dazu
fordert (26)[1]; man soll ihm bei Brand des Korn- oder Heu-
stadels, bei Viehsterben teils Ersatz für den Schaden leisten,
teils auf andere Weise zu Hülfe kommen (27—29); man soll
den Kaufleuten in der Gilde bei Verlust ihres Guts durch
Raub oder Schiffbruch den Schaden ersetzen und Kriegs-
gefangene auslösen (30. 31), endlich bei Totschlag eines
Gildebruders durch einen Ungenossen dem Kläger beistehen,
ausgenommen diejenigen, die mit dem Totschläger verwandt
sind (32).

Die Gilde ist Schiedsgericht für die Genossen. Sie bewirkt Aussöhnung der Brüder bei Beleidigungen (36) und
legt Streitigkeiten unter ihnen durch Vergleich bei, aufser
wenn es sich um Grundstückssachen handelt (40), bei welchen das öffentliche Gericht allein competent ist. Wer sich
dem Ausspruch der Gilde nicht unterwerfen will, mufs sie
verlassen. Dies ist die äufserste Strafe, welche die Gilde
über die Genossen verhängen kann, selbst bei dem schwersten Vergehen des Totschlags eines Gildebruders durch einen
andern, in welchem Falle nur hinzukommt, dafs der Totschläger allen Brüdern als Nithing, d. i. Nichtswürdiger, gelten soll (33). Denn sie hat keine zwingende Strafgewalt
gegen die Genossen, noch weniger gegen Ungenossen, und
mufs sich mit ihrer Klage an das öffentliche Gericht wenden,
wenn sie die Geldbufse von demjenigen erlangen will, der
die Gilde ohne Not verläfst und verschmäht (35). Es ist
hierbei vorausgesetzt, dafs das Gilderecht, das die Bufse
fordert, von dem öffentlichen Gericht anerkannt sei, weil
sonst die Klage vergeblich wäre, und die gleiche Voraussetzung liegt dem Verbote zu Grunde, dafs die Brüder nicht
Zeugnis gegen einander ablegen sollen, aufser in der Gildeversammlung (39).

---

[1] Es ist wohl hauptsächlich an die Begleitung zum Gericht zu
denken; im Rechtsgebiet des Gulathing wäre dies das Herradthing;
vgl. Brandt, Forlæsningar over den norske Retshistorie II 161 f.

Die Gilde legt ihren Genossen Bufsen auf bei Übertretungen ihrer Regel und Gebote, Bufsen in Geld, Öre, Ortug, Pfennigen und Monatskosten, im geringsten Betrag zu 3 Pfennigen, im höchsten zu 3 Monatskosten gleich 1 Mark[1]. Die Bufsen werden verdoppelt, wenn einer sich gegen den Ausspruch der Gilde wehren will (42), d. i. eine neue Verhandlung der Sache nötig macht[2].

Nicht viel ist aus dem Statut über die Verfassung der Gilde als Corporation zu entnehmen.

Es sind zuerst framfærlomenn genannt; ein unbestimmter Ausdruck, welcher überhaupt nur solche, die etwas zu besorgen oder auszurichten haben, bedeutet[3]. Von ihnen ist gesagt, dafs sie Einzelnen das Ausbleiben von der Gildeversammlung erlauben können (2), die Malzabgabe empfangen und das gelieferte Malz prüfen, und straffällig sind, wenn sie sich diesem Geschäft entziehen; auch wenn nur die Hälfte ihrer Zahl anwesend ist, sollen sie dasselbe besorgen; wenn aber alle ausbleiben, soll man aus der nächsten Abteilung so viele auslosen, als nötig ist (5. 6). Man sieht, dafs es sich hier hauptsächlich nur um die Vorbereitung des Gelags handelt, ein vorübergehendes Geschäft, dem sich die Genossen abteilungsweise unterziehen mufsten, weshalb die damit beauftragten weder Vorsteher, noch eigentliche Beamte der Gilde heifsen können[4]. Als wirkliche Beamte erscheinen dagegen die auch sonst allgemein bei den nordischen Gilden bekannten Gerdemänner. Der Name gerðarmaðr bedeutet zwar auch nur überhaupt einen, der etwas thut oder ausrichtet; im speciellen Sinne aber sind Gerde-

---

[1] Eine Monatskost (manaþarmat) kommt dem Werte von ¼ Mark Silber gleich. Vgl. über diese von der Kriegsleistung hergenommene und besonders im Bereich des Gulathing übliche Wertbestimmung Pappenheim S. 82 ff.

[2] Als poena temere litigantium Pappenheim S. 85.

[3] Pappenheim S. 71 citiert Frostathinglög II c. 7, wo von Kirchenbauten die Rede ist, und übersetzt ,Besorgungsmänner'.

[4] Vgl. Pappenheim S. 25.

männer der Gilden diejenigen, welche das Mahl oder Gelag auszurichten hatten[1]. Näheres über ihr Amt erfahren wir aus der Gildeordnung A nicht[2], nur daſs ihnen alle geringeren Buſsen unter einem Örtug zufielen, während die höheren der Gilde gehörten (6. 43).

Die Gildeordnung B (von Onarheim) zeigt Übereinstimmung mit A in den allgemeinen Grundzügen, welche das Wesen oder den Typus einer Gilde ausmachen, aber auch bedeutende Verschiedenheiten im einzelnen.

Ohne einen religiösen Zweck auszusprechen, wie es in den einleitenden und Schluſsworten von A geschieht, beginnt B sogleich mit dem Eintritt in die Olafsgilde, welcher jedermann freigestellt zu sein scheint[3], ohne andere Bedingung, als Entrichtung einer Abgabe von Malz und Wachs im ersten Jahre seitens des Mannes oder der Frau (1). Hierzu kommen aber noch andere fortlaufende Abgaben, eine jährliche zum Seelenschoſs (saalu skoth) für Mann und Frau (2) und noch einmal Seelenschoſs am Olafsfeste (5) und Opfer zur Messe (9), Malzbeiträge zum Gelag (28—30), Geldzahlungen für die Gäste, Männer und Frauen (4), und für die Saalmiete (skala kööp 6). Also eine Reihe von Vermögensleistungen, welche nur wohlhabende Leute aufbringen konnten; doch wird auch dem verarmten Gildebruder, der seinen Beitrag nicht leisten kann, die Teilnahme wenigstens am Gelage gestattet (25).

Das jährliche Hauptfest der Gilde ist auf den ersten Olafstag (29. Juli) festgesetzt, und soll das Gelag von da an so lange fortdauern, als die Brüder wollen und das Bier reicht (3). Am ersten Festtage wird eine feierliche Messe

---

[1] Vgl. über die Gerdemänner bei den dänischen und schwedischen Gilden S. 151. 332.

[2] Im Art. 19 ist erwähnt, daſs sie gewisse Gerätschaften, vermutlich für das Gelag, von den Gildebrüdern erhielten und unversehrt wieder an sie zurückliefern muſsten.

[3] aller the som i sancti Olafs gildhi wilia ingongha.

für das Seelenheil aller Christen und insbesondere der Gildebrüder gesungen (10), auch an jedem folgenden Messe gelesen (27). Mit dem Gelage selbst sind religiöse Ceremonien
verbunden. Nachdem die Marienminne getrunken und die
Namen der lebenden Brüder und Schwestern verlesen sind,
erscheint der Priester im Chorrock und besprengt unter
geistlichen Gesängen das Haus mit Weihwasser (11); während der Olafsminne wird ein Requiem bei brennenden Lichtern gesungen, worauf die Namen der Verstorbenen verlesen
werden. Beim Herein- und Hinausgehen soll jeder Bruder
und Schwester sich vor dem Bilde des h. Olaf verneigen (18).

Die Anstandsregeln für das Verhalten der Brüder und
Schwestern beim Gelag sind ziemlich die gleichen wie in A.
Aber auffallend wenig ist in B über die Pflichten der Genossen gesagt. Der kurze Satz, es solle jeder Gildebruder
dem andern helfen und ihn stärken zu Recht und Gesetz
inner und aufser Landes (17), kann viel oder wenig bedeuten. Von Schadenersatz bei Unfällen, Brand, Raub, Schiffbruch, ist nicht die Rede, nur dafs zur Leichenfeier eines
verstorbenen Mitglieds alle Brüder und Schwestern des Kirch-
spiels zusammenkommen und opfern sollen (21. 22). Die
Pflege der kranken Brüder und Schwestern beschränkt sich
auf tägliche Verabreichung von einer Kanne Bier aus dem
Keller der Gilde (23). So soll auch an jedem Gelagstage
dem Volke ein halbes Fäfschen (bolli) Bier als Almosen ge-
spendet werden, für der Christen Seelenheil (24).

Die Gilde schreitet vermittelnd ein bei Streit, der sich
im Gelag erhebt; „wenn Brüder und Schwestern beisammen
sitzen und einer über den andern etwas sagt (ath nokor
umseghe), was auf Leben oder Gliedverstümmelung geht",
also bei schweren Anschuldigungen: da soll die Sache durch
Aldermann und gute Männer verglichen werden, doch unbe-
schadet des Königsrechts, d. i. des öffentlichen Gerichts.
Wer sich weigert, zu Recht zu stehen, sagt sich selbst los
von der Gilde (20).

Die in Geld bestimmten Bufsen und Beiträge sind in Mark, englischen Schillingen, Weifs- und lübischen Pfennigen festgesetzt, Münzsorten, die im 14. Jahrhundert gebräuchlich waren.

Als Vorsteher der Gilde ist der Aldermann genannt, der mit 6 guten Männern die Bufse für Übelreden der Brüder und Schwestern festsetzt (15). Dafs auch Gerdemänner da sind, erfährt man nur aus dem einzigen Artikel (13), wonach sie am letzten Versammlungstage des Hauptfestes gewählt werden sollen und, wenn sie das Amt ablehnen, entweder einen andern dafür stellen, oder eine Tonne Bier zahlen müssen.

Aus der Vergleichung beider Gildeordnungen mit einander ergibt sich wesentliche Übereinstimmung in dem, was die Feier des jährlichen Hauptgelags und die Gelagsordnung angeht. Auch das Verhältnis der beiden Gilden als blofser Privatgenossenschaften zu dem öffentlichen Gericht ist das gleiche, und keine von beiden kann nach dieser Seite hin eine Schutzgilde heifsen. Versteht man aber unter Schutz die gegenseitige Hülfe und Unterstützung, welche sich die Genossen unter einander gewähren, so ist jene Benennung auf beide, wie überhaupt jede Genossenschaft, die eine Lebensgemeinschaft bedingt, gleich anwendbar. Denn auch B verlangt von den Brüdern, dafs sie sich unter einander zu Recht und Gesetz helfen sollen. Allerdings geht A weiter in der Forderung von bestimmten Beistands- und Unterstützungspflichten, und es ist in dem Umstande, dafs davon in B keine Erwähnung mehr geschieht, eine Abschwächung des Gildeverbands zu erkennen, die auf eine spätere Zeit hinweist. Andererseits ist in B eine Fortbildung der Gildeverfassung wahrzunehmen, welche darin besteht, dafs die Gilde nach allgemeiner Gildenorm einen Aldermann zum Vorsteher hat, den die Gilde in A nicht kennt. Nur die Gerdemänner, die Ausrichter des Gelags, finden sich in beiden genannt. Das höhere Alter der Gildeordnung A ergibt

sich allein schon aus dem ausschliefslichen Gebrauch des
älteren und einheimischen Geldes bei den Wertbestimmungen
und Bufsen gegenüber den neueren fremdländischen Münzsorten, die in B vorkommen.

Die Statuten dieser zwei Gilden des Bergenstiftes sind
um so wichtiger, als sie die einzige Quelle darbieten für die
nähere Kenntnis des norwegischen Gildewesens im 13. und
14. Jahrhundert überhaupt. Es ist aber hier zum Schlufs
noch einer dritten und zwar städtischen Gilde zu gedenken,
welche, wiewohl keine norwegische, doch auf norwegischem
Boden erwachsen ist. Es ist die St. Katharinen- und
St. Dorotheengilde zu Bergen, deren Statuten Y.
Nielsen nach einer Hs. im Archiv der Bergenfahrer zu
Lübeck herausgegeben hat[1].

Schon aus diesem Aufbewahrungsort läfst sich erraten,
dafs die Gilde eine Gilde der Bergenfahrer oder der deutschen
Kaufleute in Bergen war. Das ,Gildebuch' ist, wie die Überschrift angibt, im J. 1502 geschrieben. Es beginnt mit Trink-
sprüchen, ,wenn man die Gilde trinkt', und zwar bei 6 Bechern
nach einander, zu Ehren der h. Dreifaltigkeit, des h. Leichnams, der heiligen Jungfrauen Katharine und Dorothee[2],
Unsrer lieben Frau, des h. Olaf des grofsen Königs, „in
dessen Lande wir verkehren und Kaufhandel treiben", endlich des Ritters St. Jürgen. Wir sehen hier eine Gilde der
deutschen Kaufleute mit norwegischem Gildebrauch. Frauen
waren nicht dabei, da das Contor solche überhaupt nicht bei
sich duldete. Die ,Jungen', d. i. Lehrlinge, mufsten das Gelag nach den ausgebrachten 6 Bechern verlassen; dann erst
wurde ,das Buch', d. i. die Statuten, von dem Secretarius

---

[1] Forhandlinger i Videnskabs-Selskabet i Christiania. 1878. Die
Statuten finden sich abschriftlich am Schlufs einer gegen Ende des 17.
Jahrh. geschriebenen Sammlung der Gewohnheiten des deutschen
Contors zu Bergen.

[2] Es gab in Bergen eine von Hakon Hakonsson aufgeführte
Katharinenkirche nebst Spital. Nielsen, Bergen S. 103. Die Pfarr-
kirche des deutschen Contors war, wie schon erwähnt, die Marienkirche.

verlesen und noch ein Becher für den regierenden König getrunken, auf dafs „wir Gnade und Frieden in seinem Lande haben mögen". Es werden sodann von den Älterleuten und Schaffern und einigen andern die neuen Schaffer für ein Jahr gewählt: ‚zwei Schaffer, die der Gilde vorstehen'. Die neugewählten Schaffer gehen vor das Contor und bitten die Älterleute, ihnen zu folgen in das Haus, was im festlichen Aufzug mit Pfeifern voran geschieht. Andere Becher werden getrunken, der erste für den ‚gemeinen ehrlichen Kaufmann'. Die alten Schaffer müssen Rechnung ablegen vor den Älterleuten u. s. w. Contor und Gilde sind nicht ein und dasselbe; deutlich unterschieden werden die Älterleute des Contors und die Schaffer der Gilde.

Das Gildebuch enthält die alten Statuten, mit welchen die ‚Brüderschaft und Gilde' Gott und den Heiligen, insonderheit der h. Katharina und der h. Dorothee zu Ehren im J. 1397 von frommen Leuten gestiftet wurde [1]. Der fromme Zweck der Stifter ergibt sich aus den Statuten über Abhaltung von Seelmessen für die Verstorbenen der Gilde viermal im Jahr, zweimal bei den grauen und zweimal bei den schwarzen Brüdern (Dominikanern), über Leichenbegängnisse mit Kerzen und Baldachin, wobei jeder Gildebruder mit Wachs opfern mufs, und Processionen an den hohen Kirchenfesten. Jeder Bruder, der stirbt, soll 3 Mark lübisch geben zur Aufbesserung der Gilde: „so sind der Kaufmann und die

---

[1] Das Jahr ist nicht 1357, wie Y. Nielsen die Worte seven und vegentich verstanden hat (es müfste seven und veftich heifsen) statt vegentich ist nach Höhlbaums Correctur (Hansisches UB. III 169 Anm. 2) negentich zu lesen, also 1397. So ist auch erst zu verstehen, was im ersten Artikel der Statuten gesagt ist, dafs die frommen Leute der Gilde zwei ewige Messen in jedem Kloster der grauen Brüder (Franziskaner) ‚in dessen dreen riecken', in diesen drei Reichen, gestiftet haben, was deutlich auf die scandinavische Union 1397 hinweist. Und hiermit fällt auch die Behauptung Nielsens (S. 4 der Abh.), dafs durch diese Gildeskra die früheste sichere Nachricht, nämlich 1357, von dem Dasein des Contors zu Bergen gegeben sei.

Gildebrüder übereingekommen (dyt is des kopmans unde
der gildebroder eintracht)". Denn der Kaufmann, d. i. die
Kaufleute des Contors, und die Gilde stehen in solchem
Zusammenhange, dafs die Kaufleute die Regel der Gilde festsetzen und sie überwachen. Zur Gilde gehört aber nicht
blofs der Kaufmann; denn nach Beschlufs der Kaufleute (so
is de koepman overeins geworden) sollen auch alle Meister
(meistermans), d. i. Handwerksmeister, zur Gilde gehören, die
mit dem Kaufmann umgehen, d. i. mit dem Contor durch
ihr Gewerbe verbunden und gute Gesellen (guht knape) sind.
Vier Schaffer sind die Vorsteher der Gilde, von denen je
zwei alle Jahre, wenn die Gilde getrunken wird, d. i. bei
dem jährlichen Hauptgelag, neu gewählt werden, so dafs
jeder zwei Jahre im Amte bleibt.

Die neue Ordnung von 1502 änderte nichts an Zweck
und Einrichtung der Gilde, bestimmte nur genauer das Cere-
moniell bei dem Hauptgelage.

Die erwähnten norwegischen Gildestatuten zeigen eine
derartige Übereinstimmung mit den bekannten dänischen,
sowohl was die äufsere Einrichtung und Benennung der
Ämter, die Mitgliedschaft auch der Frauen und Kinder, die
Bedingungen des Eintritts und Beiträge der Mitglieder, als
auch die Unterstützungs- und religiösen Pflichten, endlich
die Gelage und Anstandsregeln betrifft, dafs notwendig Entlehnung oder Nachbildung von der einen oder andern Seite
anzunehmen ist, und da kann es keinen Augenblick zweifelhaft sein, dafs die dänischen Gilden als die älteren und ihrem
ganzen Typus nach originalen den norwegischen zum Muster
gedient haben. Specifisch norwegisch ist in letzteren kaum
etwas mehr als die Verehrung des Landesheiligen Olaf und
in der älteren Ordnung A die noch aus heidnischem Gebrauch
beibehaltene Segensformel zum (guten) Jahr und Frieden,
til ars ok friþar (A 1).

Ergebnisse.

1. Die wenigen Städte, welche Norwegen im Mittelalter besaſs, waren königliche, von den Königen auf ihren Höfen gegründet: Nidaros oder Throndhjem (Drontheim) im Norden, seit 1152 Sitz des Erzbischofs; Bergen, die Krönungsstadt der Könige und Sitz eines Bischofs, der Haupthandelsplatz Norwegens an der Westküste; Oslo (Christiania in der Neuzeit), ebenfalls Bischofssitz, und Tönsberg (Tunsberg) an der südlichen Meeresbucht von Viken (Christiania).

2. Dieselben bildeten innerhalb der seit alters bestehenden groſsen Rechtsverbände des Landes besondere Gerichtsbezirke. Auf Grund des Rechts von Frostathing oder des Drönter Landrechts entstand das Stadtrecht von Nidaros, welches nur in Fragmenten vorhanden biarkeyjarrettr heiſst, gleichwie das ältere schwedische Stadtrecht von Stockholm den Namen biärköaræ tter führt. Seine letzte Redaction oder Revision fällt kurz vor Mitte des 13. Jahrhunderts (zwischen 1244—1247).

3. Wiewohl es nach diesem Stadtrecht noch kein eigentliches Bürgerrecht gab, bestand doch für die Einwohner (bœarmenn) persönliche Rechtsgleichheit darin, daſs alle freien Männer, ohne Unterschied des Standes, in Bezug auf Buſsen das gleiche Recht eines freien Bauern, Höldr, besaſsen.

4. Die Stadtgemeinde, d. i. die Gesamtheit der Hausbesitzer, kommt zur Beratung und Beschluſsfassung über Gemeindesachen zusammen. Mot heiſst diese Zusammenkunft, welche regelmäſsig zu bestimmten Zeiten des Jahres stattfindet, aber auch in besondern Fällen der Not und Gefahr, welche die Stadt oder Einzelne bedroht, einberufen wird. Vorsteher der Gemeinde und Stadtrichter ist der Gjalker, d. i. Schultheiſs, zugleich königlicher und Gemeindebeamte, dem ein Fronbote, Kallari, d. i. Rufer, untergeben ist.

5. Bei der fragmentarischen Beschaffenheit des Stadtrechts ist nicht zu ersehen, wie weit die Autonomie der
Stadtgemeinde reichte. Auf finanzielle Selbstverwaltung ist
daraus zu schliefsen, dafs die öffentlichen Bufsen gemeinschaftlich ihr und dem Könige, also jedem zum Halbteil, zufielen. Auch waren die Einwohner sowohl dem Könige wie
der Stadt zu öffentlichen Leistungen, Stadtgeld, Schiffzug,
Kirchenbau verpflichtet.

6. Die Stadt ist der Verkehrsplatz oder der Markt, auf
dem Kauf und Verkauf stattfindet, und heifst darum kaupangr, Kaufstadt.

7. Das neuere und allgemeine Stadtrecht wurde durch
Magnus, den Gesetzbesserer, nur um einige Decennien später,
im J. 1276, erlassen und zuerst in Bergen eingeführt. Es
schliefst sich dem vorausgegangenen Landrecht desselben
Königs im Civil- und Strafrecht an, unterscheidet sich aber
durch eigentümliche Gerichtsverfassung und Einrichtungen
der Stadtpolizei und fügt das Seerecht hinzu.

8. Durch das neue Königtum, welches Sverrir, das Parteihaupt der Birkenbeine (1177—1202) aufrichtete, war eine
straffe Beamtenregierung im Reiche geschaffen worden. Demnach waren die Städte den grofsen Verwaltungs- und Gerichtsbezirken des Landes eingeordnet. Im neuen Stadtrecht
erscheinen daher der königliche Sysselmann als Verwaltungs-
beamter und der königliche Lögmann als Richter dem Gjalker als dem Stadtvorsteher und Polizeiherrn vorgesetzt mit
manchen in die Stadtregierung eingreifenden Befugnissen.

9. Die norwegische Stadt hat nun auch wie die schwedische und dänische nach deutschem Vorbild einen Rat von
12 Mitgliedern als Vertretung der Stadtbewohner, welcher
den Gjalker in der Polizeiverwaltung, den Lögmann im Gericht unterstützt. Derselbe wurde auch nebst den aus den
einzelnen Stadtvierteln Ernannten zur Teilnahme an dem
städtischen Lögthing und dem engeren Ausschufs, Löggretta,

berufen, welcher letztere die gesetzgebende und richtende Oberbehörde für die Stadt bildete.

10. Die Stadtregierung ist schlechthin von dem Könige und dessen Beamten abhängig. Das vom Könige gegebene Stadtrecht erstreckt sich mit seinen in das einzelne eingehenden Vorschriften über alle Seiten der Stadtverwaltung, namentlich auch über Handel und Gewerbe. Der König ist der Obereigentümer vom Grund und Boden der Stadt. Die Einwohner sind ihm zu Steuern und Kriegsleistungen verpflichtet, wovon auch die fremden Wintersitzer nicht ausgenommen sind. Die öffentlichen Bufsen fallen ihm teils allein, teils gröfstenteils zu (anders als im älteren Stadtrecht, vgl. 5). Er hat das Vorkaufsrecht an den eingeführten Handelswaren.

11. An dem Wesen dieser Stadtverfassung haben auch die späteren königlichen Verordnungen im 14. Jahrhundert nur wenig 'geändert, wenn auch der bürgerlichen Freiheit etwas mehr Raum gegeben wurde durch Zuziehung der Hausbesitzer bei den Wahlen der Ratmänner und des Gjalker oder Stadtvogts, und Anteilnahme derselben an dem Verordnungsrecht. Auch gab es nun ein eigenes Bürgerrecht.

12. Der auswärtige Handel war für die Ernährung des Volks unentbehrlich. Die deutsche Hanse gewann den andern handeltreibenden Nationen, Engländern, Holländern, Scandinaviern, den Vorrang ab und wurde dadurch übermächtig. Dagegen war die Handelsgesetzgebung der norwegischen Könige unablässig bestrebt, den Handel der Fremden auf den Grofshandel einzuschränken und vom Binnenhandel im Lande auszuschliefsen, auch ihre bleibenden Niederlassungen in den Städten möglichst zu verhindern. Dennoch gelang es den Hansestädten gegen Mitte des 14. Jahrhunderts, sich mit ihrem Contor in Bergen festzusetzen, welches zwar niemals als Corporation privilegiert, doch auf Grund der mit den Hansestädten geschlossenen Verträge und unter Vorbehalt der für die fremden Wintersitzer bestehen-

den Verordnungen von der norwegischen Regierung geduldet
wurde.

13. Das deutsche Contor zu Bergen war eine Factorei
der Kaufleute und abhängig von den Hansestädten, denen
sie angehörten, von denen sie Befehle und Statuten empfingen,
eine Corporation nach Art einer Gilde mit Aldermännern und
Achtzehner-Ausschuß und Jurisdiction für ihre Angehörigen,
wie noch die Statuten des ‚Ehrsamen Kaufmanns‘ zu Bergen
vom J. 1572, die frühesten überlieferten, sie in solcher Verfassung aufzeigen.

14. Anders war das Verhältnis der in Norwegen eingewanderten deutschen Handwerker, unter welchen die Schuster die zahlreichsten und angesehensten waren. Diese, die
auf den Königshöfen der Städte wohnten, standen in einem
besondern Miets- und Schutzverhältnisse zum Könige, wodurch sie neben andern Freiheiten auch zum Zunftzwang
privilegiert waren. Doch jedem Handelsbetriebe derselben
mit ihren Fabrikaten trat das deutsche Contor scharf entgegen, welches das ausschließliche Handelsmonopol für sich
behauptete.

15. So hat sich das Verhältnis der Deutschen in den Städten
Norwegens sehr verschieden von dem in Schweden und Dänemark gestaltet. Denn während in den dänischen Städten ein
nationaler Gegensatz zwischen eingewanderten Deutschen und
eingebornen Dänen kaum irgendwo aufkam und in den
schwedischen die Deutschen die Stadtregierung und Stadtämter mit den Schweden teilten, blieben die Deutschen in
Norwegen Fremde und betrachteten sich selbst als solche,
nur auf Ausbeutung des Landes zu ihrem Nutzen bedacht,
zumeist Verächter der Landeskinder und einer Stadtregierung,
welche keine bürgerliche Freiheit gewährte und kein be-
gehrenswertes Bürgertum anbieten konnte.

16. Seit den ältesten Zeiten wurden in Norwegen Trinkgelage gehalten: von denen der Asen erzählen die Lieder
der Edda. Die historischen Sagen berichten insbesondere von

den heidnischen Opfermahlzeiten und Biergelagen, bei welchen
auch der Brauch des Minnetrinkens zu Ehren der Götter
vorkommt, der später nach Bekehrung des Volkes auch bei
den christlichen Fest- und Gildegelagen beibehalten und auf
die christlichen Heiligen und Schutzpatrone übertragen wurde.

17. Das Wort Gildi, das in der Edda nichts anderes
als Vergeltung oder Bufse bedeutet, wird in den historischen
Sagen bisweilen für Trinkgelag gebraucht. Dem Könige Olaf
Kyrre, welcher Ende des 11. Jahrhunderts auch sonst mancherlei Neuerungen zur bequemeren Einrichtung des häus-
lichen und geselligen Lebens nach ausländischem Vorbild
aufbrachte, wird die erste Einführung der Gilden in Nidaros
und andern Städten zugeschrieben. Gilde bedeutet hier eine
ständige Gelagsgenossenschaft mit einem für sie bestimmten
Bierhause, Gildiskala.

18. In den Rechtsbüchern aus dem 12. und 13. Jahrhundert ist nirgends von Gilden, wohl aber von öffentlichen
Bierhäusern die Rede, in denen nicht blofs Trinkgelage gehalten, auch Rechtsgeschäfte vorgenommen wurden. Nichts
anderes waren die in den Städten genannten Gildehallen,
welche als öffentliche Lokale für die Zusammenkünfte des
städtischen Lögthings dienten.

19. Durch Verordnung des Königs Erich Magnusson
1295 wurden in Bergen die Gilden mit eigenen Belie-
bungen und Statuten, insbesondere derartige Gilden verschiedener Gewerbtreibender, verboten und nur einige wenige,
blofs dem Kirchendienst zugethane, ferner gestattet. Dieses
nachher noch öfter wiederholte Verbot, welches sich gleichmäfsig auf Ausländer wie Inländer erstreckte, trifft auffallend
mit dem gleichzeitigen Gildenverbot des Bischofs von Seeland
im Kopenhagener Stadtrecht 1294 zusammen.

20. In den vielen norwegischen Urkunden aus dem 13.
und 14. Jahrhundert sind nur eine verhältnismäfsig geringe
Anzahl von Gilden in den Städten und daneben auch einige
ländliche namhaft gemacht. So viel sich aus begleiten-

den Angaben ersehen läfst, waren diese Gilden samt und
sonders einem bestimmten Kirchen- oder Altardienst gewidmet.

21. Nur zwei Gildeordnungen und zwar von Olafsgilden
sind überliefert, die eine (von Onarheim) vom J. 1394, die
andere aus älterer Zeit. Beide sind den dänischen Gildeordnungen nachgebildet, und gleichwie in den jüngeren von
diesen eine gewisse Abschwächung des strengeren Gildever-
bandes wahrzunehmen ist, so auch in der jüngeren norwegischen, wo das Hauptgewicht auf die gemeinsamen festlichen
Gelage gelegt wird.

22. Keine norwegische, sondern deutsche, aber auf norwegischem Boden erwachsene Gilde war die St. Katharinen-
und Dorotheengilde zu Bergen, welche, von deutschen Kaufleuten 1397 zu frommen Zwecken und Trinkfesten gestiftet,
mit dem deutschen Contor in Verbindung stand und aufser
Kaufleuten auch zu demselben gehörige Handwerksmeister
in sich vereinigte.

23. Diese wenigen Beispiele beweisen, dafs die durch die
Gesetzgebung seit Ende des 13. Jahrhunderts öfter verpönten
Gilden mit Vereinsstatuten dennoch hie und da lebendig
blieben und zu Ende des 14. Jahrhunderts kurz vor und
nach Abschlufs der scandinavischen Union wieder mehr in
Aufnahme kamen. Doch eine politische Bedeutung oder
privilegierte Berechtigung wie in Dänemark haben die Gilden
in Norwegen niemals erlangt.

Nachtrag.

Die englischen Kaufmannsgilden.

Im Spätherbst 1890 erschien das vorlängst angekündigte Werk: Ch. Gross, The gild merchant, a contribution to British municipal history, 2 vols. Oxford, das ich bei meinem Buch I, England, das damals bereits dem Druck übergeben war, nicht mehr benutzen konnte. Ich komme deshalb nachträglich darauf zurück. Der amerikanische Autor, der jetzt Professor der Geschichte an der Harvard Universität in Massachusetts ist, gibt darin eine weitere Ausführung seiner Göttinger Dissertation über die Gilda mercatoria 1883 (vgl. oben S. 18). Ich begrüfse seine Arbeit als eine hervorragende Leistung auf dem Gebiete des englischen Städtewesens im Mittelalter und die bei weitem beste Ausführung über das bezeichnete Thema. Gestützt auf ein reiches, zum teil aus städtischen Archiven geschöpftes Urkundenmaterial hat Ch. Gross im ersten Teile das Wesen, die Einrichtungen und die Bedeutung der englischen Kaufmannsgilden für das Stadtrecht sowohl, wie für das Handelsrecht vortrefflich dargelegt, und im zweiten Teil durch den Abdruck der Beweisstücke, auf die er sich im ersten allerorten bezieht, den Leser in stand gesetzt, die Quellen selbst zu prüfen. Es gereicht mir zur besondern Genugthuung, dafs meine, wenn auch nur kurze Darstellung (S. 65 ff.), sich in wesentlicher

Übereinstimmung mit den Ergebnissen der vorliegenden, die Sache nahezu erschöpfenden Untersuchung befindet. Ich finde nichts zurückzunehmen, aber viel zu ergänzen. Dies soll im folgenden geschehen, indem ich zur Analyse der Schrift von Ch. Gross übergehe und daneben meine eigene Ausführung als Buch I citiere.

Die Kaufmannsgilde konnte erst bei fortschreitender Entwickelung des Handels und der Industrie entstehen. Sie findet sich in England erst nach der normannischen Eroberung und wird in den Privilegien der Könige unter den Vorzügen einer freien Stadt (free borough) erwähnt. Als Beispiel wird das Privileg K. Johanns vom J. 1200 für Ipswich angeführt (S. 7, vgl. Buch I 68). Es folgt das Verzeichnis derjenigen Städte, bei welchen früher oder später die Kaufmannsgilde erwähnt ist (S. 9—20). London gehört nicht zu diesen. Mindestens ein Drittel der englischen Städte war im 13. Jahrhundert im Besitz einer Kaufmannsgilde. Es wird sodann die Organisation der Gilde beschrieben. Unter verschiedenen Benennungen kommen ihre Beamten vor, als Seneschalle, Schöffen (skevins), Wächter (wardens), Aldermen und andere. Die Gildegenossen (gildani fratres) hatten ein Eintrittsgeld zu entrichten und Bürgen für die Erfüllung ihrer Pflichten zu stellen; sie mußten der Brüderschaft den Eid der Treue leisten. Es wird die eigentümliche Einrichtung der Gilde zu Andover hervorgehoben, in der zwei Häuser bestanden und zwei Klassen der Brüder unterschieden werden, diejenigen, welche die freegild, und die, welche die hansegild besaßen, wobei der auch in der deutschen Litteratur trefflich bewanderte Verfasser auf die Analogie eines zweifachen Gilderechts in Göttingen hinweist (S. 31 A. 4). Die Zusammenkünfte der Gilden, Morgensprachen (maneloquium, morghespeche) genannt, fanden zu bestimmten Zeiten des Jahres statt; damit waren verbunden festliche Gelage (potacio, drinking): es kommt der Ausdruck: die Gilde trinken, vor (ähnlich wie in Dänemark). Zu den Pflichten der Gildegenossen gehörten religiöse Verrichtungen und gute Werke, bei denen 'der Kanzler oder Priester der Gilde die kirchlichen Dienste versah, besonders auch Unterstützung der Brüder untereinander mit Almosen, Sorge für die Kranken, Leichenbegleitung und Seelmessen für die ⌊Gestorbenen, Beilegung von Streit untereinander (vgl. Buch I 69 f.). Manche Gilden führten den Namen von heiligen Patronen oder von der heiligen Dreieinigkeit (S. 34).

Die Kaufmannsgilde erhob sich durch ihr Recht und ihre Bedeutung über alle anderen blofsen Privatbrüderschaften. Wichtige Aufgaben waren ihr durch das Gemeinwesen der Stadt übertragen. Es werden die Erklärungen mitgeteilt, welche die Städte' selbst auf besondere Veranlassung über das Recht ihrer Kaufmannsgilde abgaben. Abweichend im einzelnen laufen sie im wesentlichen darauf hinaus, dafs nur die Angehörigen der Gilde Handel treiben durften in der Stadt und auf dem Lande, verbunden mit Befreiung von Zoll und Abgaben der Waren (S. 43, vgl. Buch I 65). Näher betrachtet bedeutet dieses Handelsrecht die ausschliefsliche Befugnis, Waren im grofsen einzukaufen, um sie im kleinen wieder zu verkaufen, und zu diesem Zweck solche in Kaufbuden feil zu halten, wobei die an den einzelnen Orten am meisten vorkommenden Gegenstände des Handels besonders bezeichnet werden, wie Tuch, Leder, Wolle, Fische und anderes. Fremde Kaufleute durften nur im grofsen und mit andern Einschränkungen oder auch gar nicht am Orte Handel treiben, ausgenommen zur Zeit der Jahrmärkte (S. 47). Wiewohl als allgemeine Bedingung für die Mitglieder der Gilde ihre Anteilnahme an den städtischen Steuern und öffentlichen Diensten (to be in scot and lot) galt, wurden doch auch Auswärtige, sowohl Kaufleute wie Adelige und andere Personen von Auszeichnung aus der Nachbarschaft in die Gilde aufgenommen (S. 54).

Schon in seiner Göttinger Dissertation hatte sich der

Autor gegen die auch in England von einigen Schriftstellern eingeführte Gildetheorie erklärt, nämlich gegen die
Hypothese, daſs ursprünglich die Stadtgemeinde Gilde-
genossenschaft, Gilderecht und Stadtrecht identisch gewesen
seien (vgl. Buch I 17 f.). In seinem neuen Werk spricht
sich derselbe eingehender über das Verhältnis von Gilde
und Stadt aus (S. 61 ff.). Wenngleich die Kaufmannsgilde
nicht bloſs eine Corporation der Kaufleute im engeren
Sinne, sondern eine bürgerliche Behörde war, die wesentlichen Anteil an der Stadtregierung nahm, so waren doch
nicht alle Bürger auch Gildegenossen, und verschieden im
Anfang Gilde- und Stadtämter. Erst infolge der Entwickelung hat in manchen Städten, in denen die Handelsinteressen
vorwalteten, ein Zusammenflieſsen von Gilde und Stadt sowohl in der Bürgerschaft wie in den Stadtämtern und der
Stadtverwaltung stattgefunden (S. 72 ff., vgl. die in Buch I
87 gegebenen Beispiele).

Weiter handelt der Autor in einem lehrreichen Kapitel
(S. 106 ff.) von dem Verhältnis der Kaufmannsgilde zu den
Handwerkern, wobei ihm gleichfalls seine genaue Kenntnis
mit der deutschen Litteratur zu statten kommt. Die englische Städtegeschichte kennt keine so tief greifenden Gegen-
sätze und Parteiungen zwischen den verschiedenen Bürger-
klassen, Patriziern und Zünften, wie die deutsche (vgl. Buch I
114). Handwerker aller Art wurden im 12. bis 14. Jahrhundert in die Kaufmannsgilde aufgenommen. Das Wort
mercator selbst ist nur ein allgemeiner Begriff, der alle
Gewerbtreibenden in sich schlieſst. Die Handwerker gelangten jedoch in den englischen Städten nur ausnahmsweise zu
einem Anteil an der Stadtregierung. Ihre Gilden und Compagnien (craftgilds) wurden durch die Stadtobrigkeit errichtet oder bestätigt; sie unterstanden ihrer Controle und
Jurisdiction; Innungsrecht und Zunftzwang wurden ihnen
verliehen. Ihr Verhältnis zur Kaufmannsgilde gestaltete sich
dann nach der Auffassung des Autors so, daſs durch ihre

Vermehrung und Besonderung die Kaufmannsgilde immer
mehr ihre Lebenskraft verlor, indem sie gewissermafsen
durch jene eliminiert und absorbiert wurde (S. 117). So
erscheint denn die Kaufmannsgilde in der späteren Zeit
geteilt in verschiedene Genossenschaften und Gewerke und
als eine Vereinigung derselben zu einer einzigen allgemeinen Gilde (general gild, public gild), deren Aufgabe es
war, überhaupt die Handels- und gewerblichen Interessen
der Stadt zu vertreten, oder wie Gross sich ausdrückt (S. 120):
„Die Teile, in welche die Kaufmannsgilde sich aufgelöst
hatte, waren nun wiederum in eine Körperschaft verschmolzen,
welche in der bürgerlichen Verfassung eine ähnliche Stellung
wie die alte Gilde einnahm." An mehreren Beispielen wird
von ihm gezeigt, in welcher Weise an verschiedenen Orten
die Gilde sich in Abteilungen von Gewerksgenossenschaften
gliederte, deren jede eine Anzahl von Handwerkern in sich
begriff. Als gleichbedeutend mit der Freiheit der Stadt
überhaupt wurde dann später das Recht der Gilde angesehen, so dafs derjenige, der ein freeman heifst, als einer
der in Stadtfreiheit ist (beeing in the freedom), auch einen
solchen bedeutet, der in der Gilde ist (beeing in the gild merchant), denn die Freiheit der Stadt wurde durch die Aufnahme in eine Gewerksgenossenschaft erlangt. Hiemit aber
fällt zusammen das Bürgerrecht überhaupt, welches als persönliches Recht entweder durch Geburt, Lehrlingschaft, Kauf,
Heirat oder durch Verleihung erworben wurde (S. 123
bis 126).

Schliefslich handelt Gross von den späteren Handelsgesellschaften, merchant staplers und merchant adventurers,
und berührt auch noch die hier und da vorkommende Umbildung der Kaufmannsgilde in eine blofse gesellschaftliche
oder religiöse Brüderschaft (S. 161, vgl. Buch I 103).

Sehr wertvoll sind auch die von dem Verfasser hinzugefügten Abhandlungen in den Beilagen: A über die Litteratur, wo besonders Brentano's Gildetheorie (vgl. Buch I

17) einer treffenden Kritik unterzogen wird; **B** über die
angelsächsischen Gilden: mit Recht habe Wilda den Einfluſs
des Christentums im Gildewesen hervorgehoben; das Vor-
herrschen des Gildewesens bei den Angelsachsen sei der
schwachen Regierung ihrer Könige und den Einfällen der
Dänen zuzuschreiben. Zweifelhaft äuſsert sich G r o s s über
die Bedeutung der Gegildan in den Gesetzen Ines und
Aelfreds; er ist geneigt in diesen sowie den Gilden der In-
dicia civitatis Lundoniae bloſse zu Geldbeiträgen (for gelds
or payments) unter sich verpflichtete Genossenschaften zu
erkennen. Hier läſst derselbe eine tiefer in den Gegenstand
eindringende Untersuchung vermissen. Dagegen wird man
in C über die englische Hansa Übereinstimmung mit meiner
Erklärung der Hansa finden, daſs sie nämlich in dem oft
wiederkehrenden Ausdruck der Verleihung der gilda mercatoria cum hansa oder cum hansis sowohl die Handelsgesellschaft bedeutet, wie das Handelsrecht, das sie an andere
verlieh, und die Abgabe die dafür bezahlt wurde (vgl.
Buch I 71).

Eine sehr erwünschte Ausführung über die Kaufmannsgilde in S c h o t t l a n d ist App. **D**. Die Municipalverfassung war dort in wesentlichen Punkten abweichend
von der in den englischen Städten und mehr als in diesen
gleichförmig und gesetzlich bestimmt. Die schottische
Kaufmannsgilde (gildry) kommt fast ebenso früh wie die
englische vor, zuerst unter König David (1124–1153). Im
16. und 17. Jahrhundert gab es nur wenige königliche Städte
ohne eine Gilde; sie nahm in dieser späteren Zeit, gleichwie in England, unter dem Namen Convenery oder Con-
vener's Court die Gestalt einer Vereinigung der Gewerksgenossenschaften an, welche die allgemeinen Interessen derselben vertrat, um ihre Rechte und Privilegien zu schützen
(S. 202 A. 1). Der Verfasser gibt ein Verzeichnis derjenigen Städte von Schottland, bei denen er die Gilde erwähnt fand (S. 244 ff.). Ihr allgemeiner Zweck war Auf-
rechthaltung und Regelung des Handelsmonopols der Stadt,

und sie scheint, wenigstens im Anfang, mehr als in England, aristokratischer Art gewesen zu sein; so bestimmen die Leges Burgorum im 12. Jahrhundert, dafs kein Färber, Metzger und Schuster in der gilda mercatoria sein soll, es sei denn, dafs er sein Handwerk abschwöre (S. 213). Im 14. und 15. Jahrhundert entbrannte heftiger Streit zwischen Kaufleuten und Handwerkern: es handelte sich dabei teils um das Handelsmonopol der ersteren, teils um die bescheidene Forderung der letzteren, ihre Vorsteher selbst zu wählen. Zu einem Anteil an der Stadtregierung sind die Handwerker schliefslich nur insoweit gelangt, als sie auch zum gemeinen Rat (common council) der Stadt zugelassen wurden (S. 224).

In der letzten Beilage E wirft der Verfasser noch einen Blick auf die Kaufmannsgilden in den Städten des Continents: sie seien dort im allgemeinen weniger verbreitet gewesen als in England und ähnlich den späteren englischen kaufmännischen Brüderschaften in Bezug auf die Regelung des Handelsmonopols gegenüber den fremden Kaufleuten (S. 283). In betreff der von manchen Schriftstellern angenommenen Gildetheorie, welche die Stadtverfassung von der Gilde herleiten will, erklärt sich Gross in ausdrücklicher Übereinstimmung mit mir (S. 287), dafs es nicht gelungen sei, irgend einen haltbaren historischen Beweis für sie beizubringen: die Kaufmannsgilde war nicht der Keim und Ursprung der Municipalverfassung, sondern eines der verschiedenen, bei ihrer Entwickelung wirksamen Elemente. Bei seiner Anschauung dagegen von einem Auflösungsprozefs der englischen Kaufmannsgilde in der Weise, dafs die Handwerkerbrüderschaften sich allmählich von ihr ausgesondert hätten, teilt er die Meinung von K. W. Nitzsch, der, wie er sagt, den gleichen Scheidungsprozefs auch in Deutschland dargethan habe (S. 285). Hierzu will ich gleich hier ein paar kurze Bemerkungen machen, unter dem Vorbehalt, im letzten Buche, Deutschland, darauf zurückzukommen.

Es ist Gross selbst nicht entgangen, dafs das Dasein

von Handwerkergenossenschaften auf dem Continent sowohl
wie in England schon früh im 12. Jahrhundert bezeugt ist
(S. 285). Was England betrifft, so berief sich die **Weber-
gilde zu London** auf ihr Privilegium aus der Zeit Heinrichs I (1100—1135) (vgl. Buch I 77). In der Normandie
ist die Kaufmannsgilde zu Rouen aus dem Stadtrecht bekannt, welches Herzog Gotfrid Plantagenet verlieh und dessen
Sohn Heinrich II 1150 bestätigte. Von demselben Herzog
erhielt aber auch die Gilde der Schuster daselbst die Bestätigung ihres Privilegs, das schon von Heinrich I her-
rührte, und Heinrich II gewährte auch den Lohgerbern das
ausschliefsliche Recht ihres Gewerbebetriebs (vgl. Buch V
13). Die frühesten Privilegien der englischen Kaufmannsgilden gehen ebenfalls nicht weiter als auf Heinrich I zurück.
Wenn nun ungefähr gleichzeitig mit diesen auch privilegierte
Handwerkergilden in England wie in der Normandie vorkommen, wie läfst sich annehmen, dafs letztere aus der
Kaufmannsgilde hervorgegangen seien und deren Auflösung
herbeigeführt hätten, da diese doch selbst erst ins Leben
getreten war und neben ihr Handwerkergilden bestanden?

Die von **Gross** nur obenhin aufgenommene Hypothese
beruht, näher betrachtet, auf einer unklaren und irrigen
Vorstellung von der Sache. Die Kaufmannsgilde besafs und
gewährte ihren Brüdern das Recht des Handelsmonopols:
Kaufleute nicht blofs, auch Handwerker und andere Einwohner konnten dasselbe durch sie erlangen. Handwerker,
die solches Recht entbehrten, durften die Stoffe, die sie ver-
arbeiteten, wie z. B. die Schuster das Leder, die Bäcker das
Korn, nicht selbst im grofsen einkaufen, sondern mufsten
sie entweder von der Kaufmannsgilde oder von denjenigen
nehmen, die bei ihnen die Arbeit bestellten. Mit dem eigentlichen Handwerksbetrieb aber, mit den Verhältnissen der
Handwerker überhaupt hatte die Kaufmannsgilde nichts zu
schaffen. Auf ihre besonderen Interessen von selbst bedacht,
bildeten sich Genossenschaften der Handwerker unabhängig

von der Kaufmannsgilde und zum teil eben so früh wie diese, und verschafften sich gleichfalls ihre Sonderrechte. Der Gedanke, daſs deren Genossenschaftsbildung aus der Kaufmannsgilde hervorgegangen sei, widerspricht wie dem Begriff so der natürlichen Entwickelung von beiden. Es liegt ihm die irrtümliche Vorstellung zu Grunde, daſs die spätere Form, in welcher die englische Gilde an manchen Orten als eine Vereinigung sämtlicher Gewerbe erscheint, schon von Anfang an dagewesen sei, so daſs, wie Gross sich ausdrückt, die aus ihr aufgelösten Teile sich nun wieder zu einem Ganzen zusammengefunden hätten. In der That aber verhielt es sich so, daſs die anfängliche Sonderung der Kauf-leute und Handwerker nicht hinderte, daſs einzelne besser gestellte der letzteren auch das Kaufmannsrecht gewannen, und daſs schließlich alle Handwerker an demselben teil-nahmen, so daſs deren Genossenschaften sich als Glieder der Kaufmannsgilde darstellten.

Um dies näher darzulegen und zugleich eine bestimm-tere Anschauung von dem Wesen und den Einrichtungen der englischen Kaufmannsgilde zu gewinnen, ist es nötig zu sehen, wie sich dieselbe an einzelnen Orten gestaltete. Ein überaus reiches Material hat Ch. Gross in dem 2. Bande seines Werkes aus Urkunden, Protokollen und Gildebriefen zusammengebracht. Ich wähle daraus als be-lehrendste Beispiele die nahe bei einander gelegenen Städte Andover und Southampton, erstere eine Binnen-, letztere eine Seestadt in Hampshire, weil gerade für diese die wich-tigsten Nachrichten über ihre Gilden vorliegen.

Die Einwohner von Andover erlangten im J. 22 Heinrichs II (1176) gegen Zahlung von 10 Mark die Frei-heit ihrer Gilde, gleich derjenigen von Winchester und Salisbury[1]. K. Johann im J. 6 bestätigte sie mit Befreiung

---

[1] Gross II 3: pro habenda libertate in Gilda sua, quam homines de Wiltona et de Saresberia habent in Gilda sua.

von Zoll, Weggeld und anderen Abgaben im ganzen Lande.
Es sind Aufzeichnungen von ihr vorhanden, welche, mit
J. 1262 beginnend, bis ins 15. Jahrhundert fortlaufen, aufserdem zwei Gildebücher, die sich über den Zeitraum von 1279
bis ins 18. Jahrhundert erstrecken: diese enthalten die
Protokolle über die in den Morgensprachen (morgespeche)
der Gilde gepflogenen Verhandlungen und gefafsten Beschlüsse; überall ist das Datum angegeben[1]. Sehr mannigfaltig sind die Gegenstände, um die es sich handelt: das
Gilderecht der Mitglieder, die Beamten der Gilde, Verordnungen über Handel und Gewerbe, Straferkenntnisse.

Das Gilderecht (gilda) erscheint als rein persönliches
in der Art, dafs es wie ein Privatrecht von den Besitzern
auf andere übertragen, vererbt, verschenkt oder auch ganz
aufgegeben wird, doch in jedem Fall nur mit Genehmigung
der Corporation. Die Aufnahmegesuche sind meist gerichtet
auf Übertragung des Gilderechts einer bestimmten Person,
z. B. des Vaters, der Mutter, der Ehefrau — denn auch
Frauen besitzen dasselbe — an Ehemänner, Söhne oder
Töchter oder andere[2]. In der Regel sind die Personen
nur bei ihren Namen genannt; nur beiläufig wird der eine
oder andere als Handwerker, Schmied, Gerber, Metzger
bezeichnet. Auf den Stand kam es offenbar nicht an: der
als Mitglied Aufgenommene mufste Bürgen (plegii) für sich
stellen.

Das Gilderecht ist aber nicht blofs ein persönliches,
sondern auch ein lokales, weil mit einer Verkaufsstelle oder
Bude verbunden; solche wird zugleich mit der Gilde verliehen[3]. Daraus erklären sich die häufigen Fälle solcher

---

[1] Reichliche Auszüge sind von Grofs II 4 ff. und als Supple-
ment dazu S. 289—351 mitgeteilt.
[2] S. 8: Matilda Ingulf petit, quod possit dare et dat gildam suam
Emme filie sue ... Suetune, uxor Hugonis fabri, dat Hugoni fabro
viro suo gildam suam.
[3] Z. B. S. 300: Rogerus Selyde petit, quod possit dare gildam
suam cum loco adjacente Thome Haywode et Agneti und deren Erben.

Übertragungen: wer von seiner Gilde, d. h. dem Kauf- und Verkaufsrecht mit Feilbieten von Waren oder Erzeugnissen keinen Gebrauch mehr machen und die für die Verkaufsstelle oder Bude zu entrichtende Abgabe (stallagium) sparen wollte, verzichtete auf seine Gilde zu Gunsten eines anderen. Es gab jedoch Gilderechte verschiedener Art, denn es werden unterschieden gilda libera und non libera, gilda villana und gilda hansaria[1], deren Bedeutung sich nicht weiter erklärt findet; man sieht nur, daſs hans wie gewöhnlich eine Abgabe an die Gilde bedeutet[2]: es wird sich dabei um eine verschiedene Art des Kaufs- und Verkaufsrechts in der Stadt und auſserhalb gehandelt haben.

Als Beamte der Gilda mercatoria sind ihre Vorsteher forwardmanni, forwardini genannt, welche über die Verleihung der Gilde beschlieſsen, die Gebühren für den Eintritt festsetzen, dem Gildegericht (in curia propria) vorsitzen, Klagsachen untersuchen, Verordnungen erlassen[3]. Seneschalle, seneschalli libertatis, sind diejenigen, welche die Kasse der Gilde bewahren, Gebühren und Strafgelder einnehmen[4]. Als Executivbeamte erscheinen Baillifs, ballivi

---

S. 311: Ricardus . . intrat in gildam mercatoriam per quinque marcas, ita quod habest locum pertinentem ad gildam predictam.

[1] Z. B. S. 312: W. Goude . . habet gildam que fuit Roberti Boniare . . . et facta est libera pro dimidia marca. S. 313: W. Lucas petit, quod possit dare gildam suam, que non est libera, Johanni filio suo. W. Haghet petit, quod possit dare unam gildam, que est hansere, Thome Pykard, filio amice sue. S. 317: Johannes Flegham petit, quod possit dare gildam suam villanam Johanni.

[2] S. 292: Thomas Beupayn weigerte sich für seine Gilde: solvere suum hans; die Vorsteher entschieden, er müsse zahlen, sonst würde seine Gilde in manus Gildanorum zurückfallen.

[3] S. 292. 297. 320. 322. Zwölf an der Zahl finden sich erwähnt S. 324: et de hoc compertus fuit per XII forewardmannos et per recognicionem suam.

[4] Über den Bestand der Kasse legten sie Rechnung ab, S. 323: Memorandum quod Senescalli habuerunt in communi cista in denariis 22 s. et 1 d. S. 325.

libertatis[1]. Für die Trinkgelage der Gilde sind Schenken (pincernae) angestellt: es werden solche im oberen und unteren Hause genannt, zwei Abteilungen der Corporation, deren Bedeutung nicht ersichtlich ist[2]. Der Kaplan bei St. Johannis besorgte die kirchlichen Dienste für die Gilde.

Die Verordnungen der Gilda mercatoria beziehen sich auf Kauf und Verkauf der Waren aller Art, auf Preistaxen, Maſs und Gewicht, Marktplätze u. s. w.; ihre Straferkenntnisse betreffen Übertretungen und Vergehen aller Art; auch Erb- und Besitzstreitigkeiten wurden von ihr entschieden. Bei Strafe der Entziehung des Gilderechts wird verboten, sich mit einer Klage an das öffentliche Gericht zu wenden, bevor sie bei dem Gildegericht angebracht war[3]. Als äuſserste Strafe wird die Ausschlieſsung von allem Verkehr mit den Gildegenossen bei Kauf und Verkauf, Feuer und Wasser, verhängt[4].

Die Angelegenheiten der Gilda mercatoria waren auch die der Stadtgemeinde, d. i. aller derjenigen Personen, die sich in der Freiheit der Stadt befanden. Daher geschah es, daſs die Gilde an manchen Orten die Stelle als regierende

---

[1] S. 324: et quod ponatur in seisina per ballivos libertatis . . et preceptum est ballivis, quod capiant toll.

[2] S. 326: Memorandum quod pincerne de domibus inferiori et superiori liberaverunt senescallis per compotum in morghespeche redditum 45 s. 2 d., unde solverunt custodi domus sancti Johannis 25 s. Ein Namenverzeichnis von Männern und Frauen findet sich unter dem Titel: Rotulus forwardmannorum de domo inferiori S. 334, also hatten beide Häuser eigene Vorsteher.

[3] S. 308: Ex consideracione tocius (der Gesamtheit) gildanorum capiatur libertas Joh. de Ponynton . . pro eo quod implacitat visinos suos (seine Genossen) in curia domini regis apud Westmonasterium, antequam jus ei deseratur in curia propria, contra ordinacionem gildanorum et contra sacramentum suum proprium.

[4] So geschah es in einem Fall wegen Anstiftung von Zwietracht „inter quosdam magnos ville de Andevere et ceteros ejusdem communitatis" durch falsche Anklage, worüber in plena morgespeche im J. 1327 erkannt wurde, S. 319: quod nullus ipsum resettat (ihn aufnehme), nec cum ipso emat neque vendat, nec sibi det ignem neque aquam, neque cum ipso communicare, sub pena amissionis sue libertatis.

Stadtcorporation einnahm, Gildeordnung und Stadtverfassung ineinander übergingen, wie ich dies an den Beispielen von Leicester, Worcester, Preston gezeigt habe (Buch I 91 ff.). Daſs es auch in dem Städtchen Andover schon zu Anfang des 15. Jahrhunderts so weit gekommen war, beweist der im J. 1415 in einer Morgensprache der Gilde gefaſste Beschluſs, 24 Männer zu wählen, welche unter Aufsicht der Seneschalle und Baillifs die Regierung der Stadt führen sollen: was sie beschlieſsen, wird der ganzen Stadtgemeinde genehm sein[1]. Nachher erscheinen die Seneschalle und 24 Forwardine, also die früheren Gildebeamten, als Stadtmagistrat, der allgemein verbindliche Verordnungen erläſst[2].

Im 16. Jahrhundert kommen Aufnahmen in die Gilde (societas gyldanorum oder libertatis gilde) selten mehr vor. Sie bedeuteten nicht mehr die Verleihung des persönlichen Gilderechts als Kaufrechts, sondern die Aufnahme in die Stadtcorporation der probi homines et jurati[3]. Denn jenes ursprüngliche Gilderecht war Gemeingut aller derjenigen geworden, welche der Freiheit der Gilde und Stadt teilhaftig waren, insbesondere aller Handwerksgenossenschaften. Daher erscheint nun die Gilde als in drei Compagnien geteilt, die sämtliche Gewerke in sich begriffen und deren jede den Namen von einem Hauptgewerbe als leathermens, haberdashers und drapers führte; zu der erstgenannten gehörten nicht bloſs Gerber, Sattler, Schuster, auch Metzger, Lichtzieher und Leichenbesorger (upholders) u. a.; zu der zweiten

---

[1] S. 344: Ordinatum est ad predictam morwspech ex assensu tocius communitatis ejusdem ville, quod XXIIII erunt electi ibidem et habebunt gubernacionem dicte ville cum supervisione senescallorum et ballivorum qui pro tempore fuerint.

[2] A. a. O. S. 345.

[3] S. 348 J. 1585: Ad hoc maneloquium, per consensum Ballivorum et Proborum hominum Johannes Smythe et Joh. Pyle electi sunt in numerum et societatem proborum hominum de Andever, et jurati sunt per Senescallum.

nicht blofs Posamentiere, auch Krämer, Gastwirte, Bäcker,
Brauer, Schmiede, Tüncher, Glaser u. a.; zur dritten nicht
blofs Tuchmacher und Weber, auch Goldschmiede, Fisch-
händler, Zimmerleute, Fafsbinder u. a. Jede dieser drei
Compagnien bildete eine Corporation für sich, welche ihre
eigenen Beamten hatte und Beschlüsse über ihre besonderen
Angelegenheiten fafste [1].

Wenn nun dies der Ausgang der Kaufmannsgilde im
natürlichen Fortgang ihrer Entwickelung war, dafs sie sämtliche Gewerksgenossenschaften als Glieder umfafste, so ist
darin nicht mit G r o s s eine nach früherer Auflösung derselben schliefslich erfolgte, abermalige Zusammenfassung
ihrer gesonderten Teile zu erkennen, sondern umgekehrt
die Erweiterung der Kaufmannsgilde durch Ausdehnung
ihres Gilderechts auf die Handwerker überhaupt, so dafs
wer einer Handwerksgenossenschaft angehörte, auch jenes
Recht besafs.

Von der Kaufmannsgilde zu S o u t h a m p t o n ist eine
Statutensammlung von 77 Artikeln aus dem 14. Jahrhundert
vorhanden (II 214—231). G r o s s bemerkt dazu, dafs nach
Art solcher Abfassungen ältere und jüngere Statuten darin
begriffen sind, weil die ersten Artikel (1—11) auf eine Zeit
schliefsen lassen, da die Gilde noch eine blofse Privat-
brüderschaft war, die späteren dagegen sie als regierende
bürgerliche Autorität aufzeigen. Es kommt hier die eigentümliche Beschaffenheit der Gilde im 14. Jahrhundert in
Betracht.

Sogleich in den ersten Artikeln tritt uns der Unterschied
von Stadt und Gilde entgegen. Die Einleitung enthält eine
Anrede an Maire, Baillif und guten Leute (bones gentz), worin
ihnen befohlen wird, dem Könige Treue zu beweisen, die
Freiheit der Stadt und die Statuten der Gilde (les poinctz

---

[1] Vgl. Aufzeichnungen und Protokolle bei Gross II 11 und
349 f.

de la gilde) zu bewahren u. s. w. Sind hier Maire und Baillif als die Obrigkeit der Stadt genannt, so handelt Art. 1 von der Wahl der Gildebeamten: es sind der Alderman, der Seneschall, der Kaplan, die Schöffen (2 eskevyns) und ein Bote (usser). Die Gilde soll zweimal im Jahr gehalten werden. Den genannten Beamten werden bestimmte Emolumente, von den Eintrittsgeldern in Geld, bei Abhaltung der Gilde in Wein und Lichtern angewiesen[1]. Von den Pflichten der Gildebrüder (gildeyn) handeln die folgenden Artikel. Es sind die allgemein üblichen: bei der Gildezusammenkunft (quant la Gilde serra) soll keiner fehlen; Almosen in Bier werden an die Aussätzigen und Kranken in den Spitälern verabreicht; die erkrankten Gildebrüder sollen mit Speise und Trank versorgt und von zwei guten Männern (proddeshomes) besucht werden; jeder soll bei dem Leichenbegängnis eines Gildebruders und bei der Totenfeier mit brennenden Kerzen zugegen sein; im Fall der Gefangenschaft eines Gildebruders in England sollen sich der Alderman mit anderen Beamten der Gilde um seine Auslösung bemühen (11).

Über das Gilderecht wird hier anders als wie in Andover bestimmt, daß es zwar nach dem Tode eines Gildebruders auf den nächsten Erben übergehen, nicht aber verkauft oder verschenkt werden darf (Art. 9 und 10). Was dasselbe bedeutet, ist nur zum teil gesagt in Art. 19, wo es heißt, daß niemand kaufen darf, um in der Stadt selbst wieder zu verkaufen, außer wer in der Kaufmannsgilde oder in der Stadtfreiheit ist[2]. Denn zweierlei ist zur Zeit noch das Sein in der Gilde und das Sein in der Freiheit. Dies zeigt sich bei

---

[1] Art. 3: Et quant la Gilde serra, le Alderman doit avoyr chescun nuiytz, tauntz come la Gilde sietz, 2 galouns de vin et deus chaundeles etc.

[2] Et nul ne doit en la vile de Suthamtone rien acheter a revendre en meyme la vile, si il ne seit de la gilde marchaunde au de la fraunchise.

der Bestimmung über Strafen für Vergehen der Gildebrüder
selbst und derjenigen, die nicht in der Gilde, aber in der
Freiheit sind, sowie derjenigen, die weder in der einen noch
in der andern sind, wenn sie sich gegen Gildegenossen vergehen oder umgekehrt. Die Gilde straft die Genossen mit
Geld oder Verlust der Gilde, die, welche in der Freiheit
(der Stadt) sind, mit Verlust der Freiheit und Gefängnis,
und die, welche weder in der einen noch in der andern
sind, mit (bis auf zwei Tage und Nächte) verlängertem Gefängnis, vorausgesetzt, daß es sich nur um geringe Vergehen handelt[1]: bei diesen also ist Gildegericht für alle
competent.

Auf die Fortentwickelung des Verhältnisses zwischen
Gilde und Stadt im 14. Jahrhundert deuten die erst später
hinzugefügten Artikel. Zu Anfang der Statuten waren
Maire und Baillif und guten Leute als der Inbegriff der
Stadtgemeinde genannt; später ist von dem Maire nicht
mehr die Rede. Art. 32 bestimmt, daß alljährlich 12 gute
Männer (proddeshommes) durch die ganze Gemeinde der
Stadt gewählt werden sollen, welche den Frieden und die
Freiheit der Stadt bewahren und allen, Armen und Reichen,
Recht gewähren sollen; diese ernennen dann für das Jahr
zwei Baillifs und andere Stadtbeamte. Und als das regierende Haupt der Stadt wird im Art. 53 der Alderman der
Gilde genannt, der die Freiheit und die Statuten der Gilde
wie der Stadt bewahren und die erste Stimme bei allen
Wahlen führen soll[2]. Der Baillif ist der Stadtrichter: wenn
es dieser an sich fehlen läßt, beruft der Alderman den Seneschall, die Schöffen und die Geschworenen der Stadt, um
dem Rechte genug zu thun (54). Da, wie anfangs erwähnt, Seneschall und Schöffen gleichwie der Alderman
Gildebeamte waren, so sieht man, wie die Gilde sich zur

---

[1] Art. 14: si le trespas [n]est tiel que il pende plus graunt
punysement.

[2] Le Alderman est chevetein de la vile et de la Gilde etc.

regierenden Stadtcorporation aufgeworfen hatte. Doch neben ihr bestand fort als der eigentliche Stadtmagistrat, als der Rat, wie wir sagen würden, die von der Gesamtgemeinde jährlich gewählten Preudhommes, welche auch die Geschworenen der Stadt (les jurez de la vile) heißen.

Es liegt in der Natur der Sache, daß die englische Kaufmannsgilde nur in kleinen Städten eine derartige Gestalt annehmen konnte, daß sie mit der Stadtgemeinde beinahe zusammenfiel und ihre Ordnung in die Stadtverfassung hineintrug, womit sie in der That aufhörte, noch länger eine Gilde zu sein. Daß in den großen Handelsstädten, namentlich London, die Kaufmannsgilde überhaupt oder nur vorübergehend bestand, wurde schon oben bemerkt (Buch I 113)[1]. Als Grund wird aber wohl nicht der dort angegebene anzunehmen sein, weil die Zahl der Kaufleute für eine Gilde zu groß gewesen sei, sondern weil das eigentliche Recht der Gilde, Waren im großen zu kaufen, um sie im kleinen wieder zu verkaufen, keine Anwendung fand auf den Großhandel, der sich mit Detailverkauf überhaupt nicht abgab, diesen den Krämern überließ. Was aber die Hauptstadt London betrifft, so hatten dessen Bürger insgemein kraft königlichen Privilegs vorlängst Befreiung von Zöllen und andern Handelsabgaben (Buch I 60), also auch Handelsfreiheit bewilligt erhalten. Und so, konnte auch in denjenigen Handelsstädten, wo eine Kaufmannsgilde bestand, deren Abschaffung erwünscht sein, wenn sie durch den Gebrauch ihres Monopols alle anderen Bürger, insbesondere die Handwerker vom Mitbewerb des Handels ausschloß: daher ließ sich die Stadt Norwich durch Heinrich III bestätigen, daß keine Gilde zu ihrem Nachteil solle gehalten werden (ebend. S. 84).

---

[1] Meine Angabe (ebenda S. 80), daß in York die Gilde, welche K. Johann im J. 1200 der Stadt bewilligte, später nicht mehr vorkomme, muß ich nach Gross II 280, der Drake Eboracum S. 204 citiert, dahin berichtigen, daß noch Heinrich III 1252 die frühere Charte bestätigte.

Lightning Source UK Ltd.
Milton Keynes UK
UKHW02f1805221018
331000UK00009B/272/P